Mario Gollwitzer · Reinhold S. Jäger

Evaluation kompakt

Mario Gollwitzer · Reinhold S. Jäger

Evaluation kompakt

BELTZ

Anschriften der Autoren:

Prof. (als Jun.-Prof.) Dr. Mario Gollwitzer
Universität Koblenz-Landau
Campus Landau
Fachbereich 8: Psychologie
Arbeitsbereich Diagnostik, Differentielle und
Persönlichkeitspsychologie und Methoden
Fortstraße 7
76829 Landau (Pfalz)

Prof. Dr. Reinhold S. Jäger
Universität Koblenz-Landau
Campus Landau
zepf – Zentrum für empirische pädagogische Forschung
Buergerstraße 23
76829 Landau (Pfalz)

1. Auflage 2009

Dieses Buch ist im Jahr 2007 unter dem Titel „Evaluation" in der „Workbook"-Reihe des Beltz Verlags erschienen (ISBN 978-3-621-27600-9).

© Beltz Verlag, Weinheim, Basel 2009
Programm PVU, Psychologie Verlags Union
http://www.beltz.de

Lektorat: Ines Heinen
Herstellung: Anja Renz
Umschlagbild: Fotolia, New York, USA
Satz: Beltz Bad Langensalza GmbH, Bad Langensalza
Druck und Bindung: Beltz Druckpartner GmbH & Co. KG, Hemsbach

Printed in Germany

ISBN 978-3-621-27758-7

Inhalt

Teil II:
„Wann" und „warum"?
Inhaltliche Fragestellungen

Teil III
„Wie" und „womit"?
Methodische Aspekte der Evaluationsforschung

CD-ROM

Vorwort

Evaluation (lat. *valuere* = bewerten) ist in unserer Zeit zum Modewort geworden. Der inflationäre Gebrauch des Begriffs und die erstaunliche Bedeutsamkeit, die evaluativen Aktivitäten plötzlich beigemessen wird, lassen sich vor allem im Bildungsbereich beobachten. Dort wird, so scheint es, zurzeit so ziemlich alles evaluiert:

▶ Universitäten (in Form von „Uni-Rankings" oder „Exzellenzinitiativen"),
▶ Studiengänge (durch Akkreditierungsagenturen),
▶ Lehrveranstaltungen (in Form von Lehrevaluationen),
▶ Bildungssysteme und Bildungsniveaus – etwa in Form national und international durchgeführter Schulvergleichsstudien, die PISA, IGLU, VERA oder MARKUS heißen usw.

Aber auch in anderen gesellschaftlichen Zusammenhängen ist Evaluation – traditionell oder neuerdings – relevant, etwa in der Politik, in der Wirtschaft oder im Gesundheitswesen. Evaluation wird immer da eingesetzt, wo es gilt, begründete Entscheidungen zu treffen. Evaluation ist im Idealfall also eine Argumentationsbasis für Entscheidungsträger und all diejenigen, die sich an der Entscheidung beteiligen wollen. Einige Beispiele:

▶ Im politischen Bereich kann sich Evaluation auf die Frage beziehen, ob ein Gesetz bzw. ein Gesetzespaket nach seiner Verabschiedung tatsächlich die erhofften gesellschaftlichen Konsequenzen gehabt hat (oder haben wird).
▶ Im Gesundheitswesen kann sich Evaluation auf die Frage beziehen, in welche Behandlungsformen und welche Ansätze der pharmakologischen Forschung Geld investiert werden sollte und in welche nicht.
▶ Der Waldschadensbericht der Bundesregierung unternimmt eine Bestandsaufnahme, die darlegt, wie viele Bäume als gesund, wie viele als krank angesehen werden müssen. Hier kann sich Evaluation auf die Frage beziehen, ob dieser Zustand als „Besorgnis erregend" bezeichnet werden muss und welche Maßnahmen sich ggf. daraus ableiten lassen.
▶ Und angesichts des beobachtbaren Klimawandels kann sich Evaluation auf die Frage beziehen, um wie viel die Schadstoffproduktion gesenkt werden muss, damit eine zunehmende Wasserknappheit ebenso vermieden werden kann wie eine Zunahme an Hurrikans in Gebieten, in denen bislang solche Phänomene kaum aufgetreten sind.

Diese wenigen genannten Beispiele unterstreichen einerseits die Bedeutung von Evaluationsfragen in einer zunehmend komplizierter werdenden Welt, andererseits aber auch die immense Breite unterschiedlicher Ansätze, Gegenstände, Ziele und Aufgaben von Evaluation. Evaluation ist ein sehr heterogenes Feld, und entsprechend heterogen ist auch das Lehrmaterial, das sich diesem Thema widmet. Gibt man „Evaluation" als Titelstichwort auf der Internet-Seite eines Online-Buchversands ein, erhält man mehr als 1.700 Treffer; dabei handelt es sich lediglich um deutschsprachige Bücher, die das Wort Evaluation im Titel tragen. Angesichts der Fülle an evaluationsrelevanten Fragestellungen sowie der Vielfalt an wissenschaftlichen Zugängen und Verständnissen von Evaluation ist dies kein Wunder.

Ziele dieses Buches. Für die Autoren dieses Buches, in dem es darum geht, Studierende mit dem Thema in angemessener Tiefe und Breite vertraut zu machen, besteht die Herausforderung daher in der Auswahl und Gewichtung von Themen und didaktischen Zugängen. Was sollten Studierende wissen, verstehen und können, wenn sie sich – bspw. im Rahmen eines Masterstudienganges Evaluation oder innerhalb ihres Berufs – mit dem Thema auseinander setzen?

Unser Antwortvorschlag lautet:

(1) Sie sollen die Vielfalt evaluationsrelevanter Fragestellungen und Ansätze kennen lernen. Dies versuchen wir in diesem Workbook durch vielfältige Beispiele aus unterschiedlichen Anwendungsfeldern zu erreichen.

(2) Sie sollen verstehen, dass (und wieso) ein empirisch-sozialwissenschaftlich ausgerichteter Ansatz (Evaluationsforschung) einem induktiven, hermeneutischen, auf subjektiven Einschätzungen beruhenden Ansatz (Evaluation im engeren Sinne) überlegen ist.

(3) Sie sollen das methodologische Handwerkszeug haben und anwenden können, um evaluationsrelevante Fragestellungen – egal aus welchem Bereich, egal mit welchem Ziel – zu bearbeiten und beantworten zu helfen.

Im Vergleich zu anderen Lehrbüchern, die sich mit Evaluation befassen, legt dieses Buch ein stärkeres Gewicht auf Methodologie, Empirie und Datenanalyse. Darin äußert sich unsere Überzeugung, dass – nicht nur im Studium, sondern auch im „richtigen Leben" – nur derjenige ein guter Evaluator sein kann, der die Grundlagen, aber auch die evaluationsspezifischen Feinheiten der quantitativ-empirischen Methodologie versteht, beherrscht und anwenden kann.

Zur Zielgruppe dieses Buches gehören zum einen Studierende in den Sozialwissenschaften, die sich mit Evaluation und Evaluationsforschung beschäftigen, aber auch Anwender, die sich beruflich mit Evaluation auseinandersetzen, sich Methodenkenntnis aneignen wollen und nicht nur eine theoretische Abhandlung lesen, sondern auch das „gewusst wie" lernen wollen.

Inhaltlicher Aufbau. Der inhaltliche Aufbau dieses Buches wird aus einer Grafik deutlich, die den Leser leitet und ihm die Orientierung erleichtern soll. Diese Grafik findet der Leser sofort beim Aufschlagen des Buches auf der Umschlagseite innen und zu Anfang eines jeden Kapitels. Aus der Grafik wird ersichtlich, dass das Buch aus drei Teilen besteht:

(1) In Teil I („Was" und „wozu"?) geht es um die Frage, was Evaluation und Evaluationsforschung überhaupt ist, wie sie sich entwickelt hat, welchen gesellschaftlichen Stellenwert sie heutzutage hat und welche Standards und Modelle es gibt. Dieser Teil umfasst zwei Kapitel.

(2) In Teil II („Wann" und „warum"?) geht es um unterschiedliche evaluationsrelevante Fragestellungen. Dazu gehören vor allem die Evaluation von Ist-Zuständen (Kap. 3), die Evaluation von Veränderungen (Kap. 4) und die Evaluation von Wirkungen (Kap. 5), welche wir als Hauptfragestellungen bezeichnen. Weitere evaluationsrelevante Fragestellungen werden im Rahmen von Effizienzanalysen (Kap. 6), prospektiven (Kap. 7) und formativen (Kap. 8) Evaluationen bearbeitet.

(2) In Teil III („Wie" und „womit"?) geht es um methodologische Fragen, die sich im Rahmen von Evaluationsuntersuchungen häufig stellen. Dazu gehören Grundfragen des Messens und Testens (Kap. 9), der Versuchsplanung (Kap. 10) und der statistischen Datenauswertung (Kap. 11).

Diesem Aufbau liegt eine zunehmende Spezifität zugrunde: Während die Ausführungen in Teil I noch relativ allgemein und universell sind, werden die unterschiedlichen evaluationsrelevanten Fragestellungen in Teil II spezifischer beschrieben. In Teil III werden dann zum Teil sehr spezielle Probleme im Umgang mit Daten behandelt.

Pfeile ($\rightarrow$) im Text weisen darauf hin, dass der nachfolgende Begriff im Glossar am Ende des Buches erklärt wird, z.B. $\rightarrow$ Hawthorne-Effekt.

Jedes einzelne Kapitel wird mit einem „Pre-Organizer" eingeleitet („Was Sie in diesem Kapitel erwartet"). Die Kapitel enden jeweils mit einer Zusammenfassung, mit Diskussions- und Übungsfragen sowie mit Verweisen auf weiterführende Literatur. Ergänzend zum Buch liegt eine CD-ROM bei. Auf ihr findet der Leser

(1) Zusammenfassungen aller Kapitel,

(2) kapitelspezifische Übungsfragen und – falls möglich und sinnvoll – Musterantworten,

(3) Definitionen, d. h. das Glossar des Buches mit den verwendeten Fachbegriffen und ihren Erklärungen,

(4) alle Abbildungen und Übersichten, auf die in Kapitel 1 verwiesen wird sowie

(5) Beispieldatensätze, mit denen in den Kapiteln 3, 4, 10 und 11 gearbeitet wird. Diese Datensätze liegen in unterschiedlichen Dateiformaten vor. Ferner finden Sie Anleitungen zur Auswertung dieser Datensätze bzw. zum Nachvollziehen der im Buch dargestellten Analysen mit Hilfe des Statistikpakets SPSS®.

Im Buch wird durchweg die männliche Form benutzt: Student, Evaluator, Leser usw. Dies geschieht jedoch nur aus Gründen der besseren Lesbarkeit. Natürlich sind in jedem Fall alle Frauen mit angesprochen.

Danksagung. Wir haben uns bemüht, das Buch nicht nur fach- und sachgerecht zu gestalten, sondern auch durch Grafiken, Tabellen und Hinweise auf Internetseiten interessant und leserfreundlich zu machen. In diesem Zusammenhang bedanken wir uns herzlich bei all denjenigen Personen, die uns dabei unterstützt haben. Frau Dipl.-Psych. Ines Heinen hat mit einem sehr hilfreichen und effizienten Lektorat maßgeblich dazu beigetragen, einige didaktische Klippen zu überwinden und das Buch ansprechend zu gestalten. Frau Dr. Heike Berger vom Beltz-Verlag danken wir sehr herzlich für die kompetente und freundliche Unterstützung, die sie uns während der gesamten Arbeit an diesem Buch hat zuteil werden lassen.

Beim Schreiben eines Lehr- und Arbeitsbuches, das sich an eine studentische Leserschaft richtet, ist man auf kritische „Probeleser" angewiesen, die einen auf Widersprüche, unrealistische Beispiele, unnötige Gedankensprünge sowie didaktische Stärken und Schwächen aufmerksam machen. Bei diesem Workbook wurde diese Aufgabe von Herrn Dipl.-Psych. Tobias Gschwendner-Lukas und Herrn Dipl.-Psych. Tobias Rothmund übernommen. Frau cand. psych. Judith Götz hat bei der Erstellung der Datenbeispiele für die CD mitgearbeitet. Frau cand. psych. Christine Platzer hat das Literaturverzeichnis editiert. Christine Reither hat bei der Erstellung des Schlagwortregisters geholfen. Ihnen allen schulden wir unseren herzlichen Dank.

Wir hoffen, dass dieses Buch seinem Anspruch gerecht wird und nicht nur den Studierenden, sondern auch den Praktikern gefällt und nützt. Ihre Rückmeldung ist uns ebenso wichtig wie die der Lehrenden, welche dieses Buch empfehlen oder als Basislektüre in ihren Veranstaltungen verwenden.

Landau, im Februar 2007

Mario Gollwitzer
Reinhold S. Jäger

Teil I

„Was" und „wozu"?

Evaluationsforschung im Überblick

1 Was ist Evaluation?

Wie findet man heraus, ob eine Vorlesung effektiv ist, ob sie das von der Professorin gesetzte Ziel erreicht und ob die Studierenden zufrieden mit ihrer Professorin sind?

Welche Auswirkungen haben medizinische Heilmethoden, bei denen Protonenbestrahlungen angewendet werden, auf die Heilung von an Krebs erkrankten Personen?

Diese und ähnliche Fragen sind Gegenstand der Evaluation. Doch was ist eine Evaluation? Dieses Kapitel behandelt grundsätzliche Fragestellungen der Evaluation: Am Ende des Kapitels

▶ können Sie den Gegenstand von Evaluationen beschreiben und wissenschaftlich fundierte Vorge-

Was Sie in diesem Kapitel erwartet

hensweisen von nicht-wissenschaftlichen unterscheiden;

▶ wissen Sie, welche Gegenstände im Zentrum von Evaluationsvorhaben stehen und welche Klassen von Evaluationskriterien existieren, und können diese auf die Praxis anwenden;

▶ wissen Sie Bescheid über die historische Entwicklung der Evaluation sowie ihre wesentlichen theoretischen Positionen;

▶ kennen Sie die wichtigsten Evaluationsbegriffe;

▶ sind Sie in der Lage, Zusammenhänge zwischen Evaluation, Diagnostik und Methodologie herzustellen;

▶ können Sie Evaluationen vor dem Hintergrund unterschiedlicher Fächer einordnen.

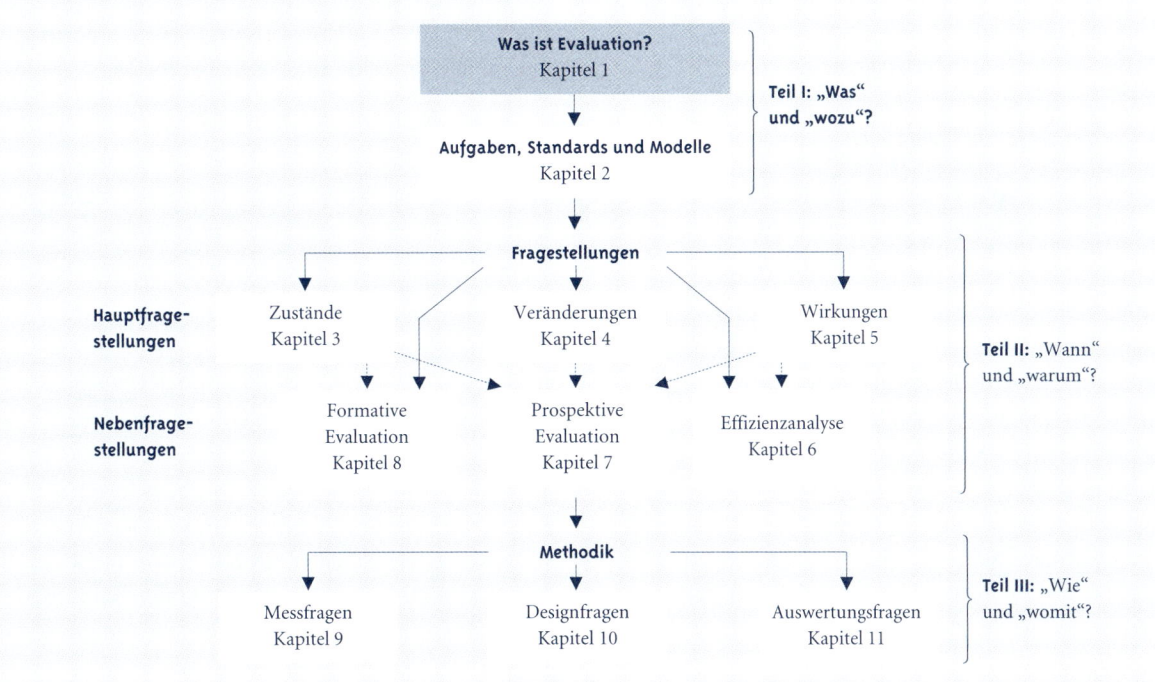

Bevor wir erörtern, was man unter Evaluation versteht, stellen wir zunächst einige Beispiele für typische Evaluationsfragestellungen vor. Die ausgewählten Beispiele betreffen unterschiedliche Zielgruppen und zugleich unterschiedliche Gesichtspunkte, die eine aktuelle gesellschaftspolitische Bedeutung haben. An ihnen werden Ansatzpunkte für Evaluationen deutlich gemacht.

Öffentlicher Jugendschutz

Seit April 2003 gibt es für den Kinobesuch mit Kindern eine neue gesetzliche Regelung im Jugendschutzgesetz (JuSchG), in dem u. a. Zeitgrenzen für den Kinobesuch festgelegt werden. Filme müssen seither zu einer bestimmten Uhrzeit beendet sein, wenn Kinder oder Jugendliche allein ins Kino gehen möchten: um 20 Uhr bei Kindern zwischen 6 und 14 Jahren, um 22 Uhr bei Kindern zwischen 14 und 16 Jahren und um 24 Uhr bei Kindern ab 16 Jahren. Diese Zeitgrenzen sind aufgehoben, wenn die Kinder oder Jugendlichen von den Eltern oder einer erziehungsbeauftragten Person begleitet werden.

Evaluationsrelevante Fragestellungen:

▶ Hat sich seit dem Inkrafttreten des neuen JuSchG im Jahre 2003 das Besucherverhalten von Kindern und Jugendlichen verändert?
▶ Wie werden die JuSchG-Bestimmungen von den Kinobetreibern umgesetzt?
▶ Ist diese Neuregelung des JuSchG wirklich in der Lage, den Schutz der Jugend in der Öffentlichkeit zu verbessern?
▶ Gibt es „Schlupflöcher" bei der Umsetzung dieser Neuregelung des JuSchG?

Arbeitsvermittlung

Die Arbeitsgemeinschaft (ArGe) Mainz-Bingen will im Jahr 2006 mehr Arbeitslose in Jobs vermitteln und zugleich die → Kosten pro Integrationsmaßnahme senken. Dies sieht eine Zielvereinbarung vor, die die ArGe Mainz-Bingen und die Arbeitsagentur in Mainz unterzeichnet haben.

Evaluationsrelevante Fragestellungen:

▶ Ist eine Zielvereinbarung das geeignete Instrument, um eine höhere Effektivität bei der Vermittlung von Arbeitslosen zu erzielen?

▶ Konnten durch diese Zielvereinbarung tatsächlich mehr Arbeitlose erfolgreich vermittelt werden als vorher?
▶ Kann unter den gegebenen Bedingungen behauptet werden, dass sich die volkswirtschaftliche Kosten-Nutzen-Bilanz seit Abschluss der Zielvereinbarung gegenüber der Zeitspanne vorher verbessert hat?

Bundeswehreinsatz im Kongo

Am 01. 06. 2006 beschließt der Deutsche Bundestag die Entsendung von 780 deutschen Soldaten in den Kongo. Die Soldaten sollen die Wahlen am 30. 07. 2006 in Kinshasa, der Hauptstadt der Demokratischen Republik Kongo, sichern. Im Vorfeld der Bundestagsdebatte um den EUFOR (European Force)-Einsatz wurden viele kritische Stimmen laut. So sei z. B. die veraltete technische Ausstattung ein Sicherheitsrisiko für die deutschen Soldaten. Ebenso wurde behauptet, die Soldaten seien nicht ausreichend auf die Gefahren im Kongo vorbereitet.

Evaluationsrelevante Fragestellungen:

▶ Kann die Bundeswehr mit ihrer Ausrüstung die Aufgaben im Kongo wahrnehmen, die ihr durch den Deutschen Bundestag aufgrund der Beschlüsse der Vereinten Nationen (UNO) und der Europäischen Union (EU) übertragen wurden?
▶ Kann die Bundeswehr angesichts des weltweiten Einsatzes (Einsatz im Libanon, im Kosovo usw.) ihren sonstigen Aufgaben noch nachkommen?
▶ Wird sich die Vorbereitung des Einsatzes im Kongo im Nachhinein als ausreichend für den erfolgreichen Abschluss der Mission herausstellen?

1.1 Kriterien und Gegenstände der Evaluation

Was lässt sich aus diesen Beispielen und den beispielhaft genannten Fragestellungen entnehmen? Offensichtlich kann eine größere Anzahl der Fragen nach drei Kriterien zusammengefasst und verallgemeinert werden:

(1) Bei einigen Fragestellungen geht eine Entscheidung oder eine Vereinbarung einer Handlung oder Entwicklung voraus. Durch die Evaluation soll herausgefunden werden, ob sich im Vergleich von „vorher" zu „nachher" eine Veränderung eingestellt hat.

(2) Bei anderen Fragestellungen wird mit Hilfe einer Evaluation überprüft, ob aus den vorliegenden Informationen abgeleitet werden kann, dass sich in einer absehbaren Zukunft bestimmte Veränderungen qualitativer bzw. quantitativer Art einstellen werden (→ Prognose).

(3) Bei wieder anderen Fragen geht es in der Evaluation darum herauszufinden, ob eine getroffene Entscheidung sich im Nachhinein als richtig oder falsch herausstellt (→ Retrognose).

Diagnose, Prognose und Retrognose. Diese Verallgemeinerung macht deutlich, dass es in den meisten Beispielen um Veränderungen geht: Veränderungen, die durch eine gesetzliche Neuregelung (JuSchG), eine vertragliche Vereinbarung (Zielvereinbarung der ArGe Mainz-Bingen mit der Arbeitsagentur Mainz) oder eine politische Entscheidung (EUFOR-Mission im Kongo) zustande gekommen sind. Solche Entscheidungen und Regelungen können wir allgemein als Interventionen (Eingriffe) oder Maßnahmen bezeichnen. Eine der Intervention nachfolgende Evaluation soll dann ermitteln, was sich im Zusammenhang mit diesen Interventionen verändert hat bzw. was sich verändern wird. Wir haben es also zunächst mit einem „vorher"-Zustand zu tun, auf den eine Intervention folgt. Diese Intervention ist entweder punktuell, wie bspw. beim neuen Jugendschutzgesetz (JuSchG) ab 2003, oder sie umfasst eine Interventionsperiode, wie im Falle des Kongo-Einsatzes, auf die dann wiederum ein „nachher"-Zustand folgt. Dieser „nachher"-Zustand betrifft dann Aspekte des Erfolgs genauso wie des erzielten höheren Nutzens. Evaluation fragt also danach,

▶ wie die Situation beim „vorher"-Zeitpunkt beschaffen ist (Diagnose 1),
▶ wie die Situation zum „vorher"-Zeitpunkt aus der Sicht des „nachher"-Zeitpunktes beschaffen war (Retrognose),
▶ wie die Situation beim „nachher"-Zeitpunkt aus der Sicht des „vorher"-Zeitpunkts sein wird bzw. sein soll (Prognose) und
▶ wie die Situation beim „nachher"-Zeitpunkt tatsächlich ist (Diagnose 2).

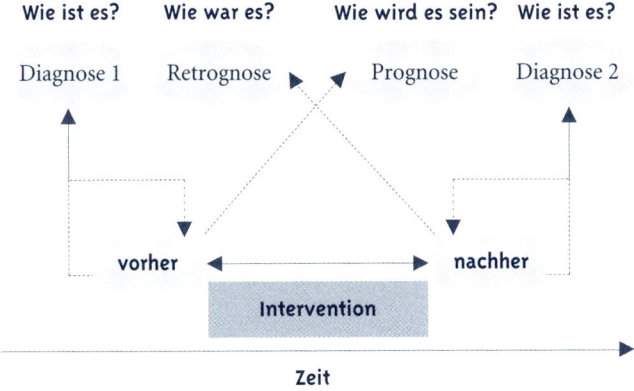

Abbildung 1.1. Allgemeines Schema evaluationsrelevanter Fragestellungen: Im Rahmen der Evaluation werden Diagnosen (Wie ist es?), Retrognosen (Wie war es?) und Prognosen (Wie wird es sein?) erstellt, die entweder vor oder nach einer Intervention durchgeführt werden

Mit diesen vier Perspektiven sind zwar die wichtigsten, aber noch längst nicht alle denkbaren evaluationsrelevanten Fragestellungen abgehandelt (s. Abb. 1.1, S. 5). So könnten weitere evaluationsrelevante Fragen lauten:

▶ Ist die gegebene Intervention so umgesetzt, wie sie konzipiert wurde (man spricht hier von → Ausführungsintegrität oder Treatment Fidelity)?

▶ Ist ein vorgegebenes Lernprogramm nach den Regeln der Kunst (State of the Art) konzipiert?

▶ Welcher Therapieerfolg ist bei einer Person zu erwarten, wenn man von der bisherigen Entwicklung innerhalb der Therapie ausgeht?

Evaluation und Evaluationsforschung. Fragestellungen wie die oben genannten sind Gegenstand der Evaluation und der Evaluationsforschung. Der Unterschied zwischen beiden Begriffen wird in den folgenden Definitionen dargestellt.

Definition

Evaluation bedeutet wörtlich übersetzt Bewertung und bezieht sich auf den Prozess und das Ergebnis der Beurteilung des Wertes eines Produkts, eines Prozesses oder eines Programms. Diese Wertbeurteilung erfordert nicht notwendigerweise systematische Verfahren oder datengestützte Beweise zu ihrer empirischen Untermauerung (nach Suchman, 1967).

Evaluationsforschung kann hingegen als ein Prozess verstanden werden, „… bei dem nach zuvor festgelegten Zielen und explizit auf den Sachverhalt bezogenen und begründeten Kriterien ein Evaluationsgegenstand bewertet wird. Dies geschieht unter Zuhilfenahme sozialwissenschaftlicher Methoden durch Personen, welche hierfür besonders qualifiziert sind. Das Produkt eines Evaluationsprozesses besteht in der Rückmeldung verwertbarer Ergebnisse in Form von Beschreibungen, begründeten Interpretationen und Empfehlungen an möglichst viele Beteiligte und Betroffene, um den Evaluationsgegenstand zu optimieren und zukünftiges Handeln zu unterstützen" (Balzer, 2005, S. 16).

Von Evaluation spricht man also, wenn eine Bewertung unabhängig von strengen methodischen Regeln und Konventionen vorgenommen wird. Auch der Prozess dieser Bewertung kann als Evaluation bezeichnet werden. Die Evaluationsforschung hingegen sieht eine Verwendung sozialwissenschaftlicher Methoden bzw. expliziter Regeln bei der Bewertung von Evaluationsgegenständen vor (Suchman, 1967).

Evaluationsgegenstand und -kriterium. Der Begriff Evaluationsgegenstand bezieht sich auf das Objekt, das bewertet werden soll, z. B. ein Gesetz, ein Programm, ein Training, eine Therapie oder ein Projekt. Mit dem Begriff Evaluationskriterium wird ausgedrückt, auf welcher Basis der Evaluationsgegenstand bewertet werden soll. Einige Beispiele für Evaluationsgegenstände, nämlich Projekte, Programme und Politiken werden in der Übersicht 1.1 dargestellt. In der Übersicht 1.2 werden einige der wichtigsten Evaluationskriterien zusammengetragen und erläutert. Auf der CD finden Sie die Übersichten 1.1 und 1.2 in einer ausführlicheren Version. Mit manchen Kriterien werden wir uns im Rahmen evaluationsrelevanter Fragestellungen in den Kapiteln 5 bis 8 näher befassen.

Übersicht 1.1. Evaluationsgegenstände: Der Begriff Evaluationsgegenstand bezieht sich auf das Objekt, das bewertet werden soll, z. B. ein Projekt, ein Programm, oder eine Politik. Beispiele für Evaluationsgegenstände bzw. für Projekte, Programme und Politiken sind Lesekompetenzprojekte, Stadtentwicklungsprogramme oder Reformen

Evaluationsgegenstand	Beispiel
Projekte	Projekt zur Steigerung der Lesekompetenz nach PISA 2000
Programme	Programm „Soziale Stadt"
Politiken	Arbeitsmarkreform

Übersicht 1.2. Erläuterung verschiedener Evaluationskriterien: Durch welche Fragestellungen können Evaluationskriterien wie Wirksamkeit, Transfererfolg, Bedarf oder Akzeptanz gemessen werden?

Evaluationskriterium	Erläuterung
Wirksamkeit (Effektivität)	Gibt es unerwartete Neben- oder Folgewirkungen? Ist die Wirkung der Maßnahme A besser als die der Maßnahme B? (s. Kap. 5)
Transfererfolg	Können Schüler die Inhalte und Ergebnisse des Mathematikunterrichts so verwenden, dass sie auch außerhalb der Schule bestimmte Alltagsprobleme mit mathematischen Mitteln angehen (Situationstransfer)? Können Jugendliche die gerade erworbenen Kenntnisse über den Energiebegriff in der Physik auch auf andere Beispiele übertragen (Anforderungstransfer)? (s. Kap. 5)
Kosten-Nutzen-Bilanz (Effizienz)	Wie hoch ist der betriebs- oder volkswirtschaftliche Nutzen einer Maßnahme? Ist die Kosten-Nutzen-Bilanz von Maßnahme A besser als von Maßnahme B? (s. Kap. 6)
Bedarf	Gibt es ein soziales Problem bzw. einen unerwünschten sozialen Zustand, der die Einführung einer Intervention rechtfertigt oder erfordert? Wer ist betroffen und in welchem Ausmaß? (s. Kap. 7)
Qualität des Interventionskonzepts	Wie ist eine Intervention konzipiert? Basieren die expliziten und impliziten Annahmen, die der Interventionskonzeption zugrunde liegen, auf plausiblen und empirisch bestätigten Theorien? (s. Kap. 7)
Qualität der Einführung und Implementation	Sind die Rahmenbedingungen für eine erfolgreiche Umsetzung der Maßnahme gegeben? Wird die Maßnahme so umgesetzt wie vorgesehen? (s. Kap. 8)
Akzeptanz	Wird die Intervention von den Teilnehmern angenommen? Wie zufrieden sind sie mit der Intervention?
Nachhaltigkeit	Sind die Konzeption einer Maßnahme und die Evaluation ihrer Wirksamkeit auf Nachhaltigkeit ausgelegt?
State of the art	Orientiert sich die Konzeption, die Implementation und die Evaluation einer Maßnahme an allgemeinen Standards (Regeln der Kunst)?

1.2 Historischer Abriss der Evaluation

Evaluationen werden heute in vielen Bereichen durchgeführt. Allein die Deutsche Gesellschaft für Evaluation (DeGEval) zählt derzeit 14 Arbeitskreise, die Schweizerische Evaluationsgesellschaft drei Gruppen und die American Evaluation Association (AEA) 34 Vereinigungen, die sich mit Fragen der Evaluation aus der Sicht verschiedener Einzeldisziplinen beschäftigen, z. B. im Bereich der Medien, Schulen, Aus- und Weiterbildung.

Die Geschichte der Evaluation und Evaluationsforschung lässt sich an unterschiedlichen klassifikatorischen Vorgaben vollziehen, z. B. anhand der zeitlichen Abfolge oder an einem theorieorientierten Überblick Die folgende Übersicht verdeutlicht zum einen historisch breite Epochen, die zur Entwicklung der Menschheit beigetragen haben, in denen allgemeine Evaluationsansätze wirksam eingesetzt wurden. Daneben werden spezifische Entwicklungen aufgeführt, die in direktem oder indirektem Bezug zur Evaluation stehen. Die Aufzählungen sind nicht vollständig, aber sie skizzieren durch die dargestellten Aktivitäten Kernpunkte der Entwicklung von Grundgedanken der Evaluation und Evaluationsforschung einerseits und bestimmten zeitlichräumlichen Problembedingungen andererseits. Die Übersicht 1.3 finden Sie ebenfalls ausführlicher auf der CD.

Übersicht 1.3. Historischer Abriss der Evaluation: Ausschnitt der Aktivitäten bzw. Entwicklungen innerhalb der Evaluation von 1930 bis 2001 in den USA und Europa

Jahr/Zeitraum	Aktivität/Entwicklung
1930–1940	USA: Roosevelt etabliert New Deal, ein soziales Programm der US-Regierung gegen Arbeitslosigkeit; Vorschlag, diese Programme zu evaluieren
1957	USA: Als Folge des Sputnikschocks werden durch Initiative von John F. Kennedy viele Millionen Dollar in die Entwicklung neuer Lehr- und Lernmethoden und in die Verbesserung des Schulwesens gesteckt. Die Folgen dieser Investitionen werden evaluiert.
1965	USA ▶ Übernahme des Planning, Programming and Budgeting System für das Department of Health, Education and Welfare (HEW). Es dient es seit 1965 als Evaluationsperspektive. ▶ Verabschiedung des Elementary and Secondary Education Act (ESEA). Es wurden mehr als eine Milliarde Dollar bereitgestellt, um die besonderen Erziehungs- und Ausbildungsbedürfnisse benachteiligter Kinder zu erfüllen. Senator R. Kennedy machte seine Zustimmung für das Gesetz von regelmäßigen Evaluations- und Berichtssystemen abhängig. Sie sollten aufzeigen, wie effektiv die einzelnen Programme für die benachteiligten Gruppen waren.
1969	USA: Community Mental Health Centre Act: 1 % der Programmmittel für Evaluation
1971	BRD: Rahmenvereinbarung zwischen Bund und Ländern (BLK) zur koordinierten Vorbereitung, Durchführung und wissenschaftlichen Begleitung von Modellversuchen im Bildungswesen

Jahr/Zeitraum	Aktivität/Entwicklung
1981	USA: Etablierung von „Standards for Evaluations of Educational Programmes, Projects and Materials of the Joint Committee on Standards in Educational Evaluation" (JCS)
1982	USA: Veröffentlichung der ersten Evaluationsstandards
1986	USA: Gründung der American Evaluation Association
1994	Niederlande: Gründung der European Evaluation Society in Den Haag
1995	USA: Das Planning, Programming and Budgeting System wird für den Bundesetat eingeführt und ersetzt Input-Budgetierung durch Output-Budgetierung; ursprünglich vom Verteidigungsministerium der USA entwickelt
1996	Österreich: Gründung der Plattform Forschungs- und Technologieevaluierung
1996	Schweiz: Gründung der Schweizerischen Evaluationsgesellschaft
1997	BRD: Gründung der Deutschen Gesellschaft für Evaluation (DeGEval)
2001	BRD: Standards für Evaluation der DeGEval

Die obige Übersicht 1.3 macht noch nicht deutlich, worin Unterschiede in den theoretischen Ansätzen von Evaluation zum Tragen kommen. Diese werden nur bedingt angesprochen, indem z. B. auf bestimmte Nützlichkeitskalküle im Zusammenhang mit der Budgetierung hingewiesen wird. Kann man aber Entwicklungen aufzeigen, die einerseits historisch verankert sind, andererseits aber die entsprechenden theoretischen Positionen herausarbeiten? Die folgende Überschicht stellt wesentliche theoretische Positionen in der Evaluationsforschung dar. Sie orientiert sich insbesondere an den Ausführungen von Balzer (2005).

Übersicht 1.4. Theoretische Positionen der Evaluationsforschung: In der Evaluationsforschung gab es seit den 1940er Jahren unterschiedliche methodische und methodologische Orientierungen. Innerhalb der theoretischen Positionen können nutzungsorientierte und bewertungsorientierte Ansätzen sowie der normative Ansatz unterschieden werden

Autor und Jahr	Skizzierung der Position
Methodische und methodologische Orientierungen	
Tyler, 1942 Worthen & Sanders, 1987	▶ Entwicklung der Tyler-Matrix zur Klassifikation von Evaluationszielen ▶ Identifikation von Situationen, in denen das relevante Verhalten auftritt ▶ Entwicklung von wissenschaftlichen Messmethoden zur Überprüfung von Wirkungen
Campbell, 1957	Arbeiten zu Themen über experimentelle und quasiexperimentelle Designs
Suchman, 1967	▶ Unterscheidung zwischen Evaluation und Evaluationsforschung ▶ Einbezug des Kontexts in die Evaluationsforschung

▶

Autor und Jahr	Skizzierung der Position
Cook, 1990, 1991	Entwicklung einer Theorie, die eine ursachenbezogene Generalisierung erlaubt
Rossi, 1971 Rossi, Freeman & Lipsey, 2004	▶ Bedeutung eines adäquaten Methodeneinsatzes ▶ Betonung der Nützlichkeit von Evaluationsforschung ▶ Einbezug von politischen Kontextbedingungen ▶ Beteiligung von direkt und indirekt Betroffenen
Cronbach, Gleser, Nanda & Rajaratnam, 1972	Entwicklung der Generalisierungstheorie, die auch für Metaanalysen Bedeutung gewann
Chen, 1990	Theorie der Wirkung des Evaluationsgegenstands

Nutzungsorientierte Ansätze

Kirkpatrick, 1959a, b	Vier Ebenen, denen Evaluationsergebnisse zuzuordnen sind 1. Reaktion 3. Verhalten 2. Lernerfolg 4. Endergebnisse
Stufflebeam, 1966	CIPP-Modell zur Beschreibung des Nutzens ▶ Kontext (Context), ▶ Input, ▶ Prozess (Process) und ▶ Produkt (Product).
Weiss, 1972	Berücksichtigung der Randbedingungen, unter denen eine Evaluation vollzogen wird, und Untersuchung der Funktion der Evaluationsergebnisse
Patton, 1978	▶ Betonung der Nutzung der Evaluationsergebnisse ▶ Einbezug möglichst aller Beteiligten- und Betroffenengruppen ▶ Nutzung aller methodischen Ansätze
Fetterman, 1994	Empowerment-Ansatz Beteiligte in einem Evaluationsprojekt sind Akteure, die zu Evaluatoren ihres eigenen Evaluationsgegenstandes werden

Bewertungsorientierte Ansätze

Owens, 1973 Wolf, 1975	Gegnerschaftsgesteuerter Ansatz (adversary evaluation): Erkenntnisse werden aus dem Dialog gewonnen
Stake, 1975	Responsiver Evaluationsansatz ▶ Detaillierte Beschreibung des Evaluationsgegenstandes ▶ Anliegen der Beteiligten und Betroffenen steht im Mittelpunkt ▶ Einbezug qualitativer Methoden
Eisner, 1976	Connoisseurship-Ansatz (Kennerschaftsgesteuerte Evaluation) ▶ Experten einer bestimmten Domäne steuern den Evaluationsprozess und nehmen Bewertungen vor ▶ Evaluationsgegenstand wird v. a. mit qualitativen Methoden beschrieben

▶

Guba & Lincoln, 1981	Ansatz der konstruktivistischen Evaluation ▶ Realität ist konstruiert ▶ Beteiligte und Betroffene steuern in einem partizipativen Verfahren den Evaluationsprozess Der Evaluationsgegenstand wird mit qualitativen Verfahren detailliert beschrieben
Scriven, 1986	Evaluationen führen zu objektiven Bewertungen, wenn unterschiedliche Einflussgrößen berücksichtigt werden
Normativer Ansatz	
Balzer, 2005	Prozessmodell der Evaluation mit der Beschreibung der jeweiligen Randbedingungen, die bei einer adäquaten Berücksichtigung das jeweilige Evaluationsprojekt erfolgreich werden lassen.

Wie die Übersicht 1.4 verdeutlicht, ist die Evaluationsforschung seit etwas mehr als 60 Jahren aus wissenschaftlicher Sicht in den Mittelpunkt des Interesses gerückt. Allerdings stagniert seit einer Reihe von Jahren die theoretische Entwicklung von Evaluationsansätzen, während die methodischen Konzepte verfeinert wurden und eher als ausgereift gelten können.

1.3 Arten von Evaluationsforschung

Im Folgenden wird eine Systematisierung und Erläuterung der verschiedenen Begrifflichkeiten in Anlehnung an Balzer et al. (1999), Dlugosch & Wottawa (1994) und Wottawa & Thierau (2003) vorgenommen. Übersicht 1.5 (s. S. 12) stellt die wichtigsten Begriffe der Evaluationsforschung dar. Die Begriffe sind allerdings nicht immer eindeutig gegenseitig abzugrenzen. Die vorgegebene Klassifikation orientiert sich einerseits an übergeordneten Kriterien, andererseits werden auf der Einzelbegriffsebene verschiedene Arten der Evaluationsforschung einander kontrastierend gegenübergestellt. Dabei kommt es, insbesondere in der Praxis der Evaluationsforschung, immer wieder zu einer Überschneidung der verschiedenen Arten der Evaluationsforschung.

Rahmenbedingungen
Jede konkrete Evaluation findet unter bestimmten Rahmenbedingungen finanzieller wie organisatorischer Art sowie in einem bestimmten Kontext statt.

Evaluation im Feld vs. im Labor. Zumeist wird die Evaluation in der realen Umgebung des Geschehens als Evaluation im Feld ablaufen. Dem gegenüber gestellt ist die künstliche Situation des Labors, in dem die Kriterien eines „echten" Experiments erfüllbar sind: Manipulation und Kontrolle. Probleme bestehen allerdings, wenn die Situation des Labors verlassen wird und eine Verallgemeinerung stattfinden soll, da hierbei zunächst die → externe Validität der resultierenden Erkenntnisse gegeben sein muss (s. Kap. 5.2 & 5.3).

Parteiliche vs. objektive Evaluation. Die Begriffe → parteiliche bzw. objektive (überparteiliche) Evaluation beziehen sich auf die Rolle des Evaluators im Rahmen eines Evaluationsauftrages.

Übersicht 1.5. Die wichtigsten Begriffe der Evaluation umfassen die Rahmenbedingungen, die Evaluationsmodelle, die Ausrichtung, den Zeitpunkt, die Durchführungsmodi sowie die Metaevaluation

Rahmenbedingungen

Evaluation im Feld	Evaluation im Labor
parteiliche Evaluation	objektive (überparteiliche) Evaluation
geschlossene Evaluation	offene Evaluation
vertrauliche Evaluation	öffentliche Evaluation

Evaluationsmodelle

praxisorientierte Evaluation	entwicklungsorientierte Evaluation	theorieorientierte Evaluation

Ausrichtung der Evaluation

Makroevaluation	Mikroevaluation	Programmevaluation
Inputevaluation	Complianceevaluation	Outputevaluation

Zeitpunkt der Evaluation

prognostische Evaluation prospektive (antizipatorische) Evaluation	Prozessevaluation	Ergebnisevaluation

Durchführungsmodi

intrinsisch	extrinsisch
intern (Selbstevaluation)	extern (Fremdevaluation)
summativ	formativ
vergleichend	nicht-vergleichend

Metaevaluation

Metaanalyse bzw. summative Metaevaluation	Programm-Design Evaluation

Eine Evaluation ist parteilich, wenn die Untersuchung bereits so angelegt ist, dass ein bestimmtes (erwünschtes) Ergebnis wahrscheinlicher ist als andere Ergebnisse. Dies kann durchaus im Sinne des Auftraggebers sein. Objektiv oder überparteilich ist eine Evaluation hingegen, wenn keine Begünstigung gegeben ist. Im Sinne eines validen, sozialwissenschaftlich gestützten Vorgehens ist selbstverständlich eine objektive Evaluation unabdingbar und eine → parteiliche Evaluation indiskutabel.

Geschlossene vs. offene Evaluation. Das Begriffspaar → geschlossene oder → offene Evaluation bezieht sich auf die Konkretheit des Evaluationsauftrags: Im Falle einer geschlossenen Evaluation ist die Fragestellung des Evaluationsvorhabens bereits im Vorhinein genau definiert. Bei einer → offenen Evaluation sind die Bestimmung der Fragestellung, der Methoden und Hypothesen selbst Gegenstand des Evaluationsprozesses. In einigen Lehrbüchern über Evaluation findet sich ein weiteres Verständnis des Begriffspaars offen vs. geschlossen: Dann bezieht sich die Einteilung auf den Umgang mit den Ergebnissen der Evaluation. Eine → geschlossene Evaluation ist ausschließlich für den Auftraggeber bestimmt, ihre Ergebnisse werden der Öffentlichkeit vorenthalten, bspw. bei Umsatzanalysen von Firmen oder bei Evaluationen der Sicherheitssysteme auf deutschen Flughäfen. Eine offene Evaluation hingegen ist transparent und für die Öffentlichkeit einsehbar, z. B. indem die Ergebnisse publiziert werden.

Vertrauliche vs. öffentliche Evaluation. Die Klassifizierung in vertrauliche vs. öffentliche Evaluation unterscheidet, wie mit den Ergebnissen der Evaluation verfahren wird. Eine öffentliche Evaluation ist allen Interessierten zugänglich, z. B. in Form einer Veröffentlichung in einer Fachzeitschrift. Eine vertrauliche Evaluation verpflichtet die Evaluatoren, nur den Auftraggebern selbst die Befunde vorzulegen, d. h. sie ist geschlossen. Vertrauliche Evaluationen spielen in der Wirtschaft und in der Politik eine Rolle. Durch die eingeschränkte Transparenz besteht hierbei tendenziell die Gefahr der Parteinahme bei der Evaluation (s. o.).

Evaluationsmodell

Mit dem Begriff Evaluationsmodell will man die Zielrichtung des jeweiligen Ansatzes in den Vordergrund rücken. Welche Zielsetzung steht im Vordergrund? Soll die Evaluation dazu beitragen, einen Praxisbezug oder eine bestehende Theorie zu bewerten? Die nachfolgende Einteilung umschreibt verschiedene Spielarten, die in unterschiedlichen Evaluationsmodellen zum Tragen kommen.

Praxisorientierte Evaluation. Bei einer praxisorientierten Evaluation wird ein gegebenes Projekt danach beurteilt, ob und wie es sich im Praxiseinsatz bewährt und welche konkreten Effekte es hervorgebracht hat.

Entwicklungsorientierte Evaluation. Bei der entwicklungsorientierten Evaluation dienen die konkreten Ergebnisse einer bereits durchgeführten Evaluation der Verbesserung ähnlicher Maßnahmen in der Zukunft. In diesem Fall wird gewissermaßen ein Lerneffekt für nachfolgende Maßnahmen erzielt.

Theorieorientierte Evaluation. Das Ziel einer theorieorientierten Evaluation besteht schließlich darin, die einer Maßnahme zugrunde liegende theoretische Fundierung zu testen bzw. zu optimieren. So könnte man aus der Effektivität unterschiedlicher pharmazeutischer Behandlungen bei Migräne unterschiedliche theoretische Modelle über die Genese von Migräne ableiten und diese auf der Basis erhobener Daten testen. Bei einer anderen Anwendung würden Maßnahmen gegen Gewalt in Stadtteilen und Schulen – je nach theoretischer Orientierung und Ausrichtung der jeweiligen Maßnahme – hinsichtlich ihres Erfolges evaluiert werden. Die Evaluation ist dabei mit der Testung des jeweils zugrunde liegenden Modells verbunden (s. Kap. 5).

Ausrichtung der Evaluation

Woran was soll sich eine Evaluation orientieren? Geht es eher um eine globale oder eine differenzierte Orientierung? Geht es um die Frage, wie groß der finanzielle Input in das Bildungssystem sein muss, damit die PISA-Misere verändert werden kann oder soll sich eine Evaluation eher daran orientieren „was hinten rauskommt"? Solche und ähnliche Fragen werden unter dem Begriff Ausrichtung der Evaluation behandelt. Welche Ausrichtungen der Evaluation unterscheidet man?

Makroevaluation. Bei der → Makroevaluation geht es um die Gesamtbewertung eines Evaluationsgegenstandes.

Mikroevaluation. Bei einer → Mikroevaluation steht nicht die Beurteilung des gesamten Evaluationsobjekts im Vordergrund, sondern einzelne Aspekte sollen evaluiert werden, z. B. die Gestaltung einzelner Elemente eines E-Learning-Kurses.

Programmevaluation. Man spricht von Programmevaluation, wenn die Aufgabe der Evaluatoren darin besteht, durch Bereitstellung relevanten Handlungswissens die Programmsteuerung und -planung zu unterstützen, die Wirkungen eines vorab definierten Programms zu analysieren sowie Erfolgsfaktoren und -hindernisse für die Etablierung und Fortsetzung des Programms zu identifizieren.

Inputevaluation. Bei der → Inputevaluation geht es um Fragen wie diese: Unter welchen Randbedingungen wird eine Maßnahme begonnen? Welche Ressourcen stehen zur Verfügung? Welche Qualität besitzen die verwendeten Materialien? Welche Zeitspanne steht zur Verfügung? Diese Rahmenbedingungen stellen die entsprechenden Evaluationsgegenstände dar.

Complianceevaluation. Vielfach wird das Verhalten von Betroffenen im Kontext einer Intervention evaluiert; dann spricht man von → Complianceevaluation. Der Begriff Compliance (wörtlich Einverständnis, Einwilligung, Zustimmung) spielt z. B. innerhalb der Psychotherapie eine entscheidende Rolle. Ohne die Mitarbeit des Klienten (man spricht deshalb auch von der Fidelity of Clients) ist der Erfolg einer Therapie sehr unwahrscheinlich. Gleiches gilt aber auch für Personen, die bspw. von politischen Entscheidungen oder Vorgaben betroffen sind. Bei der Complianceevaluation werden demnach Personen evaluiert. Die Compliance ist eine zentrale Randbedingung einer Intervention und gleichzeitig zentral für ihre Wirkwahrscheinlichkeit. Daher steht diese Evaluationsart auch in der Übersicht 1.5 (s. S. 12) zwischen den Begriffen Input- und Outputevaluation.

Outputevaluation. Bei der Outputevaluation wird bewertet, was eine Maßnahme letztendlich gebracht hat (s. auch Ergebnisevaluation und → summative Evaluation).

Zeitpunkt der Evaluation
Evaluationsarten können anhand des Zeitpunktes der Evaluation kategorisiert werden. Die Evaluation kann entweder vor Beginn der Maßnahme (→ prospektive und prognostische Evaluation), während der Durchführungsphase (Prozessevaluation) oder nach Abschluss der Maßnahme (Ergebnisevaluation) durchgeführt werden.

Prognostische Evaluation. Vor Beginn einer Maßnahme wird eine Evaluation durchgeführt, um bestimmte Zustände zu antizipieren. So wird im Vorfeld einer Wahl anhand von Stichprobenumfragen das Wahlergebnis prognostiziert – leider (oder zum Glück!) – nicht immer mit hinreichender → Validität. Ebenso lässt sich prognostizieren, welche Teile Südostasiens in 50 Jahren mit großer Wahrscheinlichkeit überflutet sein werden, wenn bis dahin keine Maßnahmen zur Abwendung der Klimakatastrophe ergriffen werden. Solche zukunftsbezogenen Aussagen werden als prognostische Evaluation bezeichnet.

Prospektive Evaluation. Die → prospektive Evaluation ist ebenfalls zukunftsgerichtet; hier kommt allerdings eine spezielle Bedeutung hinzu. Als prospektive Evaluation bezeichnet man die Prüfung bzw. Schaffung von Voraussetzungen und Rahmenbedingungen, welche die Wirksamkeit einer geplanten Maßnahme positiv beeinflussen bzw. sichern sollen (s. Kap. 7). Es geht also darum, die Maßnahme unter den gegebenen Bedingungen zu bewerten, bevor sie implementiert wird.

Prozessevaluation. Unter Prozessevaluation versteht man die begleitende Bewertung einer Interventionsmaßnahme in der Phase ihrer Durchführung. Dabei werden regelmäßig Zwischenevaluationen durchgeführt, die Auskunft über die Qualität der → Implementation einer Maßnahme sowie über die bisher eingetretenen (und für die Zukunft zu antizipierenden) Effekte geben. Auf der Basis dieser Zwischenevaluationen wird die Maßnahme gegebenenfalls verändert und damit optimiert oder durch eine andere Maßnahme ersetzt. Eine Prozessevaluation hat demnach vorrangig die Optimierung der Maßnahme zum Ziel. Dieser Optimierungsprozess ist in Abbildung 1.2 schematisch dargestellt (s. auch Kap. 8).

Ergebnisevaluation. Die Ergebnisevaluation entspricht der Outputevaluation. Wenn die Frage gestellt wird, ob und in welchem Maße eine Lehrerfortbildung in Mathematik zu Veränderungen des betreffenden Lehrers im Unterricht geführt hat, dann wird das Lehrerverhalten als Resultat (Output) der Fortbildung (Intervention) angesehen.

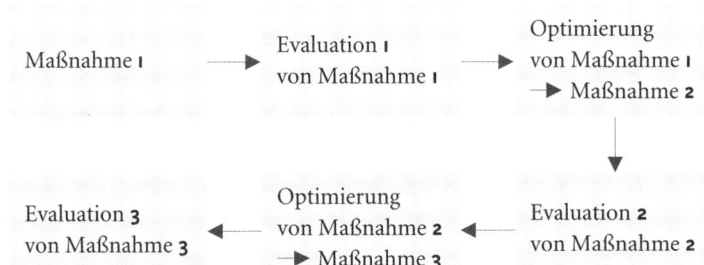

Abbildung 1.2. Prozessevaluation. Wenn während eines (im Falle dieser Abbildung dreistufigen) Prozesses eine Maßnahme wiederholt überprüft (Evaluation 1 und 2) und verändert wird (Optimierungen der Maßnahmen 1 und 2), um die Maßnahme optimal an die Erfordernisse anzupassen, nennt man diesen Vorgang Prozessevaluation

Durchführungsmodi

Unter welchen Bedingungen wird eine Evaluation durchgeführt? Soll ein Vergleich zwischen verschiedenen Therapiearten bei der gleichen Symptomatik durchgeführt werden, um zu erkunden, welche Therapie erfolgreicher ist? Wird eine Evaluation von denjenigen Personen durchgeführt, welche die Intervention selbst umgesetzt haben, oder werden andere Personen damit beauftragt? Solche oder ähnliche Fragestellungen betreffen den Durchführungsmodus der Evaluationsforschung. Welche Modi werden hierbei unterschieden?

Intrinsische vs. extrinsische Evaluation. Unter einer → intrinsischen Evaluation versteht man eine Bewertung der inneren Struktur der Maßnahme, z. B. inwiefern das Wirkmodell einer Interventionsmaßnahme theoretisch sinnvoll begründet ist. Unter → extrinsischer Evaluation versteht man die Analyse der Effekte der Maßnahme auf die betroffenen Personen.

Interne vs. externe Evaluation. Bei der → internen Evaluation (auch → Selbstevaluation genannt) führen diejenigen Personen, welche die Maßnahme umsetzen, auch die Evaluationsuntersuchung durch. Dies ist nicht unproblematisch, weil die Evaluatoren wahrscheinlich nicht jedem Ergebnis gegenüber gleich aufgeschlossen sind: Natürlich will man, dass die Maßnahme, die man selbst durchgeführt hat, sich im Nachhinein als erfolgreich erweist – somit ist in diesem Fall außerdem eine parteiliche Evaluation gegeben. Im Falle der → externen Evaluation (auch als → Fremdevaluation bezeichnet) wird die Evaluation an eine andere Person oder Institution vergeben. Hierdurch wird eine objektive Sicht und Vorgehensweise des Evaluators gegenüber den Ergebnissen der Evaluationsstudie angestrebt – man spricht deshalb auch von einer überparteilichen Evaluation.

Summative vs. formative Evaluation. Die → summative Evaluation bezeichnet eine zusammenfassende Aussage über die Wirksamkeit einer Maßnahme. Das Ziel der summativen Evaluation liegt darin, die Eignung einer Maßnahme im Nachhinein zu bewerten oder im Vorhinein zu antizipieren (auch prospektive Evaluation genannt). Das Ziel der → formativen Evaluation (s. Abb. 1.2, S. 15) – siehe auch Prozessevaluation – besteht hingegen darin, die Maßnahme zu optimieren bzw. Rahmenbedingungen zu schaffen, die eine Wirksamkeit der Maßnahme eher wahrscheinlich machen (s. Kap. 8).

Vergleichende vs. nicht-vergleichende Evaluation. Werden unterschiedliche Maßnahmen miteinander in Bezug auf ihre Konzeption, ihre Umsetzung, ihre Wirksamkeit oder ihre Effizienz verglichen, dann handelt es sich um eine vergleichende Evaluation. Wird eine einzige Maßnahme bewertet, z. B. ob sie eine bestimmte Zielvorgabe erreicht hat, spricht man von nicht-vergleichender Evaluation.

Metaevaluation und Metaanalyse

Selbst wenn es gelingt, eine einzelne Evaluation erfolgreich durchzuführen und einen Nachweis über die Effizienz der Maßnahme zu führen, kann nicht gefolgert werden, dass diese Maßnahme immer und überall die gleichen positiven Ergebnisse erzielt. Anders gesagt: Die Ergebnisse einer einzigen Evaluationsuntersuchung können nur bedingt generalisiert werden. Liegen jedoch zum gleichen Evaluationsgegenstand mehrere Evaluationsstudien vor, so kann im Rahmen einer → Metaevaluation eine Globalaussage gewonnen werden.

Metaanalyse bzw. summative Metaevaluation. Die Metaanalyse bzw. summative Metaevaluation ist ein streng an Kriterien empirischer Forschung orientierter forschungsmethodischer Ansatz zur quantitativen Analyse und Integration von Ergebnissen aus inhaltlich homogenen Primärstudien. Dabei werden verschiedene Techniken und statistische Verfahren mit dem Ziel eingesetzt, Gemeinsamkeiten und Unterschiede in der Befundlage statistisch festzustellen und auf ihre praktische Brauchbarkeit zu überprüfen. Hieraus werden Generalisierungen abgeleitet.

Programm-Design-Evaluation. Werden mit Hilfe von evaluativen Ansätzen Erfahrungszusammenfassungen und Überprüfungen zum Zwecke einer verbesserten zukünftigen Durchführung hinsichtlich Planung, Gestaltung, verwendeter Methoden, Zielsetzungen usw. geleistet, so bezeichnet man dieses Vorgehen als Programm-Design-Evaluation.

1.4 Evaluationsforschung und Nachbardisziplinen

Evaluationsforschung ist kein Bestandteil einer einzigen Disziplin und sie erfolgt auch nicht unabhängig von Nachbardisziplinen, wie die nachfolgenden Ausführungen aufzeigen.

1.4.1 Diagnostik, Methodologie und Methodik

Diagnostik, Methodologie und Methodik sind unabhängig von einer bestimmten fachlichen Orientierung des Evaluationsforschers zu sehen. Sie haben gleichermaßen Bedeutung in allen Fachdisziplinen, in denen Evaluation und Evaluationsforschung eine Rolle spielen. Als Beispiele sind Gesellschaftswissenschaften ebenso zu nennen wie die Betriebswirtschaft oder die Medizin.

Diagnostik. Sowohl die Evaluation als auch die Evaluationsforschung sind abhängig von Bezügen zur Diagnostik, Methodologie und Methodik. Diagnostik bezieht sich „auf das systematische Sammeln und Aufbereiten von Informationen mit dem Ziel, Entscheidungen und daraus resultierende Handlungen zu begründen, zu kontrollieren und zu optimieren. Solche Entscheidungen und Handlungen basieren auf einem komplexen Informations-Verarbeitungsprozess. In diesem Prozess wird auf Regeln, Anleitungen, Algorithmen usw. zurückgegriffen. Man gewinnt damit psychologisch relevante Charakteristika von Merkmalsträgern und integriert gegebene Daten zu einem Urteil (Diagnose, Prognose). Als Merkmalsträger gelten Einzelpersonen, Personengruppen, Institutionen, Situationen, Gegenstände etc." (Jäger & Petermann, 1998, S. 11). Aus dieser Ausführung wird ersichtlich, dass Diagnostik und Evaluationsforschung in vielen Bereichen übereinstimmen, auch wenn die Zielsetzungen und die Konsequenzen sich unterscheiden.

Methodologie. Die Methodologie ist die Lehre von den Methoden, den wissenschaftlichen Verfahren zur Prüfung und Analyse von Sachverhalten. Als solche ist die Methodologie eine Metawissenschaft und somit eine Teildisziplin der Wissenschaftstheorie. Unter dieser Perspektive kann man sich die Evaluationsforschung nicht unabhängig von der Methodologie denken, denn ein Evaluationsforscher muss die wissenschaftstheoretischen Voraussetzungen und das Repertoire der Methoden kennen, bevor er eine konkrete Auswahl für sein Evaluationsziel unter der spezifischen Bedingung seines Evaluationsgegenstandes trifft.

Methodik. Demgegenüber betrifft Methodik das Methodenwissen des Evaluationsforschers. Er muss die Möglichkeiten, Bedingungen und Voraussetzungen kennen, unter denen eine Methode mehr oder weniger geeignet ist, einen Sachverhalt in geeigneter Weise empirisch zu beschreiben und zu analysieren.

1.4.2 Psychologische Anwendungsfelder

Evaluation und Evaluationsforschung spielen in allen Anwendungsdisziplinen der Psychologie eine Rolle. Diese Tatsache wird anhand von Beispielen in der nächsten Übersicht deutlich gemacht.

Übersicht 1.6. Evaluationsforschung in psychologischen Anwendungsfeldern: Je nach Anwendungsfach können in der Evaluationsforschung unterschiedliche Fragestellungen bearbeitet werden

Anwendungsfach	Fragestellungen der Evaluationsforschung
ABO-Psychologie	Effektivität eines Programms zur Verbesserung des Organisationsklimas
Forensische Psychologie	Auswirkung von Befragungstechniken auf eine valide Erschließung des Tathergangs
Klinische Psychologie	Wirksamkeit von therapeutischen Ansätzen für eine Behandlung von Jugendlichen mit ADHS-Syndromatik
Pädagogische Psychologie	Wirksamkeit der Ganztagsschule auf die Ausbildung des selbstgesteuerten Lernens bei Schülern
Verkehrspsychologie	Beeinträchtigung des Fahrverhaltens von Kraftfahrzeugführern durch Handynutzung

1.4.3 Nicht-psychologische Anwendungsfelder

Auch in nicht-psychologischen Disziplinen spielt die Evaluationsforschung eine wichtige Rolle. Wirtschaft, Politik, Gesundheitswesen, Verkehrswesen usw. wurden bereits in früheren Abschnitten kurz genannt. In der Übersicht 1.7 finden sich weitere Beispiele für evaluationsrelevante Fragestellungen außerhalb der Psychologie.

Übersicht 1.7. Evaluationsforschung in nicht-psychologischen Anwendungsfeldern: Evaluationsforschung ist auch außerhalb der Psychologie in vielen Bereichen einsetzbar, z. B. der Forstwissenschaft, Medizin oder Soziologie

Anwendungsfach	Fragestellungen der Evaluationsforschung
Forstwissenschaft	Effizienz der Umstellung der Bewirtschaftung von Waldökosystemen
Jurisprudenz	Auswirkungen der Umstellung der Rechtsprechung auf das finale Prinzip
Medizin	Wirksamkeit eines Trainingsprogramms für das Pflegepersonal auf die Reduktion der Erkrankung an Lungenentzündungen während des Klinikaufenthalts
Pflegeberufe	Auswirkungen eines Trainingsprogramms für Pflegeberufe auf die psychische Befindlichkeit von Inkontinenzpatienten
Soziologie	Wirkung des „Kombilohns" auf die Motivation Arbeitsloser zur Übernahme eines angebotenen Arbeitsplatzes
Zahnmedizin	Veränderung der Mundflora nach Zahnimplantationen

1.5 Zusammenfassung

Evaluation und Evaluationsforschung. In diesem Kapitel ging es um die Frage, was Gegenstand der Evaluation ist. Hierbei wurde zwischen den beiden Begriffen Evaluation und Evaluationsforschung unterschieden:

▶ Evaluation umfasst alle Arten der Bewertung von Gegenständen, inklusive einer Bewertung des Prozesses der Bewertung.
▶ Evaluationsforschung ist eine Form der Bewertung, die sich auf Anwendung sozialwissenschaftlicher Methoden und damit eine regelgeleitete Bewertung stützt.

Evaluationskriterien. Evaluation und Evaluationsforschung befassen sich mit der Bewertung bestimmter Gegenstände (meist handelt es sich um unterschiedliche Formen von Maßnahmen oder Interventionen) anhand bestimmter Kriterien. Zu diesen Kriterien gehören

▶ der Bedarf an einer Intervention,
▶ die Qualität des Interventionskonzepts,
▶ die Qualität der Einführung und Implementation der Interventionsmaßnahme,
▶ ihre Wirksamkeit (Effektivität) und
▶ ihre Kosten-Nutzen-Bilanz (Effizienz).

Historische Entwicklung und theoretische Positionen. Epochale historische Entwicklungen, allgemein-politisch begründete Phasen sowie fachpolitische Entscheidungen der Disziplin

Evaluation wurden dargestellt – bis zur Gründung von Evaluationsgesellschaften. Diese chronologische Darstellung wurde durch theoretische Positionen innerhalb der Evaluationsforschung ergänzt. Hier konnte unterschieden werden zwischen methodischen und methodologischen Orientierungen, bewertungsorientierten und nutzungsorientierten Ansätzen sowie dem normativen Ansatz.

Evaluationsformen. Die verschiedenen Arten der Evaluationsforschung wurden auf der Basis von Kriterien wie Rahmenbedingungen, Evaluationsmodell, Ausrichtung der Evaluation, Zeitpunkt der Evaluation, Durchführungsmodi sowie Metaevaluation eingeteilt.

Anwendungsfelder. Am Ende wurden Evaluation und Evaluationsforschung von den Bereichen Diagnostik, Methodologie und Methodik sowie gegenüber psychologischen und nichtpsychologischen Anwendungsfeldern abgegrenzt.

1.6 Übungsaufgaben

(1) Formulieren Sie eine Fragestellung aus dem Alltag, die Ihrer Ansicht nach ein Problem beschreibt, das innerhalb der Evaluationsforschung angegangen wird.
(2) Beschreiben Sie Evaluationsgegenstände anhand von Projekten, Programmen und Politiken.
(3) Geben Sie Beispiele aus verschiedenen Feldern, welche die unterschiedlichen Kategorien von Evaluationskriterien näher erläutern (s. Übersicht 1.2 „Erläuterung verschiedener Evaluationskriterien", S. 7).
(4) Erläutern Sie den Unterschied zwischen
    (4.1) Evaluation im Feld und Evaluation im Labor,
    (4.2) Selbstevaluation und Fremdevaluation sowie
    (4.3) geschlossener und offener Evaluation.
(5) Was ist eine Input-, was eine Output- und was eine Complianceevaluation?
(6) Stellen Sie den Unterschied zwischen einer summativen und einer formativen Evaluation dar.
(7) Worin bestehen Unterschiede zwischen der Evaluationsforschung und der Diagnostik?
(8) Welche Bedingungen der Methodologie und der Methodik überschneiden sich mit der Evaluationsforschung?
(9) Beschreiben Sie Fragestellungen aus verschiedenen Wissenschaftsdisziplinen, die Gegenstand der Evaluationsforschung sind.

Weiterführende Literatur

Die angeführte Literatur enthält zwei Klassiker:
▶ Suchman (1967) gibt einen Überblick aus der amerikanischen Sicht insbesondere mit Blick auf die Tradition im angloamerikanischen Kontext, innerhalb deren auch soziale Programme sowie der öffentliche Dienst Gegenstand von Evaluationen sind.

Suchman, E.A. (1967). Evaluative research: Principles and practice in public service & social actions programs. New York: Sage.
▶ Wottawa & Thierau (2003) geben einen Überblick über die Evaluationsforschung und sehen Evaluation insbesondere unter dem Blickwinkel ihres Einsatzes für praktische Zwecke. Es han-

delt sich um den Klassiker im deutschen Sprachraum.

Wottawa, H. & Thierau, H. (2003). Lehrbuch Evaluation (3. Aufl.). Bern: Huber.

Die Literatur wird durch einen Ansatz von Balzer (2005) ergänzt, der ein normatives Modell entwickelt: Wie muss die Evaluationsforschung ausgerichtet sein, damit sie zu einem erfolgreichen Evaluationsprojekt verhilft?

▶ Balzer, L. (2005). Wie werden Evaluationsprojekte erfolgreich? Ein integrierender theoretischer Ansatz und eine empirische Studie zum Evaluationsprozess. Landau: Verlag Empirische Pädagogik.

2 Aufgaben, Standards und Modelle der Evaluation

Wie findet man heraus, ob allgemeine Kriterien erfüllt sind, die bei der Evaluationsforschung vorausgesetzt werden? Welche Kriterien werden hierzu formuliert? Welche Theorien existieren, die beschreiben, wie Evaluationsforschung vollzogen werden kann?

Diese drei Zielfragen stehen als zentrale Positionen innerhalb dieses Kapitels im Vordergrund. Nach der Bearbeitung des Kapitels

▶ können Sie noch deutlicher als bislang den Unterschied zwischen Evaluation und Evaluationsforschung darstellen;

▶ können Sie das Vorgehen innerhalb der Evaluationsforschung durch Begriffe wie Zustands-, Veränderungs- und Wirksamkeitsevaluation klassifizieren;

▶ kennen Sie allgemeine Gütekriterien, die sich an der Präzisierung der Fragestellung, dem Evalu-

Was Sie in diesem Kapitel erwartet

ationsbedarf und dem Evaluationsauftrag orientieren;

▶ sind Sie informiert über weitere allgemeine Gütekriterien, welche sich am Gegenstand, der Gültigkeit der Fragestellung, der Objektivierbarkeit und der Transparenz ausrichten;

▶ können Sie die psychometrischen Gütekriterien auf Gegenstände der Evaluationsforschung beziehen;

▶ sind Sie in der Lage, die Begriffe interne und externe Validität als Gütekriterien der Evaluationsforschung zu präzisieren;

▶ kennen Sie den Begriff Standards und können die Standards der Evaluationsforschung am Beispiel von Nützlichkeit, Durchführbarkeit, Fairness und Genauigkeit erläutern;

▶ lernen Sie verschiedene Evaluationsmodelle kennen und können diese skizzieren.

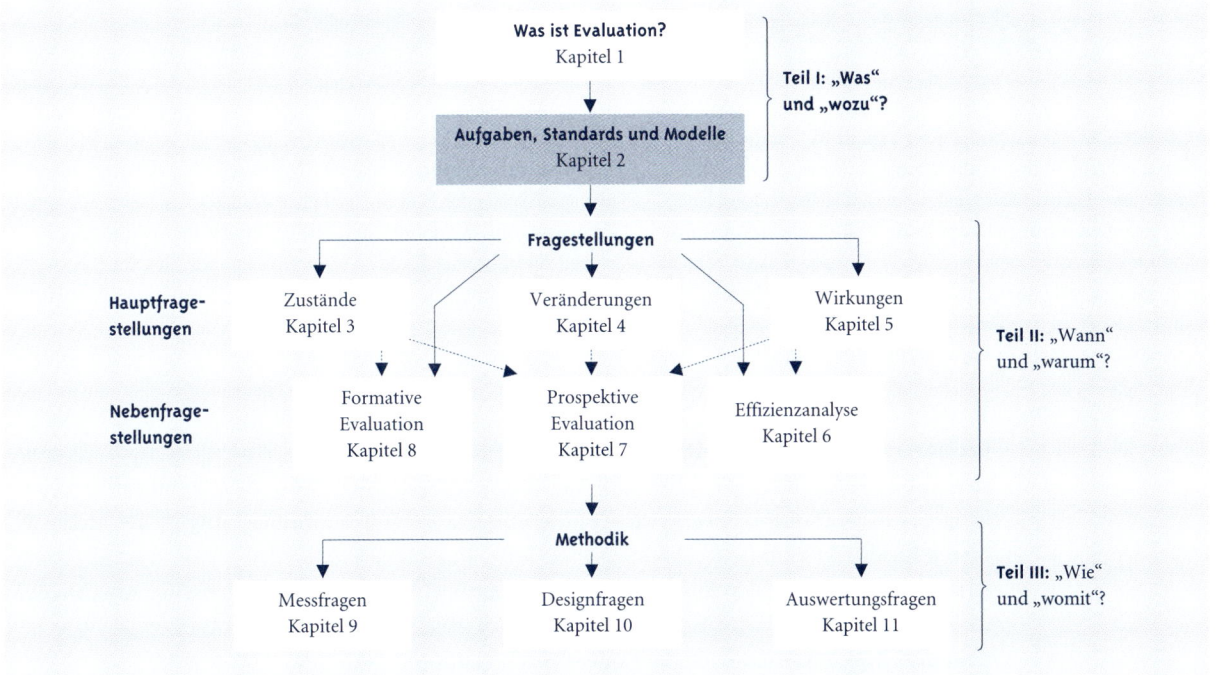

Zunächst nehmen wir noch einmal die Unterscheidung zwischen den Begriffen Evaluation und Evaluationsforschung auf (s. Kap. 1.1).

Evaluation. Betrachten wir zunächst den Begriff Evaluation (Bewertung). Ein bestimmter theoretischer oder empirischer Sachverhalt soll bewertet werden (s. Abb. 2.1). Wie diese Bewertung vorzunehmen ist, ist dabei nicht definiert: Die Bewertung kann anhand sehr unterschiedlicher Merkmale erfolgen. Die Bewertung kann außerdem zu verschiedenen Zeitpunkten vorgenommen werden, deshalb ist in Abbildung 2.1 eine Zeitachse eingeführt. Durch die gestrichelte (bewusst nicht durchgezogene) Linie, die den zu bewertenden Sachverhalt und dessen Bewertung umspannt, soll angedeutet werden, dass der Merkmalsraum theoretisch nicht vorgegeben ist. Die Verknüpfung der Merkmale zu einer Bewertung ist zugleich unbestimmt. Ebenso ist der Prozess der Bewertung (dargestellt durch eine Zeitachse) raum-zeitlich nicht fixiert, d.h. zwischen der Erfassung eines zu bewertenden Sachverhalts mit Hilfe unterschiedlicher Merkmale und seiner Bewertung wird immer eine zeitliche Differenz liegen, und selbst auf der Ebene der Erfassung der verschiedenen Merkmale existiert keine eindeutige zeitliche Fixierung.

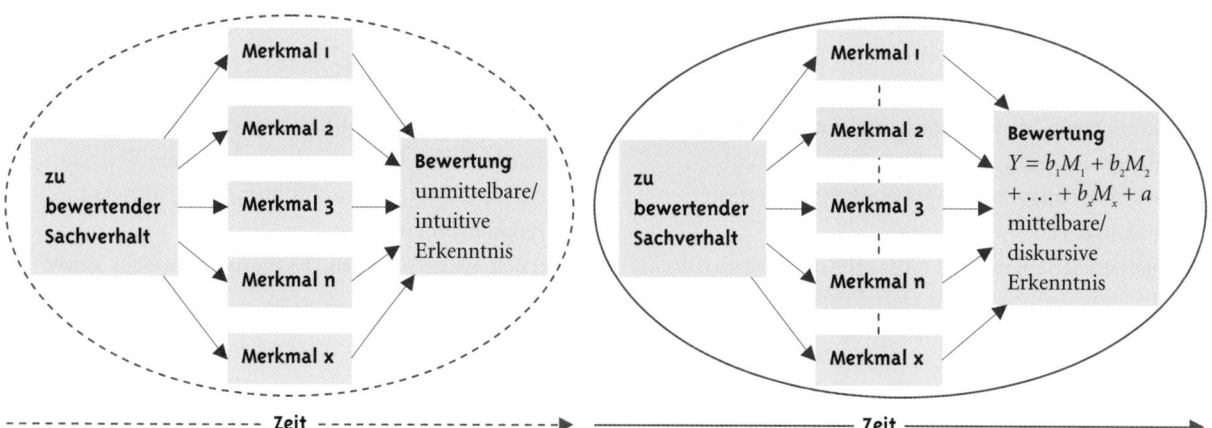

Abbildung 2.1. Darstellung der Evaluation. Bei der Evaluation wird eine vorher nicht festgelegte Anzahl von Merkmalen eines Sachverhaltes bewertet. Diese Bewertung kann jederzeit vorgenommen werden und führt zu einer unmittelbaren bzw. intuitiven Erkenntnis. Die gestrichelte Ellipse zeigt an, dass der Merkmalsraum theoretisch nicht vorgegeben ist. Der Bewertungsprozess (dargestellt durch die gestrichelte Zeitachse) ist raum-zeitlich nicht fixiert

Abbildung 2.2. Darstellung der Evaluationsforschung. Bei der Evaluationsforschung sind eine theoretische Fundierung (durchgezogene Linie der Ellipse) und eine raumzeitliche Fixierung des Evaluationsprozesses gegeben, die durch die Regressionsgleichung im Bewertungskasten ausgedrückt wird. Bei der Evaluationsforschung liegt eine mittelbare bzw. diskursive Erkenntnis vor

Evaluationsforschung. Bei der Evaluationsforschung hingegen sind eine theoretische Fundierung – durch die durchgezogene Linie der Ellipse dargestellt – sowie eine raumzeitliche Fixierung des Evaluationsprozesses gegeben, die durch eine Regressionsgleichung in der linken Ellipse ausgedrückt wird (s. Abb. 2.2).

Es wird deutlich, dass sich Evaluation und Evaluationsforschung nicht gegenseitig ausschließen, dass aber die Evaluationsforschung in wissenschaftlicher Hinsicht bedeutsamer ist. Welchen Sinn und Zweck hat demnach die Evaluationsforschung?

Die Forschung hat immer die Aufgabe, einen Erkenntnisgewinn zu erzielen. Der Begriff der Erkenntnis wird durch zwei Merkmale gekennzeichnet:

(1) ein Ergebnis (das, was erkannt wurde) und
(2) den Erkennensprozess (der Vorgang, der zum Erkennen führt).

Die Nachsilbe Gewinn beim Begriff Erkenntnisgewinn enthält eine relationale Aussage, nämlich dass relativ zu einer (ersten) Erkenntnis ein qualitativer und/oder quantitativer Zugewinn zu verzeichnen ist. Wenn der Weg über die Evaluationsforschung beschritten wird, muss man davon ausgehen, dass eine mittelbare oder diskursive Erkenntnis vorliegt. In Abbildung 2.2 lässt sich die Bewertung aus der Gewichtung der einzelnen Merkmale $i = 1, \ldots, x$ ableiten. Im Falle der Evaluation im oben genannten Sinne wird von einer unmittelbaren bzw. intuitiven Erkenntnis ausgegangen (s. Abb. 2.1).

2.1 Zielsetzungen der Evaluation

Erkenntnisprozesse und damit Vorgehensweisen innerhalb der Evaluationsforschung sind immer mit Zielsetzungen verbunden. Die Zielsetzungen in der Evaluationsforschung verstehen wir in Anlehnung an diagnostische Zielsetzungen (vgl. Jäger & Petermann, 1999). Zielsetzungen in der Evaluation betreffen das Implementieren und Umsetzen von zielgerichteten Verfahrensweisen, so dass eine der Fragestellung entsprechende Aussage aus der Gesamtheit des Evaluationsprozesses abgeleitet werden kann.

Grob ausgedrückt lassen sich mindestens drei solcher Zielsetzungen herauskristallisieren:

(1) Zustandsevaluation (s. Kap. 3)
(2) Veränderungsevaluation (s. Kap. 4)
(3) Wirksamkeitsevaluation (s. Kap. 5)

Zustandsevaluation. Bei der Zustandsevaluation zielt die Evaluationsforschung darauf ab, alle Eigenschaften oder Attribute zu ermitteln, die den Evaluationsgegenstand – das Forschungsobjekt – definieren und es von anderen Forschungsobjekten unterscheiden bzw. abgrenzen. Wenn der Bildungsminister Sachsen-Anhalts das aktuelle Wissensniveau aller Schüler der 8. Klasse des Landes im Fach Mathematik in Erfahrung bringen will, entspricht dies einer Zustandsevaluation. Wenn überprüft wird, ob die veränderten Bestimmungen des Jugendschutzgesetzes tatsächlich eingehalten werden (s. Kap. 1), spricht man ebenfalls von Zustandsevaluation.

Veränderungsevaluation. Bei der Veränderungsevaluation wird der Zustand eines Forschungsobjekts in einem raum-zeitlichen Prozess analysiert. Der Prozess kann unterschiedlich abgebildet werden:

▶ **Diagnosen.** Das Forschungsobjekt kann über die Zeit im Rahmen mehrerer Erhebungen hinsichtlich seiner Quantität und/oder Qualität erfasst werden. Hierbei ist der Trend von Interesse, also wie sich das Objekt über die Zeit hinweg entwickelt hat bzw. entwickeln wird.

▶ **Prognose.** Mit Blick auf einen in der Zukunft liegenden Zeitpunkt werden Aussagen über die Quantität und/oder Qualität des Forschungsobjektes gemacht.

▶ **Retrognose.** Die aktuelle Situation wird mit einem in der Vergangenheit liegenden Zeitpunkt hinsichtlich der Qualität und/oder Quantität verglichen.

Wirksamkeitsevaluation. Bei der Wirksamkeitsevaluation geht es wieder darum, den Zustand eines Forschungsobjekts in einem raum-zeitlichen Prozess zu analysieren. Im Unterschied zur Veränderungsevaluation richtet sich hierbei das Forschungsinteresse auf die Folgen einer Intervention, welche Anlass zur Veränderung gab (oder zumindest gegeben haben sollte).

2.2 Aufgaben und Gütekriterien der Evaluationsforschung

Die vorher genannten Zielsetzungen beschreiben die wichtigsten Definitionsmerkmale, unter denen sich Evaluationsforschung in der Praxis vollzieht:
▶ die Disziplin, in welcher eine Evaluation durchgeführt wird,
▶ der jeweilige Bereich und
▶ die differenzierte Fragestellung.

In Abbildung 2.3 wird der genannte Sachverhalt am Beispiel der Pädagogischen Psychologie dargestellt: Die Pädagogische Psychologie (Disziplin) evaluiert in verschiedenen Bereichen – hier exemplarisch die Instruktions- und die Erziehungspsychologie – quantitativ oder qualitativ vorliegende Daten, welche auf der Grundlage von Fragestellungen (Nutzen adaptiver Instruktionen; Einfluss von Erziehungsstilen auf die Motivation) gewonnen wurden.

Abbildung 2.3. Definitionsmerkmale der Evaluationsforschung. In der Pädagogischen Psychologie (**Disziplin**) werden u. a. in den **Bereichen** Instruktions- und Erziehungspsychologie die **Fragestellungen** des Nutzens adaptiver Instruktionen und des Einflusses von Erziehungsstilen auf die Motivation evaluiert

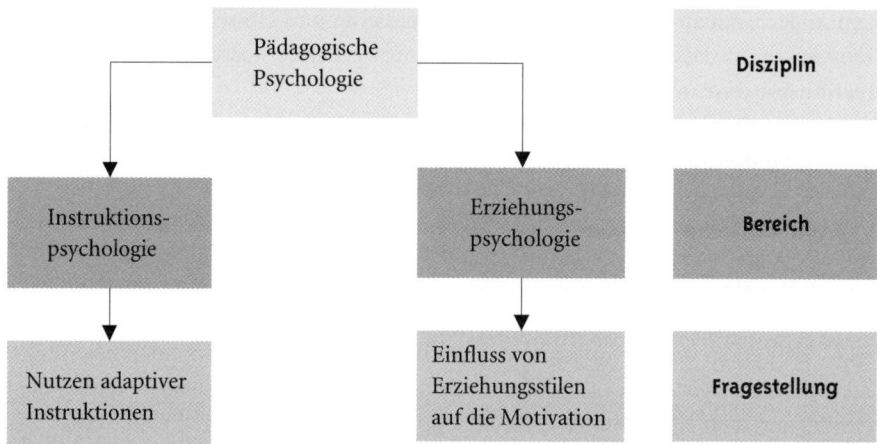

Fragestellungen

Aus der jeweiligen Fragestellung, die meist sehr allgemein und unscharf formuliert ist, muss herausgearbeitet werden, welche Zielsetzung für das Evaluationsvorhaben bedeutsam ist und wie sie methodisch und strategisch angegangen werden muss. Selbstverständlich gilt hierbei, dass nicht jede Fragestellung, die an den Evaluator herangetragen wird, sofort angegangen werden kann. Fragestellungen dienen aber immer als Startpunkt eines Evaluationsprozesses. Je unpräziser die Fragestellung gefasst ist, desto nachteiliger wirkt sich dies auf den Prozess und das Ergebnis eines Evaluationsvorhabens aus: Eine handwerklich schlechte und für den Auftraggeber unbefriedigende Evaluation kann durchaus einer schlechten Fragestellung angelastet werden. Schon deshalb ist eine präzise und korrekte Formulierung der Fragestellung unabdingbar. Die Präzisierung einer Fragestellung muss daher auch als ein Gütekriterium für die Evaluationsforschung in der Praxis angesehen werden. Generell implizieren Fragestellungen, dass

Personen ein Informationsdefizit haben und dieses Defizit durch eine Beantwortung ausgleichen haben wollen oder dass ein Fragesteller, d. h. ein Auftraggeber oder Evaluator, ein Problem bereits in Frageform vorgegeben hat.

Schlechte Evaluation – schlechte Fragestellung

Der Dozent bittet den Evaluator: „Bitte finden Sie für mich heraus, wie gut meine Lehre ist." Der Evaluator handelt, wie ihm geheißen: Er operationalisiert die Güte der Lehre des Dozenten mit unterschiedlichen Kriterien, verrechnet diese und legt dem Dozenten nach Abschluss des Evaluationsprojekts das Ergebnis vor. Evaluator: „Ihre Lehre erreicht auf einer Skala von 0 bis 10 den Wert 7,43." Dozent: „Was??" „Ich sollte doch herausfinden, wie gut Ihre Lehre ist. Sie hat die Ausprägung 7,43." „Ja, aber was soll ich denn in Zukunft besser machen??" „Danach haben Sie mich doch gar nicht gefragt …!"

Evaluationsbedarf

Fragenstellungen werden innerhalb der Evaluationsforschung als Hypothesen überprüft. Eine solche Prüfung ist nur möglich, wenn der in der Fragestellung angesprochene Sachverhalt hinreichend deutlich präzisiert und der Gegenstand operationalisiert wird. Außerdem muss eine Methodik bereit stehen, mit deren Hilfe die Fragestellung beantwortet werden kann. Für den letzten Schritt kommen auch Prüfungen jenseits der statistischen Hypothesentestung in Frage. Es wird allerdings noch aufgezeigt werden, wie jene genannten Zielsetzungen statistisch angegangen werden können (s. Kap. 3). Balzer (2005) nennt in seinem integrierenden theoretischen Ansatz und zugleich normativen Modell des Evaluationsprozesses bereits an erster Stelle den Evaluationsbedarf (s. Abb. 2.4). Dabei geht es um die Frage, warum eine Evaluation in der Praxis überhaupt durchgeführt werden soll. Die Antworten auf diese Frage liefern den Begründungszusammenhang für eine Evaluation.

Evaluationsauftrag

An zweiter Stelle des normativen Modells von Balzer (2005) steht der Evaluationsauftrag. Dieser betrifft nicht nur die rechtlichen Randbedingungen, sondern insbesondere das Verhältnis zwischen Auftraggeber und Auftragnehmer. Dieses Binnenverhältnis wird gesteuert durch einen Diskurs, an dessen Anfang eine Verständigung über die Fragestellung und an dessen Ende ein Kontrakt steht.

Allgemeine Gütekriterien

Im Absatz zu Fragestellungen wurde bereits der Begriff Gütekriterium angesprochen. → Gütekriterien stellen Spezifikationen allgemeiner Kriterien wie Gütesiegel, Gütezeichen, Qualitätssiegel, Zertifikat, Prüfzeichen oder Prüfsiegel dar. Mit den letztgenannten Begriffen sind grafisch oder schriftlich aufgebrachte Labels an Produkten gemeint, die z. B. eine qualitative Aussage über ein Produkt machen und zu Marketingzwecken genutzt werden, wie das sechseckige Bio-Siegel auf Lebensmitteln oder das Recycling-Zeichen auf Produktverpackungen. Unter wissenschaftlicher Perspektive betrachtet sind Gütekriterien Maße, mit denen die Qualität eines Produkts erfasst wird. Die einzelnen Kriterien, die man zusammen als Gütekriterien bezeichnet, werden je nach Anforderungen unterschiedlich gewichtet. Die Anforderungen orientieren sich an den zugrunde gelegten Fragestellungen (s. o.) und Zielsetzungen.

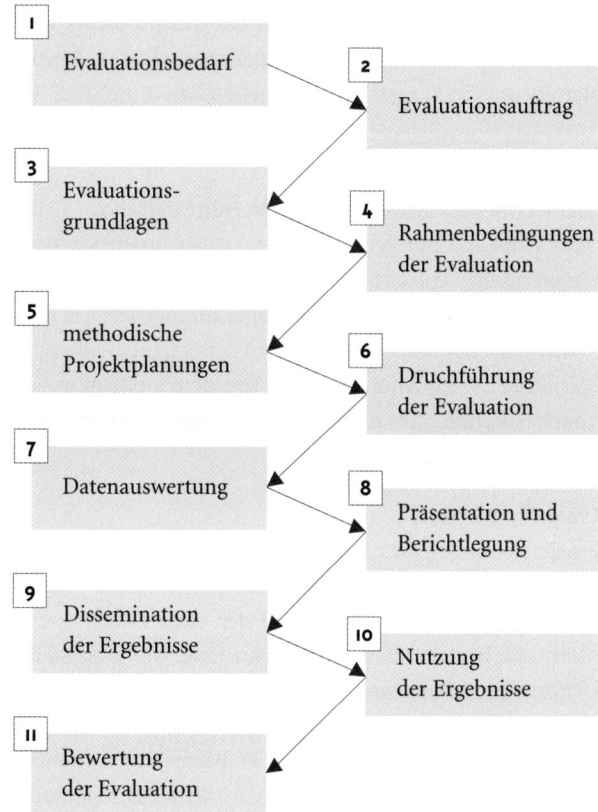

Abbildung 2.4. Normatives Modell des Evaluationsprozesses in 11 Stufen (nach Balzer, 2005). Der Evaluationsprozess beginnt mit dem Evaluationsbedarf und führt u. a. über den Evaluationsauftrag zur Durchführung, Datenauswertung und über weitere Schritte zur Bewertung der Evaluation am Ende des Evaluationsprozesses

Hierzu hat Jäger (1997) vier allgemeine → Gütekriterien formuliert, die auch für Zwecke der Evaluationsforschung Verwendung finden können:

(1) Komplexität eines Evaluationsgegenstandes,
(2) Gültigkeitsbereich einer Fragestellung bzw. Aussage,
(3) Objektivierbarkeit mit den Kriterien Erkennbarkeit, Bestimmbarkeit und Dokumentierbarkeit sowie
(4) Transparenz.

Komplexität eines Evaluationsgegenstands. Die gesamte alltagspraktische Komplexität des Evaluationsgegenstandes (z. B. Qualität der Lehre) muss sich sowohl in der zugrunde liegenden Theorie als auch im methodischen Zugang widerspiegeln. Um Lehrqualität messen zu können, bedarf es klarer theoretischer Annahmen darüber, wie Lehrqualität definiert werden kann, wie Lehrqualität gegenüber verwandten Konstrukten abgegrenzt werden kann und welche Dimensionen (z. B. Anregungsgehalt, gute Struktur, Praxisbezug) die Lehrqualität operationalisieren.

Gültigkeitsbereich einer Fragestellung. Theorien, Modelle, Hypothesen, Fragestellungen, ja selbst Gesetze haben nicht unbedingt eine unbeschränkte Gültigkeit. Daher muss der Bereich, auf den sich die Gültigkeit einer Fragestellung und ihre Anwendbarkeit bezieht, klar definiert und abgegrenzt werden. So kann etwa die Hypothese, dass die Lehrqualität von der Veranstaltungsform (Vorlesung, Seminar oder Übung) abhängt, nur dann korrekt getestet werden, wenn definiert ist, auf welchen Bereich sie sich bezieht: Gilt sie nur für Universität A? Gilt sie nur für das europäische Hochschulsystem? Gilt sie vielleicht sogar universell? Zusätzlich muss angegeben werden, von welchen Randbedingungen die Gültigkeit der Fragestellung abhängt.

Objektivierbarkeit. Voraussetzung für die empirische Erfassung eines Evaluationsgegenstandes ist seine Objektivierbarkeit. Sie kommt in drei Indikatoren zum Tragen:

(1) **Erkennbarkeit.** Der Gegenstand muss der Erkenntnis zugänglich sein. Das impliziert z. B., dass Bestimmungsstücke von Glaubenssystemen nicht empirisch erfassbar sind: Gott wäre also nicht messbar, da er der intersubjektiven Wahrnehmung nicht zugänglich ist. Gute Lehre ist hingegen als Merkmal prinzipiell erfassbar.

(2) **Bestimmbarkeit.** Der Evaluationsgegenstand muss bestimmbar sein, d. h. es muss definiert werden können, welche beobachtbaren Parameter Auskünfte über den Gegenstand liefern können. Der Anregungsgehalt einer Vorlesung muss sich also in bestimmten beobachtbaren Indikatoren manifestieren.

(3) **Dokumentierbarkeit.** Die o. g. Indikatoren müssen so beobachtet bzw. erfasst werden können, dass sie dokumentierbar sind. Wie auch immer sich der Anregungsgehalt einer Vorlesung äußern mag: Es muss möglich sein, diese Manifestationen zu beschreiben und festzuhalten.

Transparenz. Die Regeln, nach denen ein Evaluationsgegenstand erfasst wird, müssen nachvollziehbar, d. h. transparent, sein. Es muss demnach möglich sein, über diese Regeln zu diskutieren, sie in Frage zu stellen und gegebenenfalls zu verändern.

Psychometrische Gütekriterien

Da sich Evaluationsforschung zwangsläufig auf Instrumente stützt, mit welchen die anstehenden Phänomene quantitativ und qualitativ erfasst werden, und man sich auf diese verlassen muss, ist die Produktqualität der Instrumente ein entscheidendes Qualitätsmerkmal der Evaluationsforschung. Kubinger (2004) sowie Schermelleh-Engel et al. (2006) unterscheiden auf der Basis der Vorarbeit des Testkuratoriums der Deutschen Psychologenverbände folgende psychometrischen → Gütekriterien:

▶ **Objektivität.** Die resultierenden Kennwerte sollen unabhängig von irrelevanten Randbedingungen sein. Insbesondere sollen die Werte unabhängig davon sein, wer die Erhebung durchführt (Durchführungsobjektivität), wie die Daten ausgewertet werden (Auswertungsobjektivität) und wer die ausgewerteten Daten interpretiert (Interpretationsobjektivität; → Objektivität).

▶ **Reliabilität.** Die → Reliabilität bezieht sich auf die Genauigkeit der Merkmalserfassung, d. h. Messfehler sollen minimiert werden.

▶ **Validität.** Die → Validität bezieht sich darauf, in welchem Ausmaß es gelingt, das Phänomen zu erfassen, das tatsächlich auch erfasst werden soll.

▶ **Skalierung.** Als Skalierung bezeichnet man die mit Hilfe der → Operationalisierung definierte Vorschrift, wie die Reaktionen von Probanden zu einem Wert zu verrechnen sind. Dabei müssen die empirisch beobachtbaren Verhaltensrelationen wiedergeben werden.

▶ **Normierung.** Die Ergebnisse aus einem vorgegebenen Instrument sind in ein Bezugssystem zu überführen, mit dem die Werte einer Person besser eingeschätzt und bewertet werden können. Bei diesem Bezugssystem kann es sich zum einen um ein soziales Bezugssystem (Welche Werte haben andere Leute?), ein kriteriumsorientiertes Bezugssystem (Wie weit entfernt ist das Verhalten von den Vorstellungen einer Kommission oder einer auf andere

Art und Weise erfolgten Setzung?) oder ein individuelles Bezugssystem (Welchen Wert sollte diese Person unter Berücksichtigung ihrer bisherigen biographischen Entwicklung erreichen?; s. auch Kapitel 3.2; → Normierung).

▶ **Ökonomie des eingesetzten Instruments.** Der Einsatz des Instruments soll möglichst zu einer geringen zeitlichen, finanziellen und persönlichen Beanspruchung von Ressourcen der untersuchten Person, des Evaluators und relevanter Drittpersonen führen.

▶ **Nützlichkeit.** Die Verwendung des fraglichen Instruments hat praktische Relevanz und zieht einen Nutzen nach sich, der höher ist als die entstehenden → Kosten.

▶ **Zumutbarkeit.** Die beteiligten Personen werden durch die Evaluation in zeitlicher, psychischer und körperlicher Hinsicht nicht überstrapaziert.

▶ **Unverfälschbarkeit.** Die eingesetzten Instrumente lassen es nicht zu, dass eine Person ihre Testwerte gezielt verfälschen kann.

▶ **Fairness.** Die Zugehörigkeit einer Person zu einer bestimmten ethnischen, religiösen, soziokulturellen oder sonstigen sozialen Gruppe beeinflusst nicht die Testergebnisse.

Folgt man der Vorgabe von Balzer (2005; s. Abb. 2.4, S. 26), so stellt sich im Fortgang des Evaluationsprozesses die Frage, wie die konkrete Evaluationsforschung zu planen ist.

Interne und externe Validität eines Evaluationsdesigns

Insbesondere bei der methodischen Projektplanung (Punkt 5 in Abb. 2.4, S. 26) kommen wiederum → Gütekriterien ins Spiel. Die Qualität eines Untersuchungsplans (→ Evaluationsdesign) wirkt sich notwendigerweise auf die Qualität der Daten, die Ergebnisse und ihre Interpretierbarkeit bzw. ihre Nützlichkeit aus. Zentral sind hier die Begriffe → interne und → externe Validität.

Definition

Interne Validität. Interne Validität bedeutet, dass ein hypothesenbasiertes Evaluationsdesign in der Lage ist, eine eindeutige Aussage über die Annahme oder die Ablehnung der entsprechenden Hypothese zu liefern.

Externe Validität. Externe Validität bedeutet, dass es möglich ist, die Ergebnisse der Evaluationsuntersuchung auf andere Kontexte zu generalisieren.

Auch wenn interne Validität gegeben ist, ist dies noch keine hinreichende Bedingung für die Gewährleistung der externen Validität.

Lautet die in einer Evaluation zu untersuchende Hypothese etwa „Männliche Dozenten sind schlechter gekleidet als weibliche Dozentinnen", so muss das entsprechende Untersuchungsdesign, das zur Prüfung dieser Hypothese realisiert wird, diese Bedingungen erfüllen:

▶ Das Evaluationsdesign muss die Behauptung eindeutig bejahen oder verneinen können. Das Design hat demnach eine besondere Bedeutung für die interne Validität. Es soll vermieden werden, dass die empirischen Befunde mehrdeutig zu interpretieren sind.

▶ Das Evaluationsdesign muss über die tatsächlich evaluierten Dozenten hinaus Schlussfolgerungen auf die Population aller Dozenten zulassen. Diese Forderung bezieht sich auf die

→ externe Validität: Eine Gewährleistung dieser Schlussfolgerung ist nur möglich, wenn die Evaluationsstichprobe repräsentativ für die Gesamtpopulation ist. Die Schlussfolgerung wird hierbei über eine Generalisierung der Aussagen auf der Basis der ursprünglichen (repräsentativen) Stichprobe erreicht.

Zentral ist in diesem Zusammenhang die Einsicht, dass → interne Validität noch keine hinreichende Bedingung für die Gewährleistung der externen Validität darstellt.

2.3 Evaluationsstandards

Ein Standard ist eine allgemein als richtig anerkannte Regel in Bezug auf eine Tätigkeit, ein Vorgehen, eine Handlung, eine Kompetenz. Solche → Standards gehören in der Industrie zum Alltag und werden bspw. auch für die Lehrerbildung angegangen. Standards sind nichts anderes als Normen, insofern haben sie normativen (Soll-)Charakter. Wer Standards einhält, arbeitet nach den Regeln der Kunst (lateinisch: lege artis, englisch: State of the Art). Ein Verstoß gegen diese Regeln führt zwar nicht per se zu einer rechtlichen Auseinandersetzung. Wenn sich aber ein Geschädigter auf diese Standards bezieht, kann ein Gericht den Beklagten dazu zwingen, diese Regeln einzuhalten, Ersatz von ihm fordern und eine Herstellung des Produkts eben nach den vereinbarten Regeln.

Wie schon in Kapitel 1.2 dargelegt wurde, wurden bereits 1982 in den USA erste Standards für die Evaluationsforschung formuliert. Die neueste Ausgabe der Standards erschien 2006 (Sanders, 2006). Die Deutsche Gesellschaft für Evaluation (DeGEval) hat Evaluationsstandards veröffentlicht, die sich an den Vorgaben aus den USA orientieren. Diese Gesellschaft fordert, dass Evaluationen durch vier grundlegende Eigenschaften gekennzeichnet sein sollen:

(1) Nützlichkeit,
(2) Durchführbarkeit,
(3) Fairness und
(4) Genauigkeit.

Entsprechend formuliert die Gesellschaft Standards für die einzelnen Eigenschaften, die bei einer regelrechten Evaluation eingehalten werden sollen (DeGEval, 2001). Die nachfolgenden Auszüge aus den Standards sind nicht wörtlich wiedergegeben und enthalten auch nicht die Kommentierungen und Ergänzungen aus dem Original.

(1) Nützlichkeitsstandards

Damit sich eine Evaluation an den Informationsbedürfnissen der vorgesehenen Evaluationsnutzer orientiert, hat die DeGEval die nachfolgenden Teilstandards formuliert.

Ermittlung der Beteiligtengruppen. Es sollte bestimmt werden, welche Personen mit der Evaluation befasst oder von ihr betroffen sind, damit auf ihre Anforderungen und Bedürfnisse eingegangen werden kann.

Bestimmung des Evaluationszwecks. Es soll deutlich bestimmt sein, welche Zwecke mit der Evaluation verfolgt werden, so dass sich die Beteiligten und Betroffenen dazu äußern können und das Evaluationsteam von einem klar umrissenen Arbeitsauftrag ausgehen kann.

Glaubwürdigkeit der Evaluatoren. Persönliche Glaubwürdigkeit und fachliche Kompetenz zählen zu den wichtigsten Voraussetzungen für die Glaubwürdigkeit und Akzeptanz bei den Evaluationsergebnissen.

Umfang und Auswahl von Informationen. Sowohl die Auswahl als auch der Umfang der in Evaluationsprojekten erfassten Informationsrecherchen sollten so breit angelegt sein, dass die für den Evaluationsgegenstand notwendigen Fragen angegangen werden können und den Bedürfnissen von Auftraggebern und anderen Beteiligtengruppen entsprochen werden kann.

Transparenz von Werten. Bewertungen basieren auf den Interpretationen, denen Perspektiven, Verfahren und Gedankengänge zugrunde liegen. Eine sorgfältige Beschreibung ist angezeigt, damit die jeweilige Grundlage der Beurteilungen klar ersichtlich ist.

Vollständigkeit und Klarheit des Berichtes. Evaluationsberichte sollen alle notwendigen Informationen enthalten und zugleich leicht verständlich und nachvollziehbar sein.

Rechtzeitigkeit der Evaluation. Wenn Entscheidungsprozesse und Verbesserungsvorschläge auf der Basis von Evaluationsprojekten zustande kommen sollen, dann muss das jeweilige Evaluationsprojekt rechtzeitig begonnen und abgeschlossen werden.

Nutzung und Nutzen der Evaluation. Planung, Durchführung und Berichterstattung einer Evaluation sollen allen Beteiligten ermöglichen, die Evaluation zu verfolgen und deren Ergebnisse zu nutzen.

(2) Durchführbarkeitsstandards
Durchführbarkeitsstandards sollen sicherstellen, dass eine Evaluation möglichst realistisch, gut durchdacht, diplomatisch durchgeführt und kostenbewusst angelegt ist.

Angemessene Verfahren. Die Evaluationsverfahren sollten praxisverträglich in dem Sinne sein, dass die Beschaffung der benötigten Informationen und die Belastungen der Beteiligten und Betroffenen in einem angemessenen Verhältnis von → Kosten und Nutzen stehen.

Diplomatisches Vorgehen. Die Evaluation soll so geplant und durchgeführt werden, dass bei den Beteiligten und Betroffenen eine hohe Akzeptanz hinsichtlich aller Stadien des Evaluationsprozesses erreicht wird.

Effizienz von Evaluation. Aufwand für und Nutzen von Evaluationen sollen in einem angemessenen Verhältnis stehen.

(3) Fairnessstandards
Fairnessstandards sollen sicher stellen, dass während einer Evaluation rechtlich und ethisch korrekt mit allen Beteiligten und Betroffenen umgegangen wird.

Formale Vereinbarungen. Die Pflichten der Vertragsparteien sind schriftlich zu fixieren, um jede Partei zur Erfüllung der Pflichten anzuleiten; gegebenenfalls müssen die Vereinbarungen neu ausgehandelt werden.

Schutz individueller Rechte. Sicherheit, Würde und Rechte der Beteiligten und Betroffenen sind zu schützen.

Vollständige und faire Überprüfung. Mit Hilfe von Evaluationen werden die Stärken und Schwächen des Evaluationsgegenstandes möglichst vollständig und fair überprüft sowie dargestellt. In der Folge können die Stärken weiter entwickelt und die Schwächen angegangen werden.

Unparteiische Durchführung und Berichterstattung. In eine Evaluation sind die unterschiedlichen Sichtweisen der Beteiligten und Betroffenen mit Blick auf den Evaluationsgegenstand und das Evaluationsergebnis einzubeziehen. Evaluationsprozess und -bericht sollen objektiv und fair durchgeführt und vermittelt werden.

Offenlegung der Ergebnisse. Die Evaluationsergebnisse sollen gegenüber allen Beteiligten und Betroffenen nach bestem Wissen und Gewissen zugänglich gemacht werden.

(4) Genauigkeitsstandards

Genauigkeitsstandards stellen sicher, dass eine Evaluation die für den Evaluationsgegenstand und die entsprechenden Fragestellungen validen Informationen bereit stellt.

Beschreibung des Evaluationsgegenstandes. Um eine eindeutige Identifikation des Evaluationsgegenstands zu ermöglichen, ist dieser möglichst klar und genau zu beschreiben und zu dokumentieren.

Kontextanalyse. Jeder Evaluationsgegenstand steht in einem Kontext. Dieser Kontext ist in der notwendigen Detailliertheit zu untersuchen.

Beschreibung von Zielen und Vorgehen. Für eine bestmögliche Identifikation und Einschätzung sind Gegenstand, Zwecke, Fragestellungen und Vorgehen der Evaluation genau zu dokumentieren.

Angabe von Informationsquellen. Um eine hinreichende Transparenz der Verlässlichkeit und Angemessenheit von Informationen zu garantieren, sind die Quellen bestmöglich zu dokumentieren.

Valide und reliable Informationen. Die zur Informationsbeschaffung verwendeten Verfahren sollen reliabel und valide sein.

Systematische Datenüberprüfung. Zur Vermeidung von Fehlern sind die an jeder Stelle des Evaluationsprozesses erhobenen, aufbereiteten, analysierten, interpretierten und präsentierten Informationen einer systematischen Fehlerkontrolle zu unterziehen.

Analyse quantitativer und qualitativer Informationen. Das Gesamt dieser Informationen beschreibt umfassend einen Evaluationsgegenstand; sie sind angemessen und systematisch zu analysieren, um die zugrunde liegenden Fragestellungen optimal beantworten zu können.

Begründete Schlussfolgerungen. Die aus einer Evaluation resultierenden Folgerungen sollten begründet werden, damit sie von Beteiligten und Betroffenen eingeschätzt werden können.

Metaevaluation. Zum Zwecke von → Metaevaluationen sollen die Daten von Evaluationen dokumentiert und gespeichert werden.

2.4 Evaluationsmodelle

Durch die Darstellung des Vorgehens in einem Evaluationsprozess, aber auch im Kontext der vorher vermittelten → Gütekriterien ist deutlich geworden, dass Evaluationsforschung ohne Evaluationsmodelle oder -theorien nicht auskommt. Ihr würde dann der Begründungszusammenhang fehlen.

Evaluationsmodelle sind Instrumente zur Steuerung. Sie bestimmen – sofern sie normativen Charakter haben, wie das Evaluationsprozessmodell von Balzer (2005; s. Abb. 2.4) – welche Teilschritte in einem Evaluationsprozess unabdingbar sind, damit der Ablauf des Prozesses nach den Regeln der Kunst erfolgt. Dieser normative Charakter, also die Vorschrift darüber, wie vorgegangen werden muss, ist bei den im Folgenden darzustellenden Modellen nicht gegeben. Sie sollen – analog der in Kapitel 1 dargestellten Historizität (s. Kap. 1.4, Übersicht 1.4 „Theoretische Positionen der Evaluationsforschung", S. 9) – auf der Basis je einer theoretischen Position skizziert werden.

2.4.1 Methodische und methodologische Orientierungen

Einer der prominenten Vertreter in diesem Bereich ist Tyler (1949), der essentielle Beiträge zur Curriculumforschung und zur Programmevaluation geleistet hat. In seinem Buch „Basic Principles of Curriculum and Instruction" kristallisierte er die Zielfrage als das wesentliche Problem der Evaluationsforschung heraus. Allerdings ging es ihm nur um die Überprüfung der Frage, ob die vorgegebenen Ziele überhaupt erreicht worden sind, nicht um die Evaluation der Ziele selbst. Hierzu hat er mit Blick auf Evaluationen im Bildungsbereich einen Prozess beschrieben, dem eine Evaluation folgen soll:

(1) Formulierung allgemeiner Ziele,
(2) Klassifikation der Ziele,
(3) Beschreibung dieser Ziele durch geeignete Verhaltenskategorien,
(4) Identifikation von Situationen und Bedingungen, in denen das fragliche Verhaltens gezeigt werden kann,
(5) Auswahl oder Entwicklung von wissenschaftlichen Messmethoden zur Überprüfung der Wirkungen,
(6) Datengewinnung und
(7) Vergleich zwischen den empirischen Ergebnissen mit den zuvor definierten Zielen.

Die in Punkt 4 genannte Identifikation von Situationen und Bedingungen, in welcher das fragliche Verhalten gezeigt wird, kann mit Hilfe einer so genannten Tyler-Matrix (Tyler, 1973) geordnet und fixiert werden. In einer solchen Matrix werden nur konkretisierte, eindeutige und vorstrukturierte Verhaltensbeschreibungen aufgenommen, die immer populationsspezifisch sind, weil die Bereiche ausschließlich auf dem Hintergrund der jeweiligen Zielpopulationen definiert werden. Ein Beispiel für eine solche Tyler-Matrix ist in Tabelle 2.1 dargestellt (nach Pfleger, 2003): Hier geht es darum, das Anforderungsprofil für die Ausbildung zur Bibliothekarin zu formulieren. Die Klassifikation von Zielen (s. die Punkte 1 & 2) orientiert sich in diesem Beispiel an der Taxonomie kognitiver Lernziele von Bloom (1956). Es werden drei Verhaltensbereiche genannt, innerhalb derer sich die Lernziele jeweils manifestieren sollen: Regeln und Abläufe, Umgang mit Kunden und EDV.

Tabelle 2.1. Umsetzung einer Tyler-Matrix (Tyler, 1973) am Beispiel eines Anforderungsprofils für die Ausbildung zur Bibliothekarin (Auszug; nach Pfleger, 2003). Für die sechs Lernziele werden Beispiele aus den drei Verhaltensbereichen Regeln und Abläufe, Umgang mit Kunden sowie EDV dargestellt

Lernziele	Verhaltensbereiche		
	Regeln und Abläufe	**Umgang mit Kunden**	**EDV**
(1) Wissen	Kenntnis der Regeln und Fachbegriffe im Bibliothekswesen	Kenntnis des Suchverhaltens und typischer Wünsche der Benutzer	Kenntnis der Grundlagen des elektronischen Registrationssystems und der Dateiformate
(2) Verstehen	Bedeutung, Sinn und Anwendungen von Regeln und Fachbegriffen verstehen	Benutzerfragen verstehen und ggf. antizipieren	Verstehen des Zusammenhangs zwischen Dokument und Datensatz
(3) Anwenden	Regeln und Fachbegriffe richtig gebrauchen	Benutzerfragen beantworten können	Fähigkeit, Registraturkategorien richtig aufzurufen
(4) Analysieren	Den Aufbau von Regelwerken verstehen, wichtige von unwichtigen Regeln unterscheiden	Benutzerwünsche in einzelne Teilfragen zerlegen können	Datensätze nach gespeicherten Inhalten aufrufen und suchen
(5) Synthese	Regelwerke und Fachbegriffe zueinander in Beziehung setzen	Den Benutzern ein umfassendes Angebot machen können	Eine Normdatei erstellen können
(6) Bewerten	Regeln im Einzelfall hinterfragen und Ausnahmen zulassen	Die Tauglichkeit von Recherchesystemen für Benutzer einschätzen können	Unterschiedliche Registratursysteme vergleichend bewerten können

2.4.2 Bewertungsorientierte Ansätze

Ein interessanter theoretischer Ansatz in diesem Kontext ist der von Owens (1973) bzw. Wolf (1975). Beide haben unabhängig voneinander eine ähnliche theoretische Position entwickelt. Weil in diesen bewertungsorientierten Ansätzen zwei unabhängige Experten mit einer hohen Kompetenz in Fragen der Evaluation (oder auch Teams von Evaluatoren) unterschiedliche Positionen vertreten und Pro- bzw. Kontraargumente austauschen, wird auch von einer → gegnerschaftsorientierten Evaluation (→ Adversary Evaluation) gesprochen. Mit Blick auf die Rollen (Anwalt und Gegenanwalt) und dabei einzuhaltenden Regeln bezeichnet Wolf (1979, S. 20) diesen Ansatz auch als „The Judicial Evaluation Method". Eine Veranschaulichung dieses Ansatzes gibt Abbildung 2.5. Die Positionen des Modells entsprechen in gewisser Hinsicht dem Modell von Verhandlungen bei US-amerikanischen Gerichten, wo am Ende eine unabhängige Jury eine Entscheidung zu treffen hat. Die Entscheidung kann auf alle einzelnen Stadien des Evaluationsprozesses bezogen sein, oder auch nur auf einen Teilprozess. So könnte dieses Modell herangezogen werden, um eine Entscheidung über die Evaluationsziele zu treffen. Ausgehend von einer allgemeinen (Evaluations-)Fragestellung werden dann zwei Parteien gebildet (Anwalt und Gegenanwalt), welche aus dem Kreis der Betroffenen und Beteiligten stammen können. Sie befragen die (Evaluations-)Experten zur Sache. Die Methoden der sachlichen Auseinandersetzung sind festgelegt: Mit Hilfe von Plädoyers, Zeugenanhörungen, Verhören und Diskussionen wird um die Sache gerungen. Welches sind die besten Ziele, wie kann das → Evaluationsdesign optimal entwickelt werden, wie ist ein bestimmtes Ergebnis zu interpretieren? Die Jury wird gebildet aus Auftraggeber, Betroffenen und Beteiligten.

Zwei Aspekte haben innerhalb des bewertungsorientierten Ansatzes und mit Blick auf den Evaluationsprozess eine besondere Bedeutung: Bewertungsmaßstäbe und die Bewertung von Ergebnissen.

(1) Die Bewertungsmaßstäbe betreffen die Voraussetzungen zur Bewertung. Dabei wird angenommen, dass ohne eine intensive und diskursive Auslotung am Evaluationsgegenstand orientiert keine Tiefe in der Begründung für Maßstäbe gefunden werden kann.

(2) Die Bewertung von Ergebnissen bezieht sich auf die Schlussfolgerungen, die aus der bereits vollzogenen Evaluation gezogen werden können.

Ein solcher diskursiver Ansatz stärkt die Position des Evaluators insoweit, als ihm nach diesem Modell kaum mehr Parteilichkeit unterstellt werden kann.

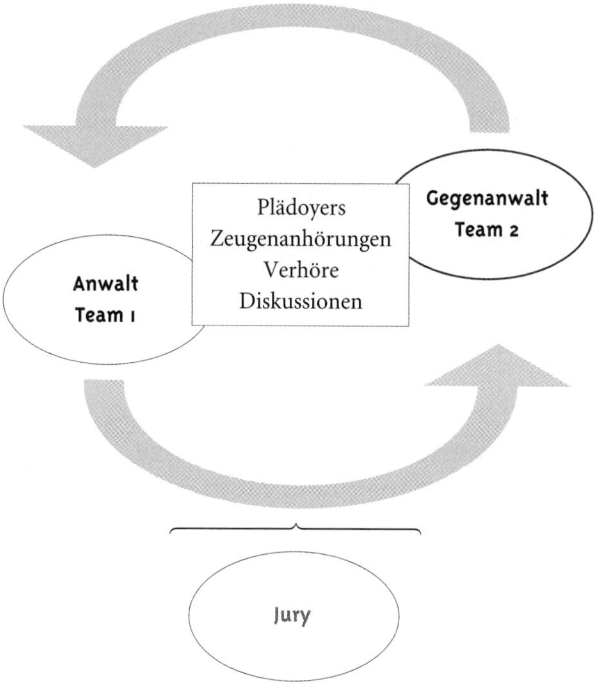

Abbildung 2.5. Veranschaulichung des gegnerschaftsorientierten Ansatzes der Evaluation, auch Judicial Evaluation Method (Wolf, 1979) genannt, weil zwei unabhängige Evaluatoren(-teams) Pro- und Kontraargumente austauschen: **Anwalt/Team 1** und **Gegenanwalt/Team 2**. Diese Methode lehnt sich an den Aufbau US-amerikanischer Gerichtsverhandlungen an, bei denen eine am Ende eine unabhängige Jury die Entscheidung(en) fällt

2.4.3 Nutzungsorientierte Ansätze

Kirkpatrick (1987) war der Erste, der sich detaillierte Gedanken darüber gemacht hat, welchen Zwecken welche Arten von Ergebnissen dienen. Für ein erfolgreiches Evaluationsprojekt fordert er, Ergebnisse auf vier unterschiedlichen Ebenen zu berücksichtigen:

(1) Reaktionsebene (Reaction),

(2) Ebene des Lernerfolges (Learning),

(3) Verhaltensebene (Behavior) und

(4) Ebene objektiver Endergebnisse (Results).

Diese Ebenen werden in Abbildung 2.6 beschrieben und in den Bereich der Evaluation von Bildungsmaßnahmen „übersetzt". Im rechten Teil der Abbildung ist die Position von Kirkpatrick (1987) durch das erweiterte Modell von Schenkel (2000) ergänzt. In Schenkels Modell kommen zwei weitere Ebenen hinzu:

(1) Produktebene: Wie ist die Intervention, das Produkt, als solche zu bewerten? Diese Ebene ist noch vor der Reaktionsebene angesiedelt.

(2) Mehrwertebene (ROI = Return on Investment): Wie zahlt sich die Intervention langfristig betriebswirtschaftlich, volkswirtschaftlich, pädagogisch oder psychologisch aus? Diese Ebene folgt den Endergebnissen.

Es ist zu entnehmen, dass beide Autoren ein konsekutives Modell entwickelt haben, weil die vier Ebenen bei Kirkpatrick (1987) und die Ebenen 0 bis 5 bei Schenkel (2000) nacheinander abgearbeitet werden.

Kirkpatrick	Schenkel
	0. Produktionsebene
	Wie bewerten Experten Bildungsmaßnahmen?
Reaction	**1. Reaktionsebene**
Wie reagieren die Lernenden auf die Bildungsmaßnahme?	
Learning	**2. Lernebene**
Fand eine Verbesserung der Kenntnisse und Fähigkeiten der Lernenden statt?	
Behaviour	**3. Handlungsebene**
Hat sich das Verhalten der Lernenden am Arbeitsplatz verändert?	
Results	**4. Erfolgsebene**
Welche Ergebnisse erzielte die Bildungsmaßnahme insgesamt?	
	5. Return on Investment (ROI)-Ebene
	Wie ist die Bildungsmaßnahme zu beurteilen?

Abbildung 2.6: Integration der Ebenenmodelle von Kirkpatrick (1987) und Schenkel (2000). Die zwei Modelle werden einander gegenübergestellt und zusammengeführt. Schenkel erweiterte die vier Ebenen Kirkpatricks um die Produktions- und die ROI-Ebene

Das Modell von Schenkel (2000) kann noch um eine weitere Ebene und Feedbackschleifen erweitert werden (s. Abb. 2.7):

▶ Der Produktebene wird eine Konzeptionsebene vorangestellt, weil vor der Intervention (dem Produkt) Überlegungen hinsichtlich der Konzeption dieser Intervention stehen. Diese Überlegungen können nun ihrerseits Gegenstand einer Evaluation sein: Eine Intervention könnte nur deshalb nicht wirksam sein, weil ihre Konzeption auf völlig falschen oder unrealistischen Annahmen beruht.

▶ Auf jeder Ebene wird eine Feedback-Schleife berücksichtigt, die zwischen der Ebene und der Optimierung angesiedelt ist. Dadurch wird eine Zwischenevaluation auf der jeweiligen Ebene umgesetzt, deren Ergebnisse in eine Optimierung der gleichen Ebene eingespeist werden. Dieser rekursive Prozess deutet zugleich formal auf ein Vorgehen auf Grund einer → formativen Evaluation hin (s. Kap.1).

▶ Stellt sich heraus, dass diese Optimierung bereits Einfluss auf die erste Ebene nimmt, so muss der Evaluationsprozess vollständig durchlaufen werden. Er kommt erst zum Ende, wenn der Return On Investment (ROI) optimal ist.

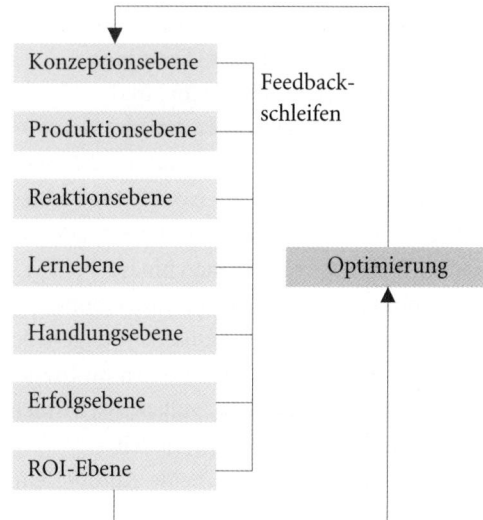

Abbildung 2.7. Das nutzenorientierte Ebenenmodell nach Schenkel (2000) kann um eine Konzeptionsebene und Feedbackschleifen erweitert werden, um eine Optimierung auf jeder Ebene zu erreichen

2.4.4 Normative Ansätze

Das in Abbildung 2.4 dargestellte Makromodell von Balzer (2005) gibt einen groben Rahmen dafür vor, wie der Evaluationsprozess gestaltet werden soll, wenn das Vorgehen wissenschaftlichen Kriterien genügen soll. Dieses Makromodell wird in der Gesamtheit der Ausführungen von Balzer (2005) ausdifferenziert und in ein Mikromodell überführt. Ein Beispiel hierfür liefert Abbildung 2.8. Im linken Teil der Abbildung ist das Makromodell aus Abbildung 2.4 abgetragen; im rechten Teil enthält das Modell für den Bereich Evaluationsgrundlagen eine Ausdifferenzierung. Dabei ist der Bereich „Bestimmung der Akteure der Evaluation" noch in die Unterpunkte Auftraggeber, Entscheidungsträger, Evaluatoren, weitere Beteiligte und Betroffene sowie Akteure im Zusammenspiel unterteilt.

2.5 Zusammenfassung

Worin besteht der Unterschied zwischen einer (Alltags-)Evaluation und der Evaluationsforschung? Zielsetzungen der Evaluationsforschung umfassen im Wesentlichen Zustandsevaluationen, Veränderungsevaluationen und Wirksamkeitsevaluationen.

Gütekriterien. Welche Gütekriterien können herangezogen werden, um die Evaluationsforschung selbst unter die Lupe zu nehmen? Da sich Evaluationsforschung unter bestimmten Randbedingungen (Disziplinen, Bereichen und Fragestellungen) vollzieht, gilt die Präzisierung der Fragestellung bereits als ein erstes Gütekriterium. Hinzu kommen allgemeine Gütekriterien, die als allgemeine Rahmenbedingungen verstanden werden, und klassische Gütekriterien, wie sie aus der Psychometrie bekannt sind. Darüber hinaus spielen die beiden Kriterien interne Validität (Kausalitätsannahmen) und externe Validität (Verallgemeinerbarkeit) eine besondere Rolle.

Standards. In diesem Kontext sind auch Überlegungen zu Standards angesiedelt. Sie gelten als die jeweiligen Regeln der Kunst und sind auf der Basis von Konventionen entstanden;

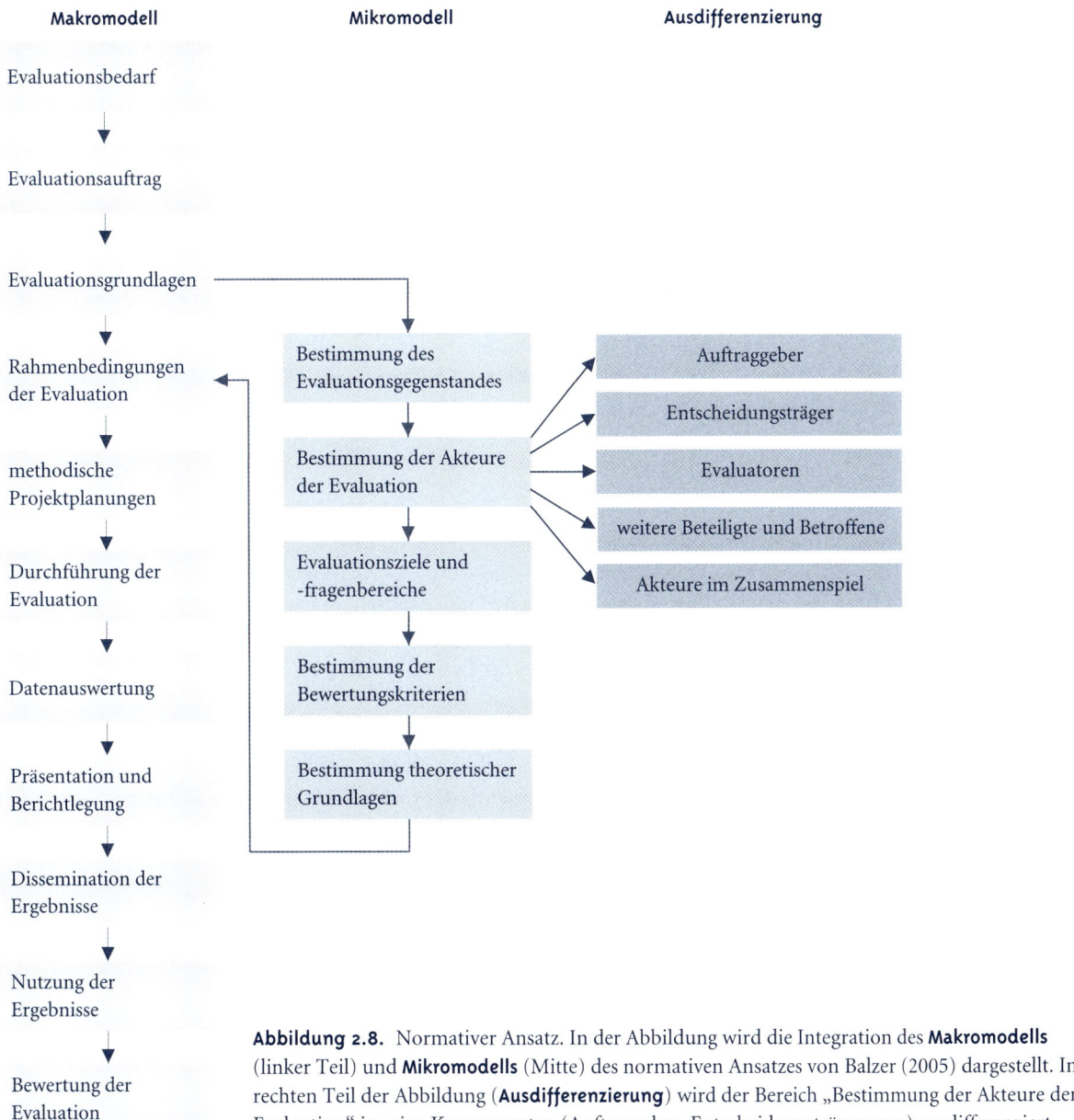

Makromodell

Evaluationsbedarf

Evaluationsauftrag

Evaluationsgrundlagen

Rahmenbedingungen der Evaluation

methodische Projektplanungen

Durchführung der Evaluation

Datenauswertung

Präsentation und Berichtlegung

Dissemination der Ergebnisse

Nutzung der Ergebnisse

Bewertung der Evaluation

Mikromodell

Bestimmung des Evaluationsgegenstandes

Bestimmung der Akteure der Evaluation

Evaluationsziele und -fragenbereiche

Bestimmung der Bewertungskriterien

Bestimmung theoretischer Grundlagen

Ausdifferenzierung

Auftraggeber

Entscheidungsträger

Evaluatoren

weitere Beteiligte und Betroffene

Akteure im Zusammenspiel

Abbildung 2.8. Normativer Ansatz. In der Abbildung wird die Integration des **Makromodells** (linker Teil) und **Mikromodells** (Mitte) des normativen Ansatzes von Balzer (2005) dargestellt. Im rechten Teil der Abbildung (**Ausdifferenzierung**) wird der Bereich „Bestimmung der Akteure der Evaluation" in seine Komponenten (Auftraggeber, Entscheidungsträger usw.) ausdifferenziert

sie werden am Beispiel der Standards der Deutschen Gesellschaft für Evaluation exemplifiziert.

Theoretische Positionen. War bereits in Kapitel 1 in einem historischen Kontext die Frage gestellt worden, welche Vorstellungen und Modelle die Entwicklung der Evaluationsforschung beeinflusst haben, so stand nunmehr die Frage an, wie Vertreter bestimmter Richtungen ihre Position präzisiert haben. Hierzu wurde je eine Position aus den methodischen und methodologischen Ansätzen, bewertungsorientierten Vorgehensweisen, nutzungsorientierten Zugängen und normativen Modellen dargestellt.

2.6 Übungsaufgaben

(1) Beschreiben Sie den Unterschied zwischen Evaluation und Evaluationsforschung.
(2) Was versteht man in der Evaluationsforschung unter dem Begriff Zielsetzung?
(3) Beschreiben Sie jeweils, was man unter den folgenden drei Begriffen versteht:
   (3.1) Zustandsevaluation,
   (3.2) Veränderungsevaluation,
   (3.3) Wirksamkeitsevaluation.
(4) Warum benötigt man Gütekriterien zur Bestimmung darüber, wie gut eine Evaluation ist?
(5) Erklären Sie den Begriff Gütekriterium.
(6) Beschreiben Sie Kriterien, die zur Klasse der allgemeinen Gütekriterien gehören.
(7) Beschreiben Sie Kriterien, die zur Klasse der psychometrischen Gütekriterien gehören.
(8) Warum lassen sich die psychometrischen Gütekriterien auch als Kriterien der Produktqualität beschreiben?
(9) Was versteht man unter
   (9.1) interner Validität und
   (9.2) externer Validität?
(10) Welche Funktion kommt den so genannten Evaluationsstandards zu?
(11) Erklären Sie den Unterschied zwischen Standards und psychometrischen Gütekriterien!
(12) Erläutern Sie einige Hauptkriterien der Evaluationsstandards!
(13) Was versteht man unter Evaluationsmodellen?
(14) Erläutern Sie an Hand eines Beispiels das Modell von Tyler (1949) und erklären Sie, weshalb es sich hierbei um eine methodische/methodologische Orientierung handelt.
(15) Wie funktioniert der bewertungsorientierte Ansatz von Owens (1973) und Wolf (1975)? Erläutern Sie das Modell anhand eines von Ihnen konstruierten Beispiels.
(16) Was ist ein nutzungsorientiertes Modell? Erklären Sie das Beispiel von Kirkpatrick (1987)!
(17) Was ist unter einem normativen Ansatz zu verstehen? Erklären Sie die Hauptebenen des Modells von Balzer (2005)!

Weiterführende Literatur

Wottawa und Thierau (2003) geben einen Überblick über über die Evaluationsforschung und sehen Evaluation insbesondere unter dem Blickwinkel ihres Einsatzes für praktische Zwecke. Es handelt sich um den Klassiker im deutschen Sprachraum.

▶ Wottawa, H. & Thierau, H. (2003). Lehrbuch Evaluation (3. Aufl.). Bern: Huber.

Die Literatur wird durch einen Ansatz von Balzer (2005) ergänzt, der ein normatives Modell entwickelt: Wie muss die Evaluationsforschung ausgerichtet sein, damit sie zu einem erfolgreichen Evaluationsprojekt verhilft?

▶ Balzer, L. (2005). Wie werden Evaluationsprojekte erfolgreich? Landau: Verlag Empirische Pädagogik.

Teil II

„Wann" und „warum"?

Inhaltliche Fragestellungen

3 Evaluation als Beschreibung von Zuständen

Was Sie in diesem Kapitel erwartet

„In unserer Firma läuft es seit einiger Zeit nicht mehr so gut …, finden Sie doch mal heraus, was denn eigentlich los ist, und sagen Sie uns, was wir besser machen können!" Man kann sich gut vorstellen, dass dies einer der ersten Sätze ist, der in einem Telefongespräch zwischen dem Auftraggeber (hier: dem Firmenchef) und dem Evaluator fällt. Evaluationen sind manchmal reine Zustandsdiagnosen: Sind die Firmenmitarbeiter zufrieden? Ist die Schulausbildung in Deutschland gut? Fühlen sich die Bewohner einer Großstadt sicher? Aufgabe des Evaluators ist es, solche Fragen zu präzisieren und einer empirischen Prüfung zu unterziehen. Um einen Ist-Zustand zu bewerten, benötigt er zum

einen Indikatoren des zu messenden Merkmals (Mitarbeiterzufriedenheit, Bildungsniveau, Sicherheitsempfinden usw.) sowie Kriterien, um die jeweiligen Merkmalsausprägungen auch fundiert bewerten zu können. Die Präzisierung des Evaluationsauftrages ist dabei absolut essentiell: Je klarer die Ziele des Auftrags, die Interessen und Erwartungen seitens des Auftraggebers und die zu erfassenden Merkmale sind und je detaillierter die Datenerhebung im Vorhinein geplant wird, desto größer sind die Erfolgsaussichten des Evaluationsprojekts. Alles andere, d.h. die Datensammlung und die statistische Auswertung, läuft dann (fast) von selbst.

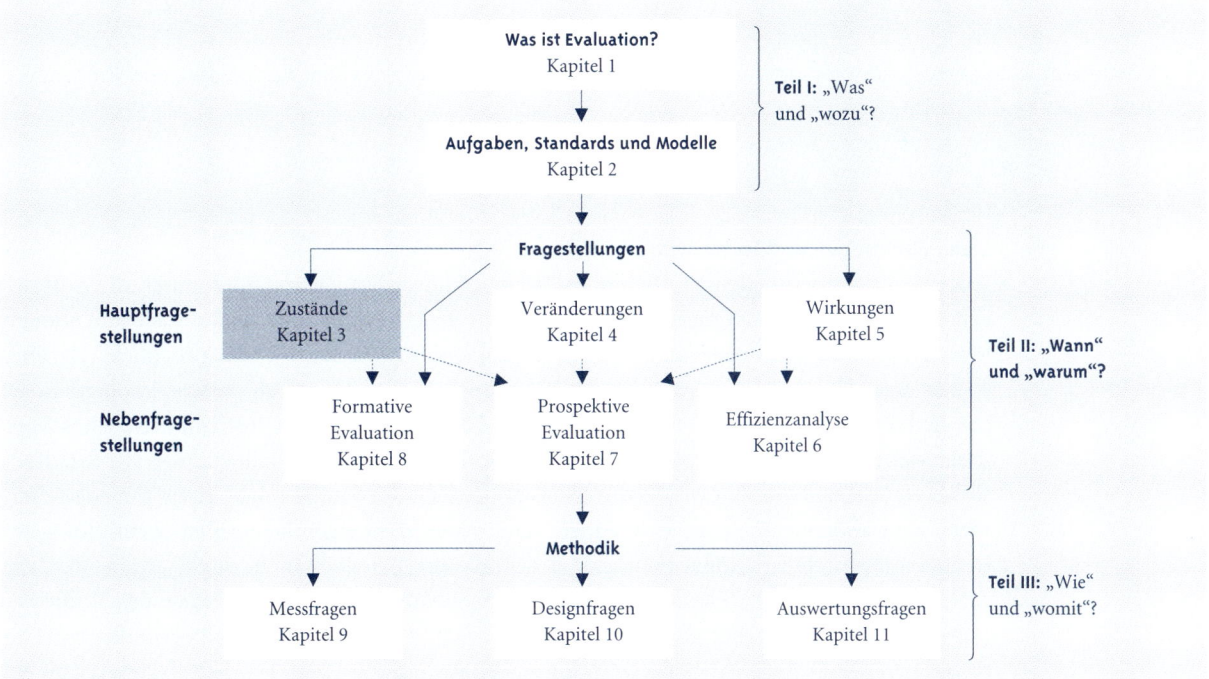

Eine wichtige Funktion von Evaluation besteht in der Beschreibung (Deskription) und Bewertung von Ist-Zuständen. Meist dient eine solche Beschreibung und Bewertung dazu, die Optimierungsbedürftigkeit eines Ist-Zustandes zu ermitteln (→ Need Assessment; s. auch Kap. 7).

Ist-Zustände zu beschreiben und zu bewerten ist im Prinzip nichts anderes als Statusdiagnostik zu betreiben (vgl. Jäger & Petermann, 1998). Der Bezug zwischen Statusdiagnostik und Evaluation wird klar, wenn man Folgendes bedenkt:

▶ Jede diagnostische Fragestellung wird automatisch evaluativ, wenn man dem Befund eine Bewertung zuschreibt: z. B. „Das Abschneiden unserer Universität im ‚Uni-Ranking' ist unbefriedigend" oder „Die Gewaltbelastung an deutschen Schulen ist zu hoch".

▶ Für Evaluationen sind Diagnosen von Ist-Zuständen dann bedeutsam, wenn ausgehend von diesen eine Intervention geplant und durchgeführt wird. Die Intervention soll die Diskrepanz zwischen dem Ist- und Soll-Zustand minimieren. Der Ist-Zustand wird zur Entscheidung darüber benötigt, ob eine Intervention erforderlich ist und wie sie geartet sein sollte.

Eine präzise Beschreibung des Ist-Zustandes ist eine zentrale Voraussetzung dafür, dass Interventionsmaßnahmen effektiv sein können. Werden Ist-Zustände, die im Rahmen einer Intervention verändert werden sollen, nur oberflächlich oder unzureichend beschrieben, so besteht die Gefahr, dass die Intervention auf Vorannahmen basiert, die für die Personen, die an der Intervention teilnehmen, gar nicht erfüllt sind.

Beispiel

Durchschnittswerte gelten nicht für alle!

Ein Vorort im mittleren Westen der USA hatte ein Programm zur → Prävention kriminellen Verhaltens eingeführt und erst danach festgestellt, dass es in dem Vorort überhaupt kein Kriminalitätsproblem gab. Man hatte sich schlicht auf eine für die gesamten USA gültige Statistik verlassen. Die Intervention erwies sich also nicht nur als ineffektiv, sondern vor allem als ökonomisch völlig nutzlos. Hätten die Auftraggeber im Vorhinein eine akkurate Evaluation des Ist-Zustandes vorgenommen, wäre viel Geld gespart worden.

Dies ist ein Beispiel für eine unzulässige Übertragung von Zuständen in der Gesamtpopulation auf Zustände in einer spezifischen Subpopulation (nach Rossi et al., 2004).

Ziele, Funktionen und Nutzenerwartungen

Jedes Evaluationsvorhaben ist mit einem Ziel verbunden. Die Ziele werden durch die Auftraggeber der Evaluation definiert und expliziert. In vielen Fällen sind solche Zielexplikationen jedoch zunächst noch sehr unspezifisch, unrealistisch oder sogar widersprüchlich. Darüber hinaus existieren neben den explizierten Zielen unter Umständen noch weitere, implizite Ziele, die dem Evaluator zunächst nicht bekannt sind. Nehmen wir an, der Justizminister eines Bundeslandes gibt eine Studie in Auftrag, in der die Furcht vor Kriminalität unter Großstadtbewohnern ermittelt werden soll. Zum einen ist das Ziel der Studie noch relativ ungenau definiert, zum anderen ist damit zu rechnen, dass neben dem eigentlichen Ziel (Ermittlung der Kriminalitätsfurcht in Großstädten) mit der Studie noch weitere, nicht direkt explizierte Ziele verfolgt werden sollen. So könnte es sein, dass der Justizminister die Ergebnisse der Studie benötigt, um bestimmte (bereits existierende) politische Entscheidungen zu begründen bzw. zu rechtfertigen, z. B. eine Videoüberwachung auf Straßen und Plätzen. Das Beispiel zeigt, dass ein Evaluationsvorhaben von Seiten des Auftraggebers mit impliziten Funktionen oder Zielen verbunden sein kann, die nicht deckungsgleich mit den expliziten Zielen sind. Eine solche Diskrepanz ist solange unproblematisch, wie sich die Ziele nicht widersprechen. Ist der Justizminister allen möglichen empirischen Ergebnissen der Studie in gleicher Weise gegenüber aufgeschlossen, so besteht kaum Gefahr für die Durchführung des Vorhabens. Ein Evaluationsvorhaben, das hingegen in Erwartung eines spezifischen Ergebnisses in Auftrag gegeben wird, birgt Konfliktpotential und gefährdet im Extremfall nicht nur den Erfolg der Studiendurchführung, sondern auch den Ruf bzw. die Glaubwürdigkeit des Evaluators.

Implizite Nutzenerwartungen. In Anlehnung an Wottawa und Thierau (2003) können u. a. folgende Nutzenerwartungen seitens des Auftraggebers mit der Durchführung eines Evaluationsvorhabens verbunden sein:

► Die Ergebnisse der Evaluation sollen eine mehr oder weniger diffuse Erwartung oder Ahnung des Auftraggebers bestätigen oder konkretisieren: „Irgendwas läuft in unserer Marketingabteilung schief – finden Sie heraus, was es ist!".

► Die Durchführung einer Evaluation wurde vereinbart oder wird von Seiten Dritter erwartet, aber ihre Ergebnisse sind irrelevant. Es muss lediglich demonstriert werden, dass eine Evaluation durchgeführt wurde, z. B. um eine Maßnahme mit dem Gütesiegel „unter wissenschaftlicher Begleitung von …" zu versehen.

► Mit der Evaluation sind konkrete Ergebniserwartungen verknüpft, d. h. die Evaluation dient dazu, bestimmte Maßnahmen, z. B. die Videoüberwachung auf öffentlichen Plätzen, „empirisch" zu rechtfertigen (s. o., Justizministerbeispiel).

► Die Erwartungen des Auftraggebers gegenüber der Evaluation sind neutral und ergebnisoffen. Das zentrale Interesse, das mit der Evaluation verbunden ist, besteht in der Auswahl der besten Entscheidungsalternative (z. B. Entscheidung für eine Interventionsmaßnahme) bzw. der Optimierung einer Maßnahme. Diese Möglichkeit stellt den Optimalfall dar.

Konfliktpotenziale. Implizite Nutzenerwartungen seitens der Auftraggeber können – wenn sie nicht zumindest in Zusammenarbeit mit dem Evaluator expliziert und diskutiert werden – den Erfolg des Evaluationsprojekts gefährden. Dies ist insbesondere dann der Fall, wenn der Auftraggeber den Ergebnissen der Evaluation gegenüber nicht neutral ist, d. h. wenn die Evaluation nicht ergebnisoffen ist. Implizite Nutzenerwartungen bergen damit Konfliktpotenziale, die sich nicht nur auf den Inhalt des Evaluationsprojekts, sondern auch auf die Relationen zwischen allen an der Evaluation Beteiligten beziehen können (s. Abb. 3.1).

Abbildung 3.1 zeigt – bewusst – Negativkonstellationen in Bezug auf die Relationen zwischen drei an einer Evaluation beteiligten Parteien (Auftraggeber, Evaluationsobjekt, Evaluator), um

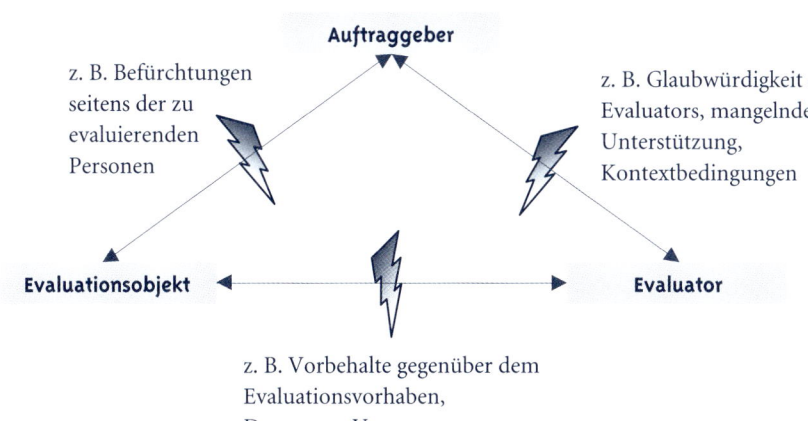

Abbildung 3.1. Beziehungen und Konfliktpotenziale. In den Beziehungen zwischen Auftraggeber, Evaluator und Evaluationsobjekt sind vielfältige Konflikte möglich, z. B. Vorbehalte gegenüber dem Evaluationsvorhaben, mangelnde Unterstützung oder Befürchtungen

deutlich zu machen, wo die Gefahren einer interessensgebundenen Auftragserteilung liegen. Liefert der Evaluator nicht die gewünschten Ergebnisse, so ist damit zu rechnen, dass der Auftraggeber die Qualität der Studie oder sogar die Kompetenz des Evaluators anzweifelt. Handelt es sich bei den Evaluationsobjekten um Personen, z. B. Mitarbeiter einer Firma, so ist damit zu rechnen, dass diese Hypothesen über den Zweck des Evaluationsvorhabens aufstellen. Sollten diese Hypothesen (z. B. „Mit der anstehenden Wirtschaftsprüfung soll ein groß angelegter Stellenabbau gerechtfertigt werden") mit Befürchtungen einhergehen, schlägt sich das nicht nur auf das Verhältnis zwischen Evaluierten und Auftraggeber nieder, sondern wirkt sich im Extremfall qualitätsmindernd auf das Evaluationsvorhaben, die gesammelten Daten und die gewonnenen Ergebnisse aus.

Beteiligtengruppen. Eine wichtige Aufgabe für den Evaluator besteht darin, herauszufinden, wer zu den an der Evaluationsthematik in irgendeiner Weise beteiligten Personen bzw. Gruppen (Stakeholders) gehört. Damit ist weniger eine präzise Bestimmung der Evaluationsobjekte als vielmehr eine Klärung der Rollen und Interessen all jener Personen gemeint, die von den Ergebnissen des Evaluationsvorhabens in irgendeiner Weise betroffen sind. Manchmal sind solche Beteiligten bzw. Beteiligtengruppen im ersten Moment nicht offensichtlich: Ein Schulleiter, der etwas über die Gewaltbelastung an seiner Schule in Erfahrung bringen möchte, scheint für den Evaluator der allein verantwortliche Auftraggeber zu sein. Mit den Ergebnissen wird jedoch am Ende nicht nur der Schulleiter befasst sein, sondern auch das Lehrerkollegium, die Schüler selbst, die Eltern, die Schulbehörde und ggf. noch weitere Stakeholders. Evaluatoren sollten sensibel für die Möglichkeit sein, dass sich die spezifischen Interessen der Stakeholders nicht decken oder sogar widersprechen können. Wie mit solchen Interessenskonflikten umzugehen ist, muss der Evaluator im Einzelfall entscheiden. Grundsätzlich bietet sich jedoch an, alle Stakeholders an den entscheidenden Phasen der Planung, Durchführung und Dokumentation des Evaluationsvorhabens in angemessener Weise zu beteiligen und dabei ein möglichst transparentes und konsensorientiertes Vorgehen zu wählen.

Bestimmungsstücke. Der Auftraggeber muss die Bestimmungsstücke eines Evaluationsvorhabens definieren. Dazu gehört in Anlehnung an Wottawa und Thierau (2003) die Spezifikation
▶ der Funktion des Evaluationsvorhabens,
▶ des gesellschaftlichen Bereichs, auf den sich die Evaluation bezieht,
▶ der Evaluationsobjekte (wer/was wird evaluiert?),
▶ der Evaluationskriterien (die abhängigen Variablen),
▶ der Quellen für die Gewinnung von Informationen über den Evaluationsgegenstand,
▶ der Kontextbedingungen (Ort, Zeit, Rahmenbedingungen, Ressourcen usw.),
▶ der Evaluationsmethodik (wie wird evaluiert?) und
▶ der Art der Verwendung der Evaluationsergebnisse.
Der Evaluator kann und sollte den Auftraggeber bei der Spezifizierung dieser Bestimmungsstücke unterstützen.

Evaluationsgegenstand und -kriterien. Mit der Frage nach dem Evaluationsgegenstand bzw. dem Evaluationskriterium ist die Frage verbunden, was im Rahmen des Vorhabens überhaupt gemessen, erfasst, beurteilt werden soll (Evaluationsgegenstand; s. Übersicht 1.1, S. 7) bzw. nach welchem Kriterium eine Beurteilung vorgenommen werden soll (Evaluationskriterium; s. Übersicht 1.2, S. 7).

Datenquellen. Ein Evaluationsgegenstand kann auf ein bestimmtes Evaluationsobjekt bezogen sein, aber die Daten, die etwas über diesen Gegenstand aussagen sollen, können ihrerseits aus unterschiedlichen Quellen stammen. Bei einigen Fragen ist nur eine einzige Datenquelle sinnvoll, bspw. bei einer HIV-Diagnose die Blutbilduntersuchung der betreffenden Person. Bei anderen Fragen wiederum macht eine Beurteilung des gleichen Gegenstandes aus unterschiedlichen Perspektiven Sinn. Eine Beurteilung der Arbeitseffizienz von Firmenmitarbeitern kann aus der Perspektive der Vorgesetzten, externer Gutachter oder aber der Mitarbeiter selbst vorgenommen werden. Eine Beurteilung des Leidensdrucks einer Person (zur Klärung ihrer Therapiebedürftigkeit) kann durch die Person selbst, aber auch durch ihre Angehörigen, Freunde, Arbeitskollegen usw. erfolgen. Unterschiedliche Datenquellen zur Erfassung des Evaluationsgegenstandes heranzuziehen hat mindestens drei Vorteile:

(1) Jede einzelne Datenquelle kann nur beschränkte Informationen über den Gegenstand liefern. Um das Sozialverhalten eines Kindes beurteilen zu können, ist es z. B. sinnvoll, Lehrer, Mitschüler, Eltern und Freunde zu befragen. Sie alle erleben das Kind in unterschiedlichen Kontexten. Eine Aggregation über Kontexte hinweg kann wichtige Details eröffnen und erlaubt eine größere Generalisierbarkeit des diagnostischen Urteils.

(2) Bei jeder Messung kann es zu unsystematischen Fehlern kommen, die hoch situationsspezifisch sind. Eine aggregierte Betrachtung eines Gegenstandes über mehrere Datenquellen hinweg trägt dazu bei, dass sich solche unsystematischen Messfehler ausmitteln und dadurch die Genauigkeit ($\rightarrow$ Reliabilität) des diagnostischen Urteils erhöhen.

(3) Die Akzeptanz des Evaluationsergebnisses ist höher, wenn die Meinung unterschiedlicher „Experten" gehört wird.

3.1 Kennwerte zur Beschreibung von Ist-Zuständen

Im Folgenden werden wir die Deskriptivstatistik (beschreibende Statistik), die Inferenzstatistik (schließende Statistik) sowie die Epidemiologie (Lehre von der Verbreitung von Krankheiten) bemühen, um einige Ansätze der quantitativen Beschreibung von Ist-Zuständen auf Gruppenebene kennen zu lernen. Von Gruppe sprechen wir – abweichend von der engen sozialpsychologischen Definition – in diesem Kontext, wenn es sich bei den Evaluationsobjekten um Einheiten handelt, die aus mehreren Personen bestehen, z. B. Familien, Schulklassen, Firmenmitarbeitern oder ganzen Populationen. Die Evaluationsgegenstände bzw. -kriterien, die dabei gemessen werden, sind dementsprechend Gruppenvariablen.

Prinzipiell kann man zwei Arten von Gruppenvariablen unterscheiden:

(1) Aggregierte Personvariablen, d.h. Variablen, die eigentlich auf Personebene berechnet werden, als Indikator für die Gruppe jedoch über alle Personen in der Gruppe hinweg aggregiert werden, z. B. die durchschnittliche Leistung einer Schulklasse, die durchschnittliche Arbeitszufriedenheit in einem Team.

(2) Echte Gruppenvariablen, d. h. Variablen, die nur auf Gruppenebene berechnet werden können. Zu solchen Variablen gehören beispielsweise:

  ▶ alle Arten von Häufigkeitsindikatoren, z. B. das Geschlechterverhältnis, Inzidenzen und Prävalenzen (s. u.),

  ▶ Eigenschaften des Gruppenleiters (etwa Führungsstil), der Gruppenarbeit (wie die Art der Aufgabe) oder bestimmte Gruppenfunktionen, sowie

  ▶ soziometrische Gruppenkennwerte wie Kohäsion oder Zentralisation (Dollase, 1973).

Populationsverteilungen

Ist mit Gruppe eine gesamte Population gemeint (alle Deutschen, alle deutschen Schüler, alle Frauen usw.), so steht man vor dem Problem, dass eine Merkmalserfassung auf Populationsebene unmöglich ist. Zum einen gibt es mehr oder weniger ständige Fluktuationen in der Population: die Menge aller Deutschen und aller Frauen wechselt sekündlich; die Menge aller deutschen Schüler wechselt vor allem zu Beginn eines Schuljahres. Zum anderen wäre eine Totalerhebung äußerst unökonomisch. Wir wissen jedoch aus der Inferenzstatistik, dass es unter relativ überschaubaren Annahmen möglich ist, Aussagen über Populationen auf der Basis von Stichprobenziehungen zu treffen. Voraussetzung ist, dass die → Stichprobe repräsentativ für die Population ist. Im Hinblick auf die → Repräsentativität einer Stichprobe für die Population unterscheidet man dabei

▶ globale Repräsentativität, d. h. die Stichprobe ist hinsichtlich aller Merkmale repräsentativ für die Population und

▶ spezifische Repräsentativität, d. h. die Stichprobe ist hinsichtlich bestimmter Merkmale repräsentativ für die Population.

Probabilistische Stichproben. Über die Repräsentativität einer Stichprobe entscheidet dabei weniger ihre absolute Größe, sondern eher, ob die Wahrscheinlichkeit, mit der ein beliebiges Element der Population (d. h. ein bestimmter Schüler aus der Menge aller Schüler, eine bestimmte Frau aus der Menge aller Frauen) in die Stichprobe „gezogen" wird, bekannt oder zumindest prinzipiell kontrollierbar ist. In diesem Fall spricht man von einer → probabilistischen Stichprobe. Man unterscheidet vier Arten probabilistischer Stichproben:

(1) Einfache Zufallsstichproben sind Stichproben, bei denen jedes Element der Population prinzipiell mit der gleichen Wahrscheinlichkeit gezogen werden kann.

(2) Klumpenstichproben sind solche, die in bereits vorgruppierten Teilmengen (z. B. Schulklassen, Kliniken) existieren, wobei die Teilmengen allerdings aus der Menge aller möglichen Teilmengen zufällig gezogen werden. Innerhalb der Klumpen werden alle Elemente erfasst.

(3) Mehrstufige Stichproben sind Klumpenstichproben, in denen die Elemente innerhalb der Klumpen nicht vollständig erfasst werden; vielmehr werden hier auch innerhalb der Klumpen Zufallsstichproben von Elementen erhoben.

(4) Geschichtete Stichproben sind solche, bei denen aus vorher definierten Teilpopulationen (z. B. Männer/Frauen; Alterskategorien: <20/20−50/>50 Jahre) zufällig Elemente gezogen werden.

Gelegenheitsstichprobe. Stichproben, bei denen die Wahrscheinlichkeit, mit der ein beliebiges Element der Population in die Stichprobe gezogen wird, unbekannt oder unkontrollierbar ist, nennt man → nicht-probabilistische Stichproben. Zu ihnen gehört die so genannte Gelegenheitsstichprobe oder ad-hoc Stichprobe. Sie rekrutiert sich aus Elementen, die zum Zeitpunkt der Messung gerade „zufällig" verfügbar sind, also bspw. Passanten auf der Straße zu einem bestimmten Tag oder Studierende, die eine bestimmte Vorlesung besuchen. Auch wenn es so scheint, als handele es sich hier um eine Zufallsstichprobe, so ist doch zu bedenken, dass nicht alle Elemente der Population die gleiche Chance haben, in diese Stichprobe gezogen zu werden.

Mittelwert und Varianz. Für viele Merkmale wird angenommen, dass sie in der Population normalverteilt sind. Das bedeutet:

▶ Alle Werte verteilen sich um einen Erwartungswert (μ).

▶ Dieser Erwartungswert ist gleichzeitig Modalwert und Median der Verteilung, d. h. die Werte verteilen sich um μ herum symmetrisch.

▶ Die Verteilung wird durch zwei Wendepunkte beschrieben, nämlich $W_1 = \mu - \sigma$ und $W_2 = \mu + \sigma$.

Eine Normalverteilung wird demnach durch die beiden Populationsparameter Mittelwert (μ) und Streuung (σ) hinreichend beschrieben. Entsprechend sind der Stichprobenmittelwert ($\bar{x}$) und die Stichprobenstreuung ($\hat{\sigma}_x$) diejenigen Stichprobenkennwerte, die die Populationsverteilung am besten beschreiben.

Häufigkeitsaussagen auf Populationsebene

Fragen, die mit „Wie viel …?" oder „Wie oft …?" beginnen, implizieren Häufigkeiten. Häufigkeiten gehören zu den einfachsten Kennwerten der beschreibenden (deskriptiven) Statistik: Um die Frage zu beantworten „Wie viele Universitäten gibt es in Deutschland?" muss man deren Anzahl einfach abzählen. Andere Fragen klingen ähnlich simpel, sind jedoch wesentlich schwieriger zu beantworten, z. B. „Wie viele Menschen sind in Deutschland HIV-positiv?". Worin besteht nun diese Schwierigkeit?

Zeitliche Fluktuation. Die Anzahl HIV-Positiver fluktuiert ständig und ist daher nie exakt zu bestimmen. Das zu erfassende Merkmal unterliegt einer so starken zeitlichen Dynamik, dass seine Erfassung einen Bezugspunkt braucht. Man kann die Zahl HIV-Positiver nur zu einem gegebenen Zeitpunkt erfassen.

Unmöglichkeit einer Totalerhebung. Selbst wenn die Anzahl der HIV-Positiven nicht ständig fluktuieren würde, so ist es dennoch aus praktischen oder datenschutzrechtlichen Gründen fast unmöglich, ihre tatsächliche Anzahl statistisch zu erfassen.

Hellfeld vs. Dunkelfeld. HIV-Diagnosen können nur in bestimmten Fällen gestellt werden, z. B. wenn sich eine Person zum AIDS-Test entschließt oder eine Blutspende abgibt. Die Schätzung der Anzahl positiver AIDS-Tests ist damit auf das Hellfeld angewiesen; über das Dunkelfeld sind im besten Falle lediglich Schätzungen möglich.

Definition

Hellfeld und Dunkelfeld

Das Begriffspaar „Hellfeld-Dunkelfeld" stammt aus der Kriminologie und bezieht sich auf den Gegensatz zwischen der offiziell registrierten Anzahl begangener Straftaten (Hellfeld) und der – vermutlich weitaus höheren – Anzahl wirklich begangener, aber nicht registrierter (d. h. nicht zur Anzeige gebrachter) Straftaten (Dunkelfeld).

Das Problem der Fluktuation von Phänomenen oder Merkmalen über einen Zeitraum lässt sich nicht lösen, nur präzisieren: Entsprechende statistische Kennwerte müssen in solchen Fällen zu zeitlichen Parametern in Bezug gesetzt werden. Kennwerte mit Zeitbezug stammen aus der Epidemiologie. Man betrachtet dabei die Anzahl der registrierten „positiven Fälle", also all denjenigen, die die jeweilige Krankheit – oder allgemeiner: das jeweilige Merkmal – aufweisen.

Prävalenz. Die → Prävalenz gibt die Anzahl all jener Individuen in einer Population (oder → Stichprobe) an, die zu einem bestimmten Zeitpunkt (Punktprävalenz) oder während einer bestimmten Zeitperiode (Periodenprävalenz) als positiv diagnostiziert wurden. Relativiert an der Gesamtzahl aller erfassten Individuen spricht man von der Prävalenzrate. Die Prävalenz hängt u. a. ab von

▶ der Schwere der Krankheit und ihrer Mortalitätsquote: wenn viele Menschen an der Krankheit sterben, dann ist die Prävalenz paradoxerweise geringer,

▶ der Krankheitsdauer: die Prävalenz ist bei kürzeren Krankheiten niedriger; und

▶ der Anzahl der Neuerkrankungen innerhalb einer Periode (→ Inzidenz; s. u.).

Lebenszeitprävalenz. Die Lebenszeitprävalenz ist eine Periodenprävalenz, bei der die Periode eine gesamte Lebensspanne ist. Sie gibt die Wahrscheinlichkeit (relative Häufigkeit) an, mit der ein Mensch mindestens einmal im Leben positiv diagnostiziert wird.

Inzidenz. Die Inzidenz gibt die Anzahl der neu hinzukommenden Positiven innerhalb eines bestimmten Zeitraumes (meist eines Jahres) an.

▶ Die kumulative Inzidenz gibt die Anzahl der innerhalb einer Periode neu Erkrankten relativiert an der Menge aller zu Beginn der Periode Untersuchten an.

▶ Spezifische Inzidenzen kann man dann berechnen, wenn sich die Inzidenzraten in Abhängigkeit von bestimmten demografischen Merkmalen unterscheiden, z. B. dem Alter der Untersuchten – dann spricht man von „altersspezifischer Inzidenz".

3.2 Vergleichskriterien

Diagnostische Befunde sind zunächst einmal wertfrei. Die Aussage „Im März 2006 waren 4.975.758 Menschen in Deutschland arbeitslos gemeldet" beinhaltet noch keine Wertung. Zur Bewertung eines Ist-Zustandes werden daher Vergleiche herangezogen. Ein Vergleichskriterium kann normativ vorgegeben oder empirisch ermittelt sein.

3.2.1 Normative Vergleiche

Unter normativen Vergleichen versteht man Vergleiche an vorher festgelegten Kriterien (sog. →Benchmarks). Eine solche Festlegung kann anhand von Idealnormen (bzw. kriterialen Normen) oder anhand von Realnormen geschehen.

Idealnormen. Solche Kriterien repräsentieren ein definiertes „Ideal", z. B.

▶ „Eine Arbeitslosenquote in Deutschland von 7 %",

▶ „Keine neu aufgetretenen Fälle von Kinderlähmung im Jahr 2006", oder

▶ „Ein Durchschnittswert für deutsche Schüler beim PISA-Untertest Mathematische Fähigkeiten von 600 Punkten".

Idealnormen sind Soll-Zustände. Die Setzung solcher Normen muss begründet werden. Idealnormen können im Prinzip auch ideologisch begründet sein. In diesem Fall muss man aber darauf achten, dass sie realistisch sind – ansonsten wären sie nämlich nutzlos. Wer etwa heutzutage noch die Idealnorm Vollbeschäftigung für den deutschen Arbeitsmarkt propagiert, der dürfte nicht ganz ernst genommen werden.

Kriteriale Normen. Vor allem bei der Bewertung von Schülern durch Schulnoten spricht man von Kriterialnormen. Sie sind ebenfalls Idealnormen, denn auch sie geben ein Kriterium vor, das entweder erreicht wird oder nicht. So könnte ein Lehrer definieren, dass die Schüler mindestens die Hälfte der Punkte in einem Mathematiktest erreichen müssen, um noch ein „ausreichend" zu bekommen.

Realnormen. Wenn keine Idealnormen vorliegen oder wenn sie nicht ausreichend begründbar oder unrealistisch sind, kann man sich zum Vergleich auch an Realnormen orientieren. Dabei handelt es sich meist um vorher ermittelte Durchschnittswerte; sie repräsentieren die „Normalität". Beim PISA-Test ist etwa jeder Untertest so normiert, dass im Durchschnitt 500 Punkte erreicht werden können. Ein Ergebnis von 500 Punkten wären damit normal (im Sinne von durchschnittlich), aber nicht unbedingt ideal.

3.2.2 Empirische Vergleiche

Eng verwandt mit der Orientierung an Realnormen sind empirisch ermittelte Vergleichskriterien. Auch hier wird ein Ist-Zustand mit einem empirisch ermittelten Kriterium in Beziehung gesetzt. Anders als bei der Realnormorientierung steht hier aber nicht die Abweichung von der Normalität im Vordergrund. Vielmehr geht es um den Vergleich zweier unterschiedlicher Ist-Zustände.

Sozialer Vergleich. Eine Person (oder eine Gruppe) x_1 wird mit einer Referenzperson (bzw. einer Referenzgruppe) x_2 verglichen. Um bspw. die Arbeitslosenquote in Rheinland Pfalz (x_1) im März 2006 zu bewerten, könnte man sie mit der Arbeitslosenquote eines anderen Bundeslandes (x_2) vergleichen. Die Wahl der jeweiligen Vergleichsperson bzw. der Vergleichsgruppe muss inhaltlich begründet werden.

Temporaler Vergleich. Der Zustand einer Person (oder einer Gruppe) x zum Zeitpunkt t_i wird mit einem früheren (oder späteren) Zustand der gleichen Person (bzw. der gleichen Gruppe) zum Zeitpunkt t_i verglichen. Um die Lesekompetenz deutscher Hauptschüler im PISA-Test 2003 zu bewerten, könnte man die Ergebnisse aus dem Jahre 2003 mit den Ergebnissen aus dem Jahr 2000 vergleichen. Auch hier muss die Wahl des Referenzzeitpunktes inhaltlich begründet werden.

3.3 Kriterien zur Bewertung statistischer Bedeutsamkeit

Um zu beurteilen, ob der Unterschied zwischen einem Ist-Zustand und einer Idealnorm, einer Realnorm, einer Vergleichskategorie oder einem Vergleichszeitpunkt als bedeutsam zu betrachten ist oder nicht, muss er anhand statistischer Kriterien bewertet werden. Im Falle eines Einzelwertes wird dieser Wert unter der Verteilung aller möglichen Testwerte (Populationsverteilung) beurteilt; dies nennt man Normierungsvergleich. Bei Gruppenkennwerten bietet es sich an, diese einem inferenzstatistischen Test zu unterziehen.

3.3.1 Statistische Normvergleiche auf Einzelfallebene

Um zu überprüfen, ob der Wert einer Person X signifikant vom Populationsmittelwert abweicht, muss man zunächst einmal die Verteilung der Kennwerte in der Population kennen. Da die Population nicht vollständig erfasst werden kann, ist eine Ermittlung der tatsächlichen

Populationsverteilung empirisch unmöglich. Man kann allerdings davon ausgehen, dass eine → probabilistische Stichprobe geeignet ist, den Populationsmittelwert und die Populationsstreuung hinreichend gut zu schätzen. Bei der Konstruktion und Normierung psychologischer Testverfahren spricht man von → Eichstichproben.

Standardwerte. Man kann einen Einzelwert (x_i) in einen → Standardwert (→ z-Wert) transformieren, indem man von diesem den Mittelwert der Eichstichprobe ($\bar{x}$) bzw. den Populationsmittelwert (μ) abzieht und die Differenz durch die Streuung der Eichstichprobe (s_x) bzw. die Populationsstreuung (σ_x) teilt:

$$z = \frac{x - \bar{x}}{s_x} \quad \text{bzw.} \quad z = \frac{x - \mu}{\sigma_x}.$$

Solche z-Werte erlauben eine direkte Beurteilung eines Wertes x_i im Vergleich mit allen anderen Werten in der Vergleichsstichprobe (Realnormvergleich). Vorteilhaft ist, dass z-Werte unabhängig von Mittelwert und Streuung der Eichstichprobe interpretierbar sind: Ein Wert von $z = 0$ bedeutet, dass der Wert einer Person genau dem Durchschnitt aller Personen in der Eichstichprobe entspricht. Ein Wert von $z = -1$ bedeutet, dass der Wert einer Person genau eine Streuungseinheit unter dem Durchschnitt liegt, während ein Wert von $z = +1$ bedeutet, dass der Wert einer Person genau eine Streuungseinheit über dem Durchschnitt liegt.

!

Bewertung von Normalität anhand von Realnormen

Als durchschnittlich werden Werte bezeichnet, die innerhalb eines Bereichs von ±1 Standardabweichungseinheiten um den Mittelwert herum liegen. Werte größer als +1 Standardabweichungseinheiten werden als überdurchschnittlich, Werte kleiner als −1 Standardabweichungseinheiten werden als unterdurchschnittlich bezeichnet.

Wahrscheinlichkeit. Wenn man davon ausgehen kann, dass die Verteilung des Merkmals in der Population normalverteilt ist, so ist es zudem möglich, die Wahrscheinlichkeit von Werten unter der Verteilung aller möglichen Werte zu berechnen. Im Falle der z-Verteilung (Standardnormalverteilung) spricht man dabei von einem z-Test. Der Wertebereich zwischen $z = 1{,}5$ und $z = \infty$ (unendlich) markiert eine Fläche von $p = 0{,}067 = 6{,}7\,\%$ unter der Kurve (siehe den blau gerasterten Bereich in Abb. 3.2). Das bedeutet: Die Wahrscheinlichkeit, dass eine zufällig aus der Population gezogene Person einen Wert von $z = 1{,}5$ oder größer hat, beträgt $p = 6{,}7\,\%$.

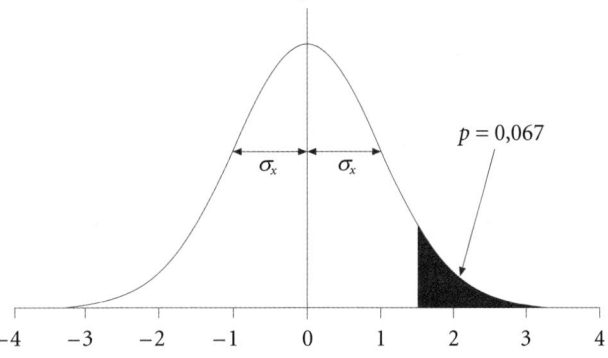

Abbildung 3.2. Standardnormalverteilung (z-Verteilung). Der Mittelwert (μ) beträgt 0, die Standardabweichung (σ_x) beträgt 1. Blau markiert ist der Wertebereich zwischen $z = 1{,}5$ und $z = \infty$. Der entsprechende Flächenanteil, d. h. die Wahrscheinlichkeit eines z-Wertes von 1,5 oder größer, beträgt $p = 0{,}067 = 6{,}7\,\%$.

Prozentränge/Perzentile. Die Bewertung eines Einzelwertes im Vergleich zu Mittelwert und Streuung einer → Eichstichprobe bezeichnet man als Standardnormierung. Sie ist nur möglich, wenn das Merkmal in der Population tatsächlich normalverteilt ist. Ist Normalverteilung nicht gegeben, so bietet es sich an, stattdessen den → Prozentrang oder das → Perzentil eines Einzelwertes anzugeben. Damit ist gemeint, dass man für einen beliebigen Wert (unter allen möglichen Werten) angeben kann, wie viel Prozent der Fälle einen niedrigeren Wert (oder einen höheren Wert) haben.

Beispiel

Mathematische Kompetenz baden-württembergischer Schüler

Im PISA-2003-Untertest „Mathematische Kompetenz" schnitten Schüler aus Baden-Württemberg vergleichsweise sehr gut ab: Lediglich 5 % erreichten einen Wert von 496 (oder schlechter), 10 % erreichten einen Wert von 518 (oder schlechter), 10 % erreichten einen Wert von 660 (oder besser). Das arithmetische Mittel aller baden-württembergischer Schüler lag in diesem Untertest bei $M = 599$ Punkten (Prenzel et al., 2004, 2005).

3.3.2 Statistische Tests auf Gruppenebene

Auf Gruppenebene lassen sich mit Hilfe statistischer Tests u. a. folgende Fragen klären:

▶ Weicht der Wert einer Gruppe X signifikant von einem a priori definierten Idealwert ab (Vergleich mit einer Idealnorm)?

▶ Weicht der Wert einer Gruppe X signifikant vom Durchschnitt aller Personen in der Population ab (Vergleich mit einer Realnorm)?

▶ Weicht der Wert einer Gruppe X signifikant vom Wert einer Gruppe Y ab (sozialer Vergleich)?

▶ Weicht der Wert einer Gruppe X zum Zeitpunkt t_i signifikant von ihrem Wert zum Zeitpunkt t_i ab (temporaler Vergleich)?

Mit der letzten Frage werden wir uns in Kapitel 4 (Evaluation als Beschreibung von Veränderungen) beschäftigen. Für die drei übrigen Fragestellungen werden wir nun die dazugehörigen statistischen Tests nennen und ein kurzes Beispiel besprechen. Aus der Menge der möglichen statistischen Kennwerte greifen wir uns dabei die zwei bekanntesten heraus: Mittelwert und Häufigkeit.

Statistische Tests für Mittelwerte

Idealnormvergleiche. Für den statistischen Vergleich eines Mittelwerts mit einer Idealnorm muss zum einen der Idealwert (μ) definiert werden, zum anderen muss die Populationsstreuung des entsprechenden Merkmals (σ_x) bekannt sein. Ist das der Fall, so kann der Idealnormvergleich anhand eines z-Tests vorgenommen werden.

Beispiel

Wie gut können deutsche Schüler Probleme lösen?

Es hat sich in der PISA-Studie 2003 gezeigt, dass deutsche Schüler im Fähigkeitsbereich „Problemlösen" im Durchschnitt $\bar{x} = 513$ Punkte erzielten. Die Werte sind bei PISA so normiert, dass ein Wert von $\mu = 500$ den Populationsdurchschnitt und ein Wert von $\sigma = 100$ die Populationsstreuung darstellt. Ein deutscher Kommunalpolitiker wird in seiner Lokalzeitung mit den Worten zitiert: „Ideal wäre es, wenn die deutschen Schüler genau eine Standardabweichung besser wären als alle anderen!" Demnach wäre – zumindest für diesen Politiker – 600 Punkte die Idealnorm. Die Frage lautet nun: Weicht die Leistung der deutschen Schüler signifikant von dieser Idealnorm ab, d. h. sind die Deutschen signifikant schlechter als 600 Punkte? Die Lösung dieser Frage anhand eines z-Tests finden Sie auf der CD.

Realnormvergleiche. Für den statistischen Vergleich eines Mittelwerts mit einer Realnorm müssen der Populationsmittelwert und die Populationsstreuung zwar nicht bekannt, aber aus den Daten schätzbar sein. Ist das der Fall, so kann der Idealnormvergleich anhand eines Ein-Gruppen-t-Tests (One-Sample t-Test) vorgenommen werden.

Beispiel

Ist die Klasse 7d besser als der Bundesdurchschnitt?

Während also der Bundesdurchschnitt im PISA-Fähigkeitsbereich „Problemlösen" bei $\bar{x} = 513$ liegt ($\hat{\sigma}_x = 95$), hat die Klasse 7d des Heinrich-Heine-Gymnasiums in Düsseldorf nun einen Wert von $\bar{x} = 520$ erreicht. Nun stellt sich die Frage: Kann diese Klasse signifikant besser Probleme lösen als der Bundesdurchschnitt? Die Lösung dieser Frage anhand eines Ein-Gruppen-t-Tests finden Sie auf der CD.

Soziale Vergleiche: Mittelwertunterschiede. Für Vergleiche zwischen zwei (oder mehreren) Gruppen werden die Gruppenmittelwerte daraufhin überprüft, ob sie signifikant voneinander abweichen. Für einen Zwei-Gruppen-Vergleich wird hierfür der t-Test für unabhängige Stichproben, für Mehr-Gruppen-Vergleiche die Varianzanalyse verwendet.

Beispiel

Lösen deutsche Schüler Probleme besser als österreichische Schüler?

Deutsche Schüler erreichten im PISA-Fähigkeitsbereich „Problemlösen" im Durchschnitt $\bar{x}_1 = 513$ Punkte ($\hat{\sigma}_{x_1} = 95$). Österreichische Schüler erzielten im Durchschnitt $\bar{x}_2 = 508$ Punkte ($\hat{\sigma}_{x_2} = 85$). Nun stellt sich die Frage: Sind deutsche Schüler in diesem Test signifikant besser als österreichische? Die Lösung dieser Frage anhand eines t-Tests für unabhängige Stichproben finden Sie auf der CD.

Statistische Tests für Häufigkeiten

Real- und Idealnormvergleiche. Man vergleicht die Häufigkeitsverteilung in einer → Stichprobe über die Kategorien hinweg mit einer vorher definierten oder einer Referenzverteilung. Übliche Testverfahren für solche Häufigkeitsvergleiche sind der χ^2-Test und der Binomialtest.

Gibt es in Berlin mehr HIV-Positive als im Bundesdurchschnitt?

Die Inzidenzrate (→ Inzidenz) für HIV-Neuinfektionen lag in Deutschland im Jahre 2005 bei 3,02 pro 100.000 (= 0,03 ‰; vgl. Robert-Koch-Institut, 2006). Diesen Wert betrachten wir im Folgenden als Populationskennwert. In Berlin wurden im Jahre 2005 insgesamt 370 HIV-Neuinfektionen gemeldet. Die Inzidenz-

rate liegt also hier mit ca. 1,1 ‰ (370/3.400.000) deutlich höher. Weicht nun die Inzidenzrate für Berlin signifikant von der Inzidenzrate für das gesamte Bundesgebiet (das wir hier als Population definieren) ab? Die Lösung dieser Frage anhand eines Binomialtests finden Sie auf der CD.

Soziale Vergleiche. Man vergleicht die Häufigkeitsverteilung zwischen zwei Gruppen oder Bedingungen miteinander. Auch hier ist der geeignete statistische Test der χ^2-Test.

Gibt es im Osten mehr Arbeitslose als im Westen?

Für diese einfache Frage ziehen wir ein einfaches (und fiktives) Zahlenbeispiel heran. Sagen wir, es gäbe in Deutschland 1.000 Arbeitslose. Davon seien 458 im Westen der Bundesrepublik, die restlichen 542 in den

fünf neuen Bundesländern arbeitslos gemeldet. Ist dieser West-Ost-Unterschied statistisch signifikant? Die Lösung dieser Frage anhand eines χ^2-Tests finden Sie auf der CD.

3.4 Kriterien zur Bewertung praktischer Bedeutsamkeit

Eine Eigenschaft aller inferenzstatistischer Tests ist, dass ihr Ergebnis in Bezug auf die statistische Null- oder Alternativhypothese von der Stichprobengröße abhängig ist. Ein statistischer Test wird eher signifikant, wenn er aus einer großen → Stichprobe stammt. Ein signifikantes Ergebnis ist hingegen umso unwahrscheinlicher, je kleiner die Stichprobe ist.

Beispiel

PISA-Beispiel mit zwei unterschiedlichen Stichprobengrößen

Der Wert der deutschen Schüler im PISA-Untertest „Problemlösen" betrug im Durchschnitt $\bar{x} = 513$ Punkte ($\hat{\sigma}_x = 95$). Damit sind die deutschen Schüler $\bar{x} - \mu = 13$ Punkte besser als der Durchschnitt. Bei einer Stichprobengröße von $N = 4.660$ Schülern war diese Abweichung signifikant ($t(4.659) = 9,34$, $p < .001$). Dieses Ergebnis bedeutet: Deutsche Schüler können signifikant besser Probleme lösen als der Durchschnitt. Dieses – zunächst einmal erfreuliche – Ergebnis wird ein wenig durch die statistische Tatsache geschmälert, dass bei einer so großen Stich-

probengröße wie in diesem Fall so ziemlich jede Abweichung vom Populationsmittelwert signifikant geworden wäre. Wie sehr das Ergebnis eines statistischen Tests von der Stichprobengröße abhängt, kann man sich veranschaulichen, wenn man das gleiche Ergebnis ($\bar{x} = 513$; $\hat{\sigma}_x = 95$; $\mu = 500$) noch einmal einem Ein-Gruppen-t-Test unterzieht, diesmal allerdings unter der Annahme, die Stichprobengröße betrage lediglich $N = 100$ Schüler. Dieser Unterschied von 13 Punkten ist dann nicht mehr signifikant ($t(99) = 1,37$, $p = .09$).

Die Stichprobenabhängigkeit ist für die Beurteilung deskriptiver Kennwerte nur bedingt von Vorteil: Auf der einen Seite ist ein empirisch gefundener Unterschied, der aus einer sehr großen

→ Stichprobe stammt, zwar robuster und vertrauenswürdiger als ein Unterschied, der aus einer sehr kleinen Stichprobe stammt. Andererseits ist die Abhängigkeit von der Stichprobengröße etwas, das mit der praktischen Beurteilung eines Zustands oft nur wenig zu tun hat.

Aus diesem Grund unterscheidet man im Allgemeinen zwischen Maßen der statistischen Bedeutsamkeit, d. h. Wahrscheinlichkeitsergebnissen inferenzstatistischer Tests, und Maßen der praktischen Bedeutsamkeit. Letztere sind auch unter dem Stichwort → Effektstärken bekannt geworden.

Formal basieren solche Effektstärkenmaße auf den gleichen Informationen, wie sie auch in inferenzstatistische Tests eingehen. Im Unterschied zu diesen sind die Effektstärkenmaße um den Einfluss der Stichprobenabhängigkeit jedoch bereinigt. Cohen (1988) schlägt für eine Reihe statistischer Tests ein jeweils geeignetes Effektstärkenmaß vor. Im Falle eines t-Tests lautet das entsprechende Effektstärkenmaß d. Im Gegensatz zum t-Test ist dieses Maß nicht abhängig von der Stichprobengröße. Das Effektstärkenmaß d berechnet sich wie folgt:

$$d = \frac{\bar{x} - \mu}{\sigma_x}.$$

Die Formel macht deutlich, dass d genau so verstanden werden kann wie ein → Standardwert z (s. Kap. 3.3.1).

Beispiel

Effektstärke im PISA-Beispiel

Dass deutsche Schüler im PISA-Test „Problemlösen" signifikant besser waren als der Populationsdurchschnitt, haben wir bereits gesehen. Nun stellt sich die Frage: Wie groß ist die empirische Effektstärke dieses Ergebnisses? Anders gesagt: Wie sieht es – neben der statistischen Bedeutsamkeit der Differenz von 13 Punkten – mit der praktischen Bedeutsamkeit aus? Um diese Frage anhand des Effektstärkenmaßes Cohens d zu beantworten, benötigen wir neben der Punktedifferenz $\bar{x} - \mu = 13$ lediglich noch die Populationsstreuung σ_x. Dann berechnet sich d wie folgt:

$$d = \frac{\bar{x} - \mu}{\sigma_x} = \frac{513 - 500}{100} = 0{,}13.$$

Deutsche Schüler liegen also im PISA-Untertest „Problemlösen" 0,13 Streuungseinheiten über dem Populationsmittelwert.

Kleine, mittlere und große Effekte. Was bedeutet nun ein solches Effektstärkenmaß für die Praxis? Cohen (1988) hat sehr deutlich gemacht, dass die Beurteilung einer Effektstärke inhaltlich begründet werden muss: Ein Medikament, das in der Lage wäre, die Krankheit AIDS zu heilen, wäre sicherlich schon dann „praktisch bedeutsam", wenn es für ein Prozent der Behandelten Erfolg bringen würde. Die Finanzierung eines solchen Medikaments wäre schon dann günstiger im Vergleich zu den → Kosten, die für eine Behandlung nicht heilbarer AIDS-Kranker anfallen. In anderen Bereichen sind Effektstärken von 1 % hingegen nicht in gleichem Maße praktisch bedeutsam: Eine Firma, die sich für viel Geld ihre Unternehmensorganisation umstrukturieren lässt, wird mit einer effektiven Einsparung von 1 % ihrer Kosten wahrscheinlich eher nicht zufrieden sein.

Für den Fall, dass man weder aus pragmatischen (Kosten-Nutzen-bezogenen) noch aus theoretischen Erwägungen heraus Vorstellungen davon hat, ob eine Effektstärke klein, mittel oder groß ist, hat Cohen (1988) aus einer Sichtung vieler unterschiedlicher empirischer Befunde hinweg eine Heuristik vorgeschlagen. Für das Effektstärkenmaß d lautet diese Heuristik wie folgt:

▶ Ein Wert um $d = 0,2$ kann als eher klein bezeichnet werden;
▶ ein Wert um $d = 0,5$ kann als medium (mittelgroß) bezeichnet werden:
▶ ein Wert um $d = 0,8$ kann als groß bezeichnet werden.

Diese – trotz allem sehr rohen – Größen decken die Bandbreite empirischer Befunde relativ gut ab; dies gilt sowohl für Befunde aus dem Grundlagenbereich, aber auch für Untersuchungen zur Wirksamkeit von Interventionen (Lipsey, 1990).

Für die Frage, ob deutsche Schüler in PISA 2003 eine bedeutsam höhere Problemlösekompetenz an den Tag gelegt haben als der Durchschnitt, können wir sagen, dass der Effekt zwar statistisch bedeutsam ist, aber – der Heuristik von Cohen (1988) zufolge – als eher klein zu bezeichnen ist.

Beispiel

Schützt Aspirin vor Herzinfarkt?

Im Jahre 1987 wurde an über 22.000 Ärzten eine Untersuchung durchgeführt, um herauszufinden, ob Aspirin wirksam zur → Prävention von Herzinfarkt eingesetzt werden könnte. Etwa die Hälfte der teilnehmenden Ärzte nahm jeden Tag eine Aspirintablette, die andere Hälfte nicht. Von den 11.034 Ärzten in der Aspiringruppe erlitten 104 (0,94 %) einen Herzinfarkt, von den 11.037 in der Kontrollgruppe erlitten hingegen 189 (1,71 %) einen Herzinfarkt. Ausgedrückt als empirische → Effektstärke beträgt der Unterschied zwischen Aspirin- und Kontrollgruppe lediglich 0,0011 – nach Cohen (1988) ein völlig irrelevanter Effekt. Trotzdem wurde das Experiment vorzeitig abgebrochen, und zwar weil der Wirksamkeitsbefund so überwältigend war: Immerhin bekamen in der Kontrollgruppe doppelt so viele Ärzte einen Herzinfarkt wie in der Aspiringruppe! Sofort wurden die Ärzte in der Kontrollgruppe instruiert, ebenfalls jeden Tag eine Aspirintablette zu nehmen. Trotz seiner geringen Effektstärke war der Befund also in höchstem Maße praktisch bedeutsam (nach Rosenthal, 1994).

3.5 Zusammenfassung

Ist-Zustände. Ist-Zustände können durch quantitative Ansätze beschrieben werden. Anhand solcher Zustandsbeschreibungen kann beurteilt werden, ob es angezeigt ist, Maßnahmen zu ihrer Veränderung (Interventionen) einzuleiten. Ferner sollen Zustandsbeschreibungen helfen, die angemessene Art von Intervention zu ermitteln und zu planen (Need Assessment).

Erhält ein Evaluator den Auftrag, einen Ist-Zustand zu analysieren, sollte er sich zunächst mit folgenden Fragen befassen:

▶ Was ist das genaue Ziel, die genaue Funktion des Evaluationsvorhabens?
▶ Gibt es neben dem explizierten Ziel noch weitere, „verborgene" implizite Ziele bzw. Funktionen? Sind diese impliziten Funktionen ethisch oder fachlich gerechtfertigt?
▶ Bestehen Konfliktpotenziale zwischen den Beteiligtengruppen bzw. den von den Evaluationsergebnissen direkt oder indirekt Betroffenen (eingeschlossen die „Evaluationsobjekte"!)? Lassen sich solche Konflikte durch Transparenz und Moderation lösen?
▶ Welche Beteiligten haben welche Rollen und Interessen im Evaluationsprozess? Widersprechen sich diese Interessen? Ist mit Rollenkonflikten zu rechnen? Sind diese lösbar?

► Sind die Bestimmungsstücke des Evaluationsvorhabens (Ziel, Anwendungsbereich, Evaluationsobjekte, Evaluationsgegenstand bzw. -kriterien, Informationsquellen, Kontextbedingungen, Methodik, Ergebnisnutzung) hinreichend genau definiert?

► Liegen bereits verfügbare Instrumente bzw. Ansätze zur Datengewinnung (Operationalisierung des Evaluationsgegenstands bzw. -kriteriums) vor?

Stichproben. Will man eine Population über quantitative Merkmale beschreiben, die über die Personen in der Population hinweg variieren, so zieht man – falls eine Totalerhebung unmöglich oder unökonomisch ist – eine Stichprobe heran. Ist das zu erfassende Merkmal in der Population normalverteilt, kann die entsprechende Populationsverteilung vollständig über die Stichprobenkennwerte Mittelwert und Streuung beschrieben werden. Voraussetzung ist, dass die Stichprobe repräsentativ für die Population ist, d. h. dass es sich um eine probabilistische Stichprobe handelt. Gelegenheitsstichproben sind keine probabilistischen Stichproben!

Prävalenz und Inzidenz. Im Falle kategorialer Variablen können Kennwerte aus der Epidemiologie zur Beschreibung von Ist-Zuständen in der Population nützlich sein:

► die Prävalenz (Punktprävalenz, Periodenprävalenz),
► die Lebenszeitprävalenz und
► die Inzidenzrate (Inzidenz).

Vergleiche. Um Ist-Zustände bewerten zu können, müssen in den meisten Fällen Vergleiche angestellt werden. Vergleichskriterien können

► normativer Natur (Idealnormen, Realnormen; Norm) oder
► empirischer Natur (sozialer und temporaler Vergleich) sein.

Solche Vergleiche können statistisch abgesichert werden: Hierzu werden inferenzstatistische Verfahren verwendet. Da inferenzstatistische Tests jedoch sehr stark von der Größe der Stichprobe abhängen, aus der die Beobachtungen gezogen wurden, wurde alternativ vorgeschlagen, die Bewertung empirisch vorgefundener Ist-Zustände nicht auf der Basis der statistischen Signifikanz, sondern eher auf der Basis der praktischen Bedeutsamkeit vorzunehmen. In diesem Zusammenhang sind das von Cohen (1988) vorgeschlagenen Effektstärkenmaße, z. B. d, und seine Heuristik zur Beurteilung der Größe dieser Maße wichtige Hilfsmittel. Letzten Endes sollte man vor allem anhand inhaltlicher Erwägungen beurteilen, ob ein vorgefundenes empirisches Ergebnis zur Beschreibung eines Ist-Zustandes praktisch bedeutsam ist oder nicht.

3.6 Übungsaufgaben

(1) Sind die folgenden Aussagen richtig oder falsch?

(1.1) In einer Klumpenstichprobe werden systematisch anfallende Cluster von Personen vollständig untersucht. Die Cluster hingegen werden zufällig aus der Menge aller möglichen Cluster in der Population gezogen.

(1.2) In einer geschichteten Stichprobe werden die Elemente nach spezifischen Merkmalskombinationen handverlesen, wobei darauf geachtet wird, dass diese Merkmalskombinationen am Ende so genau wie möglich die Verhältnisse in der Population widerspiegeln.

(1.3) Die Punktprävalenz gibt den Anteil der innerhalb eines bestimmten Zeitraums neu hinzugekommenen Erkrankten an.

(1.4) Die Lebenszeitprävalenz gibt die Wahrscheinlichkeit an, mit der eine beliebige Person im Laufe ihres Lebens mindestens einmal positiv diagnostiziert wird.

(2) Gisela hat in einem Test zur Messung von Ängstlichkeit einen Testwert von 20 erreicht. Der Test ist so geeicht, dass der Populationsmittelwert $\mu = 12$ und die Populationsstreuung $\sigma = 2$ beträgt. In der Population sind die Werte normalverteilt.

(2.1) Berechnen Sie den Standardwert (z-Wert) für Gisela.

(2.2) Berechnen Sie die Wahrscheinlichkeit für diesen (oder jeden größeren) Wert unter der Verteilung aller möglichen Werte: Ist Gisela überzufällig ängstlich?

(2.3) Welchen Prozentrang hat Gisela?

(3) Von 1000 zufällig befragten Personen in Rheinland-Pfalz sind 40 arbeitslos, in Hessen sind es von ebenfalls 1000 zufällig befragten Personen 70. Beurteilen Sie die statistische Bedeutsamkeit dieses Unterschieds anhand eines Binomialtests.

(4) In einer Stichprobe mit $n_1 = 500$ Männern und $n_2 = 500$ Frauen beträgt der Unterschied in der Intelligenz (gemessen mit einem Intelligenztest) $\bar{x}_1 - \bar{x}_2 = 3$ ($\hat{\sigma}_1 = \hat{\sigma}_2 = 15$). Beurteilen Sie die statistische Bedeutsamkeit dieses Unterschieds anhand eines t-Tests für unabhängige Stichproben. Beurteilen Sie die praktische Bedeutsamkeit dieses Unterschieds anhand des d-Maßes von Cohen (1988)!

Weiterführende Literatur

Im folgenden Lehrbuch, das ansonsten für Sozialwissenschaftler nur bedingt relevant sein dürfte, wird ein guter Überblick über alle zentralen Grundbegriffe der Epidemiologie gegeben:

▶ Beaglehole, R., Bonita, R. & Kjellström, T. (1997). Einführung in die Epidemiologie. Bern: Huber.

Die beiden folgenden Lehrbücher sind sowohl für die Einführung in die Grundlogiken der Deskriptiv- und der Inferenzstatistik, aber auch für ein vertieftes Studium statistischer Verfahren geeignet. In den genannten Kapiteln werden nicht nur Verfahren zur grafischen und statistischen Beschreibung von Daten, sondern auch alternative Verfahren der statistischen Hypothesentestung beschrieben.

▶ Bortz, J. (2005) Statistik für Human- und Sozialwissenschaftler (6. Aufl.). Kap. 1 & 2, S. 15–84. Berlin: Springer.

▶ Bortz, J. & Döring, N. (2006). Forschungsmethoden und Evaluation für Human- und Sozialwissenschaftler (4. Aufl.). Kap. 8 & 9, S. 489–669. Berlin: Springer.

4 Evaluation als Beschreibung von Veränderungen

Was Sie in diesem Kapitel erwartet

Die Zunahme an AIDS-Toten in Deutschland, die Reduktion von Ängstlichkeit in Folge einer Therapie, der stetige Erwerb neuen Wissens durch den Schulbesuch, all das sind Beispiele für Veränderungen, die für Evaluationsfragestellungen zentral sind und irgendwie gemessen werden müssen. Leider ist das Messen von Veränderung jedoch oft nicht ganz einfach: Schon die bloße Differenz zwischen den Messwerten einer Person zu zwei Zeitpunkten ist unter Umständen schwierig zu interpretieren. Differenzwerte können psychologisch und „mathematisch" verzerrt sein und in manchen Fällen sogar eine Veränderung vorgaukeln, wo es in Wirklichkeit gar keine gibt. Um so wichtiger ist es, dass man als Evaluator die Tücken der Veränderungsmessung kennt, versteht und ihnen methodologisch fundiert begegnen kann.

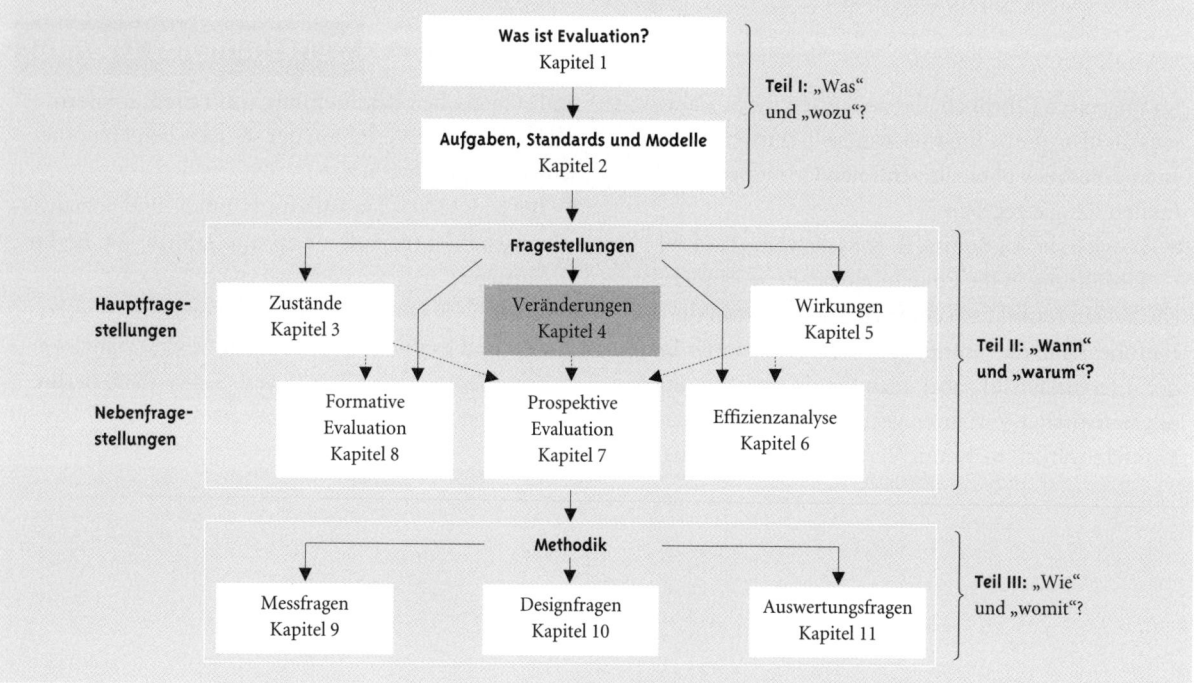

Neben der Deskription und Bewertung von Ist-Zuständen besteht eine typische Aufgabe der Evaluation darin, Veränderungen bzw. Entwicklungen zu beschreiben und zu bewerten. Veränderungen können entweder qualitativ oder quantitativ beschrieben werden. Eine quantitative Beschreibung bedeutet, dass die Veränderung in Zahlen ausgedrückt werden kann, meist in Form einer „mehr oder weniger"-Aussage. Qualitativ bedeutet, dass die Veränderung nicht (nur) in Zahlen ausgedrückt wird; vielmehr bezieht sich die Veränderung auf die qualitative Andersartigkeit zweier Zustände.

Beschreibungen und Bewertungen von Veränderungen

▶ Wie hat sich die Arbeitslosenquote in Deutschland zwischen 2005 und 2006 verändert?

▶ Wie hat sich das Auftreten von Gewalt an deutschen Schulen in den letzten 20 Jahren verändert?

▶ Welche Fortschritte macht ein Patient nach einem Krankenhausaufenthalt?

▶ Wie entwickelt sich das „Wir-Gefühl" einer Klasse im Laufe des Schuljahres?

Quantitative Veränderungsaussagen. Prototypisch für quantitative Veränderungsdeskriptionen sind die Verläufe von Aktienkursen, die meist mit Aussagen wie „Der Kurs ist eingebrochen" (für einen drastischen Kursabfall) oder „hat sich erholt" (für einen langsamen Kursanstieg) kommentiert werden. Hier gibt es eine einzige Variable X, den Wert einer Aktie zum Zeitpunkt t. Von Interesse ist die Veränderung dieser Werte über die Zeit hinweg, d. h. in der Regel Differenzen zwischen Werten zu verschiedenen Zeitpunkten.

Qualitative Veränderungsaussagen. Qualitative Veränderungen lassen sich nicht allein durch Wertedifferenzen auf einer Variablen X beschreiben. Stattdessen wird zwischen verschiedenen Zeitpunkten eine qualitative Andersartigkeit beobachtet. Ein Beispiel hierfür ist die Veränderung der Gewalttaten an deutschen Schulen über die letzten 20 Jahre hinweg. Verschiedene Autoren (Schwind, 1997; Tillmann, 1999) haben festgestellt, dass nicht etwa das quantitative Ausmaß der Gewalt zugenommen hat, wie verschiedentlich behauptet wurde, sondern sich vielmehr die Qualität aggressiver Akte verändert hat: So haben schwere Formen physischer Gewalt tendenziell eher abgenommen, während verbale Aggression und Formen relationaler Gewalt (ausgrenzen, verpetzen, verraten usw.) häufiger geworden sind. Diese Veränderung ist insofern qualitativ, als unterschiedliche Ist-Zustände zu unterschiedlichen Zeitpunkten mit anderen Variablen beschrieben werden müssen.

Mischformen. Quantitative und qualitative Veränderungsanalysen schließen sich nicht aus; tatsächlich bestehen Veränderungsdeskriptionen oft sowohl aus quantitativen als auch qualitativen Aussagen. Das Beispiel „Schulgewalt in Deutschland" zeigt dies sehr deutlich: Die Veränderung muss deshalb qualitativ beschrieben werden, weil sich Formen der Gewalt an deutschen Schulen geändert haben. Diese verschiedenen Formen sind nicht in Relationen von „mehr oder weniger" beschreibbar, sondern lediglich in Relationen der Art „anders". Innerhalb jeder Form schulischer Gewalt (physisch, verbal, relational) kann die Veränderung jedoch quantitativ beschrieben werden. Das „mehr oder weniger" bezieht sich auf Häufigkeitsunterschiede über die Zeit hinweg. Man könnte auch sagen: Die qualitative Veränderung der Schulgewalt lässt sich quantitativ auf der Grundlage mehrerer Variablen gleichzeitig (multivariat) beschrieben.

Analyseeinheiten. Genau wie im Falle der Deskription von Ist-Zuständen (s. Kap. 3) kann sich Veränderung auf unterschiedliche Analyseebenen beziehen:

(1) auf ein Individuum, z. B. der Patient, dessen Genesung nach einem Krankenhausaufenthalt analysiert werden soll,

(2) auf eine Gruppe von Personen, bspw. die Schulklasse, deren „Wir-Gefühl" sich im Laufe des Schuljahres verändert oder

(3) auf eine Sache, etwa die Verschlechterung der Bausubstanz eines Schulgebäudes.

In den folgenden Abschnitten werden wir verschiedene Möglichkeiten kennen lernen, quantitative und qualitative Veränderungen auf den ersten beiden Analyseebenen zu beschreiben, zu bewerten und zu dokumentieren.

4.1 Beschreibung und Testung von Veränderungen

Veränderungen bedeuten, dass es Unterschiede zwischen Zeitpunkten bzw. Messgelegenheiten gibt. Bei solchen Veränderungen kann es sich entweder um

▶ situative Fluktuationen (z. B. beim Aktienkurs) oder um
▶ Veränderungen im engeren Sinne

handeln (Eid, 1995). Veränderungen im engeren Sinne vollziehen sich im Allgemeinen langsamer, sind dauerhafter und oft irreversibel, z. B. Wachstum im Kindesalter. Solche längerfristigen Veränderungen können sich

▶ kontinuierlich (d. h. stetig anwachsend) oder
▶ diskontinuierlich (z. B. sprunghaft oder mit „Auf-und-Ab"-Tendenzen)

vollziehen.

4.1.1 Differenzmaße auf Einzelfallebene

Stellen wir uns den einfachsten denkbaren Fall vor: Eine Person x gibt zu zwei Messzeitpunkten (t_1 und t_2) jeweils einen Messwert ab. In diesem Fall kann man eine intraindividuelle Differenz (D) berechnen, indem man den Wert zum zweiten Messzeitpunkt (x_2) vom Wert zum ersten Messzeitpunkt (x_1) abzieht – oder umgekehrt. Ist diese Differenz positiv ($D = x_1 - x_2 > 0$), so haben sich die Werte über die Zeit hinweg verringert; ist sie negativ ($D = x_1 - x_2 < 0$), so haben sich die Werte der Person über die Zeit hinweg erhöht.

Standardisierte Differenz. Grawe und Braun (1994) haben darauf aufmerksam gemacht, dass die absolute Höhe der intraindividuellen Differenz einer Person zwischen zwei Messzeitpunkten nur dann zu interpretieren ist, wenn man weiß, wie die Testwerte skaliert sind: Bei einem Test, dessen Werte sich in einem Bereich zwischen 0 und 100 bewegen können, ist eine absolute Differenz von +4 als weniger bedeutsam zu erachten als bei einem Test, dessen Werte sich lediglich zwischen 0 und 10 bewegen können. Die Autoren schlagen daher vor, die absolute Differenz an der Streuung des Tests (zum ersten Messzeitpunkt; s_1) zu standardisieren. Der resultierende Kennwert wird standardisierte Differenz (D_{st}) genannt:

$$D_{st} = \frac{x_1 - x_2}{s_1} \; .$$

Klinische Signifikanz. Die standardisierte Differenz (D_{st}) ist eine rein deskriptive Veränderungsgröße, die Ähnlichkeit mit dem Effektstärkenmaß d hat (s. Kap. 3.4). Hingegen handelt es sich bei der klinischen Signifikanz (D_k), die auch unter den Bezeichnungen Reliable Change Index (RCI) oder kritische Differenz bekannt geworden ist, um einen Kennwert, der die Möglichkeit bietet, die Veränderung inferenzstatistisch zu testen. Dazu rechnet man die intraindividuelle Veränderung D in einen → Standardwert (→ z-Wert, der hier allerdings als D_k bezeichnet wird) um und berechnet die Wahrscheinlichkeit für diesen (oder jeden größeren bzw. kleineren) Wert unter allen möglichen Werten (s. Kap. 3.3.1). Die Formel für die Umrechnung eines einzelnen x-Wertes in einen z-Wert lautete:

$$z = \frac{x - \mu}{\sigma_x} \; .$$

Die Formel für die Umrechnung einer einzelnen intraindividuellen Differenz D in einen D_k-Wert lautet nun dementsprechend:

$$D_k = \frac{D - \mu_D}{\sigma_D} = \frac{(x_1 - x_2) - (\mu_1 - \mu_2)}{\sigma_{(x_1 - x_2)}}.$$

Um D in D_k umzurechnen und die klinische Signifikanz berechnen zu können, muss man also den Populationsmittelwert aller intraindividuellen Differenzen ($\mu_D = \mu_1 - \mu_2$) und die Populationsstreuung aller intraindividuellen Differenzen ($\sigma_D = \sigma_{(x_1 - x_2)}$) kennen oder zumindest aus den Daten schätzen können ($\hat{\sigma}_D = \hat{\sigma}_{(x_1 - x_2)}$).

Geht man von der Annahme aus, dass in Wirklichkeit überhaupt keine Veränderung stattgefunden hat (Nullhypothese), so wäre $\mu_D = \mu_1 - \mu_2 = 0$. In diesem Fall verkürzt sich die Formel für D_k zu:

$$D_k = \frac{D - \mu_D}{\sigma_D} = \frac{x_1 - x_2}{\sigma_{(x_1 - x_2)}}.$$

Ist die Wahrscheinlichkeit für D_k unter der Nullhypothese klein (üblicherweise kleiner als 5 %) so ist die empirisch gefundene intraindividuelle Differenz signifikant größer als Null, d. h. die Veränderung ist statistisch bedeutsam.

Beispiel

Sind Giselas Wutanfälle besser geworden?

Gisela leidet unter pathologischer Reizbarkeit und spontan ausbrechenden, schwer kontrollierbaren Wutanfällen. Sie entschließt sich daher, eine Therapie zu machen. Der Therapeut legt ihr einen Fragebogen vor, der Ausmaß und Häufigkeit der Wutanfälle misst, und zwar einmal vor der Therapie (t_1) und einmal nach Abschluss der Therapie (t_2), etwa drei Monate später. Zu t_1 hat sie einen Testwert von $x_1 = 14$, zu t_2 hat sie einen Testwert von $x_2 = 10$. Die Differenz zwischen beiden Zeitpunkten beträgt $D = x_1 - x_2 = 4$. Nehmen wir an, in der → Eichstichprobe sei eine Streuung intraindividueller Differenzen für ein Drei-Monats-Intervall von $\hat{\sigma}_{(x_1 - x_2)} = 2$ ermittelt worden. Der Kennwert für die klinische Signifikanz beträgt damit

$$D_k = \frac{x_1 - x_2}{\hat{\sigma}_{(x_1 - x_2)}} = \frac{4}{2} = 2.$$

Die Wahrscheinlichkeit für diesen (oder jeden größeren Wert) unter der Nullhypothese berechnen wir nun genau wie die Wahrscheinlichkeit für einen → z-Wert (s. Kap. 3.3.1): Unter der Standardnormalverteilung schneidet ein Wert von 2 (oder größer) genau 2,275 % der Fläche unter der Kurve ab. Die Wahrscheinlichkeit, einen Wert von $D_k = 2$ unter der Nullhypothese „keine wahre Veränderung" zu erhalten, beträgt also $p = 2,275$ %. Das ist weniger als 5 %, d. h. das Ergebnis ist statistisch bedeutsam: Giselas Wutanfälle sind innerhalb von drei Monaten signifikant besser geworden.

4.1.2 Differenzmaße auf Gruppenebene

Auf Gruppenebene lassen sich zwei Ansätze unterscheiden:

(1) Man erhebt die Daten an den gleichen Personen zu unterschiedlichen Messzeitpunkten (intraindividuelle Veränderung), z. B. wenn mit den Schülern einer Klasse einmal zu Beginn des Schuljahres und einmal am Ende des Schuljahres ein Intelligenztest durchgeführt wird.

(2) Man erhebt die Daten an unterschiedlichen Personen zu unterschiedlichen Messzeitpunkten (interindividuelle Veränderung), z. B. wenn eine zufällig ausgewählte → Stichprobe von Deutschen einmal vor einer Bundestagswahl und eine andere zufällig ausgewählte Stichprobe einmal nach der Bundestagswahl zu politischen Einschätzungen befragt werden.

Durchschnittliche intraindividuelle Veränderung. Im ersten Fall (intraindividuelle Veränderung) liegt eine echte Messwiederholung vor. Sie erfordert den Einsatz statistischer Verfahren, die die Abhängigkeit der Werte zwischen den Messzeitpunkten berücksichtigt. Im Falle zweier Messzeitpunkte wird für jede Person i die intraindividuelle Differenz ($D_i = x_{i1} - x_{i2}$) berechnet. Der zentrale statistische Kennwert ist der Mittelwert dieser intraindividuellen Differenzen über alle i hinweg ($\bar{D}_i$). Ist $\bar{D}_i = 0$, so hat im Durchschnitt keine intraindividuelle Veränderung zwischen t_1 und t_2 stattgefunden. Ist $\bar{D}_i < 0$, so haben sich die Werte im Durchschnitt erhöht; ist $\bar{D}_i > 0$, so haben sich die Werte im Durchschnitt verringert. Ob die Abweichung von $\bar{D}_i$ von Null statistisch bedeutsam ist, kann mit Hilfe des t-Tests für abhängige Stichproben ermittelt werden.

Beispiel

Hat sich das „Wir-Gefühl" in Klasse 7a verbessert?

Die Klasse 6a der Willy-Brandt-Realschule in B. wird einmal am Anfang und einmal am Ende des Schuljahres gebeten, einen Test auszufüllen, der das „Wir-Gefühl" in der Klasse erfasst. Dabei wird für den ersten Messzeitpunkt (t_1) ein Mittelwert von $\bar{x}_1 = 48$ und für den zweiten Messzeitpunkt (t_2) ein Mittelwert von $\bar{x}_2 = 60$ berechnet. Die intraindividuellen Differenzen betragen über alle Schüler hinweg im Durchschnitt $\bar{D}_i = 12$; die Streuung aller intraindividueller Differenzen beträgt $\hat{\sigma}_D = 6$. Mit einem t-Test für abhängige Stichproben kann berechnet werden, ob der Anstieg des „Wir-Gefühls" zwischen den beiden Messzeitpunkten signifikant ist. Die Lösung finden Sie auf der CD.

Durchschnittliche interindividuelle Veränderung. Im zweiten Fall der interindividuellen Veränderungen liegt keine Messwiederholung vor; entsprechend können keine intraindividuellen Differenzen berechnet werden. Stattdessen wird jeweils zu beiden Messzeitpunkten der Mittelwert über alle i Personen hinweg berechnet ($\bar{x}_1$ für den ersten Messzeitpunkt, $\bar{x}_2$ für den zweiten Messzeitpunkt). Der statistische Kennwert ist hier die Mittelwertdifferenz $\bar{x}_1 - \bar{x}_2$. Sie kann mit Hilfe eines t-Tests für unabhängige Stichproben auf Signifikanz getestet werden (s. Kap. 3.3.2). Voraussetzung ist allerdings, dass zum zweiten Messzeitpunkt tatsächlich andere Personen gemessen werden als zum ersten Messzeitpunkt: Nur dann kann man von unabhängigen Stichproben sprechen!

4.1.3 Häufigkeitsveränderungen auf Populationsebene

Mit Häufigkeitsveränderungen sind Unterschiede zwischen zwei Zeitpunkten (oder zwei Perioden) in Bezug auf kategoriale Kennwerte wie → Prävalenz oder → Inzidenz (s. Kap. 3.1.2) gemeint. Der Anstieg bzw. der Abfall einer Prävalenz- oder Inzidenzrate zwischen zwei Zeitpunkten bzw. zwei Perioden kann über so genannte Veränderungsquotienten ausgedrückt werden.

Anstieg der HIV-Infektionen in Deutschland

Bis zum 01. 03. 2006 wurden dem Robert-Koch-Institut (RKI) für das Jahr 2005 insgesamt 2.490 neu diagnostizierte HIV-Infektionen gemeldet. Die → Inzidenz neu diagnostizierter HIV-Infektionen hat sich damit von 1,75 pro 100.000 im Jahr 2001 auf 3,02 pro 100.000 im Jahr 2005 erhöht. Die Forscher sprechen in ihrem Halbjahresbericht (Robert-Koch-Institut, 2006) davon, dass die Zahl der HIV-Neudiagnosen im Jahr 2005 um 13 % gegenüber dem Vorjahr angestiegen sei. Wie kommen sie auf diese Zahl?

Für die Umrechnung der absoluten Inzidenz, d. h. der absoluten Zahl neu hinzugekommener Positiv-Diagnosen in 2005 ($N(p) = 2.490$) in eine relative Inzidenz (0,0302 ‰) haben die Forscher eine Bevölkerungszahl von 82,5 Millionen zugrunde gelegt. Wenn die relative Inzidenz im Jahre 2004 also noch 0,0268 ‰ betragen

hat, so entspräche das – bei gleicher Bevölkerungszahl – einer absoluten Inzidenz von $N(p) = 2.210$ neu hinzugekommenen Positivdiagnosen in 2004. Auf die Zunahmerate von 13 % kommt man, indem man die Differenz zwischen der Ausgangsinzidenz (I_1, d. h. bezogen auf 2004) und der aktuellen Inzidenz (I_2, d. h. bezogen auf 2005) berechnet und diese an der Ausgangsinzidenz standardisiert. Einen solchen Kennwert kann man als Veränderungsquotient (VQ) bezeichnen. Die entsprechende Formel lautet:

$$VQ = \frac{I_2 - I_1}{I_1} = \frac{2.490 - 2.210}{2.210} = 0,127 .$$

Die Forscher haben diese Zahl aufgerundet und mit 100 multipliziert, um sie in einer Prozentzahl auszudrücken (13 %).

χ^2-Test/Chi-Quadrat-Test. Die Daten des Robert-Koch-Instituts basieren auf Pflichtmeldungen von HIV-positiv-Diagnosen durch Ärzte und Labors. Man beachte, dass in den Robert-Koch-Institut-Daten nur positive Fälle erfasst sind; wir haben es hier also mit einem reduzierten Design zu tun. Vollständig wäre das Design dann, wenn von allen innerhalb eines Jahres auf HIV-Antikörper getesteten Personen die Information vorläge, ob der Test positiv oder negativ ausgefallen ist. In diesem Falle wäre die Auswertung mit einem χ^2-Test möglich.

Ist der Anstieg der HIV-Inzidenz zwischen 2004 und 2005 signifikant?

Das folgende Beispiel basiert nicht auf echten, sondern auf fiktiven Daten. Im Gesundheitsamt der Stadt K. wurden im Jahre 2004 2.000 AIDS-Tests durchgeführt, im Jahre 2005 waren es 2.500. Tabelle 4.1 zeigt die absolute Verteilung der Diagnosen (positiv oder negativ) in beiden Jahren.

Auf den ersten Blick sieht man, dass die Anzahl der „positiv"-Diagnosen zwischen 2004 und 2005 zugenommen hat, und zwar sowohl absolut (von 50 auf 100) als auch relativ (von 2,5 % auf 4 %). Ist diese Zunahme statistisch bedeutsam? Die Lösung finden Sie auf der CD.

Tabelle 4.1.

	2004	2005	Randsumme
HIV-negativ	1.950 (97,5%)	2.400 (96%)	4.350
HIV-positiv	50 (2,5%)	100 (4%)	150
Randsumme	2.000	2.500	4.500

McNemar-Test. Würden die Daten verschiedener Messzeitpunkte von den gleichen Personen stammen, so läge eine echte Messwiederholung vor. Man könnte sich bspw. vorstellen, dass die Schüler einer Grundschule jedes Jahr zu Beginn des Schuljahres den Schulzahnarzt aufsuchen müssen, der dann eine Kariesdiagnose stellt. Auch hier würde man das Befundmuster in einer Vierfelder-Kontingenztafel (2 Diagnosekategorien [positiv/negativ] × 2 Jahre [2004/2005]) abtragen. Der angemessene statistische Test wäre hier der McNemar-Test.

Hat die Karies-Inzidenz in der Goethe-Grundschule zugenommen?

In der Goethe-Grundschule zu R. müssen alle Schüler jedes Jahr im September zum Kariestest. Von den 48 Kindern des 1. Schuljahres 2004 wurden 12 (also 25 %) positiv diagnostiziert, d. h. sie hatten Karies. Die gleichen Kinder wurden 2005 (also im 2. Schuljahr) noch einmal untersucht. Nun hatten 18 Schüler Karies (also 37,5 %). Ist der Anstieg in der Kariesinzidenz (→ Inzidenz) signifikant? Die Lösung anhand eines McNemar-Tests finden Sie auf der CD.

4.1.4 Trendanalyse

Man kann Häufigkeitsveränderungen im Falle eines interindividuellen Designs über mehrere Messzeitpunkte hinweg beschreiben, indem man den Trend der Veränderung analysiert. Trends können unterschiedliche Formen haben:

▶ Lineare Trends markieren monotone Veränderungen über die Zeit hinweg, also einen kontinuierlichen Anstieg (oder einen kontinuierlichen Abstieg).

▶ Quadratische Trends markieren nicht-lineare Veränderungen, z. B. Zuwächse, die in den ersten Messphasen noch relativ gering sind und in späteren Messphasen kontinuierlich größer werden (oder umgekehrt).

▶ Darüber hinaus sind Trends höherer Ordnung (polynomiale Trends), sprunghafte Anstiege oder Trends mit systematisch wechselnden Anstiegskurven denkbar. Diese werden wir jedoch hier nicht behandeln.

Die Abbildung 4.1 zeigt ein idealisiertes Beispiel für einen linearen Trend (schwarze Linie) und einen quadratischen Trend (blaue Linie). Die Abbildung macht deutlich, dass ein Trend nichts anderes ist als eine Regressionsfunktion, die den Zusammenhang zwischen dem gemessenen Merkmal (x) und der Zeit (ausgedrückt in Messzeitpunkten t) beschreibt.

▶ Linearer Trend. Das Beispiel für den linearen Trend wurde so konstruiert, dass der Messwert zum ersten Zeitpunkt ($t = 1$) $x = 1$ beträgt und zu jedem weiteren Messzeitpunkt 8 Einheiten hinzuaddiert werden. Die Regressionsgleichung lautet dann $x_i = 8 \cdot t_i + 1$.

▶ Quadratischer Trend. Das Beispiel für den quadratischen Trend wurde so konstruiert, dass der Messwert zum ersten Zeitpunkt ($t = 1$) $x = 1$ beträgt und jeder weitere Anstieg mit dem Faktor 2 multipliziert wird. Die Regressionsgleichung lautet hier: $x_i = t_i^2 + 1$.

Um die Stärke des Zusammenhangs zwischen t und x zu quantifizieren, also bspw. zu prüfen, ob die Annahme eines linearen Anstiegs wirklich Sinn macht, kann man eine Produkt-Moment-Korrelation (r_{tx}) über die Messzeitpunkte hinweg berechnen. Dabei wird allerdings angenommen, dass beide Merkmale auf Intervallskalenniveau vorliegen, dass also die Abstände zwischen den Zahlen äquidistant sind. Für die Variable Zeit bedeutet das: Die Abstände zwischen den Messzeitpunkten müssen für alle Zeitpunkte (also für alle t) identisch sein. Im

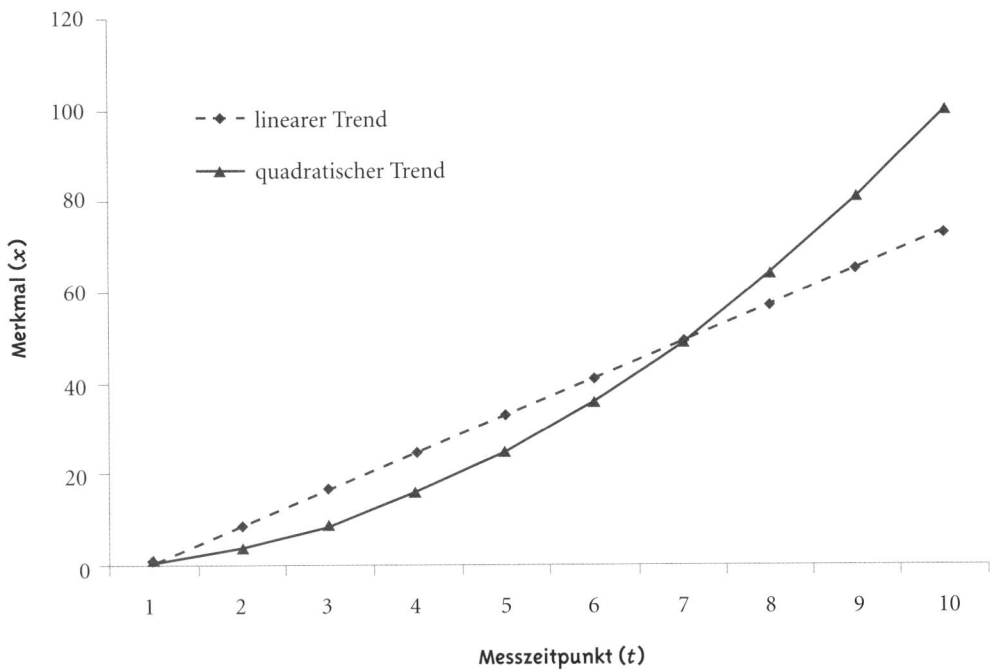

Abbildung 4.1.
Beispiele für einen linearen Trend und einen quadratischen Trend über 10 Messzeitpunkte hinweg. Beide Trends lassen sich jeweils in Form einer Regressionsfunktion darstellen

Falle eines perfekten linearen positiven Trends beträgt die Korrelation zwischen t und x dann $r_{tx} = +1$, im Falle eines perfekten linearen negativen Trends beträgt sie $r_{tx} = -1$. Ferner muss der Nullpunkt der Variable Zeit (also der Wert $t = 0$) inhaltlich interpretierbar sein.

Mit einer Korrelation zwischen t und x kann man lediglich lineare Trends, nicht aber quadratische Trends beschreiben. Um einen quadratischen Trend zu beschreiben, muss man die Variable Zeit zunächst quadrieren. Die entsprechende Korrelation (r_{t^2x}) gibt dann die Stärke des quadratischen Zusammenhangs wieder: Im Falle eines perfekten quadratischen positiven Trends beträgt sie $r_{t^2x} = +1$, im Falle eines perfekten quadratischen negativen Trends beträgt sie $r_{t^2x} = -1$.

Beispiel

Ist der Anstieg der HIV-Infektionen linear oder quadratisch?

Dem Robert-Koch-Institut (2006) zufolge lässt sich der Verlauf der HIV-Inzidenz (→ Inzidenz) in Deutschland zwischen 1996 und 2005 wie in Abbildung 4.2 dargestellt beschreiben. Die Originaldaten für dieses Beispiel finden Sie auf der CD.

Betrachten wir der Einfachheit halber lediglich die nicht nach Geschlechtern getrennte Linie (gesamt): Die Regressionsgleichung, die den linearen Trend beschreibt, lautet

$$x_i = b_1 \cdot t_i + b_0$$
$$x_i = 39{,}33 \cdot t_i + 1737{,}20 \ .$$

Will man den quadratischen Trend testen, so muss man zunächst die Werte der Variablen Zeit quadrieren und diese neue Variable als zweiten Prädiktor (also zusätzlich zum linearen Trend) mit aufnehmen. Die Regressionsgleichung lautet dann

$$x_i = b_1 \cdot t_i + b_2 \cdot t_i^2 + b_0$$
$$x_i = -229{,}75 \cdot t_i + 29{,}90 \cdot t_i^2 + 2095{,}97 \ .$$

Man kann sowohl das Regressionsgewicht für den linearen Trend $(b_1 \cdot t_i)$ als auch das für den quadratischen Trend $(b_2 \cdot t_i^2)$ auf Signifikanz prüfen. In unserem Datenbeispiel sind beide statistisch bedeutsam ($p = .011$ für den linearen Trend; $p = .004$ für den quadratischen Trend). Damit kann man festhalten, dass es in Deutschland zwischen 1996 und 2005 einen tendenziell quadratischen Anstieg der HIV-Neuinfektionen gibt.

Der quadratische Trend ist darauf zurückzuführen, dass es zwischen 1997 und 2001 zunächst einen Rückgang der HIV-Inzidenzen gab, der sich aber seit 2001 umgekehrt hat.

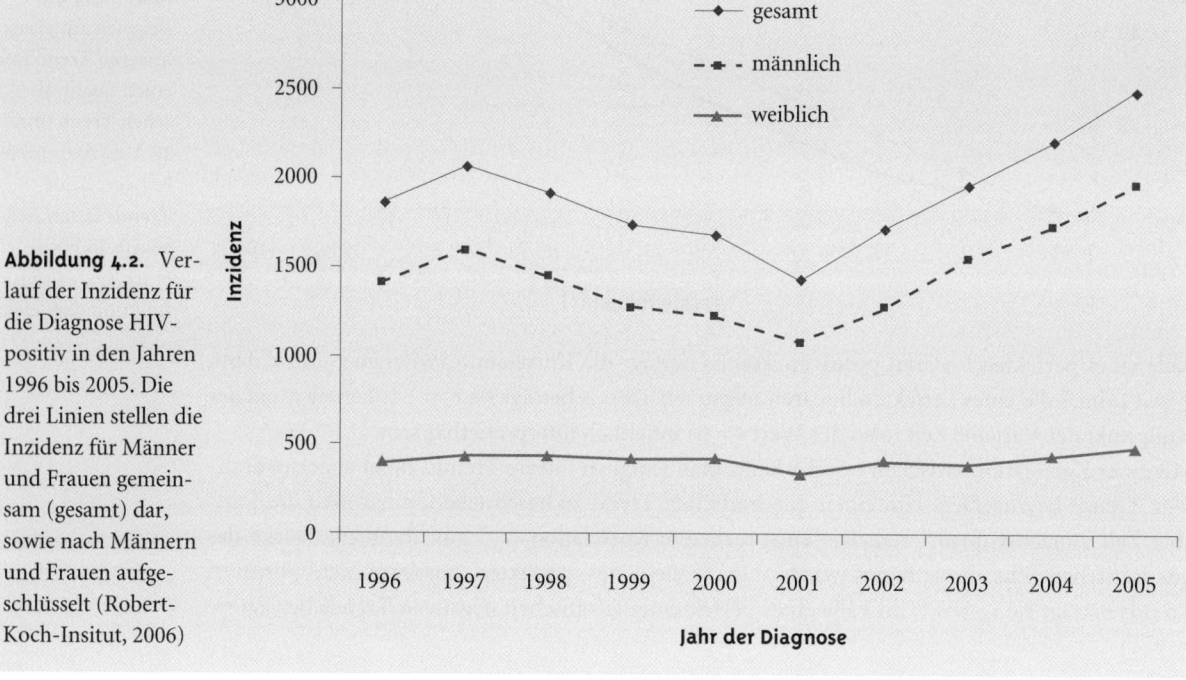

Abbildung 4.2. Verlauf der Inzidenz für die Diagnose HIV-positiv in den Jahren 1996 bis 2005. Die drei Linien stellen die Inzidenz für Männer und Frauen gemeinsam (gesamt) dar, sowie nach Männern und Frauen aufgeschlüsselt (Robert-Koch-Insitut, 2006)

4.1.5 Zeitreihenanalyse

Ist es auch möglich, den Trend einer Veränderung über die Zeit hinweg für eine einzige Person zu analysieren? Die Antwort lautet ja, wobei hier beachtet werden muss, dass die Annahme unabhängiger Messwerte nicht erfüllt ist: Da zu allen Messzeitpunkten Daten von der gleichen Person erfasst werden, beeinflussen deren stabile Eigenschaften immer und immer wieder die Messwerte. Man könnte auch sagen: Die Messwerte einer Person zu verschiedenen Zeitpunkten korrelieren mit sich selbst. Infolgedessen spricht man im Falle von → intraindividuellen Designs auch von Autokorrelationen. Um einen zeitlichen Trend bei intraindividuellen Designs zu berechnen, müssen die Autokorrelationen zwischen den Messzeitpunkten berücksichtigt werden. Diese Logik wird in so genannten Zeitreihenanalysen aufgegriffen. Wir werden sie in diesem Buch jedoch nicht detaillierter behandeln. Interessierte seien auf die Monografie von Schmitz (1989) verwiesen.

4.1.6 Varianzanalyse mit Messwiederholung

Falls man nicht an der Beschreibung der Form der zeitlichen Veränderung interessiert ist, sondern lediglich am Ausmaß der zeitlichen Variabilität, ist die Varianzanalyse mit Messwiederholung das geeignete statistische Verfahren. Mit Varianzanalysen können – genau wie beim t-Test – Mittelwerte auf Veränderungen hin ausgewertet werden. Eine Varianzanalyse mit Messwiederholung kann ermitteln, ob es über die Messzeitpunkte überhaupt eine Veränderung in irgendeine Richtung gab oder nicht.

Beispiel

Verändert sich die Veranstaltungsbewertung im Semester?

Dozent Walter S. möchte wissen, ob sich die Bewertung seines Seminars Evaluationsforschung im Verlauf des Sommersemesters verändert. Dazu teilt er seinen $N = 23$ Studierenden zu drei Zeitpunkten ($t_1 = 3$. Semesterwoche, $t_2 = 6$. Semesterwoche, $t_3 = 12$. Semesterwoche) einen Evaluationsfragebogen aus. Mit Hilfe dieses Bogens wird die Zufriedenheit mit der Veranstaltung anhand von Schulnoten (1 = sehr gut; 6 = ungenügend) erfragt. Er ermittelt folgende Mittelwerte: $\overline{x}_1 = 2{,}44$; $\overline{x}_2 = 3{,}20$; $\overline{x}_3 = 1{,}95$. Mit Hilfe einer einfaktoriellen Varianzanalyse mit Messwiederholung kann er überprüfen, ob es zwischen den drei Zeitpunkten eine Veränderung gab oder nicht. Das vollständige Datenbeispiel, den Lösungsweg und das Ergebnis dieser Analyse finden Sie auf der CD.

4.2 Methodische Probleme der Veränderungsmessung

Die Quantifizierung intraindividueller Veränderungen ist etwas komplizierter als eine reine Zustandsmessung. Insbesondere die Tatsache, dass die Messwerte einer Person zu unterschiedlichen Zeitpunkten nicht unabhängig voneinander sind, sondern sich gegenseitig beeinflussen, birgt methodische Probleme.

4.2.1 Direkte und indirekte Veränderungsmessung

Die Verfahren, die wir bisher behandelt haben, gehen davon aus, dass Daten zu mehreren Messzeitpunkten erhoben und dann miteinander verglichen werden. Einen solchen Ansatz nennt man indirekte Veränderungsmessung ($\rightarrow$ Veränderungsmessung), denn man schließt von einer beobachteten Differenz, einer beobachteten Varianz oder einem beobachteten Trend indirekt darauf, dass eine Veränderung stattgefunden hat. Eine Alternative zur indirekten Veränderungsmessung besteht darin, Art und Ausmaß der Veränderung direkt zu erheben. Das ist allerdings nur dann möglich, wenn die jeweilige Informationsquelle auch geeignet ist, valide Schätzungen der Veränderung abzugeben.

Sind deine Mitschüler aggressiver geworden?

Gymnasiallehrerin Brigitte U. möchte wissen, ob sich die Aggressivität der Schüler in ihrer Klasse im Verlauf des 2. Schulhalbjahres 2006 verändert hat. Dazu legt sie jedem Kind in ihrer Klasse am Ende des Schuljahres (t_2) einen Fragebogen vor (s. Abb. 4.3).

Jeder Schüler beurteilt also jeden seiner Mitschüler zum einen in Hinblick auf sein aktuelles Aggressionsniveau (linker Kasten in Abb. 4.3), zum anderen im Hinblick auf beobachtbare Veränderungen im aggressiven Verhalten im Vergleich zu vor den Osterferien (rechter Kasten). Vor den Osterferien (t_1) hat Brigitte

U. ihren Schülern schon einmal einen ähnlichen Fragebogen vorgelegt, allerdings nur mit der Frage nach dem aktuellen Aggressionsniveau. Sie ist mit diesem Datensatz also nun in der Lage, Art und Ausmaß der Veränderung der Aggressionsneigung zwischen t_1 und t_2 sowohl direkt als auch indirekt zu quantifizieren. Die direkte → Veränderungsmessung besteht darin, jene Bewertungen auszuwerten, die im rechten Kasten des in Abb. 4.3 dargestellten Fragebogens abgegeben werden. Dabei wird für jeden Schüler der Mittelwert aller Fremdbeurteilungen, d. h. die durchschnittliche Be-

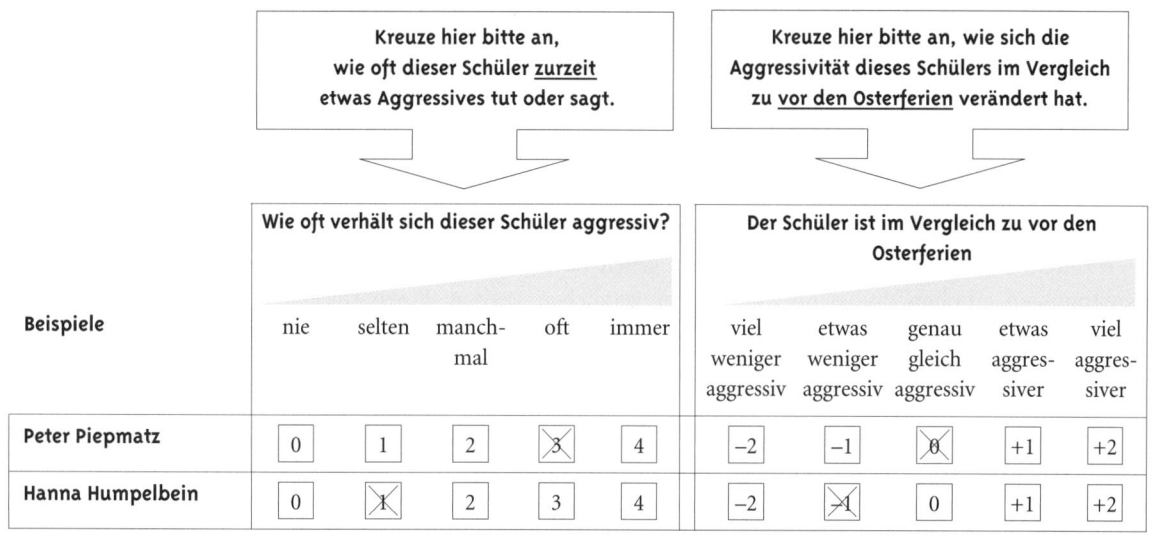

Liebe Schülerin, lieber Schüler!

Auf den folgenden Seiten siehst du die Namen all deiner Klassenkameraden. Daneben siehst du zwei Kästen mit eckigen Feldern zum Ankreuzen.

▶ Bearbeite zuerst den **linken Kasten**! Hier sollst du angeben, wie oft dieser Schüler sich <u>zurzeit</u> aggressiv verhält. Dazu gehört Schubsen, Schlagen, Beschimpfen oder andere Kinder nicht mitspielen lassen.

▶ Bearbeite dann bitte den **rechten Kasten**! Hier sollst du angeben, wie sich die Aggressivität des Schülers <u>im Vergleich zu vor den Osterferien</u> inzwischen verändert hat, also ob der Schüler jetzt weniger aggressiv ist als vor den Osterferien, genau so aggressiv ist wie vorher oder vielleicht sogar noch aggressiver geworden ist.

Bitte nimm dir die Zeit, um über jeden deiner Mitschüler nachzudenken. Es gibt keine Zeitbegrenzung! Sei ehrlich beim Ankreuzen, sonst bringt es niemandem was! Die anderen Schüler werden von uns nicht erfahren, was du angekreuzt hast! Deine Lehrer werden es auch nicht erfahren.

| Kreuze hier bitte an, wie oft dieser Schüler <u>zurzeit</u> etwas Aggressives tut oder sagt. | | | | | Kreuze hier bitte an, wie sich die Aggressivität dieses Schülers im Vergleich zu <u>vor den Osterferien</u> verändert hat. | | | | |

Beispiele	**Wie oft verhält sich dieser Schüler aggressiv?**					**Der Schüler ist im Vergleich zu vor den Osterferien**				
	nie	selten	manch-mal	oft	immer	viel weniger aggressiv	etwas weniger aggressiv	genau gleich aggressiv	etwas aggres-siver	viel aggres-siver
Peter Piepmatz	0	1	2	☒ 3	4	−2	−1	☒ 0	+1	+2
Hanna Humpelbein	0	☒ 1	2	3	4	−2	☒ −1	0	+1	+2

Abbildung 4.3. Beispiel für einen Fremdbeurteilungsbogen zur Statusdiagnostik (links) und zur direkten Veränderungsdiagnostik aggressiven Verhaltens (rechts): Jeder Schüler beurteilt jeden seiner Mitschüler zum einen in Hinblick auf sein aktuelles Aggressionsniveau (linker Kasten), zum anderen im Hinblick auf beobachtete Veränderungen im aggressiven Verhalten (rechter Kasten)

wertung seitens seiner Mitschüler, berechnet. Ist dieser Mittelwert für einen bestimmten Schüler negativ, so ist dieser Schüler seinen Mitschülern zufolge weniger aggressiv geworden. Ist der Mittelwert für einen bestimmten Schüler positiv, so ist dieser Schüler seinen Mitschülern zufolge aggressiver geworden als vorher. Die indirekte → Veränderungsmessung besteht darin, für jeden Schüler den Mittelwert seiner Fremdbeurteilungen nach den Osterferien (das sind die Bewertun-

gen, die die Schüler im linken Kasten des in Abb. 4.3 dargestellten Bogens abgeben) vom Mittelwert seiner Fremdbeurteilungen vor den Osterferien abzuziehen, also für jeden Schüler eine intraindividuelle Differenz zwischen t_1 und t_2 zu berechnen. Ist diese Differenz positiv ($D_i = x_{i1} - x_{i2} > 0$), so haben sich die Werte über die Zeit hinweg verringert; ist sie negativ ($D_i = x_{i1} - x_{i2} < 0$), so haben sich die Werte der Person über die Zeit hinweg erhöht.

Am Beispiel der von Brigitte U. betriebenen Aggressionsdiagnostik in ihrer Klasse lassen sich verschiedene Vor- und Nachteile der direkten und der indirekten Veränderungsmessung gut erkennen (s. Tab. 4.2).

Tabelle 4.2. Vor- und Nachteile indirekter und direkter Veränderungsmessung

	Indirekte Veränderungsmessung	Direkte Veränderungsmessung
Vorteile	▶ weniger anfällig für Verzerrungen oder Verfälschungen	▶ ökonomisch (nur ein einziger Messzeitpunkt) ▶ bester Indikator für die subjektiv erlebte Veränderung
Nachteile	▶ anfällig für Effekte, die mit einer echten Veränderung nichts zu tun haben (Response Shifts, Testübung) ▶ Gefahr selektiver Dropouts ▶ Regressionseffekt	▶ anfällig für Verzerrungen oder Verfälschungen, z. B. Konfirmationseffekt, selektive Gedächtniseffekte, Assimilations- und Kontrasteffekte ▶ hoher Aufforderungscharakter

Verzerrungen und Verfälschungen. Selbstauskünfte sind in hohem Maße anfällig für Verzerrungen, Verfälschungen und systematische Messfehler. Sie alle reduzieren die → Validität einer Messung. Bei indirekten Veränderungsmessungen gibt es folgende validitätsgefährdenden Einflüsse:

▶ Erinnerungseffekte: Personen können sich zum zweiten Messzeitpunkt daran erinnern, was sie zum ersten angegeben haben.

▶ Testübung: Personen sind beim zweiten Mal mit dem Instrument vertrauter und geben sich beim Ausfüllen weniger Mühe, oder sie sind – etwa im Falle eines Leistungstests – evtl. sogar besser, weil sie die Aufgaben(-typen) schon kennen,

▶ Sensibilisierung für die Fragestellung: Personen ahnen beim zweiten Mal, welche Veränderung erwartet wird.

▶ Zwischenzeitliches Geschehen: Zwischen den Messzeitpunkten lagen Ereignisse, die nichts mit dem erfassten Merkmal zu tun haben und das Antwortverhalten einer Person dennoch beeinflussen, z. B. größere Angst vorm Fliegen aufgrund von Bombendrohungen.

► Response Shift: Zwischen den Messzeitpunkten hat sich zwar nicht das in Frage stehende Merkmal, aber das Verständnis des Messinstruments verändert, z. B. wenn Schüler die Verhaltensweise Schubsen bei der ersten Befragung (t_1) für nicht-aggressiv, zu t_2 aber sehr wohl für aggressiv halten (→ Response Shift).

Bei direkten → Veränderungsmessungen gibt es folgende validitätsgefährdende Einflüsse:

► Konfirmationseffekt/Confirmation Bias: Man nimmt die Veränderung so wahr, wie man sie erwartet hätte, ohne dass die Wahrnehmung eine objektive Basis hätte (→ Konfirmationseffekt/Confirmation Bias).

► Selektive Informationsverarbeitung: Man orientiert seine Einschätzung nur an jenen Ereignissen, die zu Beginn der Veränderungsperiode (Primacy Effect) oder gegen Ende der Veränderungsperiode (Recency Effect) stattgefunden haben.

► Assimilations- und Kontrasteffekte: Man gewichtet Abweichungen (von der ursprünglichen Erwartung oder vom ursprünglichen Zustand) entweder geringer (Assimilationseffekt) oder stärker (Kontrasteffekt), als es angemessen wäre.

► Response Shift: Das subjektive Bezugssystem für die Beantwortung der Frage hat sich verändert, nicht aber die Merkmalsausprägung selbst.

Quasi-indirekte Veränderungsmessung. Eine dritte Möglichkeit besteht darin, indirekte und direkte Veränderungsmessung miteinander zu kombinieren und die Daten für den ersten Messzeitpunkt retrospektiv zum zweiten Messzeitpunkt zu erheben (→ quasi-indirekte Veränderungsmessung). Die Probanden werden also gebeten, sich noch einmal in ihre Situation zum Zeitpunkt t_1 zu versetzen und die Merkmalsausprägung zu diesem Zeitpunkt zu beurteilen (→ Retrospective Pretest). Anschließend berechnet man die Differenz zwischen der (zu t_2 retrospektiv eingeschätzten) Ausprägung des Merkmals zu t_1 und der aktuellen Merkmalsausprägung zu t_2. Man nutzt damit quasi die Vorteile eines intraindividuellen Designs und kann einige Probleme der indirekten sowie der direkten Veränderungsmessung umgehen.

4.2.2 Regressionseffekt

Ein spezielles Problem der indirekten Veränderungsmessung auf der Basis intraindividueller Designs wird als → Regressionseffekt oder → Regression zur Mitte-Effekt bezeichnet. Damit wird das Phänomen beschrieben, dass Werte, die zum Messzeitpunkt t_i weit von ihrem Mittelwert abweichen, zu einem Messzeitpunkt $t_{i'}$ plötzlich weniger weit vom Mittelwert abweichen. Am Beispiel Aggressivität kann man sich das wie folgt vorstellen: Ein Schüler i ist zum Zeitpunkt t_1 wesentlich aggressiver als der Klassendurchschnitt $\bar{x}_1$, zum Zeitpunkt t_2 weicht er jedoch weniger stark vom Klassendurchschnitt $\bar{x}_2$ ab. Das sieht im ersten Moment nach einer Veränderung aus: Der Schüler scheint weniger aggressiv geworden zu sein. Aber in Wirklichkeit gaukeln die Abweichungswerte diese Veränderung nur vor: Es handelt sich um ein statistisches Artefakt. Formal lässt sich der Regressionseffekt über die folgende Ungleichung beschreiben:

$$\hat{x}_{i2} - \bar{x}_2 < x_{i1} - \bar{x}_1 \, .$$

Würde man den Wert einer Person i zum Zeitpunkt t_2 also aus dem Wert dieser Person zum Zeitpunkt t_1 vorhersagen wollen, so wäre dieser vorhergesagte Wert $\hat{x}_{i2}$ weniger weit vom Mittelwert $\bar{x}_2$ entfernt als x_{i1} vom Mittelwert $\bar{x}_1$ entfernt war.

Wie stark der Regressionseffekt zu Buche schlägt, hängt von drei Parametern ab:

(1) der Autokorrelation der beiden Messwertreihen (r_{12}),

(2) der Ähnlichkeit der Varianzen der beiden Messwertreihen (σ_1^2 und σ_2^2) und

(3) der Abweichung eines Werts vom Mittelwert ($x_{i1} - \overline{x}_1$). Je weiter die Werte in einer Messwertreihe von ihrem jeweiligen Mittelwert abweichen, desto stärker sind sie vom → Regressionseffekt betroffen, d. h. umso größer ist die augenscheinliche Differenz zwischen x_{i1} und x_{i2}.

Bedingungen für den Regressionseffekt. Wann entsteht nun ein solcher Regressionseffekt? Man kann mathematisch zeigen, dass ein Regressionseffekt in einem Fall unvermeidlich ist, und zwar wenn

▶ die Autokorrelation $r_{12} < 1$ ist und wenn

▶ die beiden Messwertreihen identische Varianzen haben ($\sigma_1^2 = \sigma_2^2$).

In der Realität ist eine perfekte Autokorrelation äußerst unwahrscheinlich. Situative Einflüsse, Messfehler und differentielle Veränderungen im erfassten Merkmal führen dazu, dass die beiden Messwertreihen meist nicht perfekt miteinander korrelieren. Ist die Messung einer Variablen zu beiden Messzeitpunkten also stark messfehlerbehaftet (unreliabel) oder gab es interindividuelle Unterschiede in der intraindividuellen Veränderung, so ist ein Regressionseffekt wahrscheinlicher als bei einer relativ fehlerfreien Messung bzw. einem Merkmal, das über die Zeit hinweg eine hohe Stabilität hat.

Eine nicht-perfekte Autokorrelation ist noch keine hinreichende Bedingung für den Regressionseffekt. Erst wenn die Varianzen der Werte zu beiden Messzeitpunkten identisch sind ($\sigma_1^2 = \sigma_2^2$), ist ein Regressionseffekt unvermeidlich. Das ist z. B. dann der Fall, wenn man die Messwertreihen – aus welchem Grund auch immer – in → Standardwerte transformiert, also z-standardisiert.

Beispiel

Frau Koslowskis schlimmste Schüler werden brav (... und umgekehrt)

Ingrid Koslowski ist Lehrerin an einer Hauptschule. Sie möchte wissen, wie sich das Sozialverhalten ihrer Schüler im Laufe einer Woche verändert. Dazu lädt sie eine geschulte Unterrichtsbeobachterin einmal am Montag und einmal am Freitag in ihre Mathematikstunde in der 8a ein. Die Beobachterin bewertet jeden Schüler zu beiden Messzeitpunkten jeweils auf einer Skala von –20 (sehr negatives Verhalten) bis +20 (sehr positives Verhalten). Die Ergebnisse sind in einem so genannten Scatterplot abgebildet (s. Abb. 4.4). In der linken Grafik sind die unstandardisierten Werte (Rohwerte) abgetragen. In der rechten Grafik wurden die Werte für jeden Messzeitpunkt z-standardisiert. Auf der horizontalen Achse finden sich die Werte zum 1. Messzeitpunkt (Montag), auf der vertikalen Achse die Werte zum 2. Messzeitpunkt (Freitag).

Schüler Peter hatte zu t_1 den höchsten Wert ($x_1 = 14$). Sein Sozialverhalten hat sich – bei Betrachtung der unstandardisierten Werte – zum Freitag hin (t_1) sogar noch verbessert ($x_2 = 16$). Bei Lisa ist es genau umgekehrt: Sie war montags die schlimmste Schülerin ($x_1 = -10$), und sie hat sich zum Freitag hin sogar noch verschlimmert ($x_2 = -12$). Wir sehen, dass beide Bedingungen für einen Regressionseffekt erfüllt sind: Die Korrelation zwischen t_1 und t_2 ist zwar hoch, aber nicht perfekt ($r_{12} = .88$), und durch die z-Standardisierung wurden die Varianzen zu beiden Zeitpunkten auf 1 fixiert. Wozu das führt, sehen wir in der rechten Grafik: Peter hat zu t_1 einen Wert von $z_1 = 1{,}66$ und zu t_2 einen Wert von $z_2 = 1{,}54$. Das suggeriert eine negative Veränderung, obwohl die unstandardisierten Werte genau das Gegenteil nahe legen! Einen umgekehrten Effekt finden wir bei Lisa: Sie hat zu t_1 einen Wert von $z_1 = -1{,}51$ und zu t_2 einen Wert von $z_2 = -1{,}42$. Diese scheinbar positive Veränderung wird durch die Rohwerte nicht bestätigt! Dass die → z-Werte ein völlig falsches Bild von der Veränderung nahe legen, ist einzig und allein dem Regressionseffekt zu schulden!

▶

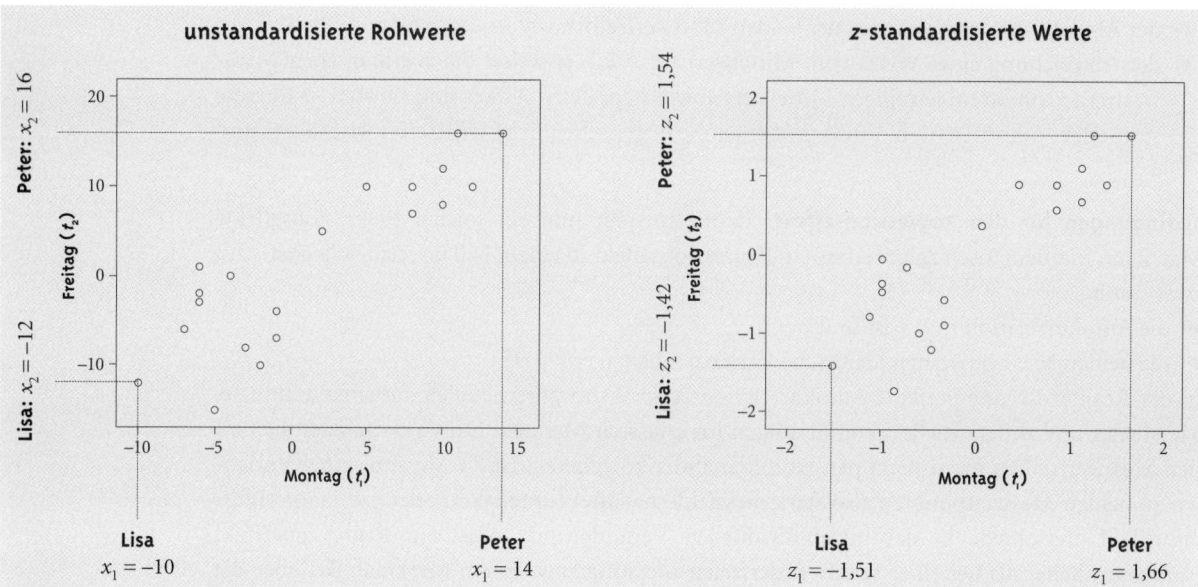

Abbildung 4.4. Regressionseffekt durch Standardisierung der Werte: Das Verhalten von Peter und Lisa wird am Montag (t_1) und Freitag (t_2) erhoben. Lisa hat zu t_1 (−10) und zu t_2 (−12) den schlechtesten Wert, sie hat sich sogar um 2 Punkte verschlechtert. Peter hat am Montag (+14) und am Freitag (+16) den höchsten Wert, er hat sich um 2 Punkte verbessert. Die rechte Grafik zeigt das Ergebnis der z-Standardisierung: Peter hat am Montag einen Wert von $z_1 = 1,66$ und Freitag einen Wert von $z_2 = 1,54$. Das suggeriert eine negative Veränderung (d. h. eine Verbesserung), obwohl die unstandardisierten Werte genau das Gegenteil nahe legen! Umgekehrt bei Lisa: Sie hat zu t_1 einen Wert von $z_1 = −1,51$ und zu t_2 einen Wert von $z_2 = −1,42$. Dieses Paradox ist auf einen Regressionseffekt zurückzuführen!

Die vielfach geäußerte Warnung, → Regression zur Mitte sei unvermeidlich, stimmt also nur dann, wenn die Autokorrelation kleiner Eins und die Varianzen gleich sind. Ersteres ist meistens der Fall: Eine Autokorrelation von Eins wird man in der Realität wahrscheinlich nie beobachten, schon allein, weil es meistens unsystematische Messfehler gibt! Die Annahme gleicher Varianzen ist jedoch in der Realität eher selten. Meist wird man beobachten, dass sich die Varianz der Prä-Testwerte und die Varianz der Post-Testwerte voneinander unterscheiden: Einige Personen verändern sich eben stärker als andere. In diesem Fall ist nicht notwendigerweise mit einer Regression zur Mitte zu rechnen.

4.2.3 Reliabilität von Differenzwerten

Im Falle stabiler Persönlichkeitsmerkmale (z. B. Intelligenz, Extraversion) lässt sich die → Reliabilität eines Messinstruments über die Höhe der Autokorrelation schätzen: Je stärker die Werte zweier Messzeitpunkte miteinander korrelieren, desto eher ist der Test in der Lage, die Stabilität des zu messenden Merkmals reliabel abzubilden. Je weiter die Korrelation von +1 abweicht, desto eher spricht das für unsystematische Messfehlereinflüsse zu den beiden Zeitpunkten. Diese Form der Reliabilitätsschätzung bezeichnet man als Retest-Methode.

Situationsspezifische Messfehler sind jedoch nur eine Ursache für eine nicht-perfekte Retest- oder Autokorrelation. Eine andere Ursache könnte darin liegen, dass in dem zu messenden Merkmal zwischen den Messzeitpunkten eine Veränderung stattgefunden hat oder genauer gesagt: dass sich unterschiedliche Personen unterschiedlich verändert haben. Statistisch gesprochen: Es gibt interindividuelle Unterschiede in der intraindividuellen Veränderung. Für die → Veränderungsmessung, also die Frage danach, ob und wie eine Veränderung über die Zeit hinweg stattgefunden hat, sind solche differenziellen Veränderungsmuster höchst interessant. Es wäre bspw. sehr aufschlussreich, wenn das Wir-Gefühl in Klasse 7a im Laufe des Schuljahres abnimmt, in Klasse 7b zunimmt und in Klasse 7c konstant bleibt. In solchen Fällen ist allerdings die Retest-Methode kein guter Schätzer für die → Reliabilität eines Tests, denn eine nicht-perfekte Retest-Korrelation spricht eben nicht nur für Messfehlereinflüsse, sondern auch für echte Veränderungen.

Die komplexen Zusammenhänge zwischen Messfehlereinflüssen, differenziellen Veränderungen und der Retest-Korrelation haben immer wieder dazu geführt, dass von der Verwendung von Differenzwerten vehement abgeraten wurde mit dem Argument, sie könnten die wahre Veränderung gar nicht reliabel abbilden (z. B. Lord, 1963; Linn & Slinde, 1977). In der Tat hängt die Reliabilität von Differenzwerten von der Reliabilität der Messungen zu jedem der beiden Messzeitpunkte ab – aber eben nicht nur! Sie hängt daneben auch von der Autokorrelation und vom Unterschied der Varianzen zu beiden Messzeitpunkten ab. Nur wenn die Varianzen gleich sind und die Autokorrelation hoch, ist die Reliabilität eines Differenzwertes gering. Das ist aber kein Wunder: Hohe Autokorrelation und gleiche Varianzen bedeuten ja schließlich, dass es keine interindividuellen Unterschiede in der Veränderung gab. Und wo es solche Unterschiede nicht gibt, da können sie auch von keinem Differenzwert entdeckt werden (Rogosa, 1988). Differenzwerte sind hingegen durchaus reliabel, wenn

▶ das Messinstrument reliabel ist,
▶ die Autokorrelation kleiner als Eins ist und
▶ die Varianzen zwischen den beiden Messzeitpunkten unterschiedlich sind.

Anders gesagt: Differenzwerte können nur dann reliabel sein, wenn sich unterschiedliche Personen in unterschiedlicher Weise verändern.

4.3 Moderatoren von Veränderung

Eine fundierte Veränderungsbeschreibung fußt auch auf einer Analyse möglicher Abhängigkeiten der Veränderung von weiteren Variablen, sog. Moderatorvariablen. Würde man bspw. ermitteln, dass das Ausmaß schulischer Gewalt im Gymnasium zugenommen, in Haupt- und Realschulen hingegen abgenommen hat, so wäre die Variable Schultyp ein Moderator der Veränderung, denn in Abhängigkeit vom Schultyp variiert das Ausmaß schulischer Gewalt (→ Moderatorvariable).

Beispiel

Der Rückgang der Arbeitslosigkeit ist altersabhängig!
Zwischen März 2005 und März 2006 war ein Rückgang der Arbeitslosigkeit in Deutschland von 5,5 % verzeichnet worden. Diese Zahl vermittelt jedoch nur ein sehr globales, undifferenziertes Bild. Schaut man sich die Veränderungen in unterschiedlichen Alterskategorien an, so fällt auf, dass vor allem jüngere Menschen aus der Arbeitslosigkeit entlassen werden konnten: Für die unter 25-jährigen betrug der Rückgang der Arbeitslosenquote 14,1 %, für die über 55-jährigen nahm die Quote dagegen um 1,2 % zu. Das Alter ist also eine Moderatorvariable für die Veränderung in der Arbeitslosenquote zwischen 2005 und 2006.

Zu möglichen Moderatoren der Veränderung gehören z. B.:

▶ Subgruppen in der Stichprobe: Unterscheiden sich Männer und Frauen hinsichtlich des Verlaufs ihrer Genesung nach einem Herzinfarkt? Entwickelt sich ein Wir-Gefühl in Schulklassen bei Gymnasiasten später als bei Hauptschülern?

▶ Kontextbedingungen: Reagiert der Arbeitsmarkt auf eine bestimmte Reformmaßnahme in ländlichen Regionen träger als in städtischen Regionen? Entwickelt sich ein Wir-Gefühl in Schulklassen schneller, wenn das Lehrerkollegium jünger ist?

▶ Zeitpunkte: Hängt die Veränderung der Arbeitslosenquote im Vergleich zum Vorjahresmonat davon ab, in welchem Monat die Messung stattfindet? Entwickelt sich ein Wir-Gefühl in Klassen der Jahrgangsstufe 5 schneller als in Klassen der Jahrgangsstufe 8?

→ Moderatorvariablen dienen dazu, qualifiziertere und detailliertere Aussagen über Qualität und Quantität einer Veränderung zu treffen. Im Extremfall ist es sogar denkbar, dass auf der globalen Ebene keine Veränderung sichtbar ist, dass die getrennte Betrachtung von unterschiedlichen Ausprägungen einer Moderatorvariablen hingegen zu der Erkenntnis führt, dass die Veränderung in unterschiedlichen Ausprägungen anders verlaufen ist.

In statistischen Termini spricht man davon, dass die Moderatorvariable mit der Veränderung interagiert; es gibt eine statistische Interaktion (Wechselwirkung) zwischen der Zeit und den Moderatorvariablen.

Das Beispiel unten berücksichtigt zwei Moderatorvariablen der Veränderung: das Fach (Deutsch/Mathematik) und das Geschlecht der Schüler. Das Beispiel ist numerisch so konstruiert, dass sich einander entgegen gesetzte Veränderungsgradienten auf der Ebene der Fächer vollständig aufheben, wenn man diese Variable nicht mit berücksichtigt. Oberflächlich betrachtet könnte man dann fälschlicherweise annehmen, es habe gar keine Veränderung stattgefunden.

Den umgekehrten Fall hat man, wenn man aufgrund des Leistungsabfalls in Deutsch schließen würde, dass die ganze Klasse im Laufe des Schuljahres schlechter geworden ist. Das ist jedoch nicht richtig: Eine Differenzierung nach der Moderatorvariablen Geschlecht zeigt, dass in Deutsch nur die Jungen schlechter geworden sind, nicht aber die Mädchen.

Beispiel

Hat sich eine Schulklasse leistungsmäßig verbessert oder nicht?

In der Städtischen Realschule von H. wird ermittelt, wie sich die Leistung von Schulklassen im Verlauf des Schuljahres verändert. Dazu werden zu vier Messzeitpunkten standardisierte Tests in allen Fächern durchgeführt. Die Testergebnisse werden über Schüler und über Fächer hinweg gemittelt. Am Ende erhält jede Klasse für jeden Zeitpunkt einen Leistungswert (in Schulnoten skaliert). Die Klasse 7a weist dabei zu allen vier Messzeitpunkten den gleichen Leistungswert auf: $x_1 = x_2 = x_3 = x_4 = 2{,}5$. Betrachtet man die Leistungen getrennt für die Fächer Deutsch und Mathematik (Abb. 4.5 oben), so zeigt sich, dass es im Fach Deutsch einen Leistungsabfall und im Fach Mathematik einen Leistungsanstieg gab. Es haben also sehr wohl Veränderungen stattgefunden! Weist man diese Ergebnisse nun noch einmal getrennt für Jungen und Mädchen aus (Abb. 4.5 unten), so wird das Bild noch differenzierter: Der Leistungsabfall in Deutsch findet sich nämlich lediglich bei den Jungen (die Mädchen bleiben hier sehr gut). Der Leistungsanstieg in Mathematik zeigt sich nur bei den Mädchen; die Jungen waren schon immer relativ schlecht und bleiben es auch.

▶

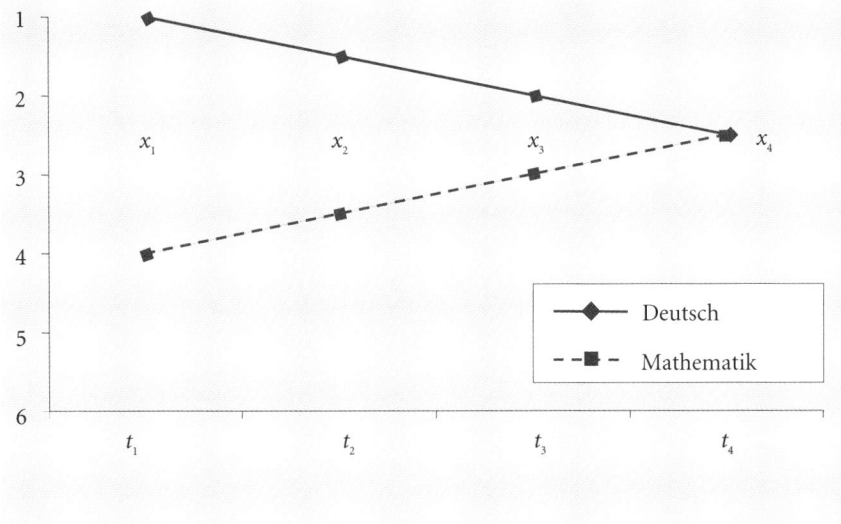

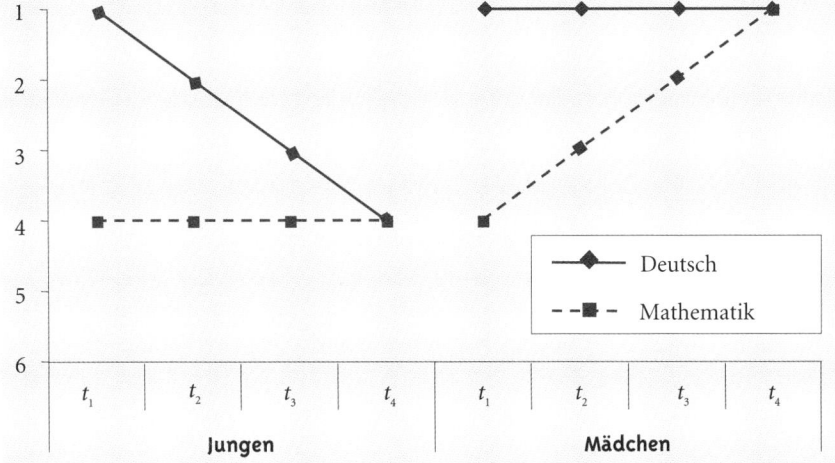

Abbildung 4.5. Interaktionseffekt zwischen Fach und Messzeitpunkt (oben) sowie zwischen Geschlecht, Fach und Messzeitpunkt (unten). Die Interaktionen überlagern einen Haupteffekt der Zeit: Ohne Betrachtung des Geschlechts oder des Fachs sind die Unterschiede zwischen den Messzeitpunkten gleich Null

Differenzierte Veränderungsanalysen, die → Moderatorvariablen mit einbeziehen, können also helfen, unzulässige Generalisierungen zu vermeiden. Natürlich muss man im Einzelfall entscheiden, wie differenziert die Veränderungsdeskription schlussendlich sein soll. Ein zu hoher Auflösungsgrad birgt irgendwann keine Information mehr, wird sehr unübersichtlich und führt dann auch zu sehr kleinen Teilgruppen. Ein zu geringer Auflösungsgrad hingegen kann zu falschen Generalisierungen führen.

Die Frage allerdings, welche Moderatorvariablen in Betracht gezogen werden sollen, ist nicht leicht zu beantworten. In erster Linie hängt die Wahl der bedeutsamen Moderatorvariablen von der jeweiligen Fragestellung ab. Die Arbeitslosigkeitsstatistik des Statistischen Bundesamtes wird bspw. standardmäßig nach Geschlecht, Alterskategorien und Deutsche vs. Ausländer ausdifferenziert. Die Polizeiliche Kriminalstatistik (PKS) wird in erster Linie nach Deliktkategorien und nach Alter des Täters differenziert. Die HIV-Inzidenzstatistik (→ Inzidenz) des Robert-Koch-Instituts wird nach Geschlecht und Risikogruppe (z. B. homosexuelle Männer, Drogenabhängige) differenziert. Im Allgemeinen bietet sich eine differenzierte Analyse nach jenen Moderatoren an, von denen bereits vorher bekannt ist, dass sie mit dem in Frage stehenden Merkmal zusammenhängen.

4.4 Zusammenfassung

Veränderungsanalysen kann man dahingehend kategorisieren, ob sie
- ▶ quantitativ (die Veränderung kann in Zahlen ausgedrückt werden) oder
- ▶ qualitativ (die Veränderung ist mehrdimensional oder nicht adäquat zu quantifizieren)

orientiert sind. Die Veränderung kann auf der Ebene
- ▶ einzelner Individuen,
- ▶ Gruppen von Individuen (inkl. ganzer Populationen) oder
- ▶ Sachen (unpersönlicher Entitäten)

beschrieben werden.

Intra- und interindividuelle Veränderungen. Dabei können
- ▶ echte intraindividuelle Veränderungen (Daten von den gleichen Personen zu verschiedenen Messzeitpunkten; Messwiederholung) oder
- ▶ interindividuelle Veränderungen (zu den unterschiedlichen Messzeitpunkten werden jeweils unterschiedliche Personen getestet)

ausgewertet werden. Auf Einzelfallebene kann die Veränderung zwischen zwei Messzeitpunkten entweder als einfache Differenz (D), als standardisierte Differenz (D_{st}) oder aber in Form einer klinischen Signifikanz (D_k) angegeben werden. Letztere ermöglicht es auch, das Ausmaß der Veränderung inferenzstatistisch abzusichern.

Für die inferenzstatistische Absicherung von Veränderungen auf Gruppenebene hängt die Wahl des geeigneten Verfahrens von der Art der Analyseeinheit und der Art der Veränderungsmessung ab. Dabei spielt ferner eine Rolle, ob
- ▶ eine Analyse von Art und Ausmaß des zeitlichen Unterschieds (Differenz),
- ▶ eine Analyse des zeitlichen Trends oder
- ▶ eine Analyse der Variabilität über die Zeit hinweg

im Mittelpunkt des Interesses steht.

Der Unterschied zwischen zwei Messzeitpunkten kann
- ▶ indirekt (mit Hilfe einer Vorher-Nachher-Messung)
- ▶ direkt oder
- ▶ quasi-indirekt (mit Hilfe einer retrospektiven Vorher-Messung)

ermittelt werden.

Regressionseffekt. Mit jedem dieser Ansätze sind Vor- und Nachteile verbunden. Ein Nachteil der indirekten Veränderungsmessung ist die Gefahr artifizieller Regressionseffekte: Werte, die zu einem Messzeitpunkt weit vom Mittelwert abweichen, weichen zum anderen Messzeitpunkt weniger weit vom Mittelwert ab. Der Regressionseffekt kann Veränderung vorgaukeln, die in Wirklichkeit gar nicht (oder sogar in umgekehrter Richtung!) stattgefunden hat.

Moderatorvariablen. Eine Suche nach Moderatoren der Veränderung ist nicht nur statistisch sinnvoll (denn Interaktionseffekte können Haupteffekte der Zeit überlagern!), sondern auch inhaltlich angezeigt. Für die Wahl der Moderatorvariablen gibt es – im Idealfall – konzeptuelle oder empirische Gründe.

4.5 Übungsaufgaben

(1) Ulrich P. erzielt in einem Intelligenztest zum Zeitpunkt t_1 einen Testwert von $x_1 = 110$ und ein Jahr später (t_2) einen Testwert von $x_2 = 115$. Der Intelligenztest ist – wie die meisten Intelligenztests – auf $\mu = 100$ und $\sigma = 15$ normiert; die Streuung intraindividueller Differenzen über ein Jahr hinweg wird im Testhandbuch mit $\hat{\sigma}_D = 10$ angegeben.
Berechnen Sie die standardisierte Differenz (D_{st}) und beurteilen Sie auf der Basis der klinischen Signifikanz (D_k), ob die Veränderung signifikant ist.

(2) Öffnen Sie auf der CD das Datenbeispiel „HIV-Inzidenz" und berechnen Sie den Veränderungsquotienten (VQ) für den Anstieg der HIV-Erstdiagnosen (Inzidenz) für den Vergleichszeitraum 2001–2005.

(3) Der Leiter eines städtischen Krankenhauses möchte ermitteln, ob sich die Zufriedenheit der stationär aufgenommenen Patienten mit dem Essen der Krankenhausküche im Verlauf eines Monats (gemessen einmal pro Woche, also mit vier Messzeitpunkten) verändert und wie stark das Ausmaß dieser Veränderung ist. Die Zufriedenheit erfasst er über ein (intervallskaliertes) Rating.
Diskutieren Sie, ob es sich hier um eine intraindividuelle oder eine interindividuelle Veränderungsanalyse handelt. Was wäre der angemessene statistische Test für eine inferenzstatistische Absicherung dieser Veränderungsanalyse?

(4) Ein Realschullehrer möchte wissen, ob sich das Wohlbefinden seiner Schüler (intervallskaliert) im Verlauf einer Woche (Vergleich Montag–Freitag) verbessert. Diskutieren Sie, welche Form der Veränderungsmessung (indirekt, direkt, quasi-indirekt) hier mehr oder weniger angemessen wäre.

(5) Welche Moderatorvariablen der Veränderung der HIV-Inzidenz (Inzidenz) werden in der Beschreibung in Abbildung 4.2 (s. S. 66) ausgewiesen? Welche weiteren Moderatorvariablen wären Ihrer Meinung nach denkbar?

Weiterführende Literatur

Die methodischen Probleme der Veränderungsmessung werden in nahezu allen Evaluations- und Diagnostiklehrbüchern, aber auch in Lehrbüchern angewandter psychologischer Teildisziplinen abgehandelt. Für die Bereiche Klinische Psychologie und Gesundheitspsychologie seien hier beispielhaft genannt:

▶ Stieglitz, R.-D. & Baumann, U. (1994). Veränderungsmessung. In R.-D. Stieglitz & U. Baumann (Hrsg.), Psychodiagnostik psychischer Störungen (Kap. 2, S. 21–36). Stuttgart: Enke.

▶ Eid, M. (2003). Veränderungsmessung und Kausalanalyse. In M. Jerusalem & H. Weber (Hrsg.), Psychologische Gesundheitsförderung – Diagnostik und Prävention (S. 105–120). Göttingen: Hogrefe.

Die Kapitel aus den folgenden Lehrbüchern beziehen sich insbesondere auf die statistische Datenauswertung bei „echten" Messwiederholungen, d. h. intraindividuellen Designs:

▶

► Bortz, J. (2005). Statistik für Human- und Sozialwissenschaftler (6. Aufl.) (Kap. 9; S. 331–360).
Berlin: Springer.

► Bortz, J. & Döring, N. (2006) Forschungsmethoden
und Evaluation für Human- und Sozialwissenschaftler (4. Aufl.) (Kap. 8.2.5; S. 547–579). Berlin:
Springer.

Die Methode der Zeitreihenanalyse (Veränderungsmessung bei wenigen Personen, aber langen Messwertreihen; s. Kap. 4.1.5) wird in folgendem Lehrbuch sehr
ausführlich beschrieben:

► Schmitz, B. (1989). Einführung in die Zeitreihenanalyse: Modelle, Softwarebeschreibung, Anwendungen. Bern: Huber.

5 Evaluation als Wirksamkeitsüberprüfung

War die Therapie erfolgreich? Hat die personelle Umstrukturierung im Team etwas gebracht? Konnten die Konflikte durch ein Mediationsverfahren beigelegt werden? Solche Fragestellungen beziehen sich darauf, ob die durchgeführte Intervention auch tatsächlich die intendierte Wirkung zur Folge hatte. Wirksamkeitsüberprüfungen gehören zu den Kernaufgaben von Evaluationen. Allerdings muss die Evaluation gut vorbereitet werden: Aufgabe des Evaluators ist es, das Wirkmodell einer Intervention mitzuentwickeln. Aus diesem Modell sollten sich im Idealfall Hypothesen

darüber ableiten lassen, wie eine Intervention wirken sollte, wieso sie wirken sollte und von welchen Randbedingungen die Wirkung abhängt. Insbesondere das „wie" ist für die Planung der Evaluationsuntersuchung zentral: Welcher Art sollte die Wirkung sein? Mit welchem Ausmaß ist zu rechnen? Wann sollte die Wirkung eintreten? Wie lange sollte sie anhalten? Auch wenn es im Vorhinein nicht immer einfach ist, solche Fragen zu beantworten: Die Qualität und der Nutzen einer Wirksamkeitsüberprüfung hängen direkt mit der Differenziertheit des Wirkmodells zusammen!

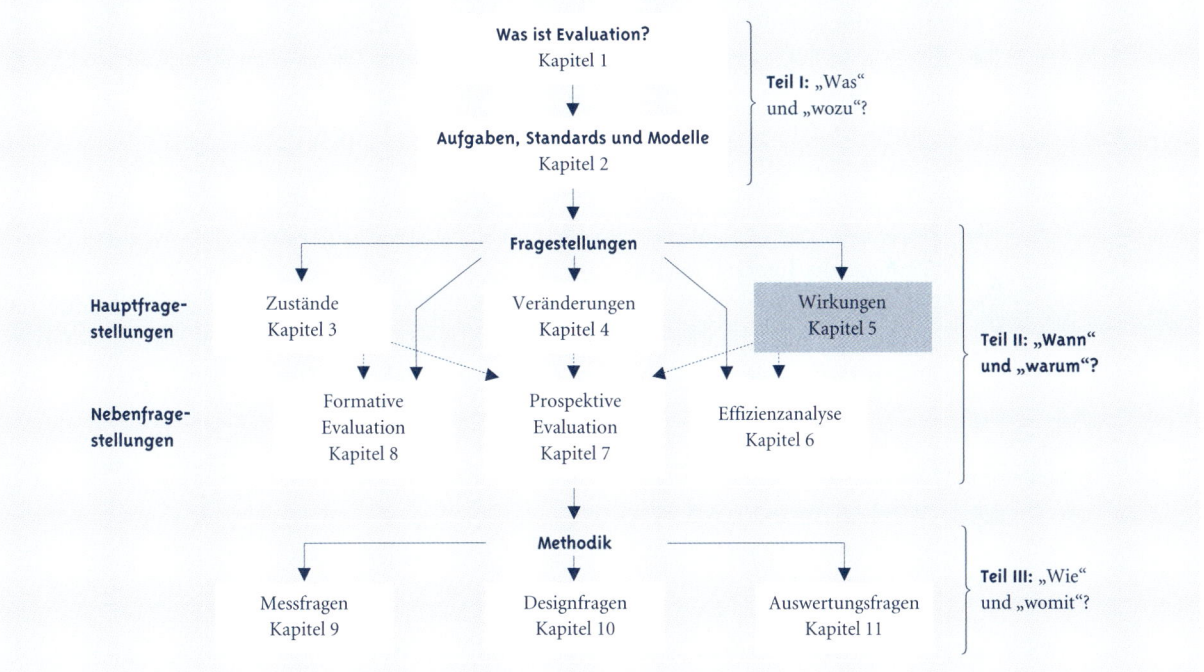

Evaluationsvorhaben, bei denen es um die bloße Beschreibung von Ist-Zuständen oder Veränderungen geht, sind häufig eher explorativ angelegt:

▶ Ein Ist-Zustand soll analysiert werden, meist ohne dass der Auftraggeber sehr spezifische Vorstellungen von den Besonderheiten (d. h. normativen oder empirischen Abweichungen) dieses Zustands hat, geschweige denn von den Ursachen, die zu diesem Zustand geführt haben könnten.

▶ Auch bei der Beschreibung von Veränderungen über die Zeit hinweg bleibt im Nachhinein häufig verborgen, worauf die Veränderungen zurückzuführen sind. Mögliche Ursachen und Bedingungen einer Veränderung sind meist ex post facto ermittelbar, d. h. nachdem die Veränderung bereits eingetreten ist. Solche Aussagen bewegen sich jedoch bestenfalls auf der Ebene von Vermutungen; eine wissenschaftlich haltbare Ursachen- und Bedingungsanalyse ist mit Hilfe von ex post facto-Zugängen nicht möglich.

Anders verhält es sich, wenn es bei einem Evaluationsvorhaben darum geht, die Wirksamkeit einer konkreten Intervention abzuschätzen. In solchen Fällen rechnet der Auftraggeber mit Veränderungen aufgrund der Intervention, und die Evaluation soll prüfen,

▶ ob diese Veränderungen tatsächlich eingetreten sind und

▶ ob die Veränderungen tatsächlich auf die Intervention zurückzuführen sind (Kausalität bzw. → interne Validität; s. Kap. 5.2).

Damit liegen für beide Fragestellungen gerichtete empirische Hypothesen vor. Wirksamkeitsüberprüfungen sind also hypothesengeleitet und konfirmatorisch. Der Begriff konfirmatorisch macht deutlich, dass das Ziel der Evaluation darin besteht, die aus einem Wirkmodell abgeleitete Wirksamkeitsannahme zu testen.

Neben diesen beiden Hauptfragestellungen, die das Veränderungspotenzial (s. Kap. 5.1) und die Kausalität von Interventionseffekten (s. Kap. 5.2) betreffen, ist eine Wirksamkeitsüberprüfung meist mit einer Reihe von Nebenfragestellungen verbunden:

▶ Halten die Effekte einer Intervention über eine gewisse Zeit an (Persistenz und Nachhaltigkeit)?

▶ Können die Personen, die an der Intervention teilgenommen haben, die erworbenen Fähigkeiten, Kenntnisse und Fertigkeiten auch auf andere Situationen übertragen (→ Transfer)?

▶ Gibt es neben den intendierten Effekten noch weitere (positive, aber auch negative) Nebenwirkungen der Intervention?

▶ Sind die Wirkungen der Intervention spezifisch für die jeweils untersuchte Durchführung oder können die beobachteten Effekte auf andere Durchführungen der gleichen Intervention generalisiert werden (Robustheit, → externe Validität; s. Kap. 2 & Kap. 5.3)?

5.1 Wirksamkeit und Wirkung

Hager und Hasselhorn (2000) schlagen eine konzeptuelle Trennung der Begriffe Wirksamkeit und → Wirkung vor.

▶ Die **Wirksamkeit** einer Interventionsmaßnahme gilt als empirisch gesichert, wenn die Effekte, die mit der Maßnahme intendiert waren, auch wirklich erreicht worden sind.

▶ Die **Wirkung** einer Interventionsmaßnahme bezieht sich auf die spezifischen Wirkmechanismen, die zu den beobachtbaren Effekten geführt haben.

Ein Nachweis der Wirksamkeit beschränkt sich also auf den Output. Die Prozesse, die kausalen Bedingungen, die moderierenden Bedingungen oder die Konsequenzen der Wirksamkeit stehen bei bloßen Wirksamkeitsanalysen im Hintergrund. Eine Analyse der Wirkung einer Maßnahme hingegen erfordert ein Wirkmodell, wenn sie hypothesengeleitet durchgeführt werden soll.

5.1.1 Wirkmodelle

In einem Wirkmodell sollte spezifiziert sein,

▶ wie eine Intervention wirken sollte (Prozesse),
▶ wieso sie wirken sollte (Begründung) und
▶ von welchen Randbedingungen die → Wirkung abhängt.

Um die Idee eines Wirkmodells und seiner Spezifikationselemente (Prozesse, Begründungen, Randbedingungen) zu veranschaulichen, werden im Folgenden zwei Fälle psychologischer Interventionen exemplarisch behandelt:

(1) sanfte Organisationsentwicklung und
(2) soziale Kompetenzen als Schutzfaktoren aggressiver Tendenzen.

Sanfte Organisationsentwicklung

Ein Firmenchef möchte die Leistungsorientierung seiner Mitarbeiter erhöhen. Insbesondere möchte er eine Stärkung der intrinsischen, also der von äußeren Anreizen unabhängigen, Leistungsmotivation erreichen. Um die Mitarbeiter nicht abzuschrecken und das Konfliktpotenzial, das üblicherweise mit Veränderungen in Institutionen einhergeht, möglichst gering zu halten, wählt er eine sanfte Form der organisationalen Strukturveränderung: Er kündigt ein Transparenzprogramm an. Ab sofort sollen die Leistungen aller Mitarbeiter offen gelegt und allen anderen Mitarbeitern zugänglich gemacht werden – einen größeren Eingriff gibt es von Seiten des Firmenchefs nicht.

Prozesse. Mit dieser Maßnahme verknüpft der Firmenchef ein spezifisches Wirkmodell: Die Transparenz (alle sehen die Leistungen aller anderen) sorgt für eine Dynamik sozialer Vergleichsprozesse, bei dem alle Mitarbeiter motiviert sind, gut abzuschneiden. Die Personen im oberen Leistungsbereich (Spitzengruppe) erleben Stolz und sind motiviert, weiterhin die Spit-

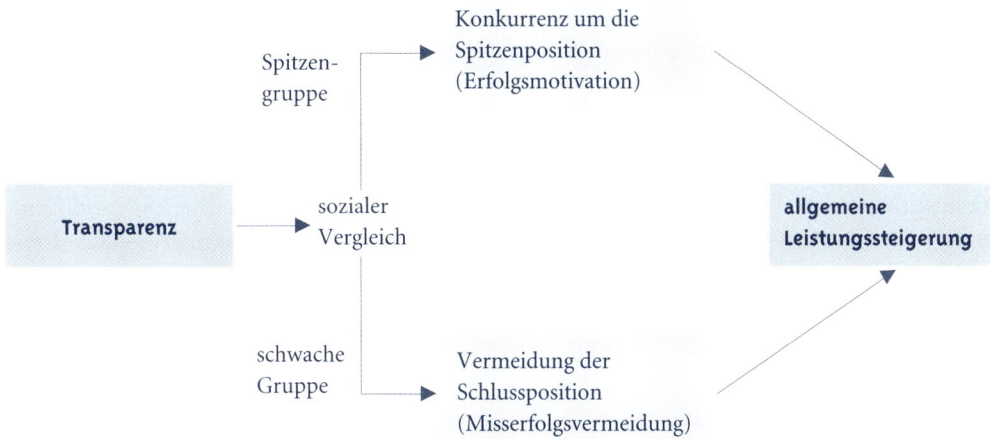

Abbildung 5.1. Wirkmodell der Leistungssteigerung in Form eines Transparenzprogramms. Die Leistungen aller Mitarbeiter werden offen gelegt. Diese Transparenz führt zu einem sozialen Vergleichsprozess, der alle Mitarbeiter motiviert, gut abzuschneiden. Die Personen im oberen Leistungsbereich (Spitzengruppe) erleben Stolz und wollen weiterhin die Spitzenpositionen besetzen bzw. konkurrieren um die Top-Position (Erfolgsmotivation). Die Personen im unteren Leistungsbereich (schwache Gruppe) fürchten um ihr Ansehen und wollen dafür sorgen, nicht an letzter Stelle zu stehen (Misserfolgsvermeidung). Dies führt zu einer allgemeinen Leistungssteigerung

zenpositionen zu besetzen bzw. um die Top-Position zu konkurrieren (Erfolgsmotivation). Die Personen im unteren Leistungsbereich (schwache Gruppe) fürchten um ihr Ansehen und wollen dafür sorgen, nicht an letzter Stelle zu stehen (Misserfolgsvermeidung).

Abbildung 5.1 veranschaulicht dieses Wirkmodell grafisch: Die Intervention löst einen sozialen Vergleich aus, der – in Abhängigkeit von der jeweiligen Zugehörigkeit zur Spitzen- oder schwachen Gruppe – unterschiedliche motivationale Prozesse (Erfolgsmotivation bzw. Misserfolgsvermeidung) evoziert und dadurch zu einer allgemeinen Leistungssteigerung führt.

Begründung. Die postulierten Wirkprozesse basieren auf Hypothesen, die ihrerseits theoretisch begründet werden müssen:

▶ Hypothese 1: Eine Offenlegung von Leistungsdaten evoziert soziale Vergleichsprozesse.

▶ Hypothese 2: Personen, die sich im oberen Leistungsspektrum befinden, vergleichen sich mit anderen Personen innerhalb dieser Teilgruppe.

▶ Hypothese 3: Personen, die sich im unteren Leistungsspektrum befinden, vergleichen sich mit anderen Personen innerhalb dieser Teilgruppe.

▶ Hypothese 4: Der Vergleich von Spitzenpersonen mit anderen Spitzenpersonen löst die Motivation aus, noch besser als die anderen zu sein; dies führt zu einer Leistungssteigerung unter allen Spitzenpersonen .

▶ Hypothese 5: Der Vergleich von Schwachen mit anderen Schwachen löst die Motivation aus, nicht schlechter als die anderen zu sein; dies führt zu einer Leistungssteigerung unter allen Schwachen.

Mit solchen Hypothesen sind wir in der Grundlagenforschung angelangt. Die Begriffe soziale Vergleichsprozesse, Erfolgsmotivation, Misserfolgsvermeidung usw. sind Konzepte der Sozial- und Motivationspsychologie. Entsprechend müssten sich in diesen Disziplinen Hinweise darauf finden lassen, ob die angenommenen Wirkmechanismen theoretisch plausibel und empirisch gestützt sind. Dies scheint in der Tat der Fall zu sein: Die Theorie sozialer Vergleichsprozesse von Festinger (1954) besagt explizit, dass soziale Vergleichsprozesse spontan entstehen (Hypothese 1) und dass sich Personen eher mit jenen vergleichen, die ihnen ähnlich sind (Hypothesen 2 & 3). Die Annahmen bezüglich Erfolgsmotivation und Misserfolgsvermeidung können hingegen mit Motivations- und Selbstregulationstheorien begründet werden (z. B. Carver & Scheier, 1998; Lockwood, 2002).

Randbedingungen. Die Sozial- und Motivationspsychologie definiert gleichzeitig Randbedingungen, unter denen der erhoffte Effekt des Transparenzprogramms mehr oder weniger wahrscheinlich wird. So ist die Wahrscheinlichkeit einer Erfolgsmotivation unwahrscheinlicher, wenn Personen sich bedroht fühlen (vgl. Taylor & Lobel, 1989) – bspw. durch die Befürchtung, schlechte Leistungen gingen ab sofort mit Lohnkürzungen einher. Zudem spielen stabile interindividuelle Unterschiede im Regulationsfokus eine Rolle: Möglicherweise hat man es bei Personen im oberen Leistungsspektrum zufälligerweise mit dispositionell eher misserfolgsmotivierten Personen zu tun (und umgekehrt). Solche Persönlichkeitsunterschiede können die Vorhersagen des Wirkmodells beeinträchtigen (vgl. Lockwood et al., 2002).

Soziale Kompetenzen als Schutzfaktoren aggressiver Tendenzen

Pädagogisch-psychologische Trainings zur Steigerung und Stärkung sozialer Kompetenzen gehören zu den wichtigsten primärpräventiven Maßnahmen zur Verhinderung aggressiver Verhaltenstendenzen (z. B. Verbeek & Petermann, 1999).

Prozesse. Mit dem Aufbau sozialer Kompetenzen (z. B. differenzierte soziale Wahrnehmung, Kommunikationsfertigkeiten, Antizipation von Handlungskonsequenzen) werden zwei → Wirkungen verknüpft, die sich in folgende Hypothesen überführen lassen (s. z. B. Petermann et al., 1999; s. auch Abb. 5.2):

(1) Hypothese 1: Wer soziale Kompetenzen beherrscht, fühlt sich im sozialen Umgang sicherer und vertraut stärker auf die intendierten Wirkungen seines Handelns (Selbstwirksamkeitshypothese).

(2) Hypothese 2: Wer über eine differenzierte soziale Wahrnehmung sowie die Fähigkeit zur Antizipation eigener Handlungskonsequenzen verfügt, wird in einer Konfliktsituationen weniger aggressiv handeln (sozial-kognitive Kompetenzhypothese).

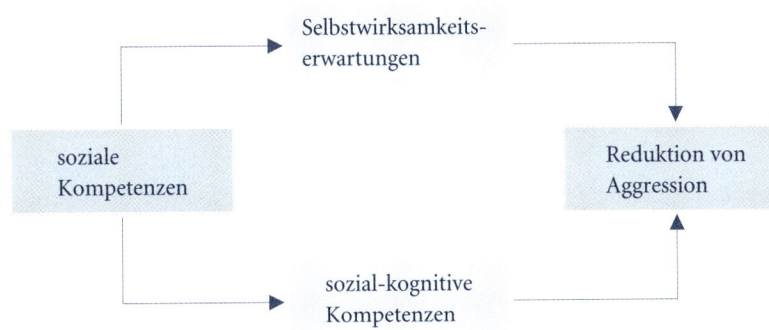

Abbildung 5.2. Wirkmodell zur Aggressionsreduktion: Soziale Kompetenzen führen zu erhöhten Selbstwirksamkeitserwartungen und zu sozial-kognitiven Kompetenzen, die beide wiederum zur Reduktion von Aggression führen

Begründung. Die Selbstwirksamkeitshypothese basiert auf der Sozial-kognitiven Lerntheorie von Bandura (1979). Die Sozial-kognitive Kompetenzhypothese basiert auf einer Umkehrung der Vorhersagen des „Sozialen Informationsverarbeitungsmodells der Aggression" (Crick & Dodge, 1994). Eine der Annahmen dieses Modells ist, dass aggressive Kinder über weniger Reaktionsoptionen in Konfliktsituationen verfügen als nicht-aggressive Kinder. Die Umkehrung besteht nun in der Hypothese, dass aggressives Verhalten weniger wahrscheinlich auftritt, wenn es gelingt, die Verfügbarkeit eines breiteren Reaktionsinventars zu schulen.

Randbedingungen. Die Wahrscheinlichkeit, dass eine solche Verfügbarkeitssteigerung alternativer, nicht-aggressiver Handlungstendenzen tatsächlich aggressionsreduzierend wirkt, hängt von einer Reihe von Randbedingungen ab. Die Fähigkeit, in der heißen Phase eines Konflikts zunächst einmal zu überlegen, welche Reaktionsmöglichkeiten zur Verfügung stehen, wie sie zu bewerten sind und inwiefern sie zu positiven oder negativen Konsequenzen führen könnten, erfordert viel kognitive Energie und Disziplin, sowie zusätzlich die Fähigkeit zur Impulskontrolle. Verfügt ein Kind nicht über diese Eigenschaften, wird die Schulung sozialer Kompetenzen wahrscheinlich nicht zum gewünschten Erfolg führen. Kognitive Energie und Disziplin sowie die Fähigkeit zur Impulskontrolle sind demnach notwendige individuelle Voraussetzungen für einen Zusammenhang zwischen dem zu schulenden Merkmal (Verfügbarkeitssteigerung alternativer, nicht-aggressiver Handlungstendenzen) und seiner vermuteten Wirkung (Reduktion aggressiver Verhaltenstendenzen).

Vier Ebenen zwischen Theorie und Wirksamkeit

Die beiden Darstellungen machen deutlich, wie eng eine Verzahnung zwischen Wirkmodell und Grundlagenforschung sein kann und sein sollte. Allerdings ist der Weg zwischen Grundlagenforschung und Wirksamkeit steiniger als man zunächst vermutet. Sagen wir, die intendierte Wirksamkeit sei nicht eingetreten, d. h. das Transparenzprogramm im Unternehmen habe nicht zu einer Leistungssteigerung und das soziale Kompetenztraining in der Schule nicht zu einer Reduktion aggressiver Verhaltenstendenzen geführt. Die Ursachen für diesen enttäuschenden Effekt (oder besser: Nicht-Effekt) könnten auf vier Ebenen angesiedelt sein (Brandtstädter, 1990):

(1) **Grundlagenebene:** Es könnte sein, dass die Theorien der Grundlagenforschung falsch sind oder durch weitere Randbedingungen qualifiziert werden müssen. So könnte es bspw. sein, dass die Hypothese, soziale Kompetenz erhöhe die Selbstwirksamkeit, falsch ist oder dass es diesen Effekt nur in einer bestimmten Altersmarge gibt.

(2) **Technologische Ebene:** Es könnte sein, dass die Grundlagentheorien zwar stimmen, aber die Übertragung auf eine Interventionshypothese falsch ist. Konkret: Die Hypothese, dass aggressive Kinder eine weniger differenzierte soziale Wahrnehmung haben, mag korrekt sein. Daraus folgt jedoch keineswegs zwingend, dass die Hypothese „Ein Training, das die soziale Wahrnehmung differenzierter macht, mindert die Aggression" auch tatsächlich stimmt.

(3) **Implementationsebene:** Es könnte sein, dass sowohl die Grundlagentheorien als auch die Interventionshypothesen korrekt sind, dass allerdings die Art, wie die Intervention im konkreten Training umgesetzt wurde, mangelhaft ist. So könnte man einwenden, dass eine Stärkung der Verfügbarkeit nicht-aggressiver Reaktionsalternativen nicht abstrakt an vorgegebenen Beispielfällen, sondern an möglichst realitätsnahen Rollenspielen geübt werden sollte.

(4) **Evaluationsebene:** Es könnte sein, dass die Grundlagentheorien und die Interventionshypothesen korrekt sind und auch die → Implementation ideal ist, dass es allerdings auf der Ebene der methodischen Umsetzung der Wirksamkeitsstudie Mängel gab.

Empirische Überprüfung von Wirkmodellen

Um ein Wirkmodell empirisch zu überprüfen, müssen alle im Modell spezifizierten Variablen operationalisiert werden.

Mediatorvariablen. Jene Konstrukte, von denen angenommen wird, dass sie zwischen der Intervention (unabhängige Variable) und der Wirksamkeit (abhängige Variable) vermitteln, sich also auf die vermuteten Wirkprozesse beziehen, werden im Rahmen der Prüfung des Gesamtmodells als Mediatorvariablen behandelt. Der Begriff Mediatorvariable ist im statistischen Sinne zu verstehen: Von vollständiger Mediation spricht man dann, wenn eine unabhängige Variable (UV) die abhängige Variable (AV) lediglich indirekt (nämlich vermittelt über die Mediatorvariable) beeinflusst. Nur weil die UV die Mediatorvariable beeinflusst, und diese wiederum die AV beeinflusst, ist ein Zusammenhang zwischen UV und AV messbar. Das bedeutet im Umkehrschluss: Würde man die Varianz der Mediatorvariablen auf Null setzen, so dürfte – im Falle einer vollständigen Mediation – kein Zusammenhang zwischen UV und AV mehr bestehen. Genau diese Logik liegt der empirischen Prüfung einer Mediatorhypothese zugrunde (s. z. B. Baron & Kenny, 1986).

Moderatorvariablen. Jene Konstrukte, von denen angenommen wird, dass sie die Richtung und Stärke der Wirksamkeit beeinflussen, sich also auf die Randbedingungen beziehen, werden als → Moderatorvariablen behandelt. Den Begriff des Moderators haben wir bereits in Kapitel 4.3

kennen gelernt: Dort wurden Moderatoren im Zusammenhang mit Veränderungsanalysen als Variablen beschrieben, die die Form und das Ausmaß der Veränderung über die Zeit hinweg beeinflussen. In der Terminologie der Varianzanalyse ist ein Moderatoreffekt nichts anderes als eine Wechselwirkung. Wie man Moderatorhypothesen im Kontext von Regressionsanalysen testen kann, wird bei Aiken und West (1996) oder Cohen et al. (2002) beschrieben.

5.1.2 Persistenz und Transfer

Mit einer Intervention, deren Ziel in der Schulung bestimmter Fähigkeiten bzw. Fertigkeiten besteht, sind in den meisten Fällen zwei Hoffnungen verbunden:

(1) Die erworbenen Fähigkeiten sollen auch nach Abschluss der Maßnahme noch verfügbar bleiben (Persistenz).
(2) Die im Rahmen der Maßnahme erworbenen Fähigkeiten sollen auch in Kontexten außerhalb der Maßnahme und in anderen Situationen verhaltenswirksam sein (→ Transfer).

Beide Größen müssen im Idealfall im Wirkmodell spezifiziert werden. Hierzu sollten folgende Fragen geklärt werden:

▶ Welche theoretische Begründung liegt der Annahme zugrunde, dass die Wirksamkeit einer Maßnahme persistent ist und auf andere Kontexte transferiert wird?
▶ Welche Aspekte der Intervention fördern die Persistenz und den Transfer der Wirksamkeit?
▶ Welche Randbedingungen können Persistenz und Transfer im positiven und im negativen Sinne beeinflussen?

Persistenz

Für verhaltenstherapeutische Interventionen ist das Kriterium der Persistenz, also der Nachhaltigkeit der eingeübten Verhaltenssteuerungsfertigkeiten, essentiell. Eine Person gilt dann als therapiert, wenn sicher gestellt oder zumindest wahrscheinlich ist, dass die Veränderung kognitiver Strukturen und verhaltensbezogener Schemata auch nach Beendigung der Therapie noch Auswirkungen auf das Verhalten und Erleben haben. Das gleiche gilt für kognitiv-behaviorale Trainingsmaßnahmen.

Messung von Persistenz. Die Persistenz der Wirksamkeit kann nur empirisch überprüft werden. Dazu benötigt man einen (oder besser, mehrere) Messzeitpunkte, die in einem vorab definierten Zeitraum nach Beendigung der Intervention liegen (→ Follow-up-Messung). Je größer die Zeitspanne, die zwischen Ende der Maßnahme und dem Follow-up liegt, desto strenger wird die Annahme getestet, dass die Wirksamkeit tatsächlich persistent ist. Im Idealfall macht das Wirkmodell – anhand theoretisch begründeter Kriterien – Annahmen darüber, welche Zeitpunkte für die Follow-up-Messungen zur Testung der Persistenzannahme sinnvoll sind.

Persistenzgradienten. Persistenz muss nicht bedeuten, dass die erworbenen Fähigkeiten und Fertigkeiten in den Follow-ups genau jenem Ausmaß entsprechen, das bereits unmittelbar nach Beendigung der Maßnahme zu beobachten war – das entspräche einer perfekt stabilen Wirksamkeit. Es ist wahrscheinlich, dass die Fähigkeiten und Fertigkeiten eine Häufung, Steigerung oder einen Höhepunkt (Klimax) unmittelbar nach der Maßnahme aufweisen, die sich dann mit der Zeit langsam zu verlieren beginnen. Der Prototyp für einen solchen negativen Persistenzgradienten oder graduellen Wirksamkeitsverlust sind Gedächtnisinhalte: Unmittelbar nach der Lernphase wird man sich an das Gelernte am besten erinnern, anschließend setzen Vergessensprozesse ein. Etwas Ähnliches ist auch für soziale Kompetenztrainings zu erwarten: Die erworbenen Kompetenzen sind unmittelbar nach dem Training am ehesten verfügbar. Unter günstigen Randbedingungen (ständige Repetition oder Auffrischungen) bleiben sie auch verfügbar. Wahrscheinlicher ist jedoch, dass ihre Verfügbarkeit mit der Zeit abnimmt.

Im Wirkmodell muss deshalb definiert sein, bis zu welchem Ausmaß diese Abnahme als unproblematisch für die Wirksamkeit einzustufen ist und ab wann die Annahme einer Wirksamkeitspersistenz verworfen werden sollte.

Unwahrscheinlich, aber dennoch möglich, sind positive Persistenzgradienten, d. h. Anstiege in der Wirksamkeit auch nach Beendigung der Maßnahme. Solche Wirksamkeitsgewinne resultieren bspw. aus einer wiederholten Anwendung des Erlernten und damit einer besseren Adaptivierung und Verfeinerung. Wie ist dieser Sachverhalt zu verstehen? Man denke an eine Vorlesung in Klinischer Psychologie: Im Anschluss an die Vorlesung werden die Studierenden die verschiedenen behandelten Störungsbilder nur sehr oberflächlich gelernt haben. In einem an die Vorlesung anschließenden therapeutischen Praktikum hingegen verfeinern und differenzieren sich die Lerninhalte durch die sich wiederholenden praktischen Erfahrungen. Solche Gewinne zeigen sich vor allem bei verhaltensnahen Wirksamkeitskriterien.

Abbildung 5.3 verdeutlicht die drei hier kurz angesprochenen Arten von Persistenzgradienten anhand eines Designs mit drei Messzeitpunkten (vor der Maßnahme, direkt nach der Maßnahme, → Follow-up-Messung).

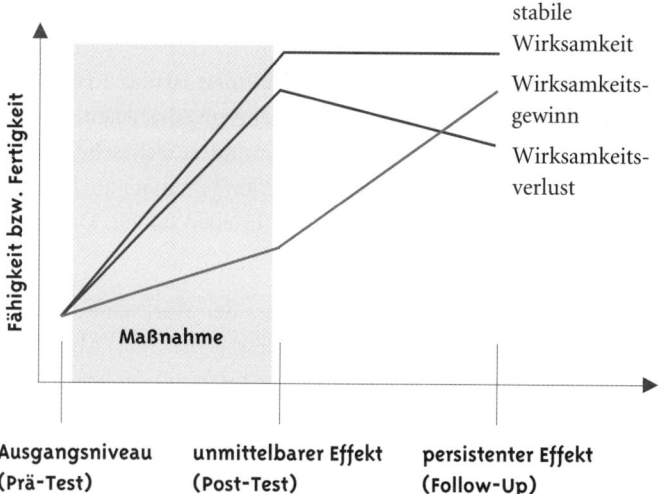

Abbildung 5.3. Unterschiedliche Gradienten der Wirksamkeitspersistenz: Das Ausgangsniveau (**Prä-Test**) wird direkt vor der Maßnahme, der unmittelbare Effekt (**Post-Test**) direkt nach der Maßnahme erhoben. Einige Zeit später wird noch einmal eine **Follow-Up**-Erhebung durchgeführt, um zu überprüfen, ob die Wirksamkeit der Maßnahme in der Zwischenzeit im Vergleich zum Post-Test stabil, abgefallen oder angestiegen ist

Transfer

Hager und Hasselhorn (2000) unterscheiden zwei Arten von → Transfer:

(1) Unter **Anforderungstransfer** verstehen sie eine Generalisierung der erworbenen Fähigkeiten und Fertigkeiten auf andere Aufgabenanforderungen.

(2) Unter **Situationstransfer** verstehen sie eine Generalisierung der erworbenen Fähigkeiten und Fertigkeiten auf Kontexte außerhalb der Intervention.

Anforderungs- und Situationstransfer bei Verhaltenstherapien

Birgit L. leidet an einer sozialen Phobie. In Situationen, in denen viele unbekannte Menschen anwesend sind, bekommt sie Beklemmungen und Herzrasen und wird von Katastrophengedanken heimgesucht. Ihr Therapeut hat mit ihr den Einsatz von Selbstberuhigungstechniken (Autogenes Training) geübt. Therapiesetting war dabei ein Restaurant in der Nähe der Praxis. Es handelte sich immer um das gleiche Restaurant. Nach drei Monaten gelingt Birgit L. die erfolgreiche Durchführung der Selbstberuhigung in diesem Restaurant. Die Therapie ist damit beendet. Der Therapeut beauftragt Birgit L. allerdings nun damit, selbst einen An-forderungs- und einen Situationstransfer vorzunehmen: Zunächst soll sie die Technik nach und nach auch in anderen Restaurants anwenden (Situationstransfer). Anschließend soll sie die Technik auch in anderen Kontexten, in denen sie üblicherweise phobisch reagiert, also beispielsweise im Kino oder im Fahrstuhl, anwenden (Anforderungstransfer). Ihr Therapeut veranschlagt hierfür eine Phase von etwa sechs Monaten.

Anmerkung: In der Verhaltenstherapie spricht man eher von Generalisierung anstatt von → Transfer; gemeint ist allerdings das Gleiche!

Transfertheorien. Beim Situations- und Anforderungstransfer kann die psychologische Distanz zwischen der Maßnahme- oder Interventionssituation und der Transfersituation mehr oder weniger groß sein. Wenn in einer Verhaltenstherapie zur Behandlung von Spinnenangst stets nur mit Fotos von Spinnen gearbeitet wird und der Klient dann die Aufgabe erhält, die erarbeiteten kognitiven und behavioralen Techniken auch bei der Konfrontation mit echten Spinnen anzuwenden, so ist die psychologische Distanz sehr groß. Ähnlich unrealistisch wäre ein Transfer, bei dem einem Zweitklässler, der gerade die Addition zweier einstelliger Zahlen erfolgreich gemeistert hat, nun die erworbenen Strategien auf dreistellige Zahlen anwenden soll. Eine nicht unrealistische Transferannahme wird bspw. in kognitiven Depressionstherapien getroffen (z. B. Beck et al., 2004): Den Klienten wird die Einsicht vermittelt, dass die depressive Symptomatik durch spezifische Denkmuster aufrechterhalten wird, z. B. negative Ich-Sicht, negative Welt-Sicht, negative Zukunfts-Sicht. Ein Transferziel der Therapie besteht darin, den Klienten die Fähigkeit zu vermitteln, schematische Denkmuster generell zu hinterfragen und ggf. willentlich steuern und verändern zu können.

Transferhypothesen müssen – genau wie jede andere Wirksamkeitshypothese – theoretisch plausibel begründet und am besten in der Grundlagenforschung empirisch bestätigt worden sein. Beispiele für geeignete Transfertheorien stammen aus der kognitiven Psychologie und der Instruktionspsychologie. Sie können nicht nur zur Klärung der Frage herangezogen werden, wann und wieso Transfer vonstatten gehen soll, sondern auch zur strategischen Verbesserung der Wirksamkeit von Interventionsmaßnahmen eingesetzt werden. Dies betrifft z. B.

▶ die Überführung von deklarativem Wissen (z. B. eine Lernstrategie auswendig kennen und beschreiben können) in prozedurales Wissen (d. h. das Prinzip, das der Lernstrategie zugrunde liegt, flexibel und automatisch anwenden können),

▶ die Vermittlung metakognitiver Strategien (z. B. die Fähigkeit, schnell Ähnlichkeiten und Unterschiede zwischen Lernmaterial bzw. sozialen Situationen zu erkennen) und

▶ die Nutzung von Prinzipien des situierten Lernens (z. B. Renkl, 1996).

Bjork (1994) nennt folgende – kognitionspsychologisch plausible und empirisch bestätigte – Bedingungen für erfolgreichen Transfer bei kognitiven Trainingsmaßnahmen:

▶ **Variation von Praxisbedingungen:** Für den kurzfristigen Lernerfolg sind einfache, gut strukturierte Übungsaufgaben geeignet, die den Lerner nicht überfordern und Erfolgserlebnisse garantieren. Für langfristige Lern- und Transfererfolge ist es jedoch sinnvoller, Übungsaufgaben komplex zu konstruieren, die Übungsbedingungen zu variieren, Unvorhersehbarkeiten einzubauen usw.

▶ **Kontextuelle Interferenz:** Für den kurzfristigen Lernerfolg ist es sinnvoll, ein strukturiertes, thematisch konsistentes Lernumfeld zu schaffen. Für langfristige Lern- und Transfererfolge ist es jedoch sinnvoller, das Lernumfeld komplex zu halten und Interferenzen einzubauen, z. B. durch temporäre Ablenkungen der Aufmerksamkeit.

▶ **Verteiltes Lernen bzw. verteiltes Üben:** Für langfristige Lern- und Transfererfolge ist es sinnvoll, Übungsphasen zu verteilen, in die Länge zu ziehen, und einige Zeit zwischen ihnen verstreichen zu lassen.

▶ **Eingeschränktes Feedback:** Für den kurzfristigen Lernerfolg ist es sinnvoll, viel Feedback zu geben. Für langfristige Lern- und Transfererfolge ist es jedoch sinnvoller, weniger Feedback zu geben, um den Komplexitätsgrad der Aufgabe zu steigern und das Feedback im Laufe der Übungsphase langsam auslaufen zu lassen, so dass gegen Ende hin der Übungserfolg nicht mehr an Feedback gebunden ist (Fading).

▶ **Weniger lernen, mehr abrufen:** Für langfristige Lern- und Transfererfolge ist es sinnvoll, Übungen als Tests zu verpacken.

Evaluationskriterien von Transfer. Zwischen der empirischen Überprüfung von Persistenzhypothesen und der empirischen Prüfung von Transferhypothesen gibt es einen wichtigen Unterschied: Während bei der Persistenzprüfung darauf zu achten ist, dass die Aufgaben im Post-Test und die Aufgaben in der → Follow-up-Messung identisch sind, um einen eindeutigen Vergleich zu erlauben, sollen bei der Transferprüfung die Aufgaben zwischen Post-Test und Follow-up eher unähnlich sein. Die Unähnlichkeit zwischen den Aufgaben sollte dabei der psychologischen Distanz des erwarteten Transfers entsprechen. Anders gesagt: Die Variablen zur Messung des Transfereffekts sollen genau der intendierten Transferwirkung entsprechen.

Beispiel

Transfer von Konfliktlösungsstrategien im Rahmen eines Mediationsprogramms

In der Geschwister-Scholl-Hauptschule in A. ist seit dem Schuljahr 2004/2005 ein Peer-Mediationsprogramm eingerichtet: Schülerinnen und Schüler, die sich auf dem Pausenhof streiten, wenden sich nicht an ihre Lehrer, sondern an speziell ausgebildete Mitschüler, die dabei helfen, den Konflikt für beide Kontrahenten zufrieden stellend zu klären und einen Lösungspakt herbeizuführen (Mediationsverfahren). Die Evaluatoren, die von Seiten der Schulleitung herangezogen werden, um den Erfolg der Maßnahme zu prüfen, konzentrieren sich bei der Messung der Wirksamkeit des Programms auf Variablen, die den Umgang der Schüler miteinander erfassen, Sympathie, Ärger, Feindseligkeit, Gefühl der Zusammengehörigkeit, Rachegelüste usw. Der Schulleiter erwartet allerdings, dass die formalen Regeln des Mediationsverfahrens im Laufe der Zeit nicht nur auf interpersonale Konflikte, sondern auch auf andere Arten von Konflikten generalisiert werden, bspw. auf Konflikte zwischen Klasse und Lehrkräften oder auf Konflikte zwischen den Schülern und deren Eltern. Solche Wirkungen könnten mit der hier verwendeten Evaluationsmethodik überhaupt nicht erfasst werden. Stattdessen sollten z.B. folgende Evaluationskriterien erhoben werden:

▶ Lösungsstrategien bei Konflikten zwischen Klasse und Lehrer, z. B. Diskussions- und Argumentationsverhalten der Schüler (erfasst via Videoanalyse),

▶ Konfliktverhalten außerhalb des Schulkontexts (erfasst via Elternbefragungen),

▶ Generalisierte soziale Verantwortung (erfasst via Selbstbeschreibungsfragebogen) usw.

5.1.3 Neben- und Folgewirkungen

Neben der beobachtbaren Wirksamkeit inklusive ihrer Persistenz sowie eventuellen Transfereffekten kann eine Interventionsmaßnahme mehr oder weniger vorhersehbare Neben- und Folgewirkungen haben. Nebenwirkungen sind solche, die sich zeitlich parallel zur Wirksamkeit vollziehen, nicht intendiert sind und die Wirkung entweder positiv oder negativ beeinflussen. Folgewirkungen sind solche, die sich erst später, d. h. gegen Ende oder sogar erst nach Abschluss der Intervention, manifestieren und auf die Intervention zurückzuführen sind.

Insofern diese Neben- und Folgewirkungen absehbar sind, können und sollten sie bei der Wirksamkeitsevaluation mit erfasst werden. Je präziser die empirischen Hypothesen sind, die sich auf solche absehbaren Neben- und Folgewirkungen beziehen, desto leichter und eindeutiger sind diese zu testen. Darüber hinaus sollte der Evaluator sensibel für die Möglichkeit sein, dass die Maßnahme noch andere, nicht absehbare Neben- und Folgewirkungen haben kann. Solche Wirkungen können positiv oder negativ sein.

▶ Eine **positive Nebenwirkung** eines schulklassenbezogenen Soziale Kompetenz-Trainings könnte zum Beispiel darin bestehen, dass durch die gemeinsamen Übungen und Spiele auch der soziale Zusammenhalt in der Schulklasse gefördert wird. Eine **positive Folgewirkung** könnte darin bestehen, dass sich die Klasse nach Abschluss der Maßnahme stärker für Belange der Schule einsetzt.

▶ Eine **negative Nebenwirkung** eines solchen Trainings könnte sein, dass die Schüler dazu verführt werden könnten, sich im Rahmen des Trainings unsozialer zu verhalten, um die Kompetenz der Trainer auf die Probe zu stellen oder Grenzen auszutesten. **Eine negative Folgewirkung** könnte sein, dass durch die Behandlung des Themas Konflikte auch bislang verborgene zwischenmenschliche Konflikte in der Klasse eher offen ausgetragen werden.

Eine empirische Überprüfung solcher Neben- und Folgewirkungen ist leichter, wenn sie hypothesengeleitet durchgeführt wird. Dazu müssen die Wirkungen jedoch explizit im Wirkmodell genannt sein. Aber auch eine präzise Explikation von Neben- und Folgewirkungen im Wirkmodell ersetzt nicht die explorative Analyse möglicher unbeabsichtigter (und unvorhersehbarer) Wirkungen.

5.2 Kausalität und interne Validität

Kausalität. Ein wichtiges Kriterium für die Wirksamkeit einer Maßnahme besteht darin, empirisch zu zeigen, dass die Maßnahme zu einer Veränderung hinsichtlich der gemessenen Wirksamkeitskriterien beigetragen hat: Der Leidensdruck soll sich in Folge einer Therapie verringern, die soziale Kompetenz soll sich in Folge eines Trainings erhöhen, das Wissen soll in Folge einer Schulung zunehmen usw. Allerdings stellt sich die Frage, ob solche Veränderungen auch tatsächlich auf die Maßnahme zurückzuführen sind oder eher auf andere Ursachen, die nichts mit der Maßnahme zu tun haben. Anders gesagt: Man will wissen, ob eine Veränderung im Leidensdruck wirklich kausal auf die Therapie zurückzuführen ist. Es könnte ja durchaus sein, dass eine Verringerung des Leidensdrucks nach der Therapie im Vergleich zu vorher ganz anderen Einflüssen zu schulden ist:

▶ Der Leidensdruck hat „einfach so" abgenommen, etwa weil ein vorher existierendes Problem sich in der Zwischenzeit von selbst gelöst hat (im klinisch-therapeutischen Kontext spricht man von Spontanremission).

▶ Der Leidensdruck hat schon allein deshalb abgenommen, weil sich die Person endlich dazu aufgerafft, hat, nun einen Therapeuten aufzusuchen – die Therapie als solche spielt dabei möglicherweise gar keine Rolle.

▶ Der Leidensdruck hat abgenommen, weil die Klientin Sympathie für den Therapeuten empfindet – auch hier hat die Therapie als solche keinen Einfluss.

▶ Der Leidensdruck hat abgenommen, weil die Person dem Therapeuten hinterher einen Gefallen tun will und ihre Antworten im Leidensdruck-Fragebogen bewusst verfälscht.

▶ Der Leidensdruck hat abgenommen, weil die Person, während sie den Leidensdruck-Fragebogen nach Ende der Therapie ausfüllt, unter dem Einfluss stimmungsaufhellender Medikamente steht.

Alle diese Gründe sorgen dafür, dass zwar empirisch eine Verringerung des Leidensdrucks zwischen den beiden Messzeitpunkten vor der Therapie und nach der Therapie zu beobachten ist; allerdings ist diese Verringerung in keinem der Fälle auf einen echten kausalen Einfluss der Therapie zurückzuführen.

Interne Validität. Nur eine gute Versuchsplanung kann helfen, solche Fehlinterpretationen zu verhindern. Mit Hilfe spezieller Versuchsdesigns ist es möglich, Alternativerklärungen zu überprüfen und ggf. auszuschließen. Solche Designs werden wir in Kapitel 10 kennen lernen. Grundsätzlich gilt: Ein Untersuchungsdesign, das in der Lage ist, Alternativerklärungen zu kontrollieren, zu überprüfen bzw. auszuschalten, wird als intern valide bezeichnet. Nur wenn die → interne Validität eines Designs hoch ist, ist es möglich, einen Effekt auch wirklich kausal zu interpretieren.

Brutto- und Nettowirkungen

Bei jeder Form der Wirksamkeitsevaluation ist die Frage zu prüfen, worin mögliche Alternativerklärungen für das Zustandekommen eines Effekts (also der Wirksamkeit) bestehen könnten. Je präziser solche Alternativerklärungen im Vorhinein formuliert werden, desto eher kann ihnen bei der Planung des → Evaluationsdesigns Rechnung getragen werden. Hilfreich ist in diesem Zusammenhang die folgende Systematik möglicher Wirkungen einer Interventionsmaßnahme (in Anlehnung an Hager & Hasselhorn, 2000; auch Abb. 5.4, s. u.):

▶ Unter **maßnahmenspezifischen Wirkungen** werden die echten, theoretisch intendierten Effekte einer spezifischen Maßnahme verstanden.

▶ **Neben- und Folgewirkungen** können ebenfalls maßnahmenspezifisch sein; sie sind allerdings im Regelfall nicht intendiert (s. o.).

▶ **Maßnahmenunspezifische Effekte** sind nicht auf die konkrete Intervention zurückzuführen, sondern lediglich darauf, dass überhaupt irgendeine Art von Intervention stattgefunden hat.

▶ **Externe Effekte** sind nicht auf irgendeine Intervention zurückzuführen, sondern auf konfundierte Variablen.

Die Gesamtheit aller Wirkungen bezeichnen Hager und Hasselhorn (2000) als → **Bruttowirkungen** einer Intervention; die maßnahmenspezifischen Wirkungen werden als → **Nettowirkungen** einer Intervention bezeichnet (s. Abb. 5.4).

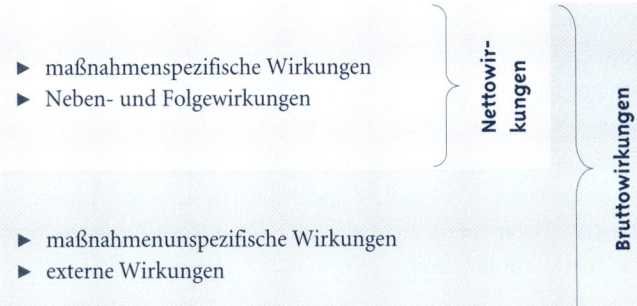

- ► maßnahmenspezifische Wirkungen
- ► Neben- und Folgewirkungen

- ► maßnahmenunspezifische Wirkungen
- ► externe Wirkungen

Abbildung 5.4. Brutto- und Nettowirkungen einer Intervention: Die **Nettowirkungen** beinhalten die maßnahmenspezifischen Wirkungen sowie die (positiven & negativen) Neben- und Folgewirkungen einer Intervention. Die **Bruttowirkungen** umfassen neben den Nettowirkungen noch die maßnahmenunspezifischen und die externen Wirkungen (nach Hager & Hasselhorn, 2000)

Beispiel

Mögliche Wirkungen einer Depressionstherapie

Im Therapiemanual einer neuen kognitiv-behavioralen Depressionstherapie wird insbesondere die große Verhaltensnähe der verwendeten Übungen gepriesen; sie garantieren – den Autoren zufolge – einen hervorragenden Situations- und Anforderungstransfer. Die Wirksamkeitsbefunde, die die Autoren im Manual zitieren, sind allerdings mehrdeutig. Eine → Stichprobe von 60 Patienten zeigte unmittelbar im Anschluss an die Therapie (Post-Test) sowie in einer → Follow-up-Messung nach drei Monaten in der Tat geringeren Leidensdruck und größere Lebenszuversicht als unmittelbar vor der Therapie (Prä-Test). Möglicherweise ist dieser Effekt auf die spezielle → Wirkung dieser Therapie zurückzuführen (maßnahmenspezifische Wirkung) oder auf eine mit der Maßnahme verknüpfte, nicht-intendierte Neben- oder Folgewirkung, z. B. dass sich die therapierten Personen in Folge der Therapie neue soziale Netzwerke suchen. Es könnte aber genauso gut sein, dass es den therapierten Klienten nur deshalb besser ging, weil sich einfach jemand mit ihnen beschäftigt hat – eine spezielle Therapie wäre gar nicht nötig gewesen (maßnahmenunspezifische Wirkung). Ferner könnte es sein, dass es den therapierten Klienten im Post-Test und im Follow-up besser ging, weil sie dem Therapeuten einen Gefallen tun wollten, oder weil sie sich – im Sinne einer Dissonanzreduktion – nicht eingestehen wollten, dass es ihnen in Wirklichkeit gar nicht besser geht (externe Wirkung). Und schließlich könnte eine weitere (allerdings etwas spitzfindige) externe Wirkung darin bestehen, dass der Prä-Test im November durchgeführt wurde (wo es dunkel, kalt und regnerisch ist und die meisten Leute schlecht gestimmt sind), während der Post-Test im März und die Follow-up-Messung im Juni durchgeführt wurden. Anders gesagt: Die Messzeitpunkte waren mit jahreszeitlichen Schwankungen konfundiert; mit einem irgendwie interventionsgebundenen Effekt hätte der Zuwachs an Lebenszuversicht in diesem Fall gar nichts zu tun …!

5.3 Robustheit und externe Validität

Mit Robustheit ist gemeint, dass sich die Wirkungen einer Interventionsmaßnahme nicht nur in einem einzigen Fall (nämlich dem, der konkret evaluiert wurde) zeigen, sondern dass sie hinreichend unspezifisch sind. Ein Schulleiter, der über die Einführung eines Anti-Aggressions-Trainings an seiner Schule nachdenkt, wird sich für dasjenige Training entscheiden, dessen Wirksamkeit in möglichst unterschiedlichen Kontexten erfolgreich nachgewiesen werden konnte. Anders formuliert: Die Evaluation der Wirksamkeit einer Maßnahme sollte möglichst extern valide (auch ökologisch valide genannt; → externe und ökologische Validität) sein, d. h. übertragbar auf andere Situationen, andere Personengruppen, andere Interventionskonstellationen. Natürlich sind einer Übertragbarkeit Grenzen gesetzt. Eine Therapie sollte stets nur von ausgebildeten Therapeuten durchgeführt werden. Aber innerhalb solcher Grenzen der Berufsethik, der Fachpolitik, der Plausibilität usw. sollten bestimmte Kontextvariationen unerheblich für die Wirksamkeit sein. So sollte es egal sein, welcher Therapeut die Therapie durchführt. Es muss nur gewährleistet sein, dass die Therapeuten die jeweilige Therapie in möglichst vergleichbarer Weise durchführen (→ Treatment Fidelity).

Moderatoren der Wirksamkeit. Im Idealfall sind alle Bedingungen, die die Wirksamkeit einer Maßnahme beeinflussen, im Wirkmodell spezifiziert. Methodisch handelt es sich bei solchen Bedingungseinflüssen um → Moderatorvariablen: Sowohl das Geschlecht des Therapeuten, aber auch die Interaktion zwischen dem Geschlecht des Klienten und dem Geschlecht des Therapeuten kann eine Moderatorvariable für den Therapieerfolg einer Sexualtherapie sein. Möglicherweise legt das Therapiemanual nahe, dass sich männliche Klienten nur von männlichen Therapeuten behandeln lassen sollten und umgekehrt. Die → Wirkung der Moderatorvariable kann dabei graduell sein (z. B. das Programm ist unter Bedingung X weniger wirksam als unter Bedingung Y) oder dichotom im Sinne einer notwendigen Voraussetzung, bspw. das Programm wirkt nur, wenn X erfüllt ist.

Empirische Überprüfung. Die empirische Überprüfung der externen oder ökologischen Validität einer Wirksamkeitsevaluation muss notwendigerweise auf der Basis einer systematischen oder unsystematischen Variation von Kontexten erfolgen.

▶ Bei einer systematischen Kontextvariation würde man den moderierenden Einfluss einer Kontextvariablen (z. B. das Geschlecht des Therapeuten) in einem randomisierten experimentellen Design untersuchen. So könnte man die eine Hälfte der Probanden von einem Therapeuten und die andere von einer Therapeutin behandeln lassen und im Nachhinein untersuchen, ob das Geschlecht des Therapeuten einen Einfluss auf die Wirksamkeit hatte.

▶ Bei einer unsystematischen Kontextvariation wird die Evaluationsstudie einfach in mehreren unterschiedlichen Settings durchgeführt, in unterschiedlichen Städten, an unterschiedlichen Schulen, mit unterschiedlichen Trainern usw. Diese Variation könnte man ebenfalls als eine unabhängige Variable auffassen, die allerdings – im versuchsplanerischen Sinne – den Status eines Zufallsfaktors hätte. Daher kann man nicht ausschließen, dass unter bestimmten Kontextbedingungen, die zufällig nicht Gegenstand der Variation waren, nicht doch die Wirksamkeit beeinflusst worden wäre.

Zeigt sich im Falle einer unsystematischen Variation, dass Art und Ausmaß der Wirksamkeit zwischen den Kontexten in etwa vergleichbar bleiben, so darf das als Beleg für die externe oder ökologische Validität einer Maßnahme gewertet werden. Die Robustheit einer Maßnahme ist ein zentrales Gütekriterium. Dies gilt für Therapien (vgl. Chambless & Hollon, 1998; Hahlweg, 1995) genauso wie für pädagogisch-psychologische Trainingsmaßnahmen. Entsprechend wird gefordert, dass eine Maßnahme, die als erfolgreich empirisch erprobt gelten will, in mindestens zwei unabhängigen Implementationsbedingungen gleiche Wirksamkeiten erzielt haben muss (s. z. B. die Kriterien zur Aufnahme eines Gewaltpräventionsprogramms in die Blueprints-Liste, Center for the Study and Prevention of Violence, 2007). Besonders interessant sind dabei Implementationen, die von anderen Personen als den Autoren des Programms selbst durchgeführt und evaluiert werden; in der Experimentalpsychologie spricht man dabei von Replikation. Argwöhnisch darf man werden, wenn die Wirksamkeit einer Maßnahme immer nur von den Autoren selbst, nicht aber von unabhängigen Arbeitsgruppen repliziert wird.

Interne und externe Validität. In der Grundlagenforschung geht man davon aus, dass die → interne Validität eines Experiments oft zu Lasten seiner → externen Validität geht und umgekehrt (z. B. Guski, 1997). Dem liegt folgende Logik zugrunde: Ein Experiment, das eine hohe interne Validität anstrebt, wird versuchen, alle möglichen Einflüsse von Störvariablen zu eliminieren oder konstant zu halten. Das gelingt etwa mit Hilfe automatischer Versuchssteuerungsprogramme, schriftlich vorgegebenen Instruktionen, standardisierten Abläufen, sterilen Versuchsumgebungen usw. In der Realität sind die Kontextbedingungen jedoch längst nicht so reizarm und standardisiert wie im Labor. Daher wird laborexperimentellen Studien oft vorgeworfen, ihre Befunde ließen sich in der Realität (also auf Kontexte außerhalb des Labors) nicht übertragen – das Experiment habe also keine externe Validität. Lässt sich dieses Argument auf die Evaluationsforschung übertragen? Die Antwort ist ja: Evaluationsstudien finden oft im Feld statt, unter relativ wenig standardisierten Bedingungen. Das erhöht per se ihre externe Validität, stellt aber bisweilen eine Gefahr für die interne Validität dar. Allerdings gibt es auch in der Evaluationsforschung Maßnahmen zur Erhöhung der internen Validität, welche die externe Validität nicht beeinflussen: Die Wahl einer geeigneten Kontrollgruppe, die Standardisierung der Durchführung einer Evaluationsuntersuchung, die – wenn möglich und vertretbar – randomisierte Zuweisung von Personen zu Bedingungen. All das hat nichts mit Künstlichkeit zu tun und beeinträchtigt die externe Validität einer Wirksamkeitsuntersuchung nicht.

5.4 Zusammenfassung

Meist beschränken sich Evaluationsvorhaben im Kontext von Interventionsmaßnahmen auf eine reine Analyse der Wirksamkeit der Maßnahme, d. h. darauf, ob die erwarteten Effekte tatsächlich eingetreten sind. Die – theoretisch, aber auch praktisch – weitaus interessantere Frage ist allerdings, welche Faktoren zu einer beobachteten Wirksamkeit beigetragen haben, also welche spezifischen Wirkungen mit der Maßnahme verknüpft waren.

Zu den möglichen Wirkungen von Maßnahmen gehören spezifische intendierte Wirkungen, aber auch nicht-intendierte Neben- oder Folgewirkungen. Diese können mehr oder weniger vorhersehbar sein. Vorhersehbare Neben- oder Folgewirkungen sollten im Wirkmodell spezifiziert werden, unvorhersehbare Neben- und Folgewirkungen müssen hingegen explorativ ermittelt werden.

Spezifische intendierte Wirkungen und Neben- bzw. Folgewirkungen werden als Nettowirkungen einer Maßnahme bezeichnet. Zusätzlich zu diesen Nettowirkungen kann die Wirksamkeit einer Intervention auch auf

▶ maßnahmenunspezifische Wirkungen (d. h. die Effekte sind gar nicht auf die spezifischen Wirkungen dieser Maßnahme zurückzuführen) und/oder

▶ externe Effekte (z. B. methodische Artefakte)

zurückgeführt werden. Ein Evaluationsvorhaben, das diese Wirkungen nicht empirisch auseinanderhalten kann, erfasst lediglich die Bruttowirkungen einer Maßnahme. In diesem Fall ist die interne Validität der Evaluationsuntersuchung gering. Es ist nicht mehr möglich, einen empirisch gefundenen Effekt tatsächlich kausal auf eine Wirkung der Intervention zu attribuieren. Neben der internen spielt die externe Validität des Untersuchungsdesigns eine wichtige Rolle: Ist anzunehmen, dass sich der Wirksamkeitsbefund auch in anderen Durchführungskontexten replizieren lässt? Die Frage kann um so eher mit ja beantwortet werden, je mehr empirische Replikationen in unterschiedlichen Kontexten es bereits gibt.

Wirkmodelle dienen dazu, die spezifischen intendierten Maßnahmewirkungen, aber auch vorhersehbare Neben- und Folgewirkungen der Maßnahme zu beschreiben. Im Wirkmodell einer Maßnahme sollte darüber hinaus spezifiziert sein,

▶ warum mit einer Wirksamkeit gerechnet wird (d. h. wie die Wirksamkeit theoretisch begründet wird),

▶ von welchen Randbedingungen sie abhängt (Moderatorvariablen),

▶ wie die Wirksamkeit empirisch getestet werden kann,

▶ wann mit einer Wirksamkeit zu rechnen ist,

▶ wie lange sie anhält (Persistenz) und

▶ inwiefern mit Anforderungs- und Situationstransfer zu rechnen ist und wieso.

Die Hypothesen, die sich aus einem Wirkmodell ergeben, sollten theoretisch begründet werden. Solche Begründungen stammen meistens aus der Grundlagenforschung; hier wird also die enge Verzahnung zwischen Theorie und Praxis offenbar. Dabei ist eine Wirksamkeitsuntersuchung allerdings nicht ausschließlich durch die Qualität der zugrunde liegenden Grundlagentheorie beeinflusst, auch

▶ die Qualität der technologischen Überführung einer Grundlagentheorie in eine Interventionshypothese,

▶ die Qualität der Implementation einer Intervention und

▶ die methodische Qualität der Evaluationsstudie

beeinflussen die Wirksamkeitsbefunde.

5.5 Übungsaufgaben

Ein klinischer Psychologe konstruiert eine neue Therapie zur Behandlung von Essstörungen. Die Therapie baut auf der Annahme auf, dass Patienten mit Essstörungen weniger gut in der Lage sind, ihr tatsächliches Körpergewicht einzuschätzen. Die Methode der Therapie besteht darin, eine Reihe von Gewichtsschätzungen für neutrale, auf Fotos abgebildete Personen ab-

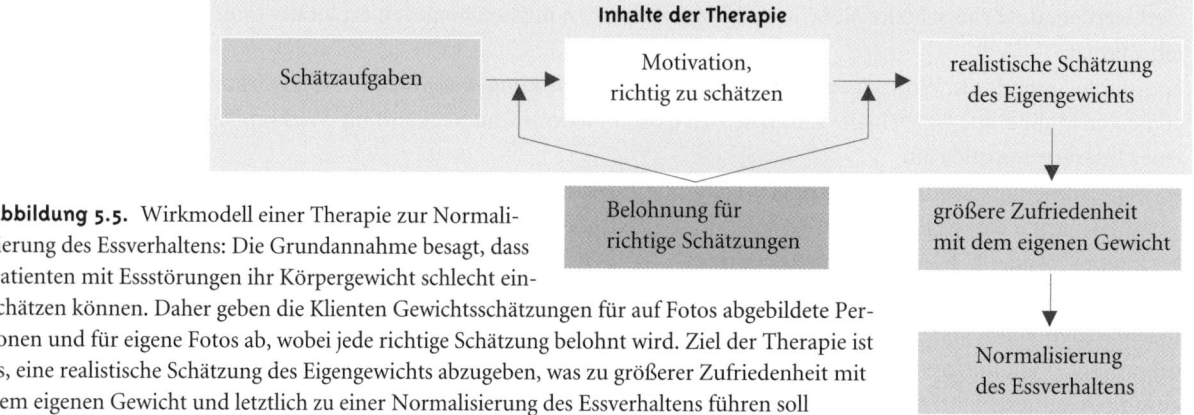

Abbildung 5.5. Wirkmodell einer Therapie zur Normalisierung des Essverhaltens: Die Grundannahme besagt, dass Patienten mit Essstörungen ihr Körpergewicht schlecht einschätzen können. Daher geben die Klienten Gewichtsschätzungen für auf Fotos abgebildete Personen und für eigene Fotos ab, wobei jede richtige Schätzung belohnt wird. Ziel der Therapie ist es, eine realistische Schätzung des Eigengewichts abzugeben, was zu größerer Zufriedenheit mit dem eigenen Gewicht und letztlich zu einer Normalisierung des Essverhaltens führen soll

zugeben. Jede richtige Schätzung wird belohnt. Unter den Fotos befinden sich auch solche der Person selbst. Ziel der Therapie ist es, eine realistische Schätzung des Eigengewichts abzugeben. Abbildung 5.5 zeigt das zugrunde liegende Wirkmodell.

(1) Übertragen Sie den angenommenen Wirkmechanismus in Bezug auf die therapieimmanente Wirksamkeitsannahme in zwei empirisch testbare Hypothesen.

(2) Welche Annahmen macht das Wirkmodell – so wie es hier formuliert ist – bezüglich Persistenz und Transfer?

(3) Bewerten Sie die Annahme, dass eine realistischere Schätzung des Eigengewichts langfristig zu einer Normalisierung des Essverhaltens führt, im Hinblick auf ihre theoretische Plausibilität.

(4) Worin könnten Ihrer Meinung nach Neben- und Folgewirkungen des therapeutischen Ansatzes bestehen?

Weiterführende Literatur

In den folgenden drei Lehrbuchkapiteln wird die Logik empirischer Wirksamkeitsüberprüfungen sowohl formal als auch praktisch dargestellt. Die Texte beziehen sich auf pädagogisch-psychologische Formen der Intervention (z. B. Trainingsmaßnahmen), aber sie können ohne weiteres auf alle Arten von Interventionen (auch außerhalb der Psychologie) generalisiert werden.

▶ Hager, W. (2000). Wirksamkeits- und Wirksamkeitsunterschiedshypothesen, Evaluationsparadigmen, Vergleichsgruppen und Kontrolle. In W. Hager, J.-L. Patry & H. Brezing (Hrsg.), Handbuch Evaluation psychologischer Interventionsmaßnahmen. Standards und Kriterien (Kap. 11, S. 180–201). Bern: Huber.

▶ Hager, W. & Hasselhorn, M. (2000). Psychologische Interventionsmaßnahmen: Was sollen sie bewirken können? In W. Hager, J.-L. Patry & H. Brezing (Hrsg.), Handbuch Evaluation psychologischer Interventionsmaßnahmen. Standards und Kriterien (Kap. 4, S. 41–85). Bern: Huber.

▶ Hasselhorn, M. & Mähler, C. (2000). Transfer: Theorien, Technologien und empirische Erfassung. In W. Hager, J.-L. Patry & H. Brezing (Hrsg.), Handbuch Evaluation psychologischer Interventionsmaßnahmen. Standards und Kriterien (Kap. 5, S. 86–101). Bern: Huber.

6 Evaluation als Effizienzanalyse

Was Sie in diesem Kapitel erwartet

Selbst wenn eine psychologische, pädagogische oder politische Maßnahme nachweisbar effektiv war, stellt sich die Frage, ob sie sich auch tatsächlich gelohnt hat, d. h. ob sie effizient war. Effizienz betrifft das Verhältnis von der Wirkung einer Maßnahme zu den Kosten, die sie verursacht hat. Und diese sind gar nicht so leicht abzuschätzen: Personal-, Material- und administrative Kosten bilden nur denjenigen Teil der Kosten ab, die tatsächlich messbar sind. Aber was ist mit denjenigen Kosten, die man nicht direkt mes-

sen kann, z. B. solche, die durch unerwünschte Neben- oder Folgewirkungen der Maßnahme entstehen? Effizienzfragen stellen sich nicht nur nach der Durchführung einer Maßnahme, sondern idealerweise schon vorher: Je valider eine Kosten-Nutzen-Prognose, desto eher lassen sich Entscheidungen für oder gegen bestimmte Maßnahmen begründet treffen. Wie schwierig solche Prognosen sind, sehen wir insbesondere am politischen Tagesgeschäft.

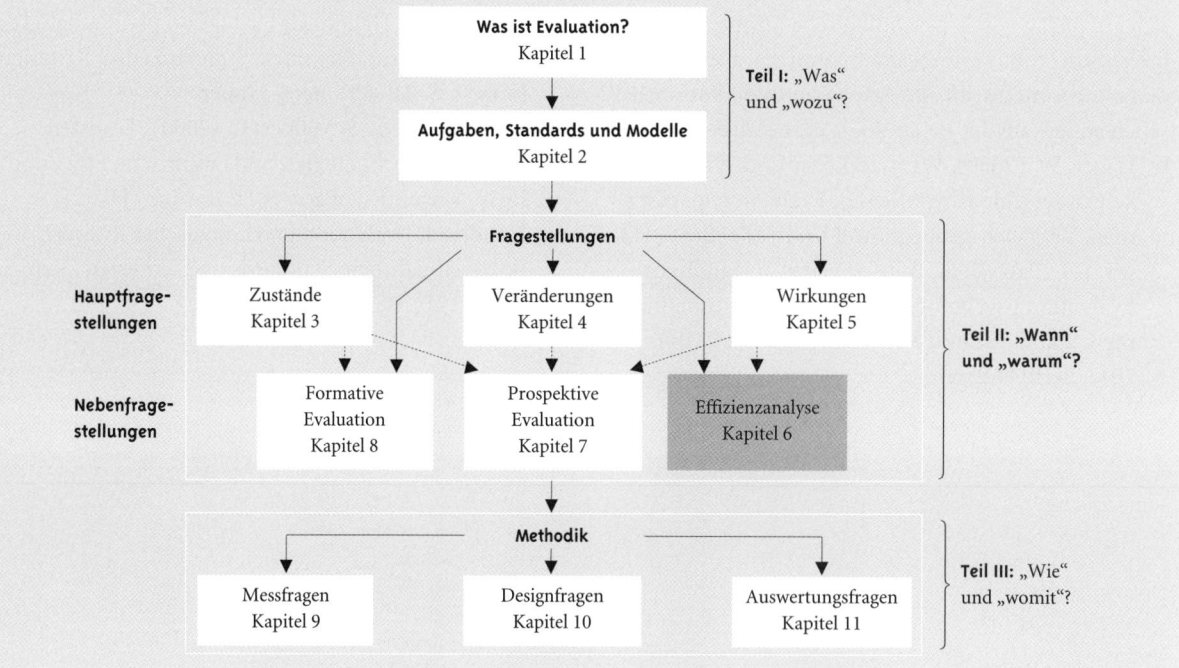

In Kapitel 5 ging es um die Evaluation der Wirksamkeit (oder Effektivität) einer Maßnahme, d. h. darum, was diese Maßnahme am Ende gebracht hat bzw. was sie bringen soll. Zusätzlich zur Effektivität kann die Effizienz einer Maßnahme bestimmt werden. Bei der Effizienzbewertung geht es um die Frage, ob sich eine Maßnahme in Anbetracht ihrer Wirkungen in Relation zu den durch sie verursachten → Kosten gelohnt hat. Die Effizienzbewertung skizziert an einem Alltagsbeispiel: DSL-Verbindungen sind ungefähr 30-mal schneller als ISDN-Verbindungen

(Effektivität), aber dafür kostet der DSL-Anschluss monatlich auch doppelt so viel wie der ISDN-Anschluss. Die Frage für den Verbraucher ist also: Lohnt sich die Anschaffung des DSL-Anschlusses (Effizienz)?

Die Effizienzfrage wird für die Entscheidungsträger über die Einführung bzw. Umsetzung einer Maßnahme insbesondere dann interessant, wenn aus unterschiedlichen zur Verfügung stehenden Maßnahmen (bspw. drei gewaltpräventiven Ansätzen in der Jugendsozialarbeit) eine konkrete ausgewählt und implementiert werden soll. Eine solche Entscheidung kann – wie jede andere Kaufentscheidung auch – entweder

▶ alleine anhand der absoluten → Kosten: Was ist die günstigste Maßnahme, unabhängig von ihrer Wirksamkeit?;

▶ alleine anhand der Wirksamkeit: Was ist die effektivste Maßnahme, unabhängig von den Kosten? oder

▶ anhand der Wirksamkeit im Verhältnis zu den Kosten: Was ist die effizienteste Maßnahme?

getroffen werden.

A priori Effizienzanalyse. Wird eine → Effizienzanalyse vor der → Implementation einer Maßnahme durchgeführt, z. B. um eine rationale Entscheidungsbasis für die Wahl der „effizientesten" Maßnahme zu gewährleisten, so handelt es sich um eine a priori Effizienzanalyse (oder ex ante-Analyse, s. Rossi et al., 2004). In diesem Fall müssen die Wirksamkeit und die Kosten einer Maßnahme

▶ aus der Beschreibung der Maßnahme (z. B. dem Trainings- oder Therapiemanual) ermittelt werden, sofern solche Angaben dort überhaupt verfügbar sind;

▶ aus früheren Durchführungen der Maßnahme ermittelt werden, wobei Unterschiede zwischen früheren und der geplanten Durchführung berücksichtigt werden müssen, oder

▶ anhand von Simulationsszenarien über die geplante Durchführung hergeleitet werden.

Beispiel

Einführung eines E-Learning-Programms an der Universität F.

Um ein Theologiestudium aufzunehmen, müssen die Studienanfänger unter anderem Kenntnisse in den Sprachen Latein (Latinum) und Griechisch (Graecum) nachweisen. Die Universität F. bietet allen Studienanfängern, die keinen entsprechenden Abschluss vorweisen können, Intensivsprachkurse an. Der Rektor der Universität F. überlegt nun, diese kostenintensiven Kurse durch einen E-Learning-Ansatz (genauer: computerunterstützte Lernprogramme) zu ersetzen. Zwei Evaluatoren entwerfen mit Hilfe eines Expertenpanels (in dem u. a. die Leiter des Universitäts-Sprachlernzentrums vertreten sind) mehrere Implementationsszenarien für diesen Ansatz. Dabei werden zunächst fixe Ereignisse (Anschaffung des Systems, Anschaffung der Hardware, Anschaffung von Lernmaterialien usw.) und deren Kosten benannt. Anschließend werden variable Ereignisse bzw. Unwägbarkeiten bei der Implementation des neuen Ansatzes (technische Ausfälle des Lernsystems; Bedienfehler) sowie Ereignisse mit mehreren Ausgangsalternativen generiert: z. B. Wer betreut die Studierenden bei Problemen mit dem System? Wird auch die Abschlussprüfung computerunterstützt durchgeführt? Welches Garantiemodell des Herstellers wird erworben? Das Ergebnis der Evaluation lautet: Die Einführung des E-Learning-Ansatzes lohnt sich letztendlich nur dann, wenn (1) im Falle technischer Probleme die Mitarbeiter des Universitätsrechenzentrums (und nicht des Sprachlernzentrums) zur Verfügung stehen, (2) auch die Abschlussprüfung weitgehend computergestützt erfolgen kann und wenn (3) das kostengünstigste Garantieangebot aller Anbieter erworben wird.

In Simulationsszenarien wird die Durchführung der Maßnahme unter unterschiedlichen Randbedingungen in Form eines Gedankenexperiments durchgespielt. Um insbesondere die Randbedingungen genau zu definieren, bieten sich Expertenpanels (bspw. Delphi-Methode oder Planspieltechnik) an. Simulationen haben im Vergleich zu empirischen Ermittlungen von Effizienzparametern aus anderen Implementationen den Vorteil, dass sie eine höhere prognostische → Validität besitzen, da sie am besten die konkreten Durchführungsbedingungen berücksichtigen. Andererseits sind sie auch sehr arbeitsintensiv.

A posteriori Effizienzanalyse. Wird eine → Effizienzanalyse im Anschluss an eine Maßnahme durchgeführt, um herauszufinden, wie das tatsächliche Kosten-Nutzen-Verhältnis war, so handelt es sich um eine a posteriori Effizienzanalyse (oder ex post-Analyse, s. Rossi et al., 2004).

6.1 Quantifizierung von Kosten und Nutzen

Um die → Kosten und den Nutzen einer Maßnahme sinnvoll zueinander in Beziehung setzen zu können, muss zunächst einmal geklärt werden, welche Kosten tatsächlich angefallen sind, wie sich diese Kosten quantifizieren lassen und nach welchem Algorithmus Nutzen und Kosten miteinander verrechnet werden sollen.

6.1.1 Kostenarten

Damit es gelingt, die Kosten für unterschiedliche Maßnahmen miteinander vergleichen zu können, ist es sinnvoll, sie in der gleichen Einheit anzugeben, bspw. Geldeinheiten (€, £, ¥, $ usw.). Dabei unterscheidet man zwischen direkten (oder manifesten) Kosten und indirekten (oder latenten) Kosten.

Manifeste Kosten. Diese werden zwischen dem Auftraggeber und dem Auftragnehmer ausgetauscht; es handelt sich um Geld, das tatsächlich bezahlt wird. Darunter fallen

▶ Planungskosten: z. B. für die Vorbereitung und → Implementation einer Maßnahme;
▶ Personalkosten: z. B. für Evaluatoren, Trainer, Therapeuten, Hilfskräfte;
▶ Materialkosten: z. B. für Trainingsmaterialien, anzuschaffende Geräte, Materialien für die Evaluationsuntersuchung, Informationsbroschüren;
▶ Opportunitätskosten: z. B. Leistungsausfälle in einer Firma, in der die Mitarbeiter während der regulären Arbeitszeit Schulungen besuchen; Unterrichtsausfälle in einer Schule, in der während der regulären Unterrichtszeit ein Konfliktmediationstraining durchgeführt wird;
▶ administrative Kosten: z. B. Raummieten, Honorare für Fachleute, Reisekosten, Telefon- und Portokosten;
▶ Overhead- oder Gemeinkosten: Kosten, die nicht eindeutig einem einzelnen Bereich zugeordnet werden können.

Latente Kosten. Neben manifesten Kosten fallen auch solche an, die zumeist nicht direkt belegt werden können. Hierzu gehören staatliche Versorgungsmaßnahmen, die über Steuereinnahmen gegenfinanziert werden oder Kosten, die von anderen Kostenträgern beigesteuert werden, ohne dass dies nach außen sichtbar wird.

Wie viel kostet ein Gefangener in Deutschland?

Ein Strafgefangener in Deutschland kostet den Staat Geld, aber wie viel genau? Zum einen fallen hierbei die → Kosten für die Planung, den Bau und die Instandhaltung von Gefängnissen inklusive all ihrer Sicherheitsanlagen, sowie die Kosten für Gefängnispersonal und deren Versorgungsansprüche an. Hinzu kommen Ausgaben für die Bereitstellung und den Einsatz von Bewährungshelfern, Sozialarbeitern, der Gerichtshilfe im Falle von gemeinnütziger Arbeit, Anwaltskosten und Verwaltungskosten bei Strafverteidigung, Schlichter im Falle eines Täter-Opfer-Ausgleichs, Gerichtskostenhilfe sowie Resozialisierungskosten, z. B. medizinische oder therapeutische Betreuung alkohol- oder drogensüchtiger Straftäter (manifeste Personal-, Material- und administrative Kosten). Zu diesen manifesten Kosten kommen latente Kosten hinzu. Dazu gehören die Kosten, die durch nach der Haftentlassung ggf. verübte Straftaten verursacht werden (definiert als das Produkt aus Rückfallwahrscheinlichkeit und Schaden der Straftat), staatliche Unterstützungszahlungen (falls der Straftäter nach seiner Entlassung arbeitslos bleibt), aber auch ein Anstieg der Rückfallwahrscheinlichkeit unter Ex-Insassen aufgrund des Austausches illegalen Know-hows im Gefängnis. Diese latenten Kosten werden allerdings gemindert durch Ausbleiben von Straftaten während der Haftdauer (Wegsperreffekt), Erwerbskosten der Strafgefangenen durch deren Arbeit innerhalb und außerhalb der Anstalt (z. B. gemeinnützige Arbeit) usw. (Entorf, 2004). Die Auflistung zeigt, dass die Frage, wie viel ein Gefangener denn nun tatsächlich kostet, gar nicht so einfach zu beantworten ist.

Tatsächliche Kosten oder marktübliche Kosten? Unter Umständen fallen die tatsächlich bezahlten Kosten anders aus als es sonst marktüblich wäre. Nehmen wir an, ein Evaluator sei mit einer a priori → Effizienzanalyse beauftragt und wisse, dass für die Wirksamkeitsevaluation der Maßnahme keine Personalkosten anfallen werden, weil sich Personen finden lassen, welche die Evaluation im Rahmen einer Qualifizierungsarbeit durchführen, z. B. als Diplom- oder Bachelorarbeit. Sollten hier dennoch reelle Personalkosten mit einkalkuliert werden? Die Antwort lautet „ja", wenn die Effizienzanalyse bedingungsunabhängig durchgeführt wird, d. h. wenn sich andere Anwender für ihre eigene Planung an der Analyse orientieren können sollen.

Opportunitätskosten. Entscheidet man sich aufgrund einer a priori Effizienzanalyse für ein Programm B und nicht für ein Programm A, so verzichtet man auf die Vorteile von A und nimmt die Nachteile von B in Kauf. Solche Einbußen werden als Opportunitätskosten bezeichnet. Obwohl häufig unberücksichtigt, müssten diese Kosten bei der Entscheidung für oder gegen eine konkrete Maßnahme stets mit einkalkuliert werden, insbesondere wenn sich die Opportunitätskosten zwischen den zur Verfügung stehenden Maßnahmen unterscheiden.

6.1.2 Wirkung und Nutzen

Um die → Wirkung einer Maßnahme in eine monetäre Größe zu transformieren, wird sie mit einem Geldwert pro Einheit gewichtet. Durch diese Gewichtung wird die Wirkung einer Maßnahme in einen (monetären) Nutzen überführt. Allgemein gesprochen ist der Nutzen einer Maßnahme also nichts anderes als die Wirkung, allerdings mit einem gewichteten Wert versehen:

$$\text{Nutzen} = \text{Wirkung} \cdot \text{Wert}$$

Der Wert (die Gewichtungsvariable) kann ein Geldwert sein, es kann sich aber auch um eine abstrakte Wertvariable handeln. So kann der subjektive Nutzen einer Wirkung aus der Perspektive der Betroffenen, der Geldgeber bzw. Sponsoren oder der gesamten sozialen Gemeinschaft mit Hilfe einer abstrakten Skala erfasst werden. Bei präventiven Maßnahmen hingegen steht nicht so sehr der Gewinn, sondern eher das Ausmaß an abgewendetem Schaden im Vordergrund.

Beispiel

Wie wirksam ist Jugendstrafvollzug im Hinblick auf die Rückfallprävention?

Wenn bspw. die Rückfallquote bei jugendlichen Straftätern durch die Einführung sozialtherapeutischer Maßnahmen in einer Vollzugsanstalt mit 100 Männern von 50 % auf 35 % gesenkt werden kann und ein Rückfalldelikt mit sozialen Kosten in Höhe von 10.000 Euro beziffert wird, so beträgt diese Wirkung ausgedrückt in Geldeinheiten: $(100 \cdot 50 \, \% \cdot 10.000 \, €) - (100 \cdot 35 \, \% \cdot 10.000 \, €) = 150.000 \, €$.

Wie wirksam ist eine AIDS-Präventionskampagne?

Eine bundesweite Informationskampagne über Ansteckungsrisiken soll dazu führen, dass in der Risikogruppe homosexueller Männer die Bereitschaft zu ungeschütztem Geschlechtsverkehr zurückgeht. Wenn die Maßnahme dazu führen würde, dass die AIDS-Inzidenz (→ Inzidenz) in dieser Risikogruppe von ca. 250 pro Jahr auf 200 pro Jahr zurückgehen würde, und wenn man weiterhin davon ausgeht, dass ein AIDS-Patient das Gesundheitssystem im Durchschnitt 40.000 Euro pro Jahr kostet, so beträgt der Nutzen der Kampagne 2 Millionen Euro.

Die zwei Beispiele machen deutlich, dass eine sinnvolle Bezifferung der Wirksamkeit einer Maßnahme in Geldeinheiten – vor allem wenn diese präventiv angelegt ist – auf einem Vergleich zwischen zwei Bedingungen aufbaut:

(1) Wie groß ist das Problem, wenn die Maßnahme durchgeführt wird?

(2) Wie groß ist es, wenn sie **nicht** durchgeführt wird?

Im Beispiel zur Rückfallprävention beträgt die Rückfallquote 35 % mit und 50 % ohne Sozialtherapie. Im Beispiel der AIDS-Präventionskampagne beläuft sich die AIDS-Inzidenz bei schwulen Männern auf 200 Neuansteckungen mit Kampagne und auf 250 ohne Kampagne.

Kausal valide Effizienzaussagen. Der Vergleich zwischen diesen Zahlen ist zwar auf den ersten Blick plausibel, aber er ist nicht unbedingt intern valide (s. Kap. 5): Vielmehr müsste eigentlich die Frage gestellt werden:

(1) Wie groß ist das Problem, wenn die Maßnahme durchgeführt wird? und

(2) Wie groß ist es, wenn sie – unter ansonsten identischen Bedingungen – **nicht** durchgeführt worden wäre?

Anders ausgedrückt: Beide Bedingungen müssten, um eine kausal valide Schätzung der Wirksamkeit einer Maßnahme zu erlauben, unter identischen Bedingungen realisiert werden. Im Beispiel 1 ist das durchaus umsetzbar: Man weist alle Strafgefangenen der Vollzugsanstalt randomisiert einer von zwei experimentellen Bedingungen zu (Sozialtherapie ja oder nein) und vergleicht diese beiden Bedingungen im Hinblick auf ihre Rückfallwahrscheinlichkeit. Hierbei muss allerdings davon ausgegangen werden, dass die Sozialtherapie – sofern mehr als eine Vollzugsanstalt einbezogen ist – in allen Anstalten in gleicher Weise umgesetzt wird (→ Treatment

Fidelity). Nur so ist gewährleistet, dass der Effekt der Sozialtherapie wirklich auf die Therapie zurückzuführen ist und nicht etwa darauf, dass die Rückfallquote ohne Sozialtherapie aus dem Jahr 2003 stammt und die Rückfallquote mit Sozialtherapie aus dem Jahr 2005 – in diesem Fall könnte man nicht ausschließen, dass der Unterschied zwischen 50 % und 35 % eigentlich einem Rückgang der Kriminalität zwischen 2003 und 2005 zu schulden ist.

Grenzen der Monetarisierung von Wirksamkeit. Monetäre Einheiten für die Wirksamkeit sozialer Maßnahmen sind dann sinnvoll, wenn ihre betriebswirtschaftliche oder volkswirtschaftliche Dimension dargestellt werden soll. Für solche Zahlen interessieren sich üblicherweise Gesundheitspolitiker, Finanzexperten, Versicherungen, Banken und Wirtschaftsverbände. Allerdings ist insbesondere die Quantifizierung sozialer Werte wie Krankheit, Leben, → Kosten einer Straftat usw. in monetären Einheiten nicht unproblematisch: Wie viel ist ein resozialisierter Straftäter, ein verhinderter Schulunfall aufgrund eines Sicherheitstrainings, ein verhinderter Fall von Lungenkrebs infolge eines Raucherpräventionstrainings usw. wert?

Quantifizierung von Neben- und Folgewirkungen. Eine Maßnahme kann auch nicht-intendierte Neben- und Folgewirkungen haben (s. Kap. 5.1.3), die sich ihrerseits positiv (wirksamkeitsfördernd) oder negativ (wirksamkeitsschädigend) auswirken können. Im Falle von a posteriori Effizienzanalysen müssen solche Neben- und Folgewirkungen ohnehin berücksichtigt werden. Im Falle von a priori → Effizienzanalysen können solche → Wirkungen nur sehr schwierig im Vorhinein antizipiert werden, denn eines ihrer Definitionsmerkmale ist ja gerade, dass sie nicht-intendiert sind. Expertenunterstützte Simulationsszenarien können helfen, solche potenziellen Neben- und Folgewirkungen ausfindig zu machen und – bei dieser Gelegenheit – zu quantifizieren. Hierzu können Methoden aus dem Bereich der Delphi-Forschung, der Metaplantechnik oder Gruppendiskussionstechniken eingesetzt werden (ein konkretes Beispiel wird bei Balzer, 2005, beschrieben).

Zeitpunkt und zeitliche Dynamik der Wirksamkeit. Ein weiterer Aspekt, der insbesondere a priori Effizienzanalysen schwierig macht, ist eine Abschätzung des Zeitpunkts der erwarteten Wirksamkeit einer Maßnahme sowie ggf. ihre zeitliche Dynamik (Persistenzgradienten; s. Kap. 5.1.2). Auch die Kosten einer Maßnahme können einer zeitlichen Dynamik unterliegen, wenn etwa Auffrischungs-, Wartungs- oder Instandhaltungskosten anfallen. So muss die Universität F., die eine E-Learning-Lösung für den Erwerb des Latinums und des Graecums für Theologiestudierende anbieten möchte (s. Bsp. S. 97), regelmäßige Softwareupdates und Wartungskosten in ihre Kalkulation mit einbeziehen. Generell gilt, dass sich die Effekte einer langfristig angelegten Maßnahme, insbesondere wenn sie niederschwellig angelegt ist (z. B. Primärprävention, Public Health-Kampagnen), erst nach längerer Zeit auszuzahlen beginnen. Ein anderes, gleichsam verwandtes Problem mit der Zeitabhängigkeit von Kosten und Nutzen besteht darin, dass der subjektive Wert einer bestimmten Wirkung (oder eines Kostenpunktes) sich mit der Zeit ändern kann.

Wirkungs-Nutzen-Relationen. Stellen wir uns einmal vor, die Wirkung einer Maßnahme ließe sich auf einer Dimension abtragen, welche ihrerseits in sinnvolle Einheiten unterteilt werden kann. Man denke an die Anzahl verhinderter Verkehrsunfälle (durch ein Verkehrssicherheitstraining), die Absatzzahlen einer Firma (durch die Einführung flexibler Arbeitszeiten) oder die durchschnittliche Gewichtsabnahme (durch ein Ernährungsprogramm für Übergewichtige). Der (subjektive oder objektive) Wert, den die jeweilige Wirkung haben kann, wird wahrscheinlich nicht in allen Bereichen dieser Dimension gleich sein: So kann es sein, dass die Absatzzahlen nicht über ein bestimmtes Maximum hinausgehen sollten, weil ansonsten die Ressourcen der Firma übersteigen würden. Es kann aber auch sein, dass die Gewichtsabnahme nicht unter ein bestimmtes Maß fallen sollte, da hiermit bestimmte medizinische Risiken verbunden sind usw. Somit gilt: Der Zusammenhang zwischen der → Wirkung und dem Nutzen einer Maßnahme ist nicht immer linear: Er kann sehr unterschiedliche Formen annehmen (Abb. 6.1, s. u.):

▶ Die schwarz gepunktete Linie 1 beschreibt einen linearen Zusammenhang, bei dem in jedem Bereich der Wirkung gilt: Je mehr, desto besser. Beispiel: Anzahl verhinderter HIV-Infektionen.

▶ Die hellblaue Linie 2 steht für einen linearen Anstieg mit Grenzwert: Bis zum Wert x_1 ist der Wert pro Wirkungseinheit konstant, oberhalb dieses Wertes bringt jeder weitere Anstieg in der Wirkung jedoch keinen zusätzlichen Nutzen. Beispiel: Steigerung der Absatzzahlen. Selbst wenn die Absatzzahlen immer weiter steigen, ist für die Firma ab einem bestimmten Punkt (x_1) ein Nutzenmaximum erreicht.

▶ Die blau gestrichelte Linie 3 stellt einen linearen Zusammenhang mit einem Knick im Anstieg dar: Zwischen den Werten x_0 und x_3 ist der Wert pro Wirkungseinheit geringer als zwischen den Werten x_3 und unendlich. Beispiel: soziale Kompetenz unter Schülern. Geringe Erfolge sind zwar gut, aber erst ab einem bestimmten Schwellenwert werden diese Erfolge auch im tatsächlichen Verhalten sichtbar.

▶ Die graue Linie 4 veranschaulicht einen umgekehrt U-förmigen (quadratischen) Zusammenhang: Der Nutzen einer Maßnahme ist bei einem mittleren Ausmaß (x_2) an Wirkung am größten, weder ein Zuwenig noch ein Zuviel wäre nützlich. Beispiel: Gewichtsabnahme durch ein Ernährungsprogramm für Übergewichtige.

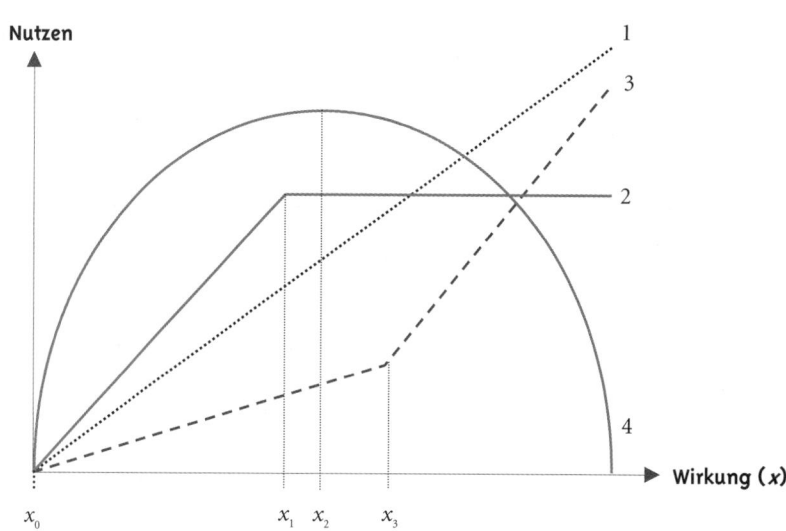

Abbildung 6.1. Vier Zusammenhangsmuster zwischen Wirkung und Nutzen: Die **schwarz gepunktete Linie 1** zeigt einen linearen Zusammenhang zwischen Wirkung und Nutzen. Die **hellblaue Linie 2** kann die Steigerung von Absatzzahlen einer Firma darstellen: Selbst wenn die Absatzzahlen immer weiter steigen, ist für die Firma ab einem bestimmten Punkt (x_1) ein Nutzenmaximum erreicht. Die **blau gestrichelte Linie 3** beschreibt einen linearen Zusammenhang mit Knick im Anstieg. Die **graue Linie 4** beschreibt einen umgekehrt U-förmigen (quadratischen) Zusammenhang, bei dem im mittleren Bereich der höchste Nutzen entsteht

Perspektivenabhängige Parameter. → Kosten, Wert und Nutzen können für unterschiedliche von einer Maßnahme direkt oder indirekt betroffene Beteiligtengruppen stark variieren. Bereits auf Seite 99 wurde das Beispiel „Wie viel kostet ein Gefangener in Deutschland?" angeführt: Die → Kosten eines Gefangenen lassen sich aus der Perspektive eines Anstaltsleiters betriebswirtschaftlich bestimmen. Für diesen zählen lediglich die Betriebsausgaben pro Insasse: Je länger die Haftzeit, desto teurer ist ein Gefangener. Solche Kosten lassen sich relativ gut schätzen; sie liegen etwa bei 30.000 Euro pro Gefangenem (Entorf, 2004). Aus einer eher volkswirtschaftlichen Perspektive heraus, in welcher sich die Interessen der sozialen Gemeinschaft spiegeln, ist hingegen zu fragen: Wie viel bewirkt eine Haftstrafe im Hinblick auf die Rückfallwahrscheinlichkeit des Täters (Spezialprävention) oder gibt es einen Abschreckungseffekt auf potenzielle andere Täter (Generalprävention)?

Beispiel

Wem bringt ein Gewaltpräventionstraining was?

Eine Schule führt ein gewaltpräventives Programm ein. Für unterschiedliche Beteiligten(-gruppen) werden unterschiedliche Effizienzkennwerte wirksam:

▶ Die Schulleitung wird sich am ehesten dafür interessieren, wie das Verhältnis aus objektiven Kosten (Unterrichtsausfall, zusätzliche Schulungen für das Lehrpersonal, Materialkosten usw.) zu quantifizierbaren Wirkgrößen, wie etwa einem Rückgang der Vandalismusquote (und den damit verbundenen Instandsetzungskosten) oder einem Rückgang der Verletzungen durch Schulhofraufereien (und den damit verbundenen Unfallversicherungskosten) ist.

▶ Die Schüler werden sich dafür interessieren, wie viel Spaß ihnen das Training macht (und ggf. ob sie aufgrund der ausgefallenen Unterrichtsstunden zuhause mehr nacharbeiten müssen).

▶ Die Lehrer werden sich eher für das Ausmaß interessieren, in dem aufgrund einer besseren Unterrichtsdisziplin und weniger Klassenkonflikte die Qualität ihres Unterrichts positiv beeinflusst wird.

▶ Die Eltern der Opfer interessieren sich wahrscheinlich am ehesten dafür, ob ihre Kinder infolge der Maßnahme nun weniger Angst haben, in die Schule zu gehen oder ob sie nun tatsächlich seltener in Schulhofraufereien verwickelt werden.

Hier unterscheiden sich die verschiedenen Beteiligtengruppen (Schulleitung, Schüler, Lehrer, Eltern) hinsichtlich des subjektiven Wertes, der einem bestimmten Wirksamkeitskriterium beigemessen wird: Eingesparte Instandsetzungskosten, Spaß, Unterrichtsqualität, Anzahl Raufereien. Zusätzlich unterscheiden sich die drei Gruppen hinsichtlich der Kosten, für die sie jeweils aufkommen müssen. Nimmt man bspw. an, dass die Schulleitung alleine die kompletten Kosten der Maßnahme trägt, so ist die Effizienz – bei gleicher Wirksamkeit –

▶ für die Lehrer optimal, denn diese bezahlen ja nichts, sondern können nur profitieren;

▶ für den Schulleiter jedoch am geringsten ist, da er zum einen hohe Kosten zu tragen hat, zum anderen aber auch Wirksamkeitserwartungen auf sehr strengen Kriterien anlegt.

Rossi et al. (2004) schlagen vor, drei Beteiligtenperspektiven bei der Kosten-Nutzen-Analyse zu berücksichtigen:

(1) die Perspektive des Individuums, das von der Maßnahme betroffen ist,

(2) die Perspektive des Geldgebers oder Sponsors, sowie

(3) die Perspektive der sozialen Gemeinschaft.

Typischerweise fällt die Kosten-Nutzen-Bilanz für diese drei Gruppen unterschiedlich aus: Sie ist aus der Perspektive des betroffenen Individuums am günstigsten, für den Geldgeber hingegen am ungünstigsten. Weiterhin impliziert die Unterschiedlichkeit der Parameter, dass die Effizienz für die soziale Gemeinschaft (also der gesamtgesellschaftliche Schaden, der Nutzen oder der volkswirtschaftliche Ertrag einer Maßnahme) am schwierigsten zu beziffern sind, da sie ökonometrische Analysen erfordern, die ihrerseits auf begründungspflichtigen Annahmen beruhen: z. B. Wie viel volkswirtschaftlichen „Schaden" richtet ein Analphabet an?

Multivariate Nutzenfunktionen. Das vorangegangene Beispiel macht deutlich, dass für jede Maßnahme jeweils unterschiedliche Effektivitätskriterien denkbar sind, deren Wertigkeit zwischen den verschiedenen Interessengruppen stark variiert. Daraus resultiert die wichtige Frage: Wie kann man die Vielfältigkeit von Effektivitäten und Wertigkeiten in einem einzigen Kennwert für den „Gesamtnutzen" einer Maßnahme ausdrücken? Die Antwort lautet: Das ist dann möglich, wenn die unterschiedlichen Effekte und ihre jeweiligen Wertigkeiten gleich skaliert sind, also in vergleichbaren Einheiten vorliegen. Der Gesamtnutzen einer Maßnahme (N) lässt sich wie folgt über eine gewichtete Summe ermitteln:

$$N = (W_1 \cdot E_1) + (W_2 \cdot E_2) + (W_3 \cdot E_3) + \ldots + (W_m \cdot E_m) .$$

Jeder Effekt E_m wird demnach mit seinem (subjektiven oder objektiven) Wert W_m gewichtet. Aus der Summe aller gewichteten Effekte ergibt sich der Gesamtnutzen N einer Maßnahme. Dieser Wert lässt sich heranziehen, um sowohl die unterschiedlichen Nutzenerwartungen unterschiedlicher Beteiligtengruppen als auch den Gesamtnutzen unterschiedlicher Maßnahmen miteinander zu vergleichen. Ein solches rationales Vorgehen bei der vergleichenden Nutzenbestimmung wird auch als → MAUT-Technik bezeichnet (MAUT: Multi-Attributive Utility Theory; Edwards, 1980).

6.2 Modelle der Effizienzanalyse

Grundsätzlich lassen sich zwei effizienzanalytische Modelle unterscheiden: Wenn sich neben den → Kosten auch die Wirkungen einer Maßnahme in Geldwerte umrechnen lassen, erlaubt dies eine Kosten-Nutzen-Analyse. Wenn sich lediglich die Kosten, nicht aber die Wirkungen in Geldeinheiten überführen lassen, kann man eine Kosten-Effektivitäts-Analyse durchführen.

6.2.1 Kosten-Nutzen-Analyse

Wenn sowohl die Kosten als auch die Wirkungen einer Maßnahme in Geldeinheiten überführt werden können, ist eine unmittelbare Kosten-Nutzen-Analyse möglich. Dabei unterscheidet man drei Kosten-Nutzen-analytische Kennwerte:

▶ Nettonutzen (*NN*),
▶ Nutzenquotient (*NQ*) und
▶ Profitrate (*PR*).

Nettonutzen. Der Nettonutzen *(NN)* einer Maßnahme ist definiert als der Nutzen (N) minus die Kosten (K) für die Maßnahme:

$$NN = N - K .$$

Der Nutzen N ist dabei definiert als das Produkt aus → Wirkung (Effektivität) und Wert (s. Formel auf S. 99). Der Nettonutzen ist ein absolutes Maß. Er ist nur dann über verschiedene

Maßnahmen hinweg vergleichbar, wenn die → Kosten und Nutzen unterschiedlicher Maßnahmen auch tatsächlich gleich skaliert und sinnvoll vergleichbar sind.

Nutzenquotient. Der Nutzenquotient (NQ) ist definiert als der Nutzen einer Maßnahme geteilt durch ihre Kosten:

$$NQ = \frac{N}{K}.$$

Der Vorteil des Nutzenquotienten liegt darin, dass er über verschiedene Maßnahmen hinweg verglichen werden kann, auch wenn deren Kosten- und Nutzenbedingungen unterschiedlich sind.

Profitrate. Die Profitrate (PR) ist definiert als der Nettonutzen ($NN = N - K$) einer Maßnahme geteilt durch ihren Nutzen N:

$$PR = \frac{NN}{N} = \frac{N - K}{N}.$$

Auch bei diesem Index (PR) handelt es sich um ein relatives Maß: Es erlaubt, unterschiedliche Programme mit unterschiedlichen Kosten-Nutzen-Bedingungen miteinander zu vergleichen. Zusätzlich ist die PR standardisiert: Bringt ein Programm genauso viel, wie es kostet, so ist $PR = 0$; sind die Kosten des Programms hingegen gleich Null, so ist $PR = 1$. Wegen dieser Normierung ist es auch möglich, die Profitrate in Prozentwerten zu bestimmen. Dazu muss der Wert für PR lediglich mit 100 multipliziert werden. Ein kostenloses Programm, dessen Wirkung nicht genau Null ist, hat demnach eine Profitrate von 100 %.

6.2.2 Kosten-Effektivitäts-Analyse

Eine implizite Annahme von Kosten-Nutzen-Analysen ist, dass die Effizienz einer Maßnahme in sehr abstrakten Größen (Geld) sinnvoll ausgedrückt und damit nicht nur mit anderen Maßnahmen des gleichen Typs, sondern prinzipiell mit allen denkbaren Maßnahmen verglichen werden kann: Nehmen wir an, ein Raucherpräventionstraining für Jugendliche habe eine Profitrate von 75 %, ein Soziale-Kompetenz-Training eine Profitrate von 40 %. Das Jugendamt einer Stadt müsste sich nun für eine Maßnahme entscheiden. Würde man allein aufgrund von Effizienzkriterien entscheiden, so hätte das Raucherpräventionstraining bessere Chancen. Das Beispiel macht jedoch klar, dass hier Äpfel mit Birnen verglichen werden. Die Annahme, Kosten und Nutzen jeglicher Maßnahmen könnten auf einer eindimensionalen Skala miteinander verrechnet und verglichen werden, ist also nicht immer sinnvoll.

Eine Alternative zu Kosten-Nutzen-Analysen stellen Kosten-Effektivitäts-Analysen dar. Hierbei werden zwar die Kosten einer Maßnahme quantifiziert, nicht aber ihre Wirkung (Effektivität) bzw. ihr Nutzen. Vielmehr wird die Wirkung in eine sinnvolle Einheit transferiert und die Kosten pro Einheit berechnet.

Kosten pro erfolgreich behandelter Person. Man kann im Falle einer Therapie den Erwartungswert der zu veranschlagenden Kosten pro „geheilter" Person angeben. Ein solcher standardisierter Wert kann durchaus mit dem jeweiligen Erwartungswert verschiedener Therapien verglichen werden – vorausgesetzt, diese sind in Bezug auf ihre Wirkung und die Bedeutung des Begriffs „geheilt" hinreichend vergleichbar. Diese Methode ist insbesondere dann geeignet, wenn es sich bei dem Wirksamkeitskriterium der Maßnahme um ein dichotomes Kriterium handelt, z. B. krank/gesund; rückfällig/nicht-rückfällig; Raucher/Nichtraucher.

Kosten pro Veränderungseinheit. Liegt das Wirksamkeitskriterium in Form einer metrischen Variablen vor (z. B. Körpergewicht, Anzahl Zigaretten pro Tag, Aggressivität), so macht die Einheit „Person" keinen Sinn. Stattdessen kann man die → Kosten für eine Veränderungs-einheit auf der Wirksamkeitsvariablen angeben. Die Veränderungseinheit muss dabei sowohl theoretisch wie empirisch sinnvoll sein.

> ### Beispiel
>
> **Was kostet ein Training pro halbe „Aggressionseinheit"?**
> Peter B., (fiktiver) Autor eines kognitiv-behavioralen Anti-Aggressions-Trainings für Kinder, behauptet, sein Training sorge innerhalb eines Jahres für eine Verrin-gerung der Aggression um durchschnittlich eine halbe Standardabweichungseinheit. Was ist damit gemeint? Man stelle sich vor, die Aggression der Kinder werde mit Hilfe eines standardisierten Testverfahrens auf ei-ner metrischen Skala erfasst. Die Skala ist dabei so normiert, dass der Populationsmittelwert $\mu = 50$ und die Populationsstreuung $\sigma = 10$ beträgt (die Normen sind auf einer T-Skala angegeben). Die Behauptung, das Training verringere die Aggression um eine halbe Standardabweichungseinheit, bedeutet also nichts anderes als eine Verringerung um 5 Punkte auf der T-Skala. Die Kosten für das Training werden mit 680 Euro pro Person pro Jahr angegeben. Wenn die Kosten für eine halbe Standardabweichungseinheit also 680 Euro betragen, so betragen sie für eine ganze Stan-dardabweichungseinheit 680 € × 2 = 1.360 Euro. Die-ser Wert kann nun – unabhängig davon, wie das Wirk-samkeitskriterium bei anderen Anti-Aggressions-trainings skaliert ist, zwischen verschiedenen Trainings verglichen werden. Voraussetzung für eine solche Rechnung ist, dass der Zusammenhang von Wirkung und Nutzen linear ist (s. Abb. 6.1, S. 102).

6.3 Zusammenfassung

Effizienzanalysen. Während die Effektivitätsanalyse nach den Wirkungen einer Maßnahme fragt, steht bei der Effizienzanalyse die Frage nach dem Nutzen und der Kosten-Nutzen-Bilanz im Vordergrund. Effizienzanalysen können zum einen durchgeführt werden, um einer Ent-scheidung für eine konkrete Maßnahme (und gegen eine andere Maßnahme) eine rationale Basis zu verleihen (a priori Effizienzanalysen), zum anderen dienen Effizienzanalysen dem Zweck, im Nachhinein zu beurteilen, ob sich die Durchführung der Maßnahme tatsächlich gelohnt hat (a posteriori Effizienzanalysen). Kosten, Wirkungen und Werte werden quantifi-ziert und auf einer gemeinsamen Einheit (z. B. Geld) abgetragen. Dieses Vorgehen hilft, be-gründete Entscheidungen für oder gegen Maßnahmen zu treffen und damit nicht nur volks-wirtschaftlichen Schaden zu verhindern, sondern auch Versorgungssysteme zu verbessern und öffentliche Mittel zielgerichteter und Erfolg versprechender zu investieren. Auf der anderen Seite ist es ebenso falsch zu glauben, dass jede erhoffte oder tatsächlich eingetretene Wirkung einer Maßnahme in geldwerten Einheiten ausgedrückt werden kann.

Kostenarten. Bei der Kostenplanung sind unterschiedliche Kostenarten (fixe vs. variable, ein-malige vs. wiederkehrende, direkte/manifeste vs. indirekte/latente, Overheadkosten) einzukal-kulieren. Besonders um Unwägbarkeiten und ihre ökonomischen Konsequenzen zu antizipie-ren, bieten sich Expertenpanels und Planspieltechniken an.

Nutzen. Der Nutzen einer Maßnahme ist definiert als Wirkung mal Wert; im Falle mehrerer unabhängiger Wirkungen können die mit ihrem jeweiligen Wert gewichteten Wirkungen aufaddiert werden (MAUT-Technik) – diese einfache Formel erinnert an Erwartungs-mal-Wert-Ansätze in der Psychologie und der ökonomischen Entscheidungstheorie. Der Wert einer Wirkung kann dabei entweder

▶ in Geldeinheiten ausgedrückt, insbesondere wenn es sich um einen objektiven Wert handelt,

▶ oder von den Beteiligten subjektiv angegeben werden, z. B. in Form einer Ratingskala von 0 bis 100.

Der Zusammenhang zwischen Nutzen und Wirkung hängt davon ab, wie viel Wert einer Wirkung in unterschiedlichen Bereichen des Wirksamkeitskontinuums beigemessen wird.

Evaluatoren sollten großen Wert auf Perspektivenunterschiede bei der Wertigkeitszumessung zwischen unterschiedlichen Beteiligten(-gruppen) legen: Ist zu erwarten, dass sich der Wert einer Wirkung zwischen den Beteiligtengruppen stark unterscheidet, so ist für jede Gruppe eine eigene Nutzenabschätzung vorzunehmen.

Modelle der Effizienzschätzung. Je nachdem, ob die Wirkung (bzw. der Nutzen) einer Maßnahme in der gleichen Einheit dargestellt werden kann wie ihre Kosten, werden zwei Modelle der Effizienzanalyse unterschieden: **Kosten-Nutzen-Analysen** erlauben eine direkte Verrechnung von Kosten und Nutzen, entweder in Form eines Nettonutzens (*NN*), eines Nutzenquotienten (*NQ*) oder einer Profitrate (*PR*). **Kosten-Effektivitäts-Analysen** erlauben es, die Kosten einer Maßnahme bezogen auf eine sinnvolle Wirksamkeitseinheit anzugeben, z. B. Anzahl „geheilter" Patienten oder Standardabweichungseinheiten auf einem metrischen Wirksamkeitskriterium.

6.4 Übungsaufgaben

Das Polizeipräsidium der Stadt S. beschließt, eine Maßnahme zur Förderung der Zivilcourage in der Bevölkerung durchzuführen. Zur Auswahl steht entweder die Durchführung von Aktionstagen an allen städtischen Schulen oder die Durchführung von Aktionen (z. B. Theaterszenen, Infostände, Verleihung von „Zivilcourage-Orden") in der Fußgängerzone der Stadt. Das Polizeipräsidium benennt als zentrale Erfolgskriterien für die Maßnahme

▶ eine Sensibilisierung der Bevölkerung für das Thema Zivilcourage,

▶ ein steigendes Interesse an diesem Thema,

▶ eine steigende Anzahl freiwillig aussagender Zeugen bei unterschiedlichen Delikten,

▶ eine steigende Anzahl von Strafanzeigen durch Zeugen oder Helfer bei gleichzeitigem Rückgang der Delikte an sich.

Die folgende Tabelle gibt die erwarteten Wirkungen der beiden Maßnahmen (ausgedrückt in z-Werten, d. h. mit $\mu = 0$ und $\sigma = 1$) sowie die zu erwartenden Gesamtkosten für die beiden Maßnahmen in Euro an. Wählen Sie zunächst selbst subjektive Wertigkeiten (Gewichte) für jede der vier genannten Wirksamkeitskriterien und tragen Sie diese in die Tabelle ein.
Beantworten Sie nun folgende Fragen:

(1) Welche der beiden Maßnahmen ist „nützlicher" im Sinne eines MAUT-Ansatzes?

(2) Welche der beiden Maßnahmen schneidet besser ab in Bezug auf
    (2.1) den Nettonutzen (*NN*)?

Posten	Wert	Aktionstage in Schulen	Aktionen in der Fußgängerzone
Sensibilisierung der Bevölkerung		$z = 0{,}5$	$z = 0{,}1$
Interesse am Thema		$z = 2{,}0$	$z = 1{,}0$
mehr Zeugen		$z = 0{,}3$	$z = 0{,}2$
mehr Anzeigen pro begangener Straftat		$z = 0{,}0$	$z = 0{,}2$
Gesamtkosten für die Maßnahme:		**8.500 €**	**14.800 €**

(2.2) den Nutzenquotienten (*NQ*)?

(2.3) die Profitrate (*PR*)?

(3) Welche der vier Erfolgskriterien lassen sich Ihrer Meinung nach am ehesten sinnvoll in Geldeinheiten umrechnen?

(4) Ergänzen dieses Beispiel um zwei weitere Erfolgskriterien aus der Perspektive der Gesamtbevölkerung.

Weiterführende Literatur

Im folgenden Buchbeitrag wird aufgezeigt, welchen Stellenwert die Effizienzanalyse im Kontext des gesamten Evaluationsprozesses einnimmt; der Beitrag hat jedoch eher Überblickscharakter und geht nicht allzu sehr in die Tiefe.

▶ Mittag, W. & Hager, W. (2000). Ein Rahmenkonzept zur Evaluation psychologischer Interventionsmaßnahmen. In W. Hager, J.-L. Patry, & H. Brezing (Hrsg.), Handbuch Evaluation psychologischer Interventionsmaßnahmen. Standards und Kriterien (Kap. 6, S. 102–128). Bern: Huber.

In dem folgenden Buchkapitel finden sich viele gut nachvollziehbare Beispiele für Effizienzanalysen im Kontext von Programmevaluationen.

▶ Posavac, E.J. & Carey, R.G. (1992). Program evaluation: Methods and case studies (Kap. 11, S. 193–208). Englewood Cliffs, NJ: Prentice-Hall.

Im folgenden Buchkapitel wird das Thema Effizienzanalyse zunächst aus einer sozialwissenschaftlichen Perspektive problematisiert; zudem finden sich hier einige Beispiele für sehr konkrete Quantifizierungen von Kosten und Nutzen.

▶ Wittmann, W.W. (1985). Evaluationsforschung – Aufgaben, Probleme und Anwendungen (Kap. 6.4; S. 342–360). Berlin: Springer.

Ein konkretes Beispiel für die Anwendung einer Delphi-Methode im Kontext der Evaluationsforschung findet sich bei

▶ Balzer, L. (2005). Wie werden Evaluationsprojekte erfolgreich? Ein integrierender theoretischer Ansatz und eine empirische Studie zum Evaluationsprozess. Landau: Verlag Empirische Pädagogik.

7 Prospektive Evaluation und Maßnahmenplanung

Dass Interventionsmaßnahmen so wirksam und effizient wie möglich sein sollten, wird niemand bestreiten. Aber dazu gehört – noch vor der Durchführung der Maßnahme – eine gute Planung. Evaluatoren sind zwar nicht alleine verantwortlich für solche Planungsaufgaben, aber sie können die für eine Intervention verantwortlichen Personen, die Auftraggeber, bei der Planung unterstützen, indem sie die richtigen Fragen stellen. Wie muss die Maßnahme beschaffen sein, um

Was Sie in diesem Kapitel erwartet

das Problem mit all seinen Eigenschaften (d. h. seines Ausmaßes, seiner Dauer, seiner Verteilung) da zu lösen, wo es tatsächlich angesiedelt ist? Sind die Rahmenbedingungen für die Durchführung der Maßnahme so geartet, dass eine Wirksamkeit auch tatsächlich wahrscheinlich ist? Und schließlich dürfen Evaluatoren auch die durchaus provokante Frage stellen: Gibt es überhaupt Bedarf an einer Intervention?

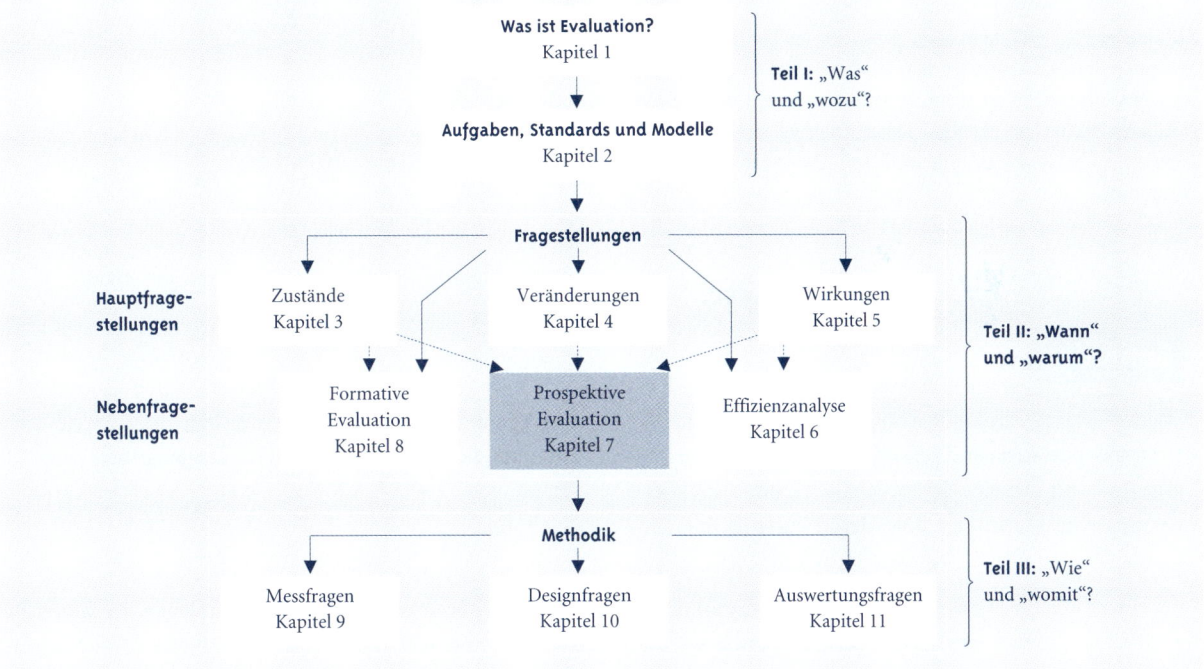

Im Rahmen einer prospektiv ausgerichteten Evaluation wird danach gefragt, ob überhaupt Interventionsbedarf besteht, wie eine Intervention idealerweise beschaffen sein sollte und ob die Rahmenbedingungen für eine wirksame Anwendung der Intervention gegeben sind. Mit einer sorgfältigen → prospektiven Evaluation können vorhersehbare Fehler bei der Durchführung vermieden und die Kontextbedingungen optimiert werden, damit die Maßnahme tatsächlich eine Chance hat, wirksam zu sein. Prospektive Evaluation kann daher wörtlich als „nach vorne schauende" Evaluation verstanden werden. Der Unterschied zur prognostischen Evaluation besteht darin, dass die → prospektive Evaluation umfassender ist und nicht lediglich in einer Prognose besteht.

Unter prospektiver Evaluation werden in unterschiedlichen Lehrbüchern unterschiedliche Dinge verstanden. Einig sind sich die verschiedenen Autoren darüber, dass vor der Durchführung einer Maßnahme zwei Aspekte zu klären sind:

(1) Besteht Bedarf an einer Maßnahme (→ Bedarfsanalyse)? Hierzu gehören im Wesentlichen drei Bestimmungsstücke:
- (1.1) die Bestimmung des Problems,
- (1.2) die Bestimmung der Zielgruppe und
- (1.3) die Bestimmung (und Bewertung) des Ziels der Intervention;
(2) Wird eine konkrete Intervention diesem Bedarf gerecht (→ Konzeptionsanalyse)?

Diese Systematik ist in Abbildung 7.1 grafisch veranschaulicht.

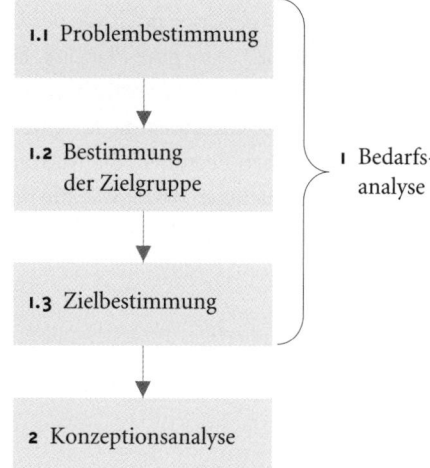

Abbildung 7.1. Elemente einer prospektiven Evaluation. Im Rahmen einer prospektiven Evaluation werden (**1**) der Bedarf an einer Intervention und (**2**) die Konzeptionsqualität einer Intervention bestimmt und bewertet. Um den tatsächlichen Bedarf an einer konkreten Intervention zu ermitteln, müssen (**1.1**) das Problem, (**1.2**) die Zielgruppe und (**1.3**) das Ziel der Intervention genau bestimmt sein

7.1 Bedarfsanalyse

Definition

„Bedarf ist eine soziale Konstruktion, die zwischen einer Gruppe sozialer Agenten, welche für soziale Programme und Projekte verantwortlich sind, und einer Gruppe von Bedürftigen bzw. deren Fürsprecher, welche ein bestimmtes Problem beklagen und eine entsprechende Intervention fordern, ausgehandelt wird." (Rossi et al., 1999; S. 120).

Die Definition macht deutlich: Bedarf ist subjektiv. Zwar gibt es durchaus Fälle, in denen Bedürftigkeit unstrittig ist, etwa wenn es um die Frage geht, ob ein unterernährtes Kind Nahrung braucht oder ob einer ertrinkenden Person geholfen werden muss. Abgesehen von solchen existenziellen Bedarfsfällen ist die Frage, ob ein Ist-Zustand so problematisch ist, dass er einer Interventionsmaßnahme bedarf, weniger eindeutig zu beantworten. Ein Paar kann der Meinung sein, dass es eine Eheberatungsstelle aufsuchen sollte, ein Schulleiter kann der Meinung sein, dass es in der Schule ein Gewaltproblem gebe, ein Firmenchef kann der Meinung sein, dass die Personalstruktur effizienter gestaltet werden müsse usw.

Die Anmeldung eines Interventionsbedarfs ist begründungspflichtig, insbesondere wenn andere die → Kosten der Intervention zu tragen haben oder direkt bzw. indirekt von der Intervention betroffen sein werden. Das Aufsuchen einer Eheberatungsstelle ist eine eher private Angelegenheit. Die Einführung eines schulweiten Anti-Gewalt-Programms oder Umstrukturierungsmaßnahmen innerhalb einer Firma hingegen stehen stärker im öffentlichen Interesse. Diejenigen, die die Verantwortung für die Interventionsmaßnahme tragen, d. h. der Schulleiter oder der Firmenchef, sollten ihre Wahrnehmung von Bedarf begründen können. Erst die Begründung liefert eine rationale Basis für die Frage, ob eine Interventionsmaßnahme tatsächlich notwendig ist oder nicht. Wenn ein Politiker sagt, es bestehe Reformbedarf, dann muss er Argumente für diese Position liefern. Erst wenn solche Argumente vorliegen, lässt sich über Bedarf rational argumentieren. Argumente sind darüber hinaus empirisch prüfbar. Bloße Bedarfsanmeldungen sind subjektiv und entziehen sich der empirischen Prüfbarkeit.

Die Begründung für einen Interventionsbedarf gründet meist auf der Annahme, dass der Ist-Zustand problematisch sei. Die empirische Frage lautet nun: Wie problematisch ist der Ist-Zustand? In Kapitel 3 haben wir verschiedene Möglichkeiten kennen gelernt, Ist-Zustände zu beschreiben und zu bewerten. Hierzu gehört der Vergleich mit

► einer Idealnorm, bspw. basierend auf der Hypothese, dass die Gewaltbelastung an Schule X oberhalb eines vorab definierten maximalen Wertes liegt (→ Norm),

► einer Realnorm, bspw. basierend auf der Hypothese, dass die Gewaltbelastung an Schule X signifikant über dem Bundesdurchschnitt liegt,

► einer sozialen Norm, bspw. basierend auf der Hypothese, dass die Gewaltbelastung an Schule X höher ist als an Schule Y oder

► einer temporalen Norm, bspw. basierend auf der Hypothese, dass die Gewaltbelastung an Schule X im vergangenen Jahr signifikant angestiegen ist.

Solche Hypothesen sind empirisch prüfbar und Evaluatoren können mit ihrer sozialwissenschaftlich-methodischen Expertise helfen, solche Hypothesen empirisch zu prüfen. Allzu oft basiert der Ruf nach Intervention auf einer Spekulation über die Beschaffenheit eines problematischen Ist-Zustandes. Handelt es sich bei dieser Spekulation um eine empirische prüfbare Hypothese, so sollte sie getestet werden.

Vergleichsanalysen helfen, die Frage nach Art und Ausmaß des Veränderungsbedarfs empirisch zu analysieren, aber sie sollen nicht über die Tatsache hinwegtäuschen, dass es kein objektives Maß für „Bedürftigkeit" gibt.

7.1.1 Problembestimmung

Der erste Schritt einer → Bedarfsanalyse besteht in einer genauen Analyse des Problems. Dabei ist insbesondere zu fragen,

► **wo** das Problem angesiedelt ist,

► **wie lange** das Problem bereits existiert,

► **wie groß** (wie stark) das Problem ist und

► **wie es sich verteilt** d. h. inwiefern es über soziale Einheiten (Personen, Schulklassen, Familien usw.), sozialstrukturelle Einheiten (Schichten, Altersklassen, Herkunftsländer usw.) oder räumliche Einheiten (Wohngebiete, Städte, Länder usw.) hinweg unterschiedlich stark ausgeprägt ist. Schließlich ist zu fragen,

► ob die **Ursache des Problems** zu ermitteln ist oder nicht.

Lokalisation, Dauer, Größe und Verteilung eines Problems sind wichtig, um die Dosis einer Intervention zu planen und um Fehler bei der → Implementation der Maßnahme zu vermeiden. Die Frage nach der Ursache eines Problems ist schwieriger und manchmal gar nicht zu beantworten. Dennoch kann es sinnvoll sein, implizite Annahmen der Beteiligten darüber, woher ein Problem kommt und wie es ihrer Ansicht nach zu beseitigen sein könnte, zu hinterfragen und zu diskutieren.

Beispiel

Eine Problemquelle, mit der niemand gerechnet hat

Der Elternsprecher der Bettina-von-Arnim-Realschule in K. vermutet ein massives Gewaltproblem an der Schule, und er hat „harte Zahlen" für seine Vermutung: Innerhalb der letzten vier Monate sind die Ausgaben der schulischen Unfallversicherung für Verletzungen in Folge von Gewalttaten in der Pause konstant gestiegen. Der Schulleiter ist beeindruckt und bestürzt und ordnet die sofortige → Implementation eines schulweiten, mehrjährigen Anti-Bullying-Programms an. Zur Sicherheit beauftragt er noch zwei Evaluatoren mit der Analyse des vermuteten Problems. Zum Glück – für die Schule, die Schüler und die Volkswirtschaft: Die Evaluatoren stellen fest, dass die Pausenschlägereien von Jugendlichen aus der Nachbarschaft der Schule angezettelt werden und dass die Schüler der Bettina-von-Arnim-Realschule nur als Opfer, nicht aber als Täter in diese Schlägereien verwickelt sind. Das ressourcenintensive Anti-Bullying-Programm wird also abgeblasen, stattdessen werden die Lehrkräfte gebeten, während der Pausen die Eingänge zum Schulhof zu kontrollieren und fremden Eindringlingen gegebenenfalls Hausverbot zu erteilen.

Mit „Verteilung des Problems" ist gemeint, ob es zwischen bestimmten Personen (oder Gruppen von Personen) relevante Unterschiede in der Problembelastung gibt. Hierzu wählen wir als Beispiel den Anstieg der HIV-Inzidenz (→ Inzidenz) in Deutschland (s. Kap. 4.1.3): Eine Aufteilung der Inzidenzrate nach Risikogruppen (einem sozialstrukturellen Merkmal) zeigt, dass der Anstieg in der Gesamtpopulation vor allem auf einen massiven Anstieg innerhalb der Gruppe der schwulen Männer zurückzuführen ist, während sich bspw. die Inzidenz innerhalb der Risikogruppe Drogenkonsumenten gegenüber der Vorjahre nur unwesentlich verändert hat (Robert-Koch-Institut, 2006; s. Abb. 7.2).

Neben der Art der Risikogruppe kommen prinzipiell noch weitere Variablen in Frage, die eine Systematik bei der Verteilung des Problems beschreiben können (→ Moderatorvariablen). Im Falle der HIV-Inzidenz sind das etwa das Alter der Betroffenen und die regionale Herkunft. So zeigt sich bspw. innerhalb der Gruppe der Drogenkonsumenten über die vergangenen fünf Jahre hinweg eine Abnahme der HIV-Inzidenz in Berlin und eine Zunahme in Nordrhein-Westfalen (Robert-Koch-Institut, 2006).

7.1.2 Bestimmung der Zielgruppe

Eine präzise Beschreibung der Lokalisation und Verteilung des Problems bestimmt gleichzeitig auch die Zielgruppe der Intervention. Denn nur da, wo ein Problem tatsächlich existiert, sollte auch die Intervention sinnvollerweise angesiedelt werden. Dort, wo das Problem gar nicht existiert, wäre die Durchführung einer Intervention hingegen ineffizient. Interventionen sollten also auf eine Zielgruppe ausgerichtet sein. Um eine möglichst gute Erreichbarkeit der Zielgruppe zu gewährleisten, muss die Zielgruppe dabei so genau wie möglich beschrieben werden.

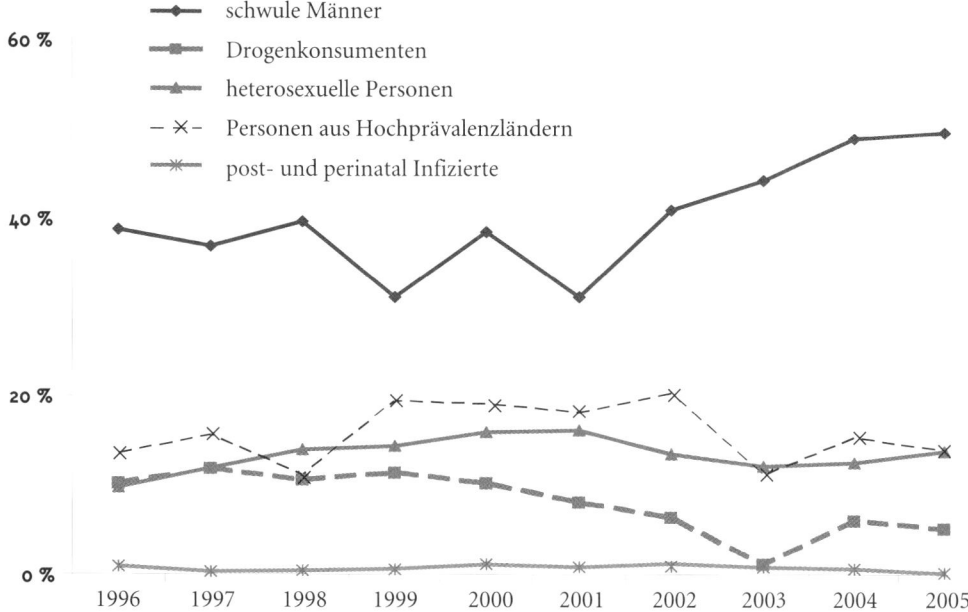

Abbildung 7.2. Inzidenz von HIV-positiv-Prognosen. Prozentuale Angaben der Inzidenzgradienten für HIV-positiv-Prognosen für die Jahre 1996 bis 2005 in sog. Risikogruppen, die nach sozialstrukturellen Merkmalen gebildet werden (Robert-Koch-Institut, 2006)

Elemente/Einheiten der Zielgruppe. Bei der Beschreibung der Zielgruppe ist zunächst zu fragen: Wer oder was sind die Elemente der Zielgruppe? Oder anders ausgedrückt: Aus welchen Einheiten besteht die Zielgruppe? Handelt es sich um

▶ soziale Einheiten (Personen, Schulklassen, Familien usw.),
▶ sozialstrukturelle Einheiten (Schichten, Altersklassen, Herkunftsländer usw.) oder
▶ räumliche Einheiten (Wohngebiete, Städte, Länder usw.)?

Spezifität der Zielgruppe und Interventionsansatz. Weiterhin ist zu fragen: An wen richtet sich die Interventions- oder Präventionsmaßnahme? Oder anders ausgedrückt: Wie spezifisch ist die Zielgruppe? In diesem Zusammenhang lassen sich nach Gordon (1983) die folgenden Interventionsansätze unterscheiden:

▶ **universelle Ansätze,** die sich an die gesamte Population wenden, wie im Fall einer landesweiten AIDS-Aufklärungskampagne,
▶ **indizierte Ansätze,** die sich an Personen wenden, die ein bestimmtes Problemverhalten bereits ausgebildet haben; das wäre der Fall bei einer Kampagne, die sich speziell an HIV-Positive wendet, oder
▶ **selektive Ansätze,** die sich an Personen wenden, bei denen es wahrscheinlich ist, dass sie das Problem eines Tages ausbilden werden, etwa Drogenkonsumenten.

Im Falle einer universellen Maßnahme ist keine Zielgruppenspezifizierung notwendig; jeder gehört zum Adressatenkreis der Maßnahme. Im Falle indizierter oder selektiver Maßnahmen muss im Einzelfall entschieden werden, wer zur Zielgruppe gehört bzw. wer nicht dazu gehört.

Inklusionskriterien. Bei indizierten oder selektiven Maßnahmen sind Kriterien zu definieren, die festlegen, worin sich jene Personen (oder Gruppen) der Zielgruppe von jenen unterscheiden, die nicht zur Zielgruppe gehören. Anders ausgedrückt: Wer benötigt eine Intervention und wer nicht? Die Kriterien für eine Inklusion in die Menge der Interventionsbedürftigen können mehr oder weniger eng sein. Zu breite Inklusionskriterien (z. B. alle Personen in Nordrhein-Westfalen, die jemals mit Drogen zu tun hatten) führen dazu, dass sich in der Interventionsstichprobe letztendlich zu viele Personen ohne wirklichen Bedarf finden (Overinclusion). In diesem Fall spricht man von zu vielen „falschen Positiven". Zu enge Kriterien (z. B. alle Personen in Nordrhein-Westfalen, die schon einmal einen Entzug gemacht haben) führen dazu, dass viele Bedürftige nicht zur Interventionsstichprobe gezählt werden (Underinclusion). Dadurch gibt es also zu viele „falsche Negative". Ziel einer Inklusionsanalyse muss es also sein, die Anzahl „falscher Positiver" und „falscher Negativer" zu minimieren und die Anzahl „richtiger Positiver" und „richtiger Negativer" zu maximieren (s. Abb. 7.3).

Abbildung 7.3. Zielgruppenausschöpfung, Overinclusion und Underinclusion. Die Ausschöpfungsquote einer Maßnahme ist ideal, wenn es weder falsche Positive (d. h. Personen, die an der Maßnahme teilnehmen, obwohl sie gar nicht betroffen sind) noch falsche Negative (d. h. Personen, die nicht an der Maßnahme teilnehmen, obwohl sie zur Zielgruppe gehören) gibt

Person ...	gehört zur Zielgruppe	gehört nicht zur Zielgruppe
nimmt an der Maßnahme teil	richtiger Positiver	falscher Positiver (trägt zu Overinclusion bei)
nimmt nicht an der Maßnahme teil	falscher Negativer (trägt zu Underinclusion bei)	richtiger Negativer

Ausschöpfungsquote. Das Ausmaß, in dem richtige Positive und richtige Negative korrekt differenziert und falsche Positive bzw. falsche Negative vermieden wurden, wird in der → Ausschöpfungsquote (AQ) angegeben (Rossi et al., 2004):

$$AQ = 100 \cdot \left(\left(\frac{\text{Anzahl richtiger Positiver}}{\text{Anzahl aller Betroffenen}} \right) - \left(\frac{\text{Anzahl falscher Positiver}}{\text{Anzahl aller Teilnehmer}} \right) \right).$$

Nehmen wir an, dass in einer beliebigen Stadt 250 Personen zur Risikogruppe gehören, von denen 100 an einer Vorsorgemaßnahme teilnehmen. Zusätzlich nehmen aber auch 60 Personen teil, die gar nicht zur Risikogruppe gehören. In diesem Fall wäre die → Ausschöpfungsquote der Vorsorgemaßnahme mit 2,5 % sehr gering:

$$AQ = 100 \cdot \left(\frac{100}{250} - \frac{60}{160} \right) = 100 \cdot 0{,}025 = 2{,}5\,\%.$$

Primärprävention und Risikogruppen. Selektive Maßnahmen richten sich an Personen, bei denen die Wahrscheinlichkeit erhöht ist, dass sie das Problemverhalten irgendwann einmal ausbilden werden. Ziel der Maßnahme ist es, die Auftretenswahrscheinlichkeit des problematischen Verhaltens zu reduzieren, d. h. eine absehbare zukünftige Problembelastung im Vorhinein zu vermeiden. Solche primärpräventiven Maßnahmen (Caplan, 1964) richten sich also an diejenigen Zielgruppenelemente, für die das Risiko hoch ist, dass sie das Problemverhalten eines Tages ausbilden werden. Aus der Entwicklungspsychologie ist bspw. bekannt, dass ein inkonsistentes und bestrafendes Erziehungsverhalten, negative familiäre Kommunikationsmuster, Ehekonflikte sowie psychische Störungen der Mutter Risikofaktoren für spätere aggressive Störungen eines Kindes darstellen (Hahlweg & Heinrichs, 2007). Damit gehören all diejenigen Kinder, bei denen diese Bedingungen erfüllt sind, zur Risikogruppe. Allerdings bilden nicht alle Personen in der Risikogruppe das problematische Verhalten auch tatsächlich aus. Insofern ist die Risikogruppe immer größer als die eigentliche Zielgruppe. Anders gesagt: Bei primärpräventiven Maßnahmen ist die → Ausschöpfungsquote niemals optimal; es gibt immer das Problem einer Overinclusion.

Sensitivität des Messinstruments. Sind die Inklusionskriterien definiert, so benötigt man diagnostische Instrumente, die mit hinreichender Genauigkeit angeben können, ob eine beliebige Person die Inklusionskriterien erfüllt oder nicht. Die Wahrscheinlichkeit einer richtigen Zuordnung von Personen zur Zielgruppe hängt damit notwendigerweise von den Eigenschaften des Instruments ab, das die Inklusionskriterien misst. Nehmen wir an, eine Eliteuniversität würde als Aufnahmekriterium „überdurchschnittliche Intelligenz der Bewerber" definieren und diese mit Hilfe eines selbst konstruierten Intelligenztests erfassen. Dabei könnte sich herausstellen, dass der Test zu leicht oder zu schwer für die meisten der Bewerber ist (s. auch Kap. 9). Ein zu leichter Test würde dazu führen, dass zu viele Personen die Aufnahmeprüfung bestehen (Overinclusion). Ein zu schwerer Test würde dazu führen, dass zu viele Personen durchfallen (Underinclusion).

7.1.3 Zielhierarchien

Nach der Klärung der Frage, worin das Problem besteht, welche Ausmaße es hat, wie lange es bereits besteht und welche Personen (oder Gruppen) zur Zielgruppe gehören, muss präzise definiert werden, worin eigentlich das Ziel der Intervention besteht. Dabei bietet es sich oft an, hierarchische Zielsysteme zu konstruieren. Zielhierarchien sind nichts anderes als Modelle der Zielerreichung bzw. der Zieldefinition. Sie zeigen, welche Schritte auf dem Weg zur Zielerreichung nötig sind (Arbeitsschritthierarchien), welche Bedingungen zur Zielerreichung erfüllt sein müssen (Bedingungshierarchien) und wie die Zielerreichung konkret messbar gemacht werden kann (Konkretheitshierarchien).

Arbeitsschritthierarchien. Zielhierarchien können helfen, die zur Erreichung eines Oberziels nötigen Arbeitsschritte zu veranschaulichen. Abbildung 7.4 (S. 116) zeigt eine mögliche Arbeitsschritthierarchie für das Ziel „Arbeitslosigkeit verringern" aus der Perspektive eines Wirtschafts- und Arbeitsministers. Demnach müssen drei Unterziele verwirklicht werden, die sich auf die Bereiche Stellenschaffung, Arbeitslosenvermittlung und Entlassungsreduktion beziehen. Um das Ziel „Arbeitslose vermitteln" zu erreichen, muss zunächst für eine ausreichende Anzahl Arbeitsvermittler gesorgt werden, außerdem muss die Vermittlung effizient sein. Die Effizienz, d. h. die Verbleibequote im vermittelten Job, kann nur erreicht werden, wenn die Trefferquote hoch ist (die ideale Person am idealen Job) und wenn die Eignung sowie das Interessens- und Motivationsprofil des Arbeitsuchenden valide diagnostiziert werden können.

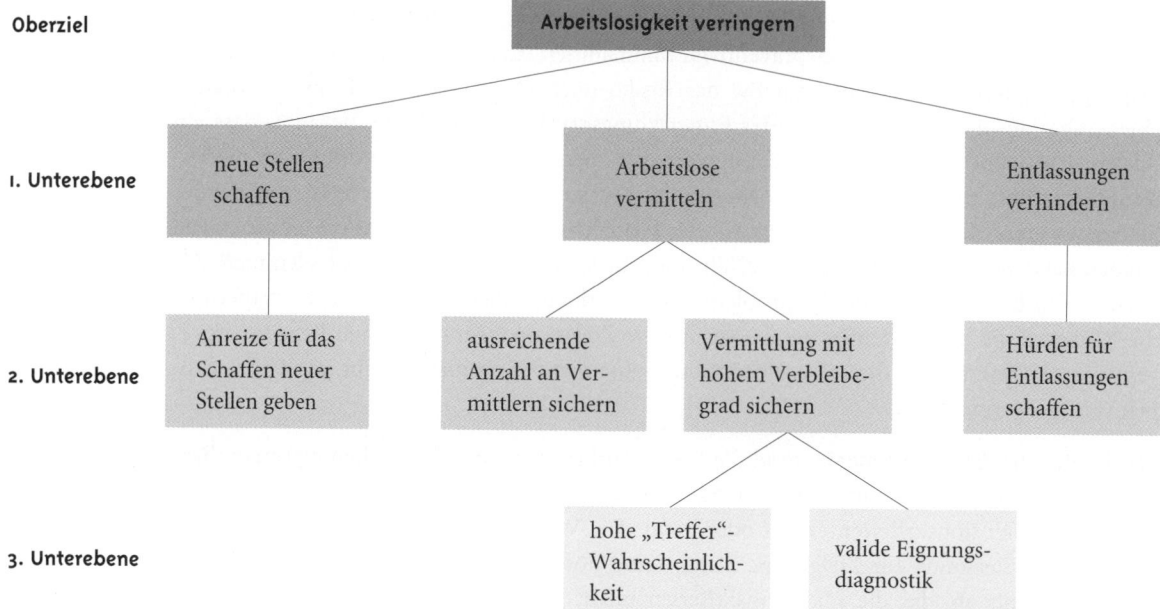

Abbildung 7.4. Zielhierarchie mit vier Ebenen: Das Oberziel „Arbeitslosigkeit verringern" wird in drei Unterebenen in Unterziele aufgeteilt. Diese Unterziele verdeutlichen die Schritte, die notwendig sind, um das Oberziel erreichen zu können

Bedingungshierarchien. Erreichte Ziele auf einer unteren Ebene können Bedingungen für die Erreichung des jeweiligen Oberziels darstellen. Dabei kann es sich um notwendige oder um hinreichende Bedingungen handeln.

▶ **Notwendige Bedingungen** müssen erfüllt sein, um ein bestimmtes Ziel zu erreichen. Die Erfüllung einer notwendigen Bedingung ist jedoch noch kein Garant dafür, dass ein Ziel wirklich erreicht wird – „notwendig" bedeutet lediglich, dass die Zielerreichung unmöglich ist, wenn die Bedingung nicht erfüllt wird. Ein Beispiel hierfür stellt die Hochschulzugangsberechtigung (z. B. Abitur) dar. Um studieren zu können, muss der Studienbewerber eine solche Berechtigung haben. Aber die Berechtigung ist natürlich kein Garant für einen erfolgreichen Studienabschluss.

▶ **Hinreichende Bedingungen** garantieren eine Zielerreichung, wenn sie erfüllt werden. Das Ziel kann jedoch auch auf anderen Wegen erreicht werden. So wäre es für ein Paar, das keine Kinder bekommen möchte, hinreichend, ganz auf Geschlechtsverkehr zu verzichten. Das Ziel der Kinderlosigkeit kann jedoch durchaus auch auf anderen Wegen erreicht werden.

Konkretheitshierarchien. Ziele können auf unterschiedlichen Konkretheitsebenen angesiedelt sein. Auf der obersten Ebene sind Ziele meist sehr abstrakt, vage und verhaltensfern. Man stelle sich vor, ein Teamleiter verfolgt das Ziel, die sozialen Kompetenzen seiner Mitarbeiter zu erhöhen. Aber was ist mit sozialer Kompetenz genau gemeint? Schrittweise wird das Ziel nun expliziert, d. h. in konkretere Unterziele zerlegt. Zusammen mit seinen Mitarbeitern definiert der Teamleiter drei Unterziele der sozialen Kompetenz, die da lauten: Selbstbehauptung, Perspektivenübernahme und Konfliktlösekompetenzen. Doch diese Begriffe sind immer noch relativ abstrakt, so dass eine weitere Konkretheitsebene eingefügt wird (s. Abb. 7.5). Durch solche

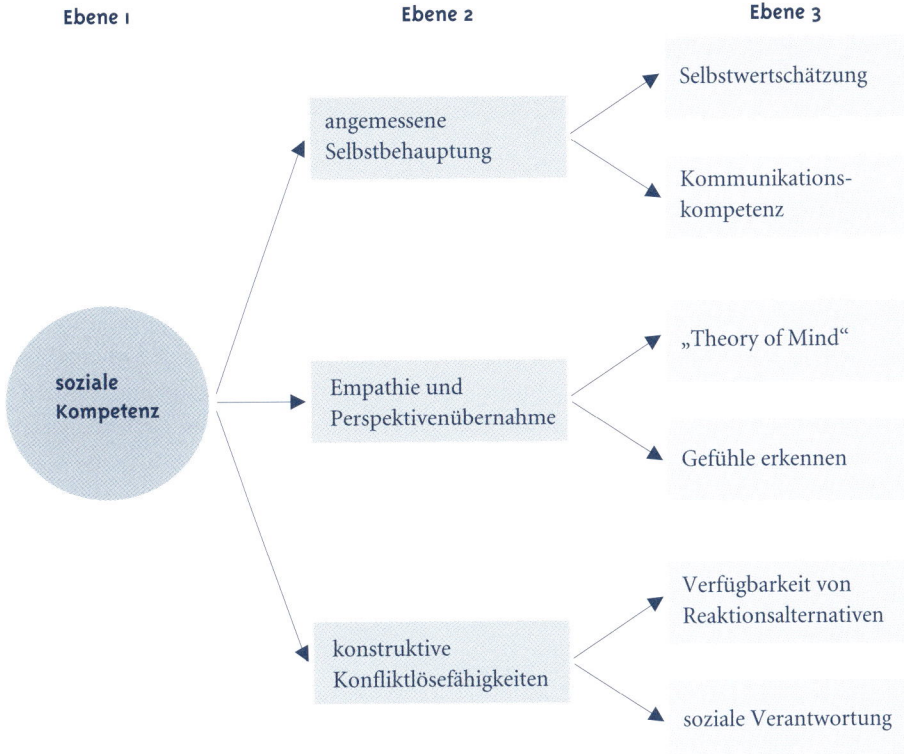

Ebene 1   Ebene 2   Ebene 3

soziale Kompetenz

angemessene Selbstbehauptung
- Selbstwertschätzung
- Kommunikations-kompetenz

Empathie und Perspektivenübernahme
- „Theory of Mind"
- Gefühle erkennen

konstruktive Konfliktlösefähigkeiten
- Verfügbarkeit von Reaktionsalternativen
- soziale Verantwortung

Abbildung 7.5. Explikation des Konstrukts soziale Kompetenz auf drei Konkretheitsebenen: Der Begriff „soziale Kompetenz" ist noch recht schwammig und verhaltensfern. Um das Konstrukt verhaltensnah (und damit messbar) zu machen, kann man es immer weiter konkretisieren. Am Ende hat man eine Liste von Verhaltensindikatoren für soziale Kompetenz

Konkretheitshierarchien wird ein abstraktes Ziel so lange in Unterziele zerlegt, bis diese in einer Konkretisierung vorliegen, die eine eindeutige empirische Erfassung der Zielerreichung erlaubt.

Wirkebenen. Eine der bekanntesten allgemeinen Zielhierarchien bei der Wirksamkeitsevaluation stammt von Kirkpatrick (1987; s. Kap. 2). Demnach sind Interventionen dann wirksam, wenn sie Wirksamkeitsbelege auf vier Ebenen erbringen:

(1) der Reaktionsebene (z. B. Zufriedenheit der Teilnehmer mit der Interventionsmaßnahme),
(2) der Lernerfolgsebene (erworbenes Wissen),
(3) der Verhaltensebene (beobachtbare Verhaltensveränderungen) und
(4) der Ergebnisebene (Veränderung auf „harten" Evaluationskriterien).

Kirkpatrick (1987) macht leider keine Aussage darüber, ob die vier Ebenen in einem spezifischen Inklusionsverhältnis stehen oder nicht. Man kann allerdings davon ausgehen, dass erworbenes Wissen die Voraussetzung für Verhaltensänderungen darstellt, während Verhaltensänderungen notwendig sind, um objektive Strukturveränderungen zu erzielen. Die Rolle der Reaktionsebene ist hingegen unklar. Denn hier kann man sich auch vorstellen, dass die Zufriedenheit mit einer Maßnahme in gewisser Weise Lernerfolge fördert.

Messung der Zielerreichung. Für jedes definierte Ziel muss definiert werden, mit welchen Kriterien sein Erreichungsgrad erfasst werden soll. Dazu muss präzise bestimmt werden, ab wann ein Ziel überhaupt als „erreicht" gilt. Man könnte bspw. für das in Abbildung 7.4 abgebildete Beispiel in Bezug auf das Ziel „Arbeitslose vermitteln" definieren, dass das Ziel erreicht ist, wenn mindestens 60 % der Anfragen an ein Job-Center innerhalb eines Jahres erfolgreich vermittelt werden konnten und davon mindestens die Hälfte auch nach drei Jahren noch den vermittelten Job ausübt.

7.2 Konzeptionsanalyse

Nachdem das Problem (Ist-Zustand) und die Ziele (Soll-Zustand) definiert sind, geht es darum, die geeignete Interventionsmaßnahme zu finden bzw. zu konstruieren. Dabei ist zu fragen, ob die Maßnahme auch tatsächlich dem Bedarf angepasst ist, ob das der Maßnahme zugrunde liegende Wirkmodell plausibel ist und ob die Rahmenbedingungen für eine wirksamkeitsförderliche Durchführung der Maßnahme gegeben sind bzw. geschaffen oder verbessert werden müssen (→ Konzeptionsanalyse).

Bedarfsorientierung

Interventionsmaßnahmen müssen bedarfsgerecht konzipiert werden. Das hört sich trivialer an, als es ist. In Anlehnung an die Kriterien zur Problemdefinition aus Kapitel 7.1.1 muss die Interventionsmaßnahme

▶ dort greifen, wo das Problem tatsächlich angesiedelt ist,
▶ die Zeitspanne in Betracht ziehen, die das Problem bereits existiert,
▶ die Größe und Ausprägung des Problems in Betracht ziehen,
▶ die Verteilung des Problems in Betracht ziehen und
▶ an den richtigen Ursachen für das Problem ansetzen.

Ferner stellt sich die Frage, ob und wie die Zielgruppe möglichst gut ausgeschöpft werden kann: Wie kommt man an die betroffenen Personen heran? Ist mit Widerständen zu rechnen? Sollten Vermittler eingeschaltet werden? Sollte das soziale Umfeld der Betroffenen mit einbezogen werden?

Bewertung des Wirkmodells

Viele klinisch- oder pädagogisch-psychologische Interventionsmaßnahmen sind in Form von Manualen (Handanweisungen) veröffentlicht. Das Manual beschreibt, wie die Interventionsmaßnahme umgesetzt werden sollte und expliziert das Wirkmodell, das der Maßnahme zugrunde liegt. Liegt ein solches Manual nicht vor, weil die Maßnahme z. B. noch nicht publiziert ist, so ist es hilfreich, die an der Maßnahme beteiligten Personen zu Rate zu ziehen und die Programmkonzeption mit ihnen zu diskutieren. Dies ist insbesondere dann angezeigt, wenn unterschiedliche Beteiligte unterschiedliche Maßnahmen präferieren.

Beurteilung der konzeptuellen Hypothesen. Folgende Aspekte müssen bei der Beurteilung des Wirkmodells berücksichtigt werden (Rossi et al., 2004):

▶ Sind die Ziele der Maßnahme eindeutig definiert und operationalisierbar? Ist die Zielerreichung empirisch erfassbar?
▶ Sind die angestrebten Ziele realistisch?
▶ Mit welchen Neben- und/oder Folgewirkungen ist zu rechnen?
▶ Sind die angenommenen Wirkmechanismen theoretisch gut begründet, empirisch gestützt oder zumindest plausibel nachvollziehbar?

- Ist hinreichend geklärt, wie die Zielgruppe identifiziert werden kann und wie die Maßnahme „überbracht" wird?
- Sind die einzelnen Komponenten der Maßnahme, ihre Funktion für die Zielerreichung, sowie die zur Umsetzung der Komponenten notwendigen Arbeitsschritte hinreichend definiert?

Beispiel

Neighborhood Watch

Im Villenviertel des sächsischen Städtchens B. häuft sich seit Anfang des Jahres die Zahl der Einbrüche und Diebstähle. Die Bewohner des Viertels wollen daher – nach amerikanischem Vorbild – Nachbarschaftswachen installieren. Also arbeiten die „Ton angebenden" Bürger des Viertels (jene mit den größten Villen) einen Plan aus, nach dem jeder männliche Hausbesitzer jeweils an einem Abend im Monat für drei Stunden auf Streife gehen soll. Dadurch sollen potenzielle Einbrecher abgeschreckt werden.

Die Probleme des Vorhabens liegen auf der Hand: Zum einen ist unklar, ob die Annahme plausibel ist, dass eine solche „Wache" abschreckend auf möglicherweise professioneller arbeitende und vor allem bewaffnete Einbrecher wirkt. Mit „Nebenwirkungen" (z. B. dass eingeteilte Wächter an den betreffenden Abenden nicht in ihren eigenen Häusern anwesend sind) ist ebenfalls zu rechnen. Der Plan hat aber auch hinsichtlich der Umsetzung mehrere Haken: Was ist mit Leuten, die mehrere Häuser im Viertel besitzen? Wie wird vorgegangen, wenn die Hausbesitzer weiblich sind? Wie wird verfahren, wenn ein Hausbesitzer an dem Abend, an dem er auf Streife gehen soll, gar keine Zeit hat? Was macht ein „Wächter", wenn er angegriffen wird? usw.

Expertengremien. Um die Fundiertheit eines Wirkmodells beurteilen zu können, bedarf es möglicherweise der Einschätzung ausgewiesener Experten im jeweiligen Bereich. Der Evaluator kann daher im Rahmen einer prospektiven Evaluation vorschlagen, Expertengremien zu installieren. Bei solchen Experten kann es sich um Personen mit wissenschaftlicher oder praktischer Vorerfahrung handeln oder einfach um Personen, die eine solche oder ähnliche Maßnahme an anderer Stelle schon einmal durchgeführt oder betreut haben. Folgende Verfahren sind sehr hilfreich, um die Arbeit mit und in solchen Expertengremien zu strukturieren und möglichst effizient zu gestalten:
- die Delphi-Methode,
- die Planungszelle sowie
- die Szenario-Technik (ausführlichere Darstellung s. Wottawa, 1996).

Anpassung der Maßnahme an die Rahmenbedingungen

Für die → prospektive Evaluation ist entscheidend, ob für eine konkrete → Implementation und Durchführung überhaupt die entsprechenden Rahmenbedingungen gegeben sind. Entsprechende Analysen können sich bspw. auf folgende Bereiche beziehen:
- Verfügen die Teilnehmer (Klienten) der Maßnahme über die notwendigen Entwicklungs- oder Persönlichkeitsvoraussetzungen, z. B. Alter, intellektuelle Fähigkeiten, Fähigkeit zur Perspektivenübernahme?
- Sind die Teilnehmer (Klienten) und die ansonsten beteiligten Personen ausreichend über die Ziele der Maßnahme informiert und motiviert?

- ► Verfügen die Personen, die für die Durchführung der Maßnahme zuständig sind (Trainer, Therapeuten, Experten, Teamleiter usw.), über die notwendigen Voraussetzungen (z. B. Expertise, persönlicher Hintergrund, Alter, Praxiserfahrung, Kraft, Ausdauer, Intelligenz)?
- ► Ist eine Supervision der durchführenden Personen vorgesehen? Wenn eine Supervision vorgesehen ist: Kann sie problemlos realisiert werden?
- ► Liegen alle Materialien vor, die für die Durchführung der Maßnahme benötigt werden, oder ist ihre Vorlage für einen definierten Zeitpunkt gesichert?
- ► Sind die personellen, räumlichen, zeitlichen, rechtlichen und finanziellen Voraussetzungen für die Durchführung der Maßnahme erfüllt?
- ► Ist die Akzeptanz der Maßnahme durch alle direkt und indirekt Beteiligten zu erwarten? Ist mit Störungen zu rechnen?

Beispiel

„Daran haben wir nicht gedacht …"

Zwei frisch diplomierte Psychologen, Verena K. und Alois P., bieten schulbezogene Anti-Aggressions-Trainings für Schulklassen im Raum München an. Die Trainings bestehen aus einem Theorieteil und einem Praxisteil. Der Praxisteil besteht in einem Ausflug mit der Schulklasse in die Münchner Jugendarrestanstalt. Verena und Alois haben viel Arbeit in die Vorbereitung gesteckt, Arbeitsmaterialien, Elternbriefe und Teilnehmerurkunden vorbereitet, das Lehrerkollegium und die Schulleitung informiert, Freistunden ausge-

handelt, ein komplexes → Evaluationsdesign erstellt und eine Supervision für sich selbst organisiert. Das einzige, woran sie nicht gedacht haben, ist, eine Einverständniserklärung der Eltern für den Ausflug nach München zu besorgen. Als sie zwei Tage vor dem geplanten Ausflug völlig aufgelöst zum Schulleiter gehen, gibt dieser ihnen schulterzuckend zu verstehen, dass er ohne diese Erklärungen das Verlassen des Schulgeländes aus versicherungsrechtlichen Gründen nicht erlauben kann …

7.3 Zusammenfassung

Unter prospektiver (nach vorne schauender) Evaluation verstehen wir Aktivitäten, die im Zusammenhang mit der Feststellung des Interventionsbedarfs sowie der Bewertung der Konzeption der geplanten Maßnahme relevant sind.

Problembestimmung. Die Feststellung des Interventionsbedarfs umfasst objektivierbare und subjektive Komponenten. Objektivierbar – und empirisch überprüfbar – sind bspw. Annahmen über Art, Ausmaß und Verbreitung eines vermuteten Problems. Je spezifischer die Informationen sind, die man in Bezug auf diese Parameter gewinnen kann, desto präziser kann die Maßnahme geplant werden, und desto größer sind sowohl ihre Erfolgschancen als auch ihre Kosten-Nutzen-Relation.

Zielgruppe. Bei der Bestimmung der Zielgruppe ist zu fragen,
- ► aus welchen „Einheiten" die Zielgruppe besteht,
- ► ob die Maßnahme eher universell oder zielgerichtet (d. h. indiziert oder selektiv) geartet ist und
- ► welches die Kriterien für die Inklusion von Personen bzw. „Einheiten" in die Zielgruppe sind.

Bei einer Primärprävention (selektive Prävention) ist zu beachten, dass die Inklusion nicht anhand des eigentlichen Problemverhaltens, sondern anhand theoretisch oder empirisch begründeter Risikobedingungen vorgenommen wird.

Over- und Underinclusion. Bei der Zuordnung von Personen aus der Population zur Zielgruppe sind zwei Fehler möglich, die als Overinclusion und Underinclusion bezeichnet werden. Die Fehlerwahrscheinlichkeit richtet sich danach,

▶ wie eng oder weit das Inklusionskriterium definiert ist und

▶ wie sensitiv bzw. „schwierig" (im psychometrischen Sinne) das Messinstrument ist, anhand dessen die Zuordnung vorgenommen wird.

Zielhierarchien. In vielen Fällen bietet es sich an, die Ziele einer Maßnahme in Form von Zielhierarchien darzustellen und auf diese Weise zu veranschaulichen,

▶ welche Arbeitsschritte in welcher Abfolge zur Zielerreichung nötig sind,

▶ welche Bedingungen für die Zielerreichung notwendig oder hinreichend sind und

▶ wie ggf. abstrakt gefasste Oberziele konkretisiert (und damit empirisch messbar gemacht) werden können.

Konzeptionsanalyse. Der zweite große Baustein einer prospektiven Evaluation – neben der Bedarfsprüfung – besteht in der Analyse und Bewertung der Maßnahmenkonzeption. Dabei ist zunächst nach strukturellen Eigenschaften der Maßnahme zu fragen: Wie sollte eine Maßnahme gestaltet sein, um dem Problemzustand, dem angestrebten Soll-Zustand bzw. der intendierten Art der Veränderung möglichst gut gerecht zu werden?

Experten. Evaluatoren dürfen sich nicht davor scheuen, das Wirkmodell einer geplanten Maßnahme unter die Lupe zu nehmen und die darin implizit enthaltenen Annahmen zum Gegenstand einer Diskussion unter den Beteiligten zu machen. Strukturierte Expertengremien können bei dieser schwierigen Aufgabe helfen und den Evaluator entlasten.

Rahmenbedingungen. Schließlich ist zu fragen, ob für die Durchführung einer bestimmten Maßnahme überhaupt die Rahmenbedingungen gegeben sind. Solche Rahmenbedingungen schließen ein:

▶ notwendige Voraussetzungen auf Seiten der Maßnahmeempfänger,

▶ notwendige Voraussetzungen auf Seiten der Durchführenden,

▶ notwendige Voraussetzungen in Bezug auf den Kontext (Personal, Räume, Zeit), die rechtlichen und die finanziellen Bedingungen, aber auch

▶ Akzeptanz aller Beteiligtengruppen und die Motivation zur Umsetzung.

7.4 Übungsaufgaben

(1) Der Senat der Stadt Berlin beschließt, eine groß angelegte Kampagne zum Thema „Eheliche Gewalt" durchzuführen. Ziel der Kampagne ist es, die Opfer ehelicher Gewalt dazu zu bringen, den Täter anzuzeigen. Sie werden vom Innensenator mit einer Problemanalyse beauftragt.

  (1.1) Welche Informationen ziehen Sie zur Bestimmung des Problems heran? Welche Kriterien verwenden Sie zur detaillierten Beschreibung der Verbreitung des Problems?

(1.2) Würden Sie für eine universelle, eine indizierte oder eine selektive Herangehensweise plädieren? Begründen Sie Ihre Festlegung.

(1.3) Nennen Sie je ein Beispiel, inwiefern es in diesem Fall bei der Zielgruppenzuweisung zu Overinclusion und zu Underinclusion kommen könnte.

(2) Der Leiter der Justizvollzugsanstalt in Frankenthal möchte für die Häftlinge, die wegen schwerer Gewaltanwendung einsitzen, ein Anti-Aggressions-Training implementieren. Das Training soll als Gruppentraining von zwei Diplom-Pädagogen einmal wöchentlich durchgeführt werden. Das Training ist manualisiert, die Materialien liegen vor. Konkretisieren Sie die in Kapitel 7.2 („Anpassung der Maßnahme an die Rahmenbedingungen") aufgelisteten Fragen für den hier dargestellten Fall. Stellen Sie sich dabei vor, Sie müssten die Fragen mit dem Anstaltsleiter besprechen. Je konkreter Sie fragen, desto präziser die Antwort. Fallen Ihnen noch weitere Aspekte im Zusammenhang mit dem Thema „Anpassung der Maßnahme an die Rahmenbedingungen" ein, die Sie klären müssten?

Weiterführende Literatur

Der folgende Beitrag fasst die wesentlichen Bestimmungsstücke einer prospektiven Evaluation zusammen und veranschaulicht den Stellenwert von prospektiver Evaluation im gesamten Evaluationsprozess.

▶ Mittag, W. & Hager, W. (2000). Ein Rahmenkonzept zur Evaluation psychologischer Interventionsmaßnahmen. In W. Hager, J.-L. Patry & H. Brezing (Hrsg.), Handbuch Evaluation psychologischer Interventionsmaßnahmen. Standards und Kriterien (Kap. 6, S. 102–128). Bern: Huber.

Die Autoren des folgenden Lehrbuchs konzentrieren sich im Wesentlichen auf die Evaluation sozialer Programme. Kapitel 4 geht dabei sehr ausführlich auf Probleme bei der Bedarfsanalyse ein, in Kapitel 5 wird gezeigt, welche Rolle Evaluatoren bei der Beurteilung der Programmkonzeption spielen können.

▶ Rossi, P.H. , Freeman, H.E., Lipsey, M.W. (2004). Evaluation. A systematic approach (Chapter 4 & 5, pp. 101–168). Thousand Oaks, CA: Sage.

8 Formative Evaluation: Programmoptimierung und Implementationskontrolle

Die Politik zeigt es tagtäglich: Reformprogramme sind – wie alle Interventionen – nur bedingt im Vorhinein planbar. Die Bedeutung solcher unvorhersehbaren Effekte für die Wirksamkeit eines Reformprogramms wird klar, wenn man die Debatten verfolgt, die seit Jahren rund um das 2005 in Kraft getretene „Vierte Gesetz für moderne Dienstleistungen am Arbeitsmarkt" („Hartz IV") geführt werden. Allgemein gilt: Für die Wirksamkeit einer Maßnahme ist es entscheidend, wie und unter welchen Bedingungen sie in realiter durchgeführt wird. Möglicherweise stellt sich trotz extensiver Planung heraus, dass die Zielgruppe gar

nicht erreicht wird, dass sich die Kontextbedingungen geändert haben oder dass mit unerwünschten Neben- oder Folgewirkungen zu rechnen ist. Die Aufgabe einer formativen Evaluation ist es daher, die Durchführung zu überwachen und fortlaufend Daten zu sammeln, anhand derer man Barrieren und Schwächen, aber auch Stärken und neue Erkenntnisse dokumentieren kann. Das Ziel besteht darin, die Programmdurchführung und damit die Wirksamkeitschancen zu optimieren, aber auch, die Ausführungsintegrität zu überwachen und ggf. zu regulieren.

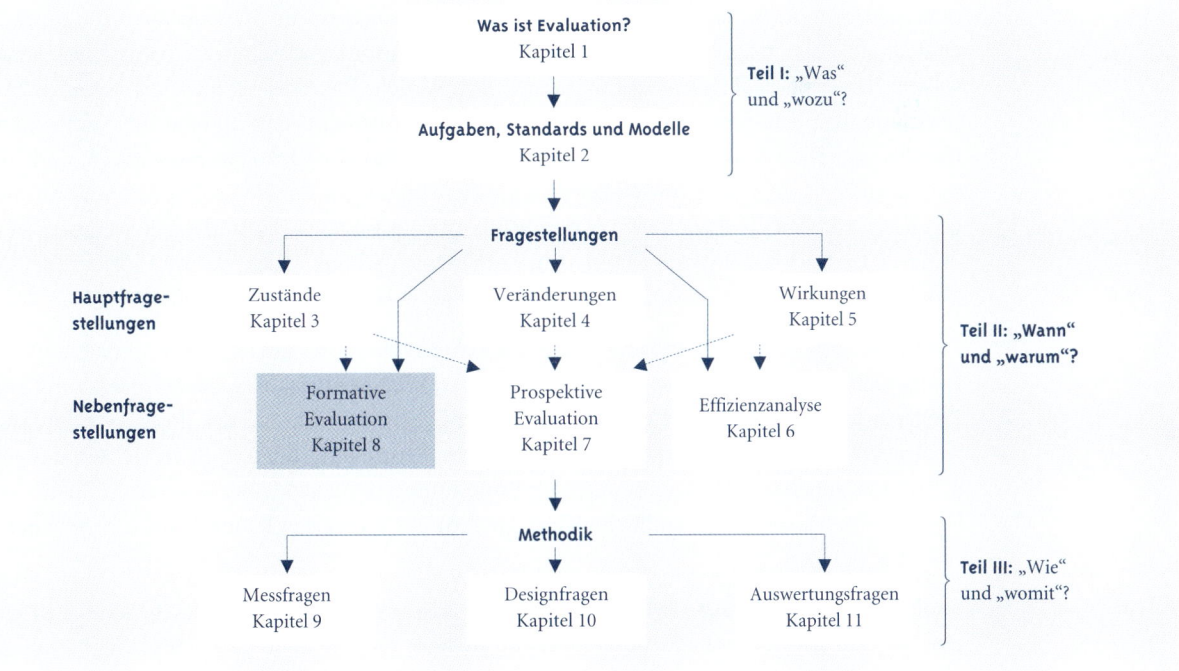

Der Begriff → formative Evaluation wurde ursprünglich von Scriven (1967, 1991) eingeführt und in Abgrenzung zur → summativen Evaluation definiert.

Definition

Formative Evaluation verfolgt das Ziel, die Programmdurchführung zu optimieren und die Programmkonzeption zu verbessern (s. Kap. 1). Sie setzt in der Phase der Planung und Vorbereitung eines Programms an und richtet sich an diejenigen Personen, die mit der Programmkonzeption und -durchführung befasst sind, z. B. Autoren, Trainer, Therapeuten, Supervisoren.

Summative Evaluation verfolgt das Ziel, die Wirksamkeit eines Programms zu beurteilen, ohne es optimieren zu wollen (s. Kap. 1). Eine solche Wirksamkeitsbeurteilung kann nach Abschluss des Programms (Ergebnisevaluation), aber auch bereits im Vorhinein (prospektive Evaluation) relevant sein, bspw. bei der Entscheidung, ob das Programm eingeführt werden soll oder nicht – etwa weil seine Wirksamkeit in einem entsprechenden Kontext unwahrscheinlich ist.

Der Unterschied zwischen formativer und summativer Evaluation lässt sich am besten mit der Frage beschreiben: „Was will die Evaluation letzten Endes erreichen?": Formative Evaluation zielt auf eine Optimierung des Programms bzw. der Rahmenbedingungen seiner Durchführung. Summative Evaluation zielt auf eine Gesamtbeurteilung der Eignung, der Angemessenheit, der Effektivität bzw. der Effizienz eines Programms. Allerdings finden sich in unterschiedlichen Lehrbüchern verschiedene Definitionen von formativer Evaluation.

Formative Evaluation als Probedurchlauf. Die Notwendigkeit einer formativen Evaluation wurde von Scriven (1967) ursprünglich im Kontext der Einführung neuer Unterrichtscurricula und Lehrformen diskutiert: Er vertrat die Meinung, dass solche Neueinführungen zunächst einmal „im Kleinen", d. h. an einigen wenigen Schülerinnen und Schülern, ausprobiert werden sollten, bevor sie flächendeckend implementiert werden. Bei einer solchen Probeimplementation kann man Schwierigkeiten bei der Konzeption der neuen Lehrform bzw. den Implementationsbedingungen feststellen, etwa weil die Lernmaterialen nicht altersangemessen sind, weil die räumlichen, zeitlichen oder finanziellen Voraussetzungen für die → Implementation nicht gegeben sind, weil die Akzeptanz bei den Schülern zu gering ist oder weil der Betreuungsbedarf unterschätzt wurde. Dennoch resultiert nur ein relativ geringer „Schaden" und gleichzeitig sind Möglichkeiten der Veränderung oder Anpassung gegeben.

Formative Evaluation als Prozess- oder Zwischenevaluation. Ein weiteres Verständnis von formativer Evaluation ist das der kontinuierlichen Weiterentwicklung und Optimierung eines Programms anhand von wirksamkeitsbezogenen Daten, die während der Programmdurchführung gesammelt werden. Diese Daten sollen eine Beurteilung der Erfolgsaussichten des Programms erlauben und Veränderungen der Programmstruktur sowie der Programminhalte nahe legen – dies wiederum wird üblicherweise als Prozess- oder Zwischenevaluation bezeichnet (s. Abb. 1.2, S. 15).

Implementationskontrolle. Mit dem Begriff → Implementationskontrolle (s. Kap. 8.2) wird eine weitere Aufgabe von Evaluation angesprochen: Die Qualität einer Implementation soll erfasst und es soll sichergestellt werden, dass eine Maßnahme tatsächlich wie geplant durchgeführt wird. Die „Eins-zu-eins-Umsetzung" einer Maßnahme ist unter anderem zur Sicherung der → internen Validität eines → Evaluationsdesigns von großer Wichtigkeit. Implementationskontrolle dient also zur Prüfung der → Ausführungsintegrität (Treatment Fidelity) einer Intervention.

8.1 Programmoptimierung

Im Rahmen eines Probedurchlaufs oder einer fortlaufenden Prozessevaluation werden erste Daten hinsichtlich der Wirksamkeit der Interventionsmaßnahme gesammelt, die auch dazu verwendet werden können, die Durchführungsbedingungen zu optimieren oder Fehler zu erkennen.

Internetkurse für Senioren

Die Volkshochschule in Wiesbaden möchte einem oft geäußerten Wunsch älterer Einwohner nachkommen und alters- und bedarfsgerechte Kurse zum Thema „Internetsurfen für Senioren" anbieten. In den ersten Wochen des insgesamt 6-monatigen Kurses werden immer wieder kleinere Aufgaben (z. B. „Finden Sie in zwei Minuten die Homepage des Beltz-Verlages!") an die Kursteilnehmer gestellt, die als „Zwischendaten" Auskunft über den Lernfortschritt und die Erfolgschancen des Kurses geben sollen (→ formative Evaluation). Dabei zeigt sich allerdings, dass die Senioren fast kaum eine Aufgabe in der vorgegebenen Zeit lösen. Kursleiter und Evaluatoren fahnden nach den Gründen für dieses enttäuschende Ergebnis. Erst als einer der Evaluatoren auf die Idee kommt, die Senioren zum „lauten Denken" aufzufordern, während sie mit der Lösung der Aufgabe beschäftigt sind, stellt sich heraus, dass die Bildschirmauflösung für die meisten viel zu hoch ist: Die Schrift ist kaum lesbar. Die Senioren sind von selbst gar nicht auf die Idee gekommen, dass man hieran etwas ändern könnte – sie dachten, so sei eben die „richtige" Schriftgröße im Internet.

Das Seniorenbeispiel macht deutlich, dass formative Evaluation nicht hypothesentestend angelegt ist. Vielmehr sollen Schwachstellen möglichst zielsicher und schnell erkannt und anschließend zielorientiert verändert werden. Insofern bedarf es bei der formativen Evaluation anderer methodischer Herangehensweisen als bei der → summativen Evaluation.

Fragestellungen und Datenarten. Im Gegensatz zu Wirksamkeitshypothesen, die im Allgemeinen quantitativ formuliert sind (Verringerung der Problembelastung, Aufbau sozialer Kompetenzen usw.), stehen hier qualitative Aspekte im Vordergrund. Insofern sind für viele formativ-evaluative Fragen qualitative Datenarten angemessener als quantitative. Eine Auswahl von qualitativen Datenarten (als Beispiele für die Bandbreite des zur Verfügung stehenden Methodenarsenals) wird im Folgenden kurz aufgelistet:

▶ Diskussionen in Fokusgruppen,
▶ Beobachtungen (z. B. von Rollenspielen),
▶ Interviews (z. B. mit Studiumsabbrechern),
▶ Expertenurteile (z. B. Machbarkeitsbeurteilung durch andere Evaluatoren),
▶ Supervisionsgespräche (z. B. mit Trainern),
▶ Aktenauswertungen (z. B. Klassenbucheinträge),
▶ Feedback-Runden (z. B. durch Kartenabfrage am Ende einer Trainingsstunde),
▶ Dokumentationen von Programmelementen (z. B. Stundenprotokolle der Trainer) usw.

Einführung eines Förderprogramms für Studienanfänger

Die Universität zu K. möchte ein spezielles Förderprogramm für Abiturienten einführen, die während der Schulzeit nur unzureichend auf ein Studium vorbereitet wurden. Ziel dieses Programms ist es, die Studienanfänger auf für die Universität typische Lernformen, Lernbedingungen und Unterstützungsangebote vorzubereiten, aber auch Strategien des selbstorganisierten Lernens zu vermitteln. Zu den an dieser Maßnahme beteiligten Personen gehören neben den Evaluatoren Mentoren (ehemalige Studierende, die einen Einführungskurs leiten und danach für Einzelberatungsgespräche zur Verfügung stehen), die Studienberater in den einzelnen Fächern, Vertreter der Studierendenschaft (Fachschaften), die zentrale Studienberatung (als Organisatoren der Maßnahme) sowie Vertreter der Hoch-

schulleitung (Dekane der Fachbereiche, Universitätspräsident). Ein Kommunikationsplan, in dem alle diese Beteiligten mit einbezogen sind, ist in Abbildung 8.1 dargestellt (nach Posavac & Carey, 1992, S. 231ff.). Die Art, Form und Intensität der Kommunikation richtet sich dabei nach dem Ziel der jeweiligen Kommunikation (um fachspezifische Informationen über Unterstützungsangeboten einzuholen, muss mehr Zeit eingeplant werden als wenn der Fortschritt des Programms dokumentiert wird), aber auch nach dem vermuteten Zeitbudget der Beteiligten: So ist die Hochschulleitung zwar regelmäßig über den Programmfortschritt zu informieren, eine Kopie der ohnehin anzufertigenden Handouts reicht hierzu jedoch aus.

Förderprogramm für Studienanfänger

Beteiligte	Ziel und Zweck	Kommunikationsart	Kommunikationsform	Turnus/Zeitpunkt
Mentoren	Supervision; formative Evaluation	informelle Treffen	Checkliste, freies Gespräch	alle zwei Wochen
Fachstudien-berater	fachspezifische Informationen einholen (Prüfungsordnungen; Listen mit Ansprechpartnern, …)	schriftliche Befragungen; Einzelgespräche	Fragenkataloge (schriftlich); freie Interviews	einmal in Planungsphase, danach bei Bedarf
	abschließende Empfehlungen zur Studienberatung	Gruppendiskussion	Ergebnispräsentation der Evaluatoren; Diskussion	vor Erstellung des Evaluationsberichts
Fachschaften	Informationen einholen (Prüfungsfragenkataloge, Homepages, Info-Broschüren, …)	schriftliche Befragungen; Einzelgespräche	Fragenkataloge (schriftlich); freie Interviews	einmal in Planungsphase, danach bei Bedarf
Zentrale Studienberatung	über Fortschritte des Programms berichten	formelle Treffen	kurze Präsentationen; Diskussion; einseitige Handouts	einmal im Monat
	abschließender Evaluationsbericht	formelles Treffen	Ergebnispräsentation; Evaluationsbericht	nach Fertigstellung des Berichts
Hochschulleitung	über Fortschritte des Programms berichten	schriftlich	einseitige Handouts	einmal im Monat
	abschließender Evaluationsbericht	formelles Treffen	Ergebnispräsentation; Evaluationsbericht	nach Fertigstellung des Berichts

Abbildung 8.1. Kommunikationsplan zur formativen Evaluation eines Förderprogramms für Studienanfänger der Universität zu K. Für alle Beteiligten werden Ziel und Zweck der Aktivitäten innerhalb des Förderprogramms, die Kommunikationsart und -form sowie der Turnus bzw. Zeitpunkt festgelegt

Kommunikationspläne. Die genannten methodischen Herangehensweisen an → formative Evaluation sind allesamt relativ aufwändig, insbesondere wenn mehrere Akteure an der Datensammlung beteiligt sind, wie es etwa bei Expertenrunden, Supervisionsgesprächen oder Fokusgruppendiskussionen der Fall ist. Vor allem gegenüber den Auftraggebern und Sponsoren der Evaluation kann es deshalb von Vorteil sein, sog. Kommunikationspläne zu entwerfen, in denen detailliert aufgeführt ist, zu welchen Zeitpunkten welche Gespräche notwendig sein werden und wer daran beteiligt sein sollte. Ein solcher Plan sollte darüber hinaus Art, Zweck und Ziel des Gesprächs ausweisen. Er dient zugleich als Kalkulationsgrundlage gegenüber dem Auftraggeber.

8.2 Implementationskontrolle

Auch bei der → Implementationskontrolle geht es darum, eine Maßnahme zu optimieren und an ihre Rahmenbedingungen anzupassen. Implementationskontrolle stellt also auch eine Form der formativen Evaluation dar. Sie richtet sich dabei jedoch weniger auf die Ergebnisse, die eine Maßnahme produziert bzw. produzieren könnte, sondern vielmehr auf die Qualität der Umsetzung dieser Maßnahme. Im Rahmen dieser Kontrolle werden also keine wirksamkeitsbezogenen Daten erfasst – wie es bspw. bei einem Probedurchlauf oder einer Prozessevaluation der Fall sein könnte. Vielmehr werden Daten erfasst, die darüber Aufschluss geben, wie die Maßnahme implementiert wurde. Mögliche Fragen in diesem Kontext sind:

▶ Sind die Leitlinien und Prinzipien erfüllt, die der Maßnahme zugrunde liegen?

▶ Wird die Maßnahme genau so umgesetzt, wie sie geplant wurde?

▶ Entsprechen Ablauf und Inhalt einer Trainingsdurchführung dem Trainingsmanual?

Programm-Monitoring. Beim Programm-Monitoring werden alle die Umsetzung betreffenden Prozesse und Ereignisse genau erfasst und für eine anschließende Auswertung strukturiert. Diese Daten können zur Beantwortung folgender Fragen herangezogen werden:

▶ Wurde die Zielgruppe erreicht? Gibt es Under- oder Overinclusion? Wie groß ist die → Ausschöpfungsquote?

▶ Zeichnet sich im Programmverlauf ein systematischer → Drop-out ab?

▶ Wie hoch ist die Akzeptanz des Programms seitens der Beteiligten?

▶ Ist das Programm unter den gegebenen Kontextbedingungen machbar und geeignet?

▶ Welche Kontextbedingungen wirken sich möglicherweise (negativ oder positiv) auf die Programmwirksamkeit aus? Müssen bestimmte Kontextbedingungen gegebenenfalls verändert werden?

▶ Ist mit (negativen oder positiven) Nebenwirkungen oder Folgewirkungen zu rechnen, die vor der → Implementation der Maßnahme noch nicht abzusehen waren?

▶ Besteht die Notwendigkeit, einzelne Programminhalte zu verändern?

▶ Erweisen sich bestimmte Vorannahmen (z. B. bezüglich der Problembelastung) als revisions- oder präzisionsbedürftig?

▶ Sind die Wirksamkeitsziele unter den gegebenen Umständen realistisch? Müssen sie gegebenenfalls revidiert oder präzisiert werden?

▶ Ist die Kostenplanung für die Maßnahme realistisch? Sind zusätzliche, unvorhersehbare → Kosten entstanden? Stehen die entsprechenden Ressourcen bereit? Muss die Kosten-Nutzen-Analyse revidiert werden?

Einführung einer Gesundheits-Info-Hotline

Das Gesundheitsamt der Stadt L. richtet ein Info-Telefon zum Thema „Aktuelle Entwicklungen in der Gesundheitspolitik" ein. Ziel der Aktion ist es, die Bürger besser über die Reformen im Gesundheitswesen zu informieren. Alle Bürger der Stadt können sich unter einer kostenfreien Rufnummer, die 8 Stunden pro Tag frei geschaltet ist, von kompetenten Personen individuell beraten lassen. Die Aktion wird mit Hilfe eines Flyers bekannt gemacht, der per Postwurfsendung an alle Haushalte in der Stadt verteilt wird. Für ein Programm-Monitoring werden nun folgende Daten erfasst:

▶ Wer sind die Telefonberater? Nach welchen Kriterien wurden sie akquiriert? Wer hat sie geschult? Wie breit und tief sind ihre Kenntnisse im Bereich Gesundheitsreform?

▶ Ist die Existenz der Hotline in der Bevölkerung überhaupt bekannt?

▶ Wie groß ist die Akzeptanz der Hotline in der Bevölkerung? Von wem wird sie genutzt?

▶ Welche Fragen werden gestellt? Welche Anliegen werden vorgebracht? Lassen die Fragen Schlüsse über den Kenntnisstand des Anrufers zur Gesundheitsreform zu?

▶ Gibt es technische Probleme? Wie oft sind alle Leitungen belegt? Kommen die Telefonberater mit den Anlagen zurecht? Gibt es viele „Verwähler"?

Management Information System. Solche Prozess- bzw. Systemdaten können – in aggregierter und aufbereiteter Form – dazu verwendet werden, den Verantwortlichen für die Aktion (im obigen Beispiel das Gesundheitsamt) in regelmäßigen Abständen Rückmeldung über den Fortgang der Aktion zu geben. Solche Daten werden von den Verantwortlichen zum Anlass genommen werden, strukturelle Entscheidungen die → Implementation der Hotline betreffend zu fällen, z. B. die Aktion noch besser in der Bevölkerung bekannt zu machen, die Telefonberater zu schulen oder zu ersetzen oder aber die Aktion vorzeitig zu beenden. Man spricht hier von → Management Information System (MIS).

Prüfung der Ausführungsintegrität. Liegt für eine Interventionsmaßnahme ein Manual vor, das Themen, Abläufe, didaktische Methoden und möglicherweise sogar Instruktionen detailliert vorgibt, und sieht das Manual vor, dass die Programminhalte möglichst Eins-zu-eins umgesetzt werden, so gibt es wenig Freiheitsgrade bei der Durchführung. Die Maßnahme hat einen hohen Standardisierungsgrad. Beispiele hierfür sind manualisierte pädagogisch-psychologische Trainings. Deren Wirkmodell ist zwar – auf der theoretischen Ebene – meist nur wenig spezifiziert, aber die Trainingsmanuale machen dennoch viele sehr konkrete Vorgaben. → Implementationskontrolle hat bei hoch-standardisierten Maßnahmen die Aufgabe zu überprüfen, inwiefern die konkrete Durchführung den Vorgaben des Manuals entspricht, ob es Abweichungen gibt und welche das sind, wie diese Abweichungen zu rechtfertigen sind und inwiefern sie potenziell die Wirksamkeit beeinträchtigen könnten. In diesem Sinne wird Implementationskontrolle auch als Prüfung der → Ausführungsintegrität verstanden.

Sozialtraining für die Schule

Das Sozialtraining für die Schule (Petermann et al., 1999) ist ein stark standardisiertes Training, weil es nicht nur die Inhalte der Trainingsbausteine vorgibt, sondern auch den Ablauf jeder einzelnen Trainingssitzung. Jede Sitzung (jeweils 2 Schulstunden, also insgesamt 90 Minuten) wird in fünf Phasen unterteilt:

(1) Einleitungsphase (ca. 10 min),

(2) Regelphase (ca. 3 min),

(3) Ruhephase (ca. 12 min),

(4) Arbeitsphase (ca. 60 min) und

(5) Abschlussphase (ca. 5 min).

Das Trainingsmanual gibt die Arbeitsmaterialien vor und formuliert sogar einen Wortlaut für die verbalen Instruktionen der Trainer an die Schüler. Petermann et al. (1999) argumentieren, die gleich bleibende, ritualisierte Struktur einer jeden Trainingssitzung sei hilfreich, um den Kindern Orientierung zu geben. Freiheitsgrade für kontextangemessene Variationen gibt es dennoch, z. B. bei der Formulierung einer klassenspezifischen Regel in der Regelphase.

Ein hoher Standardisierungsgrad bei der Durchführung kann aus verschiedenen Gründen erwünscht oder sogar geboten sein, um

(1) die maßnahmenspezifischen → Wirkungen (bzw. → Nettowirkungen) zu identifizieren (s. Kap. 5.2);

(2) im Falle einer positiven Wirkung darauf schließen zu können, dass diese tatsächlich auf das Programm zurückzuführen sind (→ interne Validität);

(3) im Falle einer negativen Wirkung die Menge potenzieller Erklärungsmöglichkeiten einzuschränken;

(4) die Effekte aus unterschiedlichen → Implementationen des Programms (z. B. an anderen Orten, in anderen Schultypen, mit anderen Klassenstufen) besser miteinander vergleichen und Unterschiede in der Wirksamkeit besser erklären zu können;

(5) dem psychologischen Wirkmodell Rechnung zu tragen;

(6) die Verpflichtungen zu erfüllen, welche die Programmleiter gegenüber den Auftraggebern (oder anderen Beteiligten) eingegangen sind.

Die ersten vier genannten Punkte betreffen die Methodik des Designs zur Wirksamkeitsevaluation. Eine standardisierte Durchführung hat den Vorteil, dass eventuelle Abweichungen (von den im Trainingsmanual berichteten Effekten, von Effekten aus unterschiedlichen Implementationen usw.) nicht auf Merkmale der Durchführung zurückzuführen sind (s. Kap. 10).

Der fünfte Punkt betrifft die Möglichkeit, dass die Standardisierung theoretisch begründet ist. Das entspräche einer optimalen technologischen Theorie. Ideal wäre es, wenn jeder Inhalt, jede Übung und jede Methode einer Maßnahme so begründet werden kann, dass sie sich logisch aus einer empirisch bestätigten grundlagenwissenschaftlichen Theorie ergibt. Der hohe Standardisierungsgrad ist der Preis, den man für diese „starke" Begründung zahlt: Schon aus Verantwortung gegenüber den Programmteilnehmern muss die Umsetzung Eins-zu-eins erfolgen: Jede Abweichung ist nicht mehr theoriekonform und führt potenziell zur einer Minderung der Wirksamkeit. Interessanterweise zeigt sich, dass generell die Wirksamkeit von Maßnahmen mit der Übereinstimmung zwischen Durchführung und Manualvorgabe korreliert (Lösel & Wittmann, 1989): Je eher die Durchführung den Manualvorgaben entspricht, desto erfolgreicher ist die Maßnahme.

Methodische Herangehensweisen. Um die → Ausführungsintegrität einer → Implementation zu prüfen, müssen die Evaluatoren mit den Vorgaben des Manuals, aber auch mit den Freiheitsgraden, die es – explizit oder implizit – eröffnet, sehr gut vertraut sein. Zudem ist eine Prüfung der Ausführungsintegrität im Vergleich zu anderen Formen der → formativen Evaluation stärker hypothesentestend angelegt und daher auf verlässliche Methoden angewiesen.

▶ Die am ehesten valide, aber auch ressourcenintensivste Variante besteht darin, jede Trainingsstunde durch unabhängige Beobachter supervidieren zu lassen und Abweichungen vom Manual sofort zu registrieren. Die Abweichungen können dann nachher mit den Trainern diskutiert und mit den Programmentwicklern auf ihre potenziell wirksamkeitsgefährdenden Effekte hin geprüft werden.

▶ Eine weitaus praktikablere, aber dafür fehleranfällige Variante besteht darin, die Trainer im Anschluss an jede Stunde – entweder in Form einer schriftlich zu bearbeitenden Checkliste oder in Form eines strukturierten Interviews – danach zu befragen, inwiefern die Durchführung den Manualvorgaben entsprach. Unter Umständen ist jedoch hier mit motivationalen oder kognitiven Verzerrungen (falschen Erinnerungen) zu rechnen.

▶ Man kann auch die Programmteilnehmer selbst befragen bzw. ihr Wissen über behandelte Inhalte und Übungen mit Hilfe eines Tests abprüfen. Natürlich ist auch diese Variante fehleranfällig. Der Vorteil besteht hingegen in der höheren → Reliabilität der Messwerte aufgrund der Aggregation über alle Programmteilnehmer hinweg (s. Kap. 9) sowie in der Chance, die Programminhalte durch den Test noch einmal in Erinnerung zu rufen und dadurch nachhaltiger zu verankern.

▶ In der Praxis beschränkt man sich oft darauf, die Implementationsqualität einer Maßnahme indirekt zu prüfen, indem man die Programmteilnehmer fragt, was ihnen an der Maßnahme gefallen hat (und was nicht); wovon sie insbesondere profitiert haben (und wovon nicht); worin sie Verbesserungsmöglichkeiten sehen usw. Hierdurch wird aber lediglich die Akzeptanz hinterfragt; sie ist eine notwendige, aber keine hinreichende Bedingung für die Ausführungsintegrität.

8.3 Zusammenfassung

Während eine summative Evaluation darauf angelegt ist, die Wirksamkeit einer Maßnahme abschließend zu bewerten bzw. im Sinne einer prospektiven Wirksamkeitsabschätzung zu antizipieren, geht es bei der formativen Evaluation um eine Optimierung der Programmdurchführung bzw. eine Anpassung an die gegebenen Durchführungsbedingungen.

Probedurchlauf. Um zu überprüfen, ob eine erfolgreiche Umsetzung der Maßnahme unter den gegebenen Praxisbedingungen überhaupt möglich ist, können Probeläufe mit kleinen Stichproben bzw. mit ausgewählten Programmeinheiten durchgeführt werden. Stellen sich bei diesen Durchläufen Probleme mit den Implementationsbedingungen (z. B. fehlende finanzielle Ressourcen, geringe Akzeptanz bei den Teilnehmern, suboptimales Material, nicht ausreichend geschulte Trainer) heraus, so müssen diese verändert werden. Stellen sich hingegen Probleme mit dem Programm selbst heraus – etwa weil bestimmte Annahmen des Wirkmodells nicht erfüllt sind (z. B. ein Spinning-Kurs im Fitnessclub, der für Anfänger viel zu schwer konzipiert ist) – muss die Programmkonzeption gegebenenfalls verändert werden. Diese Form der formativen Evaluation ist innerhalb der Phase der prospektiven Evaluation angesiedelt.

Prozess- bzw. Zwischenevaluation. Eine zweite Möglichkeit, formative Evaluation zu betreiben, besteht darin, regelmäßige stichprobenartige Zwischenevaluationen durchzuführen, bei denen Parameter der Wirksamkeit erfasst werden. Anhand dieser Zwischenevaluationen können Durchführungsprobleme erkannt und beseitigt und Programmstrukturen gegebenenfalls verändert werden. Man spricht hier auch von Prozessevaluation.

Programm-Monitoring. Mit der formativen Evaluation verwandt, aber nicht identisch, ist die Idee eines fortlaufenden Programm-Monitoring. Dabei wird überprüft, ob die Struktur einer Maßnahme, die ihr zugrunde liegenden Interventionsprinzipien, bestimmte notwendige Wirksamkeitsvoraussetzungen (z. B. Akzeptanz) usw. auch tatsächlich gegeben und nachhaltig gewährleistet sind. Im Rahmen sog. Management Information Systeme (MIS) können solche objektiven Daten zur Implementationsqualität dazu verwendet werden, den Programmverantwortlichen kontinuierlich Informationen über den Fortgang der Maßnahme zu liefern.

Prüfung der Ausführungsintegrität. Bei hoch-standardisierten Programmen kann es essentiell sein, ein Programm genau so durchzuführen wie es z. B. in einem Manual vorgesehen ist. Die Ausführungsintegrität ist dabei nicht nur eine Maßnahme zur Sicherung der internen Validität eines Evaluationsdesigns; sie ist eventuell sogar eine zentrale Bedingung für die Wirksamkeit einer Maßnahme.

Methoden. Zu den Methoden der formativen Evaluation und der Implementationskontrolle gehören weniger die quantitativen als eher die qualitativen Formen der Datengewinnung, also bspw. Gespräche, Interviews, Beobachtungen, Aktenauswertungen, Checklisten. Entsprechend muss auch die Datenauswertung vollzogen werden. Insbesondere die kommunikativen Methoden formativer Evaluation (z. B. Expertenrunden) sollten in Form eines Kommunikationsplans vorab eingeplant werden.

8.4 Übungsaufgaben

(1) Das Bundesfinanzministerium plant die Einführung sog. Infomobile, um die Bevölkerung besser über staatlich geförderte Möglichkeiten der Altersvorsorge zu informieren. Die Infomobile halten Informationsmaterial bereit und sind mit kompetenten Ansprechpartnern zum Thema Private Altersvorsorge besetzt. Die fünf Mobile touren vier Monate lang kreuz und quer durch Deutschland und halten in allen großen deutschen Städten ganztägig an zentralen Stellen (Marktplatz, Fußgängerzone usw.). Die Aktion soll sich vor allem an über 40-jährige Arbeitnehmer richten, die bislang noch keine private Altersvorsorge abgeschlossen haben. Das Ministerium beauftragt Sie mit einer Implementationskontrolle im Sinne eines Management Information Systems. Erstellen Sie Leitfragen für Ihren Evaluationsauftrag; orientieren Sie sich dabei an dem in Abschnitt 8.2 (s. S. 127 ff.) genannten Fragenkatalog. Schlagen Sie konkrete Operationalisierungen für die Beantwortung jeder Ihrer Fragen vor.

(2) Die Leitung des Städtischen Krankenhauses in S. möchte allen stationären Patienten die Möglichkeit geben, sich in regelmäßigen Abständen mit einem Psychologen über ihre privaten Probleme auszutauschen. Ihnen wird der Auftrag erteilt, die entsprechenden Rahmenbedingungen zu schaffen, um diese Maßnahme umzusetzen (d. h. Psychotherapeuten

zu suchen, die sich hier gegen Honorar zur Verfügung stellen) und ihre Wirksamkeit formativ (also mit dem Ziel der Optimierung) zu evaluieren. Identifizieren Sie die als relevant zu erachtenden Beteiligtengruppen und erstellen Sie einen Kommunikationsplan für die kommenden zwei Monate.

Weiterführende Literatur

Das folgende Kapitel beschäftigt sich insbesondere mit dem Aspekt des Programm-Monitoring. Es werden unterschiedliche Formen und Möglichkeiten eines empirischen Programm-Monitorings vorgestellt und an guten Beispielen veranschaulicht:

▶ Rossi, P.H., Freeman, H.E. & Lipsey, M.W. (2004). Evaluation. A systematic approach (Chapter 6, pp. 191–232). Thousand Oaks, CA: Sage.

Das folgende Kapitel geht insbesondere auf die Frage ein, wie die Daten und Dokumente eines extensiven Progamm-Monitorings effizient aufbereitet und verwaltet werden können:

▶ Posavac, E.J. & Carey, R.G. (1992). Program evaluation: Methods and case studies (Chapter 7, pp. 119–139). Englewood Cliffs, NJ: Prentice-Hall.

Teil III

„Wie" und „womit"?

Methodische Aspekte der Evaluationsforschung

9 Messfragen: Operationalisierung von Evaluationsobjekten und -kriterien

Was Sie in diesem Kapitel erwartet

Sie werden beauftragt, herauszufinden, ob infolge einer Anhebung der Tabaksteuer tatsächlich weniger Menschen rauchen. Nichts einfacher als das, denken Sie: Man könnte ja einfach die Absatzzahlen der Zigarettenindustrie als Indikator nehmen. Oder man könnte eine kleine Umfrage im Bekanntenkreis machen. Oder man könnte beobachten, wie viele Personen sich an der Bushaltestelle eine Zigarette anstecken. Aber: Sind das wirklich gute Maße …? Noch schwieriger wird es, wenn ein Evaluationskriterium gemessen werden soll, das gar nicht direkt beobachtbar ist, wie etwa Denkfähigkeit, Aggression, Vorurteile oder soziale Kompetenz. Eine optimale Messung oder Operationalisierung des jeweils in Frage stehenden Evaluationskriteriums ist notwendig, damit die Evaluationsuntersuchung am Ende auch tatsächlich interpretierbare Ergebnisse liefern kann.

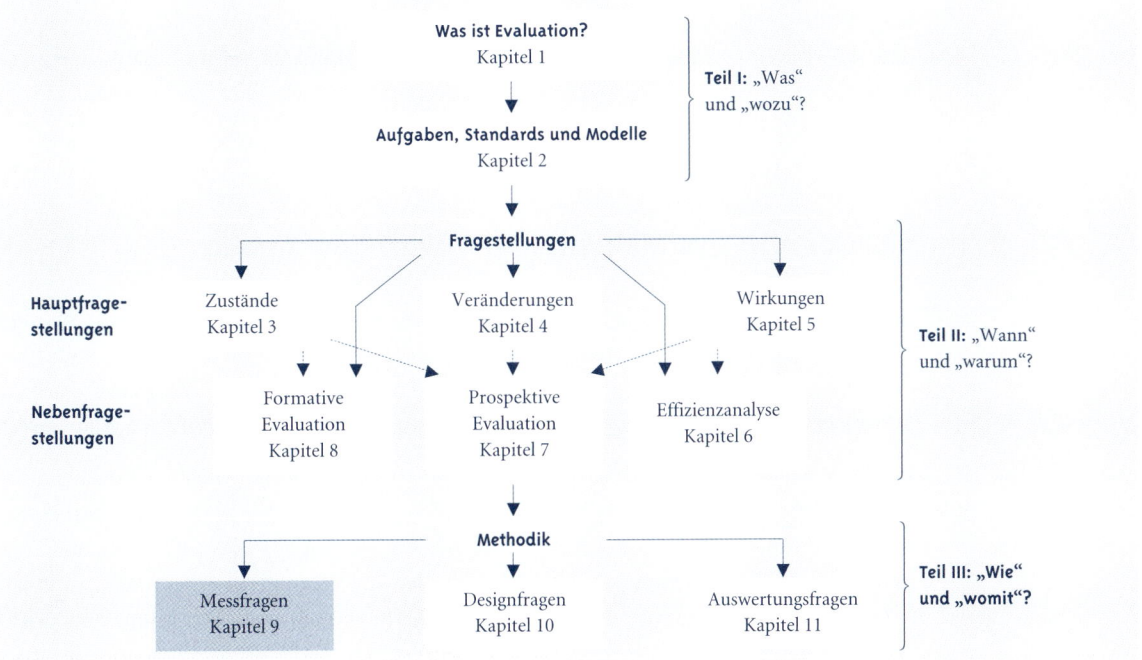

In Kapitel 1 wurde dargestellt, dass Evaluation (und Evaluationsforschung) sich mit der Bewertung eines bestimmten Gegenstandes (Evaluationsobjekt) im Hinblick auf bestimmte Eigenschaften (Evaluationskriterien) befasst. Hierbei ist es unter anderem wichtig zu wissen,

▶ ob eine Aufklärungskampagne zum Thema Zivilcourage (= Objekt) tatsächlich zivilcouragiertes Verhalten gefördert hat (= Kriterium) – Wirksamkeitsevaluation (s. Kap. 5),

- ob eine Leadership-Schulung für Manager (= Objekt) im betriebswirtschaftlichen Sinne effizient für eine Firma war (= Kriterium) − → Effizienzanalyse (s. Kap. 6),
- ob eine Person mit psychopathologischer Symptomatik (= Objekt) tatsächlich Bedarf an einer Therapie hat (= Kriterium) − → Bedarfsanalyse (s. Kap. 7.1),
- ob ein „Anti-Gewalt-Programm" an einer Schule (= Objekt) so konzipiert wurde, dass es dem Bedarf und den gegebenen Rahmenbedingungen an der Schule gerecht wird (= Kriterium) − → Konzeptionsanalyse (s. Kap. 7.2), oder
- ob eine sozialtherapeutische Maßnahme für Gefängnisinsassen (= Objekt) tatsächlich wie vorgesehen durchgeführt wird (= Kriterium) − → Implementationskontrolle (s. Kap. 8).

Eine zentrale Aufgabe der Evaluationsforschung besteht darin, die jeweiligen Evaluationskriterien empirisch messbar zu machen. Das ist jedoch leichter gesagt als getan: Wie misst man Wirksamkeit, Effizienz, Bedarf, Konzeptionsqualität und → Ausführungsintegrität? Diese Frage ist Hauptgegenstand dieses Kapitels.

Die methodische Herangehensweise an ein Evaluationsobjekt lässt sich zunächst einmal grob in zwei methodische Kategorien unterteilen: einen quantitativen und einen qualitativen Weg. Beide Methoden sind für eine konkrete Evaluationsfragestellung zunächst grundsätzlich geeignet. Üblicherweise wird die Wirksamkeit und die Effizienz einer Maßnahme aber eher mit quantitativen Methoden angegangen, während Bedarf, Konzeptionsqualität und Ausführungsintegrität eher qualitativ ermittelt werden. Daher sind die in Kapitel 9.1 (Quantitative Methoden) beschriebenen Beispiele eher aus dem Bereich Wirksamkeitsevaluation, während die in Kapitel 9.2 (Qualitative Methoden) beschriebenen Beispiele eher die Bereiche Konzeptionsqualität und Ausführungsintegrität betreffen.

9.1 Quantitative Methoden der Datengewinnung

Begriffe wie → Wirkung und Wirksamkeit (s. Kap. 5) sind zunächst inhaltsleer: Sie müssen für jede Intervention, deren Wirksamkeit empirisch ermittelt werden soll, eigens spezifiziert werden. Wenn ein Wirtschaftsminister fragt, wie effektiv eine von ihm initiierte Reform der Einkommensbesteuerung ist, muss er zunächst spezifizieren, was er unter Effektivität versteht.

Wirksamkeitsbereiche. Als erstes ist die Frage zu stellen, in welchen Inhaltsbereichen die Wirksamkeit einer Maßnahme zum Tragen kommen soll. Im Idealfall geht der Wirksamkeitsbereich aus dem Evaluationsgegenstand selbst hervor: Ein Anti-Aggressions-Training soll Aggression reduzieren; eine Angsttherapie soll die Ängstlichkeit verringern; eine Aufklärungskampagne zum Thema Krebsvorsorge soll die Informiertheit erhöhen usw. Das klingt alles sehr logisch und geradlinig. Dennoch ist es in vielen Fällen nötig, das Wirksamkeitskriterium genauer zu spezifizieren. Beim Beispiel Aufklärungskampagne zum Thema Krebsvorsorge stellen sich unter anderem folgende Fragen:

- Geht es bei der Aufklärungskampagne darum, das Wissen über Krebserkrankungen in der Bevölkerung zu erhöhen?
- Geht es darum, Risikofaktoren zu minimieren, z. B. dass mehr Menschen Sonnencreme auftragen, bevor sie sich sonnen?
- Geht es darum, mehr Personen einer Risikogruppe zu Vorsorgeuntersuchungen zu bewegen?

Je weniger eindeutig die Wirksamkeitsbereiche aus dem Evaluationsgegenstand selbst abgeleitet werden können, desto wichtiger ist es, diese Bereiche – und damit die Ziele der Maßnahme – zunächst zu präzisieren und anschließend zu definieren. Eine Reform der Einkommensbesteuerung könnte bspw. zum Ziel haben, die Kaufkraft anzukurbeln, die Arbeitslosenquote zu reduzieren oder das Wirtschaftswachstum zu steigern. In einem gut spezifizierten Wirkmodell (s. Kap. 5.1.1) sind solche Fragen im Idealfall erschöpfend sowie in der gebotenen Genauigkeit beantwortet.

Sind die Inhaltsbereiche spezifiziert, in denen sich die Wirksamkeit einer Maßnahme manifestieren sollte, so muss anschließend überlegt werden, wie die → Wirkung einer empirischen Messung zugänglich gemacht werden kann.

▶ Anti-Aggressions-Training: Wie kann man Aggressionsreduktion messen?

▶ Aufklärungskampagne: Wie kann man eine Zunahme des Wissens über Krebserkrankungen in der Bevölkerung messen?

▶ Steuerreform: Wie kann man eine Steigerung des nationalen Wirtschaftswachstums messen?

Zustands- oder Veränderungsmessung. Die drei genannten Beispiele implizieren, dass die jeweilige Maßnahme im Idealfall eine spezifische Veränderung hervorgebracht hat: Durch die Interventionen sollen Aggression sinken, das Wissen über Krebs und das Wirtschaftswachstum ansteigen. In Kapitel 4.2.1 wurde festgestellt, dass Veränderungen

▶ indirekt (durch die Bildung der Differenz zwischen einem Vorher- und einem Nachher-Zustand),

▶ quasi-indirekt (durch die Bildung der Differenz zwischen einem Nachher- und einem retrospektiv eingeschätzten Vorher-Zustand) oder

▶ direkt gemessen werden können.

Jede dieser drei Methoden hat spezifische Vor- und Nachteile, die gegeneinander abgewogen werden müssen (s. Tab. 4.2, S. 69).

Datenquellen. Ferner ist zu klären, wie man die benötigten Messinformationen erhält. Im Falle der Krebs-Aufklärungskampagne ist klar: Über eine erhoffte Zunahme des Wissens über Krebserkrankungen erfährt man nur etwas, wenn man die Zielpopulation selbst befragt. Eine andere Datenquelle wäre nicht sinnvoll. Im Falle der Steuerreform gibt es bereits mehrere Möglichkeiten, etwas über das Wirtschaftswachstum zu erfahren. Hier kommen zum einen volkswirtschaftliche Indikatoren (z. B. die eingenommene Mehrwertsteuer als Indikator für die Kaufkraft) und betriebswirtschaftliche Indikatoren (z. B. Umsatzzahlen in Unternehmen) in Betracht. Daneben werden aber auch subjektive Einschätzungen von Geschäftsleuten, Unternehmern oder Konsumenten als Datenquelle herangezogen, wie etwa beim Geschäftsklimaindex des ifo-Instituts. Im Beispiel Anti-Aggressions-Training wird es dann noch schwieriger: Von wem erfährt man etwas über die Aggression in einer Schule? Von den Schülern selbst (Selbsteinschätzung), von den Mitschülern (Fremdeinschätzung) von den Lehrern, den Eltern?

9.1.1 Messmodelle für latente Wirksamkeitskonstrukte

Latente Konstrukte. Inhaltsbereiche, in denen sich die Wirksamkeit einer Maßnahme manifestieren sollte, können einer direkten Beobachtung unterschiedlich gut zugänglich sein. Es gibt Wirksamkeitskriterien, die konkret und direkt beobachtbar sind, z. B. die Anzahl Drogentoter, die Aufklärungsquote nach Raubüberfällen, die → Kosten für die Behandlung AIDS-Kranker. Meist liegen jedoch Wirksamkeitskriterien vor, die nicht direkt beobachtbar sind, sondern vielmehr indirekt erschlossen werden müssen. Dies ist auch bei den drei oben genannten Beispielen der Fall:

► Aggression ist ein Konstrukt, das nicht in direkt zählbaren Einheiten vorliegt.

► Wissen über Krebserkrankungen ist ein Konstrukt, das nur über Wissensabfragen indirekt erschlossen werden kann.

► Wirtschaftswachstum ist ein theoretischer Parameter, der so nicht existiert. Auch er kann nur über Hilfsindikatoren indirekt erfasst werden.

Messmodell. Wann immer ein latentes (d. h. nicht direkt beobachtbares) Konstrukt auf der Basis beobachtbarer Indikatoren indirekt erfasst werden soll, benötigt man ein Messmodell, das den Zusammenhang zwischen dem Konstrukt und den Indikatoren beschreibt, die zur Messung des Konstrukts nötig und am ehesten geeignet sind.

Beispiel

Geschäftsklimaindex des ifo-Instituts

Der vom Münchener ifo-Institut konstruierte Geschäftsklimaindex ist ein indirekter Indikator für die konjunkturelle Entwicklung in Deutschland. Er basiert auf ca. 7.000 monatlichen Meldungen von Unternehmen des Verarbeitenden Gewerbes, des Baugewerbes sowie des Groß- und Einzelhandels. Die Unternehmen werden gebeten, ihre gegenwärtige Geschäftslage zu beurteilen und ihre Erwartungen für die nächsten sechs Monate mitzuteilen. Sie können ihre Lage mit „befriedigend", „gut" oder „schlecht" und ihre Geschäftserwartungen für die nächsten sechs Monate als „günstiger", „gleich bleibend" oder „ungünstiger" kennzeichnen. Die Antworten werden nach der Bedeutung der Branchen gewichtet und aggregiert. Die Geschäftslage berechnet sich aus der Differenz zwischen der Prozentzahl der „gut"-Antworten und der Prozentzahl der „schlecht"-Antworten. Die Erwartungslage berechnet sich aus der Differenz zwischen der Prozentzahl der „günstiger"-Antworten und der Prozentzahl der „ungünstiger"-Antworten. Das Geschäftsklima ist definiert als das harmonische Mittel aus Geschäftslage und Erwartungslage. Aus Gründen der besseren Interpretierbarkeit der Werte findet sich in der Formel für das Geschäftsklima zusätzlich eine Konstante von 200. Diese bewirkt, dass das Geschäftsklima Werte zwischen −100 und +100 annehmen kann.

Geschäftsklima

$$= \sqrt{(\text{Geschäftslage} + 200) \cdot (\text{Erwartungslage} + 200)} - 200.$$

Ein Beispiel: Von 100 befragten Unternehmen schätzen 30 % ihre Lage als befriedigend ein, 40 % als gut und 30 % als schlecht. Die Differenz zwischen der Prozentzahl der „gut"-Antworten und der Prozentzahl der „schlecht"-Antworten ist die Geschäftslage; sie beträgt hier 40 % − 30 % = 10 %. Von den gleichen 100 Unternehmen erwarten 60 %, dass ihre Lage in den nächsten sechs Monaten gleich bleiben wird, 30 % erwarten eine günstigere Bilanz, 10 % erwarten eine ungünstigere Bilanz. Die Differenz zwischen der Prozentzahl der „günstiger"-Antworten und der Prozentzahl der „ungünstiger"-Antworten ist die Erwartungslage, sie beträgt hier 30 % − 10 % = 20 %. Das Geschäftsklima berechnet sich also zu

Geschäftsklima

$$= \sqrt{(10 + 200) \cdot (20 + 200)} - 200 = 14,94.$$

Im Durchschnitt liegt das Geschäftsklima hier also im positiven Bereich.

Um das Geschäftsklima besser interpretieren zu können, wird der Wert eines Monats an dem durchschnittlichen Wert im Jahre 2000 (Referenzjahr) standardisiert. Erst dann spricht man vom Geschäftsklimaindex. Die Werte dieses Index können sich dann um den Referenzwert 100 herum bewegen. Werte über 100 bedeuten ein positiveres Geschäftsklima als im Jahre 2000, Werte unter 100 bedeuten ein negativeres Geschäftsklima als im Jahre 2000. Im Dezember 2006 gab das ifo-Institut bekannt, dass der Geschäftsklimaindex im Dezember 2006 bei 108,7 lag.

Das Geschäftsklima basiert auf zwei Indikatoren: der Geschäftslage und der Erwartungslage. Diese Beziehung lässt sich grafisch in einem so genannten Messmodell darstellen (s. Abb. 9.1).

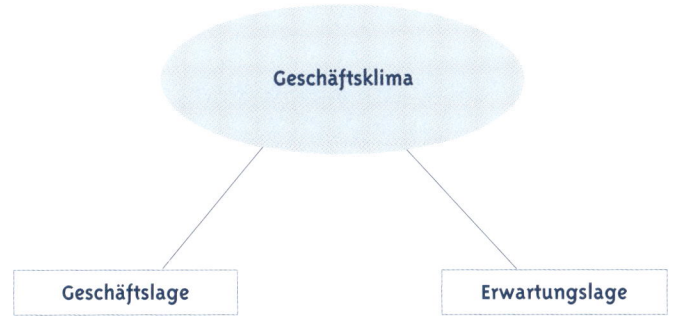

Abbildung 9.1. Messmodell für das Geschäftsklima in Deutschland: Der Definition des ifo-Instituts zufolge wird das Geschäftsklima über Einschätzungen zur Geschäftslage (Ist-Zustand) sowie zur Erwartungslage (Zukunftsprognose) erfasst. Diese Einschätzungen werden monatlich bei ca. 7.000 deutschen Unternehmen erhoben

Aus diesen zwei Indikatoren lässt sich das Geschäftsklima bestimmen. Die genaue Verrechnungsvorschrift ist in der grafischen Form nur angedeutet; genau spezifiziert ist sie erst in der Formel. Dennoch stellt das Messmodell die Beziehung zwischen der latenten Variablen Geschäftsklima und den manifesten Variablen hinreichend genau dar. Bei sozialwissenschaftlichen Konstrukten sind die entsprechenden Messmodelle meist komplizierter, wie das folgende Beispiel zeigt.

Beispiel

Ärgerausdrucksstile

Im Bereich der Ärgerforschung werden drei Dimensionen des habituellen Ärgerausdrucks unterschieden (Spielberger, 1988), die als „Anger-In" (Neigung, den empfundenen Ärger nach innen zu kehren), „Anger-Out" (Neigung, Ärger offen nach außen zu kehren) und „Anger-Control" (Neigung, den Ärger zu kontrollieren) bezeichnet werden. Diese drei Dimensionen des Ärgerausdrucks sind jedoch nicht direkt beobachtbar, vielmehr müssen sie auf der Basis manifester Indikatorvariablen indirekt erschlossen werden. Dies geschieht mit Hilfe eines Fragebogens, des „State-Trait-Ärgerausdrucks-Fragebogens" (STAXI; deutsche Version von Schwenkmezger et al., 1992). Der STAXI besteht aus insgesamt 5 Dimensionen (Skalen), drei davon messen die Ärgerausdrucksstile (Anger-In, Anger-Out, Anger-Control). Dazu werden den Testpersonen insgesamt 24 Aussagen mit Selbstbezug (Items) vorgelegt.

▶ Beispielitem für die Skala Anger-In: „Ich koche innerlich, zeige es aber nicht."
▶ Beispielitem für die Skala Anger-Out: „Ich mache Dinge wie Türen zuschlagen."
▶ Beispielitem für die Skala Anger-Control: „Ich kontrolliere meinen Ärger."

Die Probanden sollen auf einer vierstufigen Häufigkeitsskala mit den Antwortkategorien „fast nie", „manchmal", „oft" und „fast immer" angeben, inwiefern die jeweilige Aussage auf sie zutrifft. Diesen Antwortkategorien werden numerische Werte zugewiesen (z. B. 0, 1, 2, 3). Jeder der drei Ärgerausdrucksstile wird dabei durch insgesamt 8 Items indiziert. Der Skalenwert einer Person ergibt sich aus der Summe (oder dem Mittelwert) der Itemantworten, berechnet über alle acht Items einer Skala hinweg. Das Messmodell, das dieser Messung zugrunde liegt, ist wie folgt darzustellen (s. Abb. 9.2).

▶

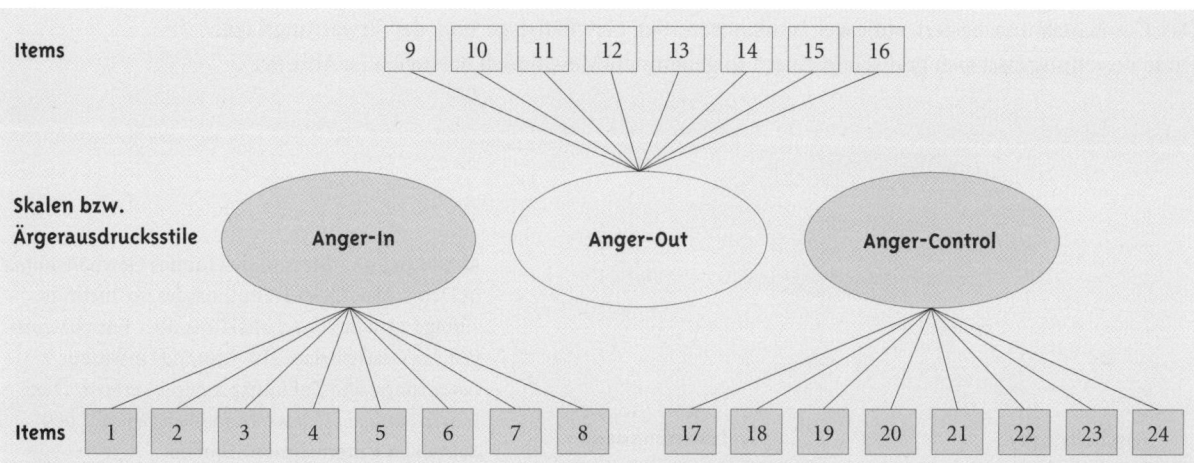

Abbildung 9.2. Messmodell für die drei Ärgerausdrucksstile nach Modell von Spielberger (1988), gemessen mit dem STAXI-Fragebogen (Schwenkmezger et al., 1992): Die Konstrukte Anger-In, Anger-Out und Anger-Control werden jeweils über 8 Items erfasst. Dabei handelt es sich um kurze Aussagen, deren Häufigkeit die Testpersonen bei sich selbst einschätzen sollen

Das Messmodell für die drei Ärgerausdrucksstile mit Hilfe des STAXI (Schwenkmezger et al., 1992) geht davon aus, dass jedes der 24 Items (gekennzeichnet durch die Kästchen) genau eine der drei latenten Variablen (gekennzeichnet durch die Ellipsen) misst, und dass jede latente Variable durch acht Items mit jeweils gleicher Gewichtung indiziert wird. Schließlich wird durch die Tatsache, dass es zwischen den drei latenten Variablen keine grafischen Verknüpfungen gibt, ausgedrückt, dass sie jeweils voneinander unabhängig sind. Bei diesen Annahmen handelt es sich um empirisch prüfbare Hypothesen. Ein Messmodell kann (und sollte!) also empirisch getestet werden. Hierfür bieten sich strukturentdeckende Verfahren (wie die explorative Faktorenanalyse) oder strukturprüfende Verfahren (wie die konfirmatorische Faktorenanalyse) an. Im Lehrbuch von Steyer und Eid (2001) wird sehr grundlegend und ausführlich auf die Frage eingegangen, welche Mess- bzw. Testmodelle unterschieden werden können und wie die Gültigkeit eines Testmodells im Einzelfall überprüft werden kann.

Reliabilität und Validität. Verschiedene Indikatoren zur Messung eines latenten Konstrukts können jeweils unterschiedlich gut geeignet sein. Die Aussage „Ich koche innerlich, zeige es aber nicht" ist schon per Augenschein ein besserer Indikator für Anger-In als die Aussage „Ich bin ein zurückhaltender Mensch": Letzteres hat ja gar nichts mit Ärger zu tun. Um die Güte von Indikatoren zu beschreiben, werden in der Psychometrie insbesondere die → Objektivität (d. h. die Unabhängigkeit der Messwerte von spezifischen Durchführungs-, Auswertungs- und Interpretationsbedingungen), die → Reliabilität (Messgenauigkeit, d. h. Unbeeinflusstheit von Messfehlern) und die → Validität (d. h. das Ausmaß, in dem der Indikator auch wirklich das erfasst, was er erfassen soll) herangezogen. Diese Hauptgütekriterien hatten wir bereits in Kap. 2.2 behandelt.

Erhöhung von Reliabilität und Validität durch Aggregation. Reliabilität und Validität einer Messung können erhöht werden, indem man zur Messung nicht einen, sondern mehrere Indikatoren herangezogen und die Testwerte über diese Indikatoren hinweg aggregiert. Beim STAXI (Schwenkmezger et al., 1992) wird der Anger-In-Wert einer Person berechnet, indem man die Antworten dieser Person über alle acht Items addiert, die zur Anger-In-Skala gehören. Ein solcher Summenwert (oder alternativ der Mittelwert) ist nicht nur messgenauer (reliabler), sondern auch ein validerer Indikator für das latente Konstrukt (Anger-In) als jedes einzelne Item für sich genommen. Wie kann man sich diesen Sachverhalt erklären?

(1) **Erhöhung der Reliabilität.** Jedes einzelne Item ist mit sehr spezifischen Messfehlern behaftet: Solche Messfehler betreffen nur die eine Person, nur zum Zeitpunkt der Beantwortung und nur bei diesem Item. Weiterhin sind solche Messfehler im Idealfall um einen Erwartungswert von Null herum normalverteilt: Auf einigen Items ist der angekreuzte Wert höher als der eigentliche „wahre Wert", auf anderen Items ist der angekreuzte Wert hingegen niedriger als der „wahre Wert". Unter einem „wahren Wert" versteht man denjenigen Wert, der auf einem Item angekreuzt werden müsste, wenn es überhaupt keinen Messfehler gäbe. Aggregiert man die Werte mehrerer Items, von denen jeder mit einem spezifischen Messfehler versehen ist, nun zu einem Gesamtwert, so mitteln sich solche Messfehler heraus ($\rightarrow$ Reliabilität).

(2) **Sicherung der Validität.** Ein einzelnes Item bezieht sich im Idealfall auf eine sehr spezifische und konkrete Verhaltensweise. Das Anger-Out-Item „Ich mache Dinge wie Türen zuschlagen" ist ein gutes Beispiel. Nun manifestiert sich ein dispositioneller Anger-Out-Stil natürlich nicht nur im Zuschlagen von Türen, sondern auch in anderen, aber ähnlich indikativen (funktional äquivalenten) Verhaltensweisen, bspw. die Fassung verlieren, laut werden, Bedrohungen ausstoßen. Im Idealfall ist ein latentes Konstrukt also über mehrere funktional äquivalente Verhaltensindikatoren definiert. Aggregiert man über all diese Indikatoren, so erfasst man das Konstrukt valider als über einen einzelnen Indikator ($\rightarrow$ Validität).

9.1.2 Multimethodale und multimodale Diagnostik

Unterschiedliche Beurteilerperspektiven. Um etwas über eine Person zu erfahren, kann man unterschiedliche Datenquellen verwenden (s. o.). Zum einen kann man die Person selbst als Informationsquelle nutzen (Selbsteinschätzungen), oder aber man kann andere Personen bitten, die Zielperson aus ihrer Perspektive einzuschätzen (Fremdeinschätzungen). Beide Perspektiven sind dann funktional äquivalent, wenn sie sich zum einen auf das gleiche Zielobjekt beziehen und zum anderen auch den gleichen Inhalt betreffen. Insofern ist damit zu rechnen, dass sich Selbst- und Fremdeinschätzungen zu einem gewissen Teil entsprechen. Über mehrere zu beurteilende Personen hinweg ist dann eine positive Korrelation zwischen Selbst- und Fremdeinschätzung zu erwarten. Diese Korrelation wird jedoch nicht perfekt sein, weil damit zu rechnen ist, dass Selbst- und Fremdeinschätzung nicht vollständig zum gleichen Ergebnis kommen:

(1) Jede Perspektive ist mit unterschiedlichen unsystematischen Messfehlern behaftet, d. h. die Messungen sind jeweils nicht perfekt reliabel. Schon allein deshalb ist eine sehr hohe Korrelation zwischen Selbst- und Fremdeinschätzung ziemlich unwahrscheinlich.

(2) Es ist zu erwarten, dass die Einschätzungen unterschiedlicher Datenquellen mit unterschiedlichen Arten systematischer Messfehler behaftet ist: Nehmen wir an, die Zielpersonen selbst wollten alle ein besonders positives Bild von sich abzugeben, was die Selbsteinschät-

zung verfälschen würde. Dies wiederum hat zur Konsequenz, dass die Korrelation zwischen Selbst- und Fremdeinschätzung nicht perfekt ist.

(3) Wahrscheinlich werden unterschiedliche Fremdeinschätzer (Freunde, Eltern, Kollegen, Vorgesetzte usw.) unterschiedliches Wissen über die jeweilige Zielpersonen heranziehen: Jeder Fremdbeurteiler erlebt die Person in völlig anderen Situationen und gibt damit situationsspezifische Einschätzungen ab. Ein valides Urteil über eine Person sollte jedoch möglichst situations**un**spezifisch sein. Aggregiert man also unterschiedliche situationsspezifische Einschätzungen, so ist der resultierende Gesamtwert ein validerer Indikator für das latente Konstrukt als jede situationsspezifische Einschätzung für sich genommen.

So gesehen sind Selbst- und Fremdeinschätzung also nichts anderes als Items, d. h. situationsspezifische Indikatoren des gleichen latenten Konstrukts. Eine Aggregation über diese Indikatoren dürfte also nicht nur dazu führen, dass das latente Konstrukt reliabler erfasst wird (da die perspektivenspezifischen Messfehler sich zu Null aufsummieren), sondern auch dazu, dass das latente Konstrukt valider erfasst wird (da das Aggregat weniger situationsspezifisch ist).

Je unterschiedlicher die Perspektiven sind, desto breiter ist das Informationsspektrum, das für eine valide und reliable Indikation eines latenten Konstrukts zur Verfügung steht. Ein Problem entsteht aber dann, wenn sich die unterschiedlichen Datenquellen widersprechen und in der Folge die Korrelation zwischen den Einschätzungen aus den Perspektiven sehr gering ist. In einem solchen Fall macht eine Aggregation über Perspektiven hinweg kaum mehr Sinn. Das Dilemma einer multiperspektivischen Diagnostik lässt sich wie im Kasten unten darstellen.

> **!** Eine Aggregation über mehrere Perspektiven hinweg ist sinnvoll, wenn die unterschiedlichen Perspektiven zwar funktional äquivalent sind, aber dennoch unterschiedliche Spezifika desselben Konstrukts erfassen. Dann ist die Summe (oder der Mittelwert) über die Perspektiven hinweg sowohl reliabler als auch valider als jede Perspektive für sich genommen. Die Korrelation zwischen den Perspektiven sollte weder zu hoch sein (denn dann erfassen die Perspektiven nichts Unterschiedliches) noch sollte sie zu niedrig sein (denn das würde gegen die funktionale Äquivalenz sprechen).

Unterschiedliche Methoden der Datengewinnung. Fragebögen und Tests wie etwa der STAXI (Schwenkmezger et al., 1992) stellen eine in der Psychologie sehr gängige Methode dar, diagnostische Informationen über einen Untersuchungsgegenstand (z. B. eine Person) zu gewinnen. Fragebögen sind insbesondere deshalb so beliebt, weil sie

▶ in standardisierter Form vorgegeben werden (d. h. die Durchführungs- und Auswertungsbedingungen werden für jede Person relativ gleich gehalten),

▶ relativ leicht zu konstruieren,

▶ ökonomisch anzuwenden und

▶ leicht auszuwerten sind;

▶ ferner liegen für viele Testwerte → Normen aus so genannten → Eichstichproben vor, die es erlauben, den Testwert einer Person unter der Verteilung aller möglichen Testwerte zu beurteilen (s. Kap. 2 & 3.3).

Fragebögen haben aber eine Reihe von Nachteilen und Schwächen:

(1) In der Regel sind Fragebögen leicht willentlich verfälschbar, bspw. weil eine befragte Person im Regelfall ahnen kann, was eine „erwünschte" und was eine „unerwünschte" Antwort auf

eine Frage ist, z. B. die Frage „Halten Sie sich für zuverlässig?" in einem Einstellungsinterview.

(2) Fragebögen setzen voraus, dass die befragten Personen die Fragen (Items), die Beantwortungsinstruktionen sowie das Antwortformat verstehen – ob sie es tatsächlich tun oder nicht, kann aufgrund der standardisierten Vorgabe nicht (oder nur indirekt) überprüft werden.

(3) Fragebögen basieren zur Selbstbeschreibung auf der impliziten Annahme, dass die befragte Person eine valide subjektive Repräsentation des erfragten Gegenstands besitzt. Die Frage „Halten Sie sich für zuverlässig?" setzt nicht nur voraus, dass die Person weiß, was Zuverlässigkeit bedeutet, sondern auch, dass sie eine subjektive Repräsentation ihrer eigenen Zuverlässigkeit hat. Anders gesagt: Sie muss selbst genau wissen, woran sie ihre Zuverlässigkeit erkennen kann.

Es gibt eine Reihe von Alternativen zu Selbstbeschreibungsfragebögen. Keine dieser alternativen Methoden der Datengewinnung kann allerdings für sich in Anspruch nehmen, perfekt reliabel oder perfekt valide zu sein. Vielmehr hat jede Methode wiederum spezifische Vor- und Nachteile. Aber genau aus diesem Grund bietet es sich bei vielen → Evaluationsdesigns an, unterschiedliche Methoden simultan zu verwenden (multimethodale Evaluation). Die folgende Auflistung nennt einige Methoden der Datengewinnung sowie Anwendungsbeispiele, die im Rahmen einer Wirksamkeitsevaluation zum Einsatz kommen könnten:

▶ Leistungstests: mathematische Problemlösetests bei der Evaluation eines kognitiven Denktrainings,
▶ Verhaltensbeobachtung: Videografie einer simulierten Bewerbungssituation bei der Evaluation eines Bewerbertrainings,
▶ Registrierung, Akten- oder Dokumentenanalyse: Anzahl von Anmeldungen zum AIDS-Test bei der Evaluation einer Infokampagne zum Thema AIDS,
▶ Textanalyse: Auswertung eines von den Testpersonen verfassten Essays zum Thema Aggression bei der Evaluation eines Anti-Aggressions-Trainings,
▶ Strukturierte Interviews: Klinische Interviews zur Abklärung der Symptomschwere bei der Evaluation einer psychotherapeutischen Behandlung,
▶ Psychophysiologische Maße: Hautleitfähigkeit zur Messung der physiologischen Erregung bei Konfrontation mit einem Angst auslösenden Reiz bei der Evaluation einer Desensibilisierungstherapie,
▶ Reaktionszeitgestützte Verfahren: Lexikalische Entscheidungsaufgabe bei der Evaluation einer Maßnahme zum Abbau von Vorurteilen,
▶ Soziometrische Maße: Soziogramm bei der Evaluation einer Maßnahme zur Stärkung der Teamfähigkeit in Arbeitsgruppen).

Auch hier gilt: Je unterschiedlicher die Methoden, desto breiter ist das Informationsspektrum, das für eine valide und reliable Indikation eines latenten Konstrukts zur Verfügung steht. Und auch hier ist ein Mindestmaß an Interkorrelation zwischen den unterschiedlichen Variablen eine Voraussetzung dafür, mehrere Methoden sinnvoll aggregieren zu können. Hilfreiche Anmerkungen zum Thema → multimethodale Diagnostik finden Sie bei Seidenstücker und Baumann (1987).

Unterschiedliche Modalitäten. Psychologische Konstrukte wie Aggression, Soziale Kompetenz, Ängstlichkeit oder Selbstsicherheit werden durch unterschiedliche Verhaltensindikatoren repräsentiert. Sofern sich diese Indikatoren in theoretisch und phänomenologisch sinnvolle Kategorien zusammenfassen lassen, spricht man von Modalitäten. Im Falle von Ängstlichkeit lassen sich im Allgemeinen vier sich gegenseitig beeinflussende und verstärkende Modalitäten (Junge et al., 2002) unterscheiden:

▶ emotionale Modalität, d. h. der affektive Erlebniszustand, also Panik, Angst, Hilflosigkeit,
▶ kognitive Modalität, d. h. schematische oder typische Gedanken bei Konfrontation mit dem Angst auslösenden Reiz, also bspw. „Es passiert etwas ganz Schlimmes", „Es ist gefährlich",
▶ physiologische Modalität, d. h. Merkmale physiologischer Erregung, z. B. Schwitzen, Herzklopfen, beschleunigte Atmung, und
▶ verhaltensbezogene Modalität, d. h. vor dem Angst auslösenden Reiz davonlaufen wollen, hektisch werden, um Hilfe suchen oder erstarren.

Will man Ängstlichkeit messen, muss man jede dieser Modalitäten durch jeweils geeignete Indikatoren und Messverfahren operationalisieren (→ multimodale Diagnostik). Die emotionale Modalität lässt sich am besten in Form von Selbstberichten (z. B. Fragebogen) erfragen, die kognitive Modalität in Form von Interviews und die physiologische Modalität lässt sich mit Hilfe geeigneter Apparaturen messen. Motorische Verhaltenstendenzen wiederum lassen sich über Verhaltensbeobachtungen sehr gut beobachten.

9.1.3 Weitere Gütekriterien für Wirksamkeitsindikatoren

Mit dem Konzept der → Gütekriterien hatten wir uns bereits in Kapitel 2.2 befasst. Neben allgemeinen Gütekriterien empirischer Forschung (Jäger, 1997) wurde bereits eine Reihe so genannter psychometrischer Gütekriterien dargestellt. → Objektivität, → Reliabilität und → Validität bilden gemeinsam die Gruppe der Hauptgütekriterien. Skalierung, Normierung, Ökonomie, Nützlichkeit, Zumutbarkeit, Unverfälschbarkeit und Fairness bilden die Gruppe der Nebengütekriterien. Im Rahmen von Wirksamkeitsevaluationen lassen sich noch vier weitere Gütekriterien hinzufügen:

(1) Anlehnung an die Inhalte der Maßnahme,
(2) Neutralität gegenüber der Intervention,
(3) angemessene → Schwierigkeit und
(4) optimale → Änderungssensitivität.

Anlehnung an die Inhalte der Maßnahme. Steht die Evaluation der Wirksamkeit einer Interventionsmaßnahme im Vordergrund, so muss das Wirksamkeitskriterium an die Ziele, die Inhalte und die Struktur der Maßnahme angelehnt sein. Das bedeutet auch, dass die → Operationalisierung des Wirksamkeitskriteriums eng an Ziele, Inhalte und Strukturen der Maßnahme angelehnt sein sollte: Eine Informationskampagne soll Wissen vermitteln; entsprechend muss bei der Evaluation Wissen abgefragt werden. Eine verhaltenstherapeutische Maßnahme soll die Fähigkeit zur Selbstregulation schulen, also sollte bei der Evaluation selbstregulatives Verhalten erfasst werden. Anders gesagt: Bei der Wirksamkeitsevaluation sollte die Operationalisierung des Wirksamkeitskriteriums den Inhalten der Maßnahme möglichst ähnlich sein. Soll hingegen geprüft werden, ob es einen Anforderungstransfer gab (d. h. eine Generalisierung der erworbenen Fähigkeiten und Fertigkeiten auf andere Aufgabenanforderungen; s. Kap. 5.1.2), so sollte die Operationalisierung des Wirksamkeitskriteriums den Inhalten der Maßnahme eher unähnlich sein.

Wirksamkeit und Anforderungstransfer bei einem Problemlösetraining

Psychologie Hubert F. hat ein kognitives Problemlösetraining mit dem Namen „Denkfit!" für Kinder und Jugendliche entwickelt. Anhand von kognitiv anspruchsvollen Aufgabenstellungen (z. B. Mathematikaufgaben, Sudoku-Rätsel, Zebrarätsel) werden den Kindern Prinzipien des logischen Schlussfolgerns vermittelt, mit deren Hilfe sie die Aufgaben strukturierter und besser lösen können. Die Wirksamkeit von „Denkfit!" wird mit Hilfe eines Tests erfasst, der den Aufgaben, die während des Trainings bearbeitet wurden, sehr ähnlich ist. Um zu prüfen, ob sich allgemeine Fähigkeiten des logischen Schlussfolgerns durch das Training verbessert haben (Anforderungstransfer), ist der Test nicht geeignet. Anforderungstransfer wird bei „Denkfit" mit Hilfe eines anderen Tests erfasst, der aus Aufgaben besteht, die zwar zur Lösung ähnliche logische Denkfähigkeiten erfordern, sich jedoch von den im Training bearbeiteten Aufgaben unterscheiden. Nur so ist es möglich, einen echten Transfereffekt zu bestimmen.

Neutralität gegenüber der Intervention. Werden zwei (oder mehrere) Interventionen hinsichtlich ihrer Wirksamkeit miteinander verglichen, so ist es wichtig, dass die Wirksamkeitsindikatoren so konstruiert sind, dass sie nicht eine Intervention selektiv begünstigen oder benachteiligen.

Soziale Kompetenz oder Selbstverteidigung?

Die Evaluatorin Sabine H. erhält den Auftrag, zwei Maßnahmen zur Förderung sozialer Kompetenzen bei jugendlichen Straftätern hinsichtlich ihrer Wirksamkeit miteinander zu vergleichen: Bei der einen Maßnahme handelt es sich um ein Kommunikationstraining, bei der anderen Maßnahme um einen Selbstverteidigungskurs, der das Selbstvertrauen und die soziale Wahrnehmung verbessern soll. Als Wirksamkeitskriterium wird erfasst, inwiefern die Straftäter soziale Kompetenzen erworben haben. Sabine H. überlegt sich, dass sie soziale Kompetenz am ehesten mit Hilfe eines Rollenspiels messen kann: In diesem Spiel wird eine Situation nachgestellt, in der die Teilnehmer zusammen mit anderen in einer Warteschlange stehen; plötzlich drängelt sich eine weitere Person in der Schlange vor. Aufgabe der Teilnehmer ist es, auf diese Situation „sozial kompetent" zu reagieren. Die Szene wird gefilmt und anschließend drei unabhängigen Beurteilern gezeigt. Diese Beurteiler sollen einschätzen, ob das Verhalten der „getesteten" Person als sozial kompetent zu bezeichnen ist. Sabine H. findet heraus, dass die Teilnehmer, die das Kommunikationstraining absolviert haben, in diesem Test wesentlich besser abschneiden als die Teilnehmer des Selbstverteidigungskurses. „Kein Wunder!", sagen ihre Supervisoren. Der „Rollenspieltest" ähnelt ja auch viel stärker dem, was im Rahmen des Kommunikationstrainings vermittelt wurde. Der hier realisierte Wirksamkeitsindikator begünstigt also das Kommunikationstraining und benachteiligt entsprechend den Selbstverteidigungskurs.

Angemessene Schwierigkeit. Das Wirksamkeitskriterium muss so operationalisiert werden, dass es sowohl die Voraussetzungen und Eigenschaften der Zielgruppe als auch die entsprechenden Randbedingungen beachtet: Der Indikator darf − für die jeweilige Zielgruppe und unter den gegebenen Randbedingungen − weder zu leicht noch zu schwer sein (→ Schwierigkeit). Es würde zur Ermittlung des Lernerfolg von Mathematikunterricht in der 3. Klasse weder Sinn machen, das Einmaleins abzuprüfen (zu leicht), noch würde es Sinn machen, Kurvendiskussionen durchzuführen (zu schwer).

Optimale Änderungssensitivität. Die Wirksamkeit einer Maßnahme wird oft mit Hilfe von Vorher-Nachher-Messungen erfasst (s. Kap. 4): Wissenszuwachs stellt hierfür ein Beispiel dar. Wissenszuwachs bedeutet, dass im Vortest weniger Wissen vorhanden ist als im Nachtest. Ein Anstieg der Problemlösefähigkeit bedeutet, dass die Teilnehmer die Aufgaben im Nachtest schneller oder besser lösen können als im Vortest. Aggressionsreduktion bedeutet, dass die Aggression im Vortest höher war als im Nachtest. Die Indikatoren, die zur → Operationalisierung der Wirksamkeit einer Maßnahme herangezogen werden, müssen eine optimale → Änderungssensitivität besitzen, um solche Veränderungen auch widerspiegeln zu können.

> **!**
>
> Optimale Änderungssensitivität ist typischerweise unter zwei Bedingungen **nicht** gewährleistet:
> (1) wenn der jeweilige Indikator eine zu hohe (oder eine zu niedrige) Schwierigkeit hat und/oder
> (2) wenn der jeweilige Indikator zeitlich sehr stabile Merkmale misst.

Zum ersten Punkt: Ist eine Aufgabe zu schwer, wird sie weder vorher noch nachher lösbar sein; ist sie zu leicht, löst man sie nachher, aber auch schon vorher. Zu schwere und zu leichte Aufgaben besitzen also per se keine gute Änderungssensitivität.

Zum zweiten Punkt: Ist der Wirksamkeitsindikator auf die Erfassung eines (stabilen) Persönlichkeitsmerkmals ausgelegt, so kann so gut wie keine Änderung angezeigt werden. Veränderungen lassen sich nur dann messen, wenn die gemessene Variable auch zeitlich variabel sein kann. Stabilität und Änderungssensitivität stehen sich demnach diametral gegenüber!

Beispiel

Ist die Aggression in Klasse 9a zurückgegangen?

In der Klasse 9a des Hilda-Gymnasiums wurde über 15 Wochen hinweg ein Anti-Aggressions-Training durchgeführt. Die Wirksamkeit des Trainings soll durch zwei unabhängige Experten evaluiert werden. Die Forscher entscheiden sich für die Erfassung von Aggression mit Hilfe einer Fremdeinschätzung, d. h. sie befragen alle Lehrerinnen und Lehrer, die in der 9a unterrichten, nach der Aggressivität jedes einzelnen Schülers in der Klasse. Die Befragung findet vor (1. Zeitpunkt) und nach dem Training (2. Zeitpunkt) statt. Die drei Fragen, die zu beantworten sind, lauten:

(1) „Hat der Schüler/die Schülerin ... in der vergangenen Woche einmal etwas Böses oder Freches zu einem seiner Mitschüler gesagt?"

(2) „Hat der Schüler/die Schülerin ... in der vergangenen Woche einen seiner/ihrer Klassenkameraden krankenhausreif geschlagen?"

(3) „Ist Schüler bzw. Schülerin ... ein aggressiver Mensch?"

Leider ergibt sich auf keiner der drei Fragen ein Unterschied zwischen Vortest und Nachtest: Es sieht so aus, als habe das Training überhaupt nichts gebracht. Kein Wunder, wenn man sich die Fragen genauer anschaut: Frage 1 ist „zu leicht", denn welches Kind sagt innerhalb einer Woche kein einziges Mal etwas Böses oder Freches zu seinen Mitschülern? Frage 2 ist „zu schwer", denn eine Schlägerei mit Krankenhausfolgen wird wahrscheinlich eher selten vorkommen. Frage 3 ist nicht änderungssensitiv, da hier ein stabiles Persönlichkeitsmerkmal erfasst wird. Anders gesagt: Ein Schüler kann – vorher wie nachher – ein „aggressiver Mensch" sein, und dennoch könnte das Anti-Aggressions-Training dazu beigetragen haben, dass er seine Aggressivität besser kontrollieren kann.

Reliabilität. Um die → Reliabilität einer Messung empirisch bestimmen zu können, muss dasselbe Merkmal mindestens zweimal gemessen werden. Die Korrelation zwischen diesen beiden Messungen dient als Schätzer für die Reliabilität. Die beiden Messungen können dabei

▶ aus zwei unterschiedlichen Messinstrumenten stammen, die beide das gleiche Merkmal erfassen. Dieses Vorgehen nennt man Paralleltestmethode, bei der z. B. zwei Beobachter die gleiche Person einschätzen oder zwei Tests benutzt werden, die das gleiche Merkmal erfassen, aber aus unterschiedlichen Items bestehen.

▶ aus einem Messinstrument stammen, das mehrere Indikatoren (Items) umfasst, wobei die Items in zwei oder mehrere unterschiedliche Subskalen oder Subtests aufgeteilt werden (Testhalbierungs- bzw. Testunterteilungsmethode).

▶ aus zwei Messungen stammen, die zu unterschiedlichen Zeitpunkten mit dem gleichen Messinstrument durchgeführt werden (Testwiederholungsmethode). Diese Methode ist nur für Merkmale geeignet, die über die Zeit interindividuell stabil bleiben.

Validität. Die → Validität einer Messung kann ebenfalls über Korrelationen empirisch bestimmt werden. Dabei bedient man sich externer Kriterien, von denen im Idealfall bekannt ist, dass sie das entsprechende Merkmal valide messen. Solche externen Kriterien können aus

▶ Leistungs- oder Verhaltensmaßen bestehen, die durch die in Frage stehende Messung vorhergesagt werden sollen (prädiktive Validität): So kann etwa die prädiktive Validität der Abiturnote über ihre Korrelation mit dem späteren Berufserfolg ermittelt werden.

▶ Leistungs- oder Verhaltensmaßen bestehen, die ihrerseits Indikatoren des zu messenden latenten Konstrukts sind (Kriteriumsvalidität): So könnte die Kriteriumsvalidität eines Tests zur Messung von Extraversion etwa über die Korrelation mit der Anzahl von Partys ermittelt werden, die die Testpersonen innerhalb des letzten Monats besucht haben.

▶ aus anderen Messmethoden bestehen, die das gleiche Merkmal messen (konkurrente Validität): So ist eine hohe Korrelation zwischen zwei Fremdbeurteilungen durch geschulte Beobachter nicht nur ein Hinweis auf gute Messgenauigkeit (hohe Reliabilität), sondern auch auf die Validität beider Messungen.

Eine spezielle Form der Validität, die Konstruktvalidität, basiert auf zwei Voraussetzungen, die gleichzeitig gegeben sein müssen:

(1) Das Messinstrument soll mit anderen Instrumenten, die mit Hilfe einer anderen Methode das gleiche Merkmal messen, hoch korrelieren (konvergente Validität).

(2) Das Messinstrument soll mit anderen Instrumenten, die mit Hilfe der gleichen oder einer anderen Methode ein anderes Merkmal messen, niedrig korrelieren (diskriminante Validität).

9.1.4 Einschränkung der Validität von Wirksamkeitsindikatoren

Soziale Erwünschtheit. Mit einer Validitätseinbuße aufgrund → sozialer Erwünschtheit ist immer dann zu rechnen, wenn man ein Merkmal mit einer starken normativen Valenz messen will. Menschen geben nicht gerne zu, dumm, aggressiv, rassistisch, ängstlich, cholerisch usw. zu sein. Insofern ist bei der expliziten Selbsteinschätzung dieser Merkmale mit motivierten Verfälschungstendenzen zu rechnen. Allerdings gibt es auch interindividuelle Unterschiede in der Neigung zur sozialen Erwünschtheit: Einige Personen sind sehr bemüht, ein positives Bild von sich nach außen abzugeben, anderen ist das relativ egal. Eine Möglichkeit, den Fehlereinfluss → sozialer Erwünschtheit zu verringern, besteht darin, an die Ehrlichkeit der Testpersonen zu appellieren, und darauf hinzuweisen, dass es keine richtigen und falschen, keine guten und keine schlechten Antworten gibt, und dass die Testwerte nicht zu einer persönlichen Bewertung der Person verwendet werden. Neben solchen Ehrlichkeitsinstruktionen gibt es auch die Möglichkeit, die soziale Erwünschtheitsneigung einer Person mit Hilfe geeigneter Instrumente zu messen und anschließend die Messwerte um den Einfluss sozialer Erwünschtheit statistisch zu bereinigen (→ Auspartialisierung).

Aufforderungscharakter. Eine zweite Störquelle ist der → Aufforderungscharakter einer Untersuchungssituation. Testpersonen bilden Hypothesen darüber, was mit dem Test eigentlich gemessen werden soll und wozu die Testwerte letzten Endes verwendet werden. Hierfür liefert die Untersuchungssituation mehr oder weniger subtile Hinweisreize (→ Demand Characteristics). Die Verarbeitung solcher Hinweisreize führt schließlich zu individuellen Hypothesen der Testpersonen über den Sinn und Zweck der Untersuchung. Will man bspw. die Wirksamkeit eines Trainings zur Förderung kommunikativer Kompetenzen evaluieren und verwendet hierzu einen Test, der den Lerngewinn durch das Training mit Hilfe einer Selbsteinschätzung messen soll, so ist allen Testpersonen klar, dass sie möglichst hohe Werte erreichen sollen. Hier liegt die Untersuchungshypothese „Das Training hat einen hohen Lerngewinn bewirkt" ja quasi direkt auf der Hand.

Welchen Effekt ein solcher Aufforderungscharakter hat, hängt nicht nur davon ab, ob die Testpersonen die Untersuchungshypothese richtig erkennen oder nicht, sondern auch von ihrer Motivation, der in der Hypothese implizierten Erwartung Folge zu leisten. „Gute Testpersonen" möchten dem Evaluator oder Trainer eher einen Gefallen erweisen und tragen damit zu einer artifiziellen Bestätigung der Wirksamkeitshypothese bei. Es kann aber durchaus auch „destruktive Testpersonen" geben, die dem Evaluator oder Trainer einen Strich durch die Rechnung machen wollen und daher zu einer artifiziellen Widerlegung der Wirksamkeitshypothese beitragen. Möglichkeiten, den Aufforderungscharakter einer Untersuchungssituation zu minimieren, bestehen darin,

▶ die Testpersonen um eine ehrliche Antwort zu bitten;
▶ die Wirksamkeitsindikatoren so objektivierbar und verhaltensnah wie möglich zu konstruieren, so dass sie weniger verfälschbar sind;
▶ Messmethoden zu verwenden, bei denen sich die Testpersonen nicht bewusst sind, dass sie gerade dabei sind, Daten abzugeben (z. B. verdeckte Beobachtung);
▶ die Testpersonen nach der Untersuchung ausführlich darüber zu befragen, welche Hypothese sie hinter der Untersuchung vermuten und inwiefern sie möglicherweise motiviert waren, diese Hypothese zu bestätigen oder zu widerlegen. In diesem Fall kann eine getrennte Auswertung der Daten erfolgen, um Unterschiede zwischen Personen mit unterschiedlichen Annahmen zu überprüfen.

Hawthorne-Effekt. Der → Hawthorne-Effekt besagt, dass die empirisch nachgewiesene Wirksamkeit einer Interventionsmaßnahme möglicherweise gar nichts mit dem Inhalt der Intervention zu tun hatte, sondern lediglich darauf zurückzuführen ist, dass mit den Personen überhaupt irgendetwas durchgeführt wurde bzw. dass eine Messung stattgefunden hat. Allein die Tatsache, dass etwas passiert, erhöht die Motivation der Teilnehmer, gute Leistungen zu zeigen, positive Werte abzugeben, sich besonders positiv und „sozial erwünscht" zu verhalten usw.

Untersuchungen in den Hawthorne-Werken der Firma General Electrics in Chicago in den 1930er Jahren ergaben, dass Fabrikarbeiter dann mehr arbeiteten, wenn sie wussten, dass sie untersucht wurden. In diesen Untersuchungen (z. B. Mayo, 1933) sollte untersucht werden, inwiefern verschiedene Beleuchtungsstärken in der Fabrik sich auf die Arbeitsleistung auswirken würden. Das Ergebnis war: Es gab überhaupt keinen Unterschied zwischen den experimentellen Bedingungen! Alle Fabrikarbeiter waren durch die Tatsache, dass überhaupt eine solche Untersuchung stattfand, so motiviert, dass sie – unabhängig von der Beleuchtungsstärke – ein Höchstmaß an Leistung zeigten.

Rosenthal- oder Pygmalioneffekt. Der → Rosenthal- oder → Pygmalioneffekt (Rosenthal, 1966) beschreibt eine weitere Quelle der Validitätseinschränkung durch systematische äußere Einflüsse. In diesem Fall übt der Testleiter, d. h. der Evaluator selbst, diesen Einfluss aus. Rosenthal (1966) hat auf die Gefahr hingewiesen, dass der Versuchsleiter, insbesondere dann, wenn er ein bestimmtes empirisches Ergebnis für wünschenswert hält, den Testpersonen subtile Signale sendet. Diese Signale führen letzten Endes dazu – im Sinne einer sich selbst erfüllenden Prophezeiung –, dass die Testpersonen das erwünschte Verhalten tatsächlich zeigen. So ist es vorstellbar, dass ein Evaluator, der die Teilnehmer eines Führungskräftetrainings nach Abschluss der Maßnahme über ihre Lerngewinne interviewt, durch subtile Bekräftigungen (Mimik, leichtes Kopfnicken, bewertende Kommentare usw.) bewirkt, dass die Teilnehmer genau das sagen, was der Evaluator hören will.

9.2 Qualitative Methoden der Datengewinnung

Während die Wirksamkeit einer Maßnahme und ihre Effizienz am ehesten mit quantitativen Methoden der Datengewinnung operationalisiert werden, bieten sich zur Ermittlung des Bedarfs, der Konzeptionsqualität und der → Ausführungsintegrität eher qualitative Methoden an. Ein Hauptgrund für diesen Unterschied ist, dass mit einer → Bedarfs- oder einer → Konzeptionsanalyse sowie einer Prüfung der Ausführungsintegrität eher das Ziel verbunden ist, offene Fragen zu klären anstatt vorformulierte Hypothesen zu prüfen.

Typische qualitative Methoden. Zu den typischen „qualitativen Verfahren" gehören im Wesentlichen:
▶ die Befragung (qualitatives Interview, Gruppendiskussionsverfahren),
▶ die Beobachtung (qualitative Feldforschung, teilnehmende oder nicht-teilnehmende Beobachtung) und
▶ die qualitative Inhaltsanalyse (z. B. von Texten, Filmen, Dokumenten).
Weitere häufig verwendete qualitative Methoden sind die Biografieanalyse, die Aktionsforschung sowie interpretative Verfahren, etwa projektive Tests.
Die unterschiedlichen Formen qualitativer Methoden der Datengewinnung wurden von Mayring (2000) gut zusammengefasst. Wie sie im Evaluationskontext sinnvoll einzusetzen sind, ist bei Rossi et al. (2004) oder Posavac und Carey (1992) beschrieben. Hier wollen wir lediglich auf eine konkrete Methode näher eingehen: das narrative Interview (Bernart & Krapp, 2005).

Narratives Interview. Beim narrativen Interview steht die subjektive Sicht des Interviewpartners im Vordergrund. Ziel dieser Methode ist es, den Interviewpartner zum Erzählen zu animieren, um subjektive Bedeutungsstrukturen zu einem Thema herauszuarbeiten. Das narrative Interview beginnt mit der Aufforderung, zu einem bestimmten Thema (z. B. Bewältigung kritischer Lebensereignisse) eine Geschichte aus dem eigenen Leben, eine bestimmte Episode, ein Schlüsselerlebnis usw. zu erzählen. Der Interviewer greift nicht ein, es sei denn, der rote Faden der Erzählung geht verloren. Das narrative Interview besteht aus vier Phasen.

(1) Erzählstimulierung: Vorstellung und Begründung des Themas; Herstellen einer Vertrauensbasis; Gelegenheit für den Interviewpartner, sich eine Erzählung zurechtzulegen;

(2) Erzählung – ohne Eingreifen; es sei denn, der rote Faden geht verloren;

(3) gezieltes Nachfragen seitens des Interviewers;

(4) Abschluss.

Beispiel

Problemanalyse in einer Firma

In der Computerfirma HardSoft kriselt es. Die Fehlzeiten der Mitarbeiter häufen sich, die Belegschaft ist unmotiviert, Teamprojekte gelingen nicht. Das Management beschließt die Einführung einer geeigneten Maßnahme unter Zuhilfenahme externer Trainer bzw. Berater. Unsicher ist man sich hingegen über die Art und den Umfang der Maßnahme. Die Manager erkennen, dass eine Problem- und → Bedarfsanalyse an dieser Stelle das Mittel der Wahl ist. Sie beauftragen zwei Evaluatoren mit einer solchen Bedarfsanalyse. Diese beginnen ihre Untersuchung mit narrativen Interviews, die sie mit ausgewählten Vertretern der verschiedenen Teams führen. Die Vorgabe für die subjektive Erzählung lautet „Was ist das aktuelle HardSoft-Problem?". Viel Zeit verwenden die Evaluatoren darauf, eine Vertrauensbasis herzustellen, da die Interviewpartner zunächst fürchten, die Evaluatoren seien parteiisch und verträten die Interessen einer bestimmten Seite. Anschließend wird jeder Interviewpartner aufgefordert, eine persönliche Geschichte zu seiner beruflichen Geschichte und Karriere bis hin zur aktuellen Situation zu erzählen. Erst nach dieser Erzählung stellen die Evaluatoren gezielt Fragen zu einzelnen Aspekten der Erzählung, zu subjektiven Modellen der Interviewpartner in Bezug auf die Art des Problems, die Gründe, die Verantwortlichen sowie mögliche Lösungsmöglichkeiten.

Zur Auswertung der narrativen Interviews bedienen sich die Evaluatoren der Methode der zusammenfassenden Inhaltsanalyse. Diese erlaubt es, wörtliche Transkriptionen zu strukturieren und thematisch zu ordnen. Die Evaluatoren entdecken, dass sich durch alle Interviews ein gemeinsames Thema zieht: Unsicherheit bezüglich der Auftragslage und des aktuellen konjunkturellen Zustands der Firma. Die Mitarbeiter sorgen sich offensichtlich alle um ihren Arbeitsplatz. Das Management beschließt daraufhin Umstrukturierungen hinsichtlich der Kommunikation zwischen Management und Beschäftigten: Über die Lage der Firma wird ab sofort in regelmäßig stattfindenden Gesprächen mit Mitarbeitervertretern informiert.

Gütekriterien qualitativer Forschung. Auch die qualitative Forschung basiert auf → Gütekriterien (s. Mayring, 2000). Diese Kriterien lassen sich naturgemäß nur bedingt mit den psychometrischen Gütekriterien quantitativer Forschung vergleichen. Dennoch lassen sich zu den psychometrischen Hauptgütekriterien → Objektivität, → Reliabilität und → Validität einige Ähnlichkeiten erkennen bzw. konstruieren, wie man im Folgenden nachvollziehen kann:

▶ Genauigkeit und Transparenz bei der Verfahrensdokumentation ⇔ Objektivität
▶ Regelgeleitetheit des Vorgehens ⇔ Objektivität
▶ Argumentative Absicherung von Interpretationen und Deutungen ⇔ Objektivität; Validität

- ▶ Nähe zum Untersuchungsgegenstand (natürliche Lebenswelt) ⇔ (externe) Validität
- ▶ Kommunikative Validierung (im Diskurs mit den Beforschten) ⇔ Validität
- ▶ Triangulation (unterschiedliche Indikatoren vergleichen und auf Konsistenz hin überprüfen) ⇔ Reliabilität; Validität.

9.3 „Checkliste" zur Konstruktion von Messinstrumenten

Für die Konstruktion von Instrumenten zur → Operationalisierung von Evaluationskriterien hat Fink (1995) eine Art Checkliste vorgeschlagen:

- ▶ Welche Konstrukte müssen erhoben werden? Sind sie genau und spezifisch genug definiert bzw. expliziert, um überhaupt eindeutig operationalisiert zu werden?
- ▶ Kann man auf verfügbare Instrumente (z. B. standardisierte und normierte Tests) zurückgreifen oder muss ein eigenes Messinstrument konstruiert werden?
- ▶ Wurden verfügbare Instrumente zuvor in ähnlichen Kontexten eingesetzt, und haben sie sich dort als psychometrisch geeignet erwiesen?
- ▶ Falls ein neues Instrument konstruiert werden muss: Stehen die entsprechenden Ressourcen für seine Entwicklung zur Verfügung?
- ▶ Stehen genügend Ressourcen zur Verfügung, um das gewählte Instrument wie vorgesehen einzusetzen?
- ▶ Können die Teilnehmerinnen und Teilnehmer mit dem gewählten Instrument umgehen (verstehen sie die Fragen bzw. das Antwortformat, können sie schreiben usw.)?
- ▶ Liegen gegebenenfalls nötige Einverständniserklärungen für die Erhebung von Daten vor (z. B. von Eltern oder dem Betriebsrat)?
- ▶ Inwiefern haben die an der Evaluation bzw. an der Maßnahme Beteiligten Vertrauen in die Aussagekraft des Instruments?

9.4 Zusammenfassung

Methoden der Datengewinnung. In diesem Kapitel wurden quantitative und qualitative Methoden der Datengewinnung für unterschiedliche Evaluationsfragestellungen skizziert. Quantitative Methoden sind dabei für jene Fragestellungen eher geeignet, die hypothesentestend angelegt sind und bei denen eine Quantifizierung des Evaluationskriteriums inhaltlich sinnvoll erscheint (Wirksamkeit, Effizienz, ggf. Bedarf). Qualitative Methoden sind eher für jene Fragestellungen geeignet, die hypothesengenerierend angelegt sind und bei denen eine reine Quantifizierung dem Evaluationskriterium allein nicht gerecht würde (Problemanalyse, Konzeptionsqualität, Ausführungsintegrität usw.).

Wirksamkeit. In Bezug auf das Evaluationskriterium Wirksamkeit wurde festgestellt, dass im Einzelfall zunächst meist eine Präzisierung nötig ist. Es ist Aufgabe des Evaluators, gegebenenfalls gemeinsam mit den Auftraggebern der Untersuchung zu ermitteln,

- ▶ in welchen Phänomenbereichen sich die Wirksamkeit manifestieren sollte, d. h. welche Konstrukte gemessen werden sollen,
- ▶ in welchen Modalitäten das zu messende Phänomen vorliegt,

► welche Facetten des Konstrukts zur Messung herangezogen werden sollen,

► welche Datenquellen für das Konstrukt am ehesten informativ und geeignet sein dürften und

► welche Methoden zur Datengewinnung am ehesten angemessen erscheinen.

Multimodale und multimethodale Erfassung. In den meisten Fällen zeigt sich die Wirksamkeit einer Maßnahme in mehreren Bereichen. Als Konsequenz ergibt sich daraus die Notwendigkeit, unterschiedliche Konstrukte zu erfassen. Diese Konstrukte sollten multimodal und multimethodal gewonnen werden (multimodale und multimethodale Diagnostik). Damit können Wirksamkeitshypothesen spezifischer geprüft und Phänomenbereiche umfassender untersucht werden. Korrelieren die unterschiedlichen Modalitäten bzw. Methoden zu einem gewissen Mindestmaß miteinander, so kann es außerdem sinnvoll sein, Messungen über verschiedene Indikatoren hinweg zu aggregieren. Aggregierte Maße haben den Vorteil, dass sie – unter bestimmten Umständen – gegenüber Einzelindikatoren eine höhere Reliabilität und eine höhere Validität besitzen.

Messmodell. Konstrukte, die nicht direkt empirisch beobachtbar sind, müssen indirekt erfasst werden. Hierzu ist die Entwicklung eines Messmodells notwendig, das die Beziehung zwischen dem latenten Konstrukt und den manifesten Indikatoren spezifiziert. Solche Messmodelle können auf ihre Gültigkeit hin getestet werden (z. B. mit Hilfe konfirmatorischer Faktorenanalysen).

Gütekriterien. Wirksamkeitsindikatoren müssen bestimmte Gütekriterien erfüllen. Hierbei ist es nicht nur notwendig, dass sie ausreichend reliabel (messgenau bzw. messfehlerfrei) und valide sind (d. h. tatsächlich das messen, was gemessen werden soll), sondern zusätzlich

► eine inhaltliche Symmetrie zum Interventionsgegenstand aufweisen,

► neutral gegenüber der Art der Intervention,

► den Eigenschaften der Evaluationsstichprobe sowie den Randbedingungen angemessen und

► gegebenenfalls änderungssensitiv sind.

In aller Regel lassen sich die psychometrischen Gütekriterien einer Messung empirisch bestimmen. Die Reliabilität und die Validität eines Messinstruments werden vor allem über Korrelationen mit anderen Messinstrumenten, über Messzeitpunkte hinweg oder mit externen Kriterien ermittelt.

Einschränkungen der Validität bei empirischen Messungen ergeben sich im Rahmen von Evaluationsuntersuchungen insbesondere durch soziale Erwünschtheit, den Aufforderungscharakter einer Untersuchungssituation (Demand Characteristics) sowie den Hawthorne- und den Rosenthal-Effekt.

Qualitative Methoden. Anschließend wurden einige qualitative Methoden der Datengewinnung dargestellt. Zu diesen gehören vor allem Befragungs-, Beobachtungs- sowie inhaltsanalytische Methoden. Das narrative Interview ist eine spezielle qualitative Befragungsmethode. Schließlich wurden allgemeine Gütekriterien der qualitativen Forschung und deren Bezug zu psychometrischen Gütekriterien der quantitativen Forschung dargestellt.

9.5 Übungsaufgaben

(1) Eine Methode zur Diagnose von Brustkrebs ist die Mammografie. Über die Eigenschaften dieser Methode wird immer wieder sehr kontrovers diskutiert. In der Süddeutschen Zeitung vom 20. 10. 2006 (Nr. 242, Seite 20) ist zu lesen:

„Für die Auswertung der Bilder sind Spezialisten zuständig, deren Augen auf verräterische Muster trainiert sind. Auch sie können irren: Je nach Alter der Frau sind neun von zehn positiven Befunden falsch. Dem Fehlalarm folgen belastende Untersuchungen und eine Zeit großer Sorgen, bevor der Arzt die Frau beruhigen kann. Die Zahl der Patientinnen, die statistisch gesehen von der Untersuchung profitieren, ist viel geringer."

    (1.1) Welche Haupt- und Nebengütekriterien sind – diesem Bericht zufolge – bei der Mammografie also offenbar nicht ausreichend erfüllt?

    (1.2) Auf welche Gütekriterien würde es sich positiv auswirken, wenn die diagnostische Auswertung eines Mammografiebildes von mehreren Ärzten durchgeführt wird?

(2) Wie könnte eine multimodal und multimethodal angelegte Untersuchung zur Evaluation der Wirksamkeit eines Bewerbertrainings aussehen, wenn das Ziel des Trainings in der Fähigkeit zur positiven Selbstdarstellung besteht?

(3) Könnten Sie sich vorstellen, dass Leistungsbeurteilungen im PISA-Test durch Hawthorne-Effekte beeinflusst sein könnten? Wie könnte dieser Effekt zustande kommen?

(4) Sie haben den Auftrag, die Wirksamkeit zweier Unterrichtsformen in der Schule vergleichend zu evaluieren. Mit welchen Mitteln können Sie verhindern, dass Ihre Ergebnisse durch Rosenthal-Effekte beeinflusst werden?

Weiterführende Literatur

Die Frage, welche Gütekriterien an Evaluationskriterien im Rahmen von Wirksamkeitsevaluationen angelegt werden sollten, wird erörtert bei:

▶ Hager, W. & Hasselhorn, M. (2000). Einige Gütekriterien für Kriteriumsmaße bei der Evaluation von Interventionsprogrammen. In W. Hager, J.-L. Patry & H. Brezing (Hrsg.), Handbuch Evaluation psychologischer Interventionsmaßnahmen. Standards und Kriterien (Kap. 10, S. 169–179). Bern: Huber.

In den Kapiteln 8 und 9 des folgenden Buches geht es um die Frage, mit welchen Kriterien die Wirksamkeit sozialer Programme erfasst werden kann.

▶ Rossi, P.H., Freeman, H.E. & Lipsey, M.W. (2004). Evaluation. A systematic approach (Chapter 8 & 9, pp. 233–300). Thousand Oaks, CA: Sage.

Die Probleme und Chancen einer multimodalen und multimethodalen Diagnostik (bzw. Evaluation) werden sehr umfassend in folgendem Beitrag behandelt:

▶ Schmitt, M. (2006). Conceptual, theoretical, and historical foundations of multimethod assessment. In M. Eid & E. Diener (Eds.), Handbook of multimethod measurement in psychology (Chapter 2, pp. 9–25). New York: American Psychological Association.

Weitere Informationen zum narrativen Interview sowie Beispiele für dieses finden Sie in der folgenden Monografie:

▶ Bernart, Y. & Krapp, S. (2005). Das narrative Interview. Ein Leitfaden zur rekonstruktiven Interpretation (2. Aufl.). Landau: Verlag Empirische Pädagogik.

10 Designfragen: Planung von Evaluationsuntersuchungen

Was Sie in diesem Kapitel erwartet

Sie haben bei einer großen Dienstleistungsfirma eine Coaching-Maßnahme evaluiert, schauen nun auf die Ergebnisse und sind begeistert: Ihre Teilnehmer haben hinterher eine höhere Arbeitszufriedenheit als vorher! Nach und nach kommen Ihnen jedoch für diesen Befund allerlei Alternativerklärungen in den Sinn, die den Prä-Post-Unterschied erklären können, aber gar nicht unbedingt etwas mit dem Coaching zu tun haben müssen: Möglicherweise waren sich die Teilnehmer einfach gegenseitig sympathisch, oder sie haben sich über die Abwechslung vom Job gefreut, oder sie woll-

ten Ihnen einen Gefallen tun, oder … Die Qualität einer Wirksamkeitsevaluation hängt entscheidend davon ab, wie groß der Interpretationsspielraum der empirischen Befunde ist. Generell gilt: Je kleiner der Interpretationsspielraum, d. h. je eindeutiger die Effekte interpretiert werden können, desto besser. In diesem Kapitel lernen Sie einige Grundbegriffe und Techniken der Versuchsplanung kennen, die Sie im Rahmen von Wirksamkeitsevaluationen zur Steigerung der Qualität Ihrer Untersuchung anwenden können (und sollten).

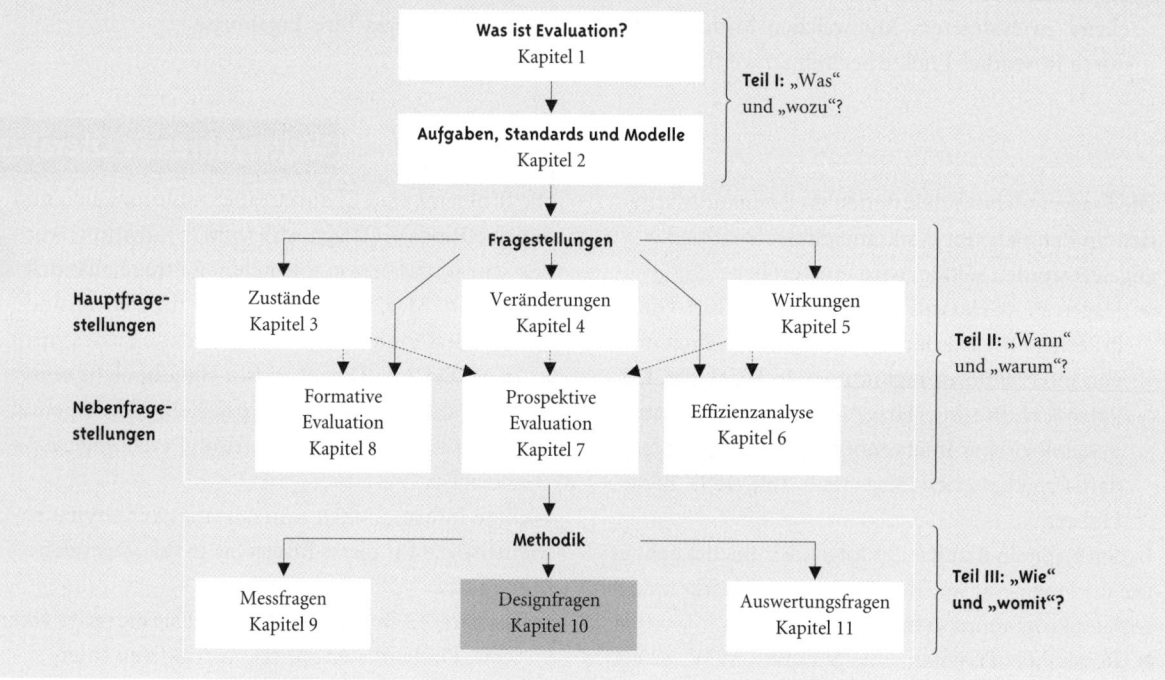

Bei Wirksamkeitsevaluationen geht es um die Frage, ob eine Interventionsmaßnahme auch tatsächlich den gewünschten Effekt erzielt hat. In dieser Frage sind zwei Teilfragen enthalten:
(1) Gibt es einen Effekt in der erwarteten Richtung?
(2) Ist dieser Effekt tatsächlich auf die Intervention zurückzuführen?

Effekt. Wenn wir im Folgenden von einem Effekt sprechen, dann meinen wir eine Veränderung oder eine Abweichung auf den Wirksamkeitskriterien – den abhängigen Variablen (AV). Was die Wirksamkeitskriterien einer Maßnahme sind, ergibt sich aus dem Wirkmodell, das der Maßnahme zugrunde liegt (s. Kap. 5.1). Das Wirkmodell legt nahe, in welchen Phänomenbereichen mit einer → Wirkung zu rechnen sein dürfte, z. B. im kognitiven, im emotionalen oder im Verhaltensbereich. Innerhalb eines Phänomenbereichs müssen dann Wirksamkeitskonstrukte definiert werden, bspw.:

▸ aus dem kognitiven Bereich: Wissen über Krebserkrankungen
▸ aus dem emotionalen Bereich: Fähigkeit zum Mitfühlen bzw. Empathie
▸ aus dem Verhaltensbereich: aggressives Verhalten.

Diese Konstrukte müssen dann, wenn sie nicht direkt beobachtbar, d. h. latent, sind, in empirisch beobachtbare Größen überführt (operationalisiert) werden (s. Kap. 9.1).

Aus dem Wirkmodell sollten sich aber auch Hypothesen darüber ableiten lassen,

▸ welches Ausmaß die Wirkung vermutlich hat,
▸ wann mit einer Wirkung zu rechnen ist und wie lange sie anhält (Persistenzgradienten; s. Kap. 5.1.2) sowie
▸ von welchen Randbedingungen die Wirkung abhängt (→ Moderatorvariablen).

Das folgende Beispiel verdeutlicht, warum eine Klärung dieser Fragen so wichtig ist.

Beispiel

Neue Motivations-Events bei SuperSoft

In der Softwarefirma SuperSoft werden seit Anfang des Geschäftsjahres 2006 so genannte Motivations-Events für alle Mitarbeiterinnen und Mitarbeiter veranstaltet. Sie ähneln stark denjenigen, die bei größeren Hard- und Softwarefirmen in den USA bereits seit mehreren Jahren eingesetzt werden: Auf einer großen Party werden alle Mitarbeiter in Euphorie versetzt und auf die Firma eingeschworen. Der Chef von SuperSoft rechnet mit positiven Wirkungen auf die Arbeitsmotivation.

Die Evaluation dieser positiven Wirkungen überlässt er einem hauseigenen Informationstechniker, der gerade nichts anderes zu tun hat. Der Techniker konzentriert sich auf ein konkretes Wirksamkeitskriterium, nämlich die Anzahl von Überstunden, die die Mitarbeiter von SuperSoft machen, ohne sie anzurechnen. Bei SuperSoft werden die Login-Zeiten auf den jeweiligen Arbeitsplatzrechnern elektronisch registriert.

Vor 15 Tagen hat der Motivations-Event stattgefunden. Ein guter Grund für den Amateurevaluator, einmal auf die Verteilung der durchschnittlichen Anzahl Überstunden über die letzten 30 Tage einen Blick zu werfen (s. Abb. 10.1, S. 156). Die Originaldaten für dieses Beispiel finden Sie auf der CD.

Der Amateurevaluator fragt sich nun, was er jetzt mit diesen Daten machen soll. Seine erste Idee ist, die Überstunden am Tag vor dem Event (Tag 14: 1,24 Überstunden) mit denen am Tag danach (Tag 16: 0,57 Überstunden) zu vergleichen. Dann fällt ihm ein, dass ein Psychologe ihm einmal erzählt hat, dass eine Aggregation von Daten über Messgelegenheiten hinweg die → Reliabilität und die → Validität der Messung erhöhen kann (s. Kap. 9.1, S. 140/141). Also bildet er den Mittelwert über die 15 Tage vor dem Event ($\bar{x}_1 = 1{,}17$) und vergleicht ihn mit dem Mittelwert über die 15 Tage nach dem Event ($\bar{x}_2 = 0{,}88$; bitte rechnen Sie selbst nach!). Das spricht auf den ersten Blick gegen die Wirksamkeit des Events. Aber man sieht doch schon mit bloßem Auge, dass die durchschnittlichen Überstunden direkt nach dem Event (zwischen Tag 16 und Tag 21) stark ansteigen. Was tun? Dem Evaluator wird so langsam Folgendes klar:

▸ Es gäbe prinzipiell sehr viele Möglichkeiten, das Datenmaterial auszuwerten. Dieser Möglichkeitsraum hätte im Vorhinein durch ein Wirkmodell eingeschränkt werden können, aus dem sich möglichst spezifische empirische Hypothesen darüber

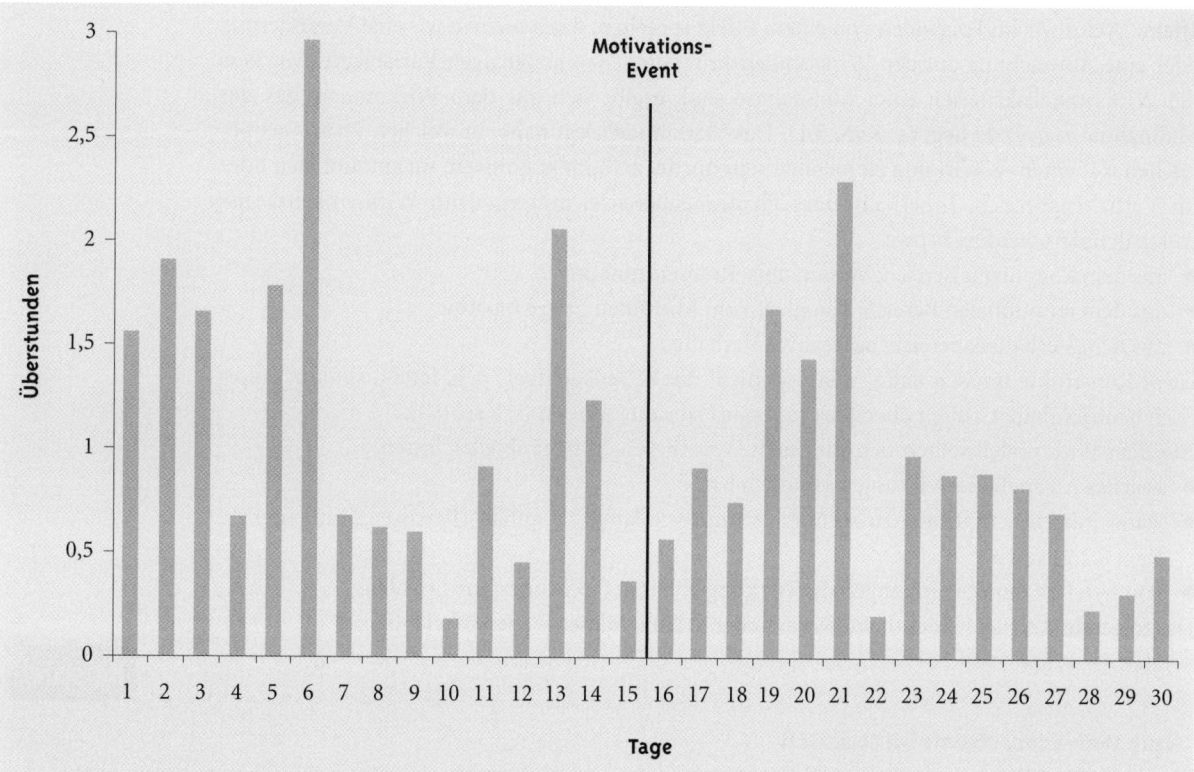

Abbildung 10.1. Durchschnittlich registrierte Anzahl der Überstunden vor und nach dem Motivations-Event der Firma SuperSoft

ableiten lassen, wann mit einer → Wirkung zu rechnen ist und wie lange sie anhält.

▶ Die Schwankungen über die Tage innerhalb des Monats hinweg sind bereits in sich mehrdeutig. Vielleicht sind ja auch die Überstundenanstiege an den Tagen nach dem Event (Tag 16–21) auch nur auf Gründe zurückzuführen, die mit dem Event überhaupt nichts zu tun haben.

▶ Darüber hinaus wäre es notwendig gewesen, eine Hypothese über das erwünschte oder erwartete Ausmaß des Effekts zu haben, da man ansonsten nicht ohne weiteres beurteilen kann, ob ein empirischer Unterschied zwischen zwei Überstunden-Werten (oder Überstunden-Mittelwerten) tatsächlich praktisch bedeutsam ist oder nicht.

▶ Vielleicht manifestiert sich eine Steigerung der Arbeits**motivation** ja gar nicht in der Arbeits**dauer,**

sondern eher in anderen Parametern (z. B. einer höheren Arbeits**qualität**). Die Anzahl Überstunden ist also möglicherweise gar kein valider Indikator des latenten Konstrukts Arbeitsmotivation.

▶ Möglicherweise ist die Variable Login-Zeiten auch gar kein reliabler Indikator für die Arbeitszeit: Es könnte ja sein, dass einige Mitarbeiter zwar eingeloggt sind, in Wirklichkeit aber Pause machen oder nicht eingeloggt sind und von zuhause aus arbeiten usw.

Der Informationstechniker sieht nach diesem missglückten Evaluationsversuch ein, dass es nicht so einfach ist, die positiven Auswirkungen des Motivations-Events zu erfassen und dass offenbar zu einer sinnvollen Wirksamkeitsevaluation mehr gehört als nur zu wissen, wie man Login-Zeiten registriert.

Messfehler und Störvariablen. In Abbildung 10.1 ist zu sehen, dass es über die Tage hinweg beträchtliche Schwankungen gibt, die nichts mit der Intervention zu tun haben. Solche Schwankungen sind prinzipiell auf zwei Quellen zurückzuführen:

(1) Zufallsschwankungen und Messfehler (d. h. Unreliabilität der Messung)

(2) Schwankungen, die auf Ursachen zurückzuführen sind, die nichts mit einer eventuellen → Wirkung des Events zu tun haben und trotzdem die Werte der AV beeinflussen, z. B.:

- ▶ Am Tag A ist das Wetter schön; viele Mitarbeiter machen früher frei (wenige Überstunden);
- ▶ Am Tag B gibt es abends ein Unwetter; viele Mitarbeiter bleiben länger im Büro (viele Überstunden);
- ▶ Am Tag C bleiben viele länger im Büro, weil einen Tag später ein großer Projektauftrag fertig gestellt werden muss (viele Überstunden);
- ▶ Am Tag D feiert der Chef Geburtstag und gibt seinen Mitarbeitern ab mittags frei (wenige Überstunden).

Solche irrelevanten Einflussquellen nennt man Störvariablen. Sie beeinflussen sowohl die → Reliabilität als auch die → Validität der Messung und erschweren die Interpretierbarkeit der Messwerte. Eine perfekt störvariablenfreie Messung wäre natürlich höchst erstrebenswert, ist – zumindest in den Sozialwissenschaften – jedoch niemals zu realisieren.

Störvariablen und der Einfluss, den sie auf die Messung eines Wirksamkeitskriteriums ausüben, ziehen zwei problematische Konsequenzen nach sich:

(1) Sie sorgen für Fehlervarianz bei der statistischen Prüfung der Frage, ob eine Intervention wirksam war oder nicht. Diese Fehlervarianz erschwert den statistischen Nachweis einer potenziellen Wirksamkeit. Mit Hilfe statistischer Tests kann man versuchen herauszufinden, ob ein empirisches Ergebnis in Wirklichkeit nur auf Fehlervarianz zurückzuführen ist (s. Kap. 11).

(2) Sie können zu falschen Schlussfolgerungen über die Natur eines Effekts führen. So kann es sein, dass ein Effekt, der auf den ersten Blick für die Wirksamkeit einer Maßnahme spricht, in Wirklichkeit auf einen systematischen Einfluss von Störvariablen zurückzuführen ist.

10.1 Kausalität, Validität und Konfundierung

Zu zeigen, dass eine Interventionsmaßnahme einen Effekt, d. h. eine Veränderung im Wirksamkeitskriterium, nach sich zieht, ist eine Sache. Diese Veränderung kausal auf die Maßnahme zurückzuführen, ist eine andere Sache. Eine Evaluationsuntersuchung muss, insbesondere wenn es um einen Nachweis der Wirksamkeit oder der Effizienz einer Maßnahme geht, solche kausalen Schlussfolgerungen erlauben. Denn wenn man nicht nachweisen kann, dass der Effekt auf die Maßnahme zurückgeht, so kann man auch nichts über die Wirksamkeit der Maßnahme aussagen.

Interne Validität. Die → interne Validität ist ein → Gütekriterium, das beschreibt, inwiefern ein Untersuchungsdesign in der Lage ist, kausale Interpretationen zuzulassen oder nicht (s. Kap. 2.2 & Kap. 5.2). Ein Versuchsplan hat eine hohe interne Validität, wenn sichergestellt ist, dass ein Effekt der unabhängigen Variable (UV) auf die AV in der Tat kausal zu interpretieren ist, d. h. wenn plausible Alternativerklärungen für das Zustandekommen des Effekts ausgeschlossen werden können.

In dieser Definition ist von „manipulierten Versuchsbedingungen" die Rede. Solche Bedingungsmanipulationen konstituieren die UV eines → Evaluationsdesigns. Nehmen wir das folgende Beispiel: Ein Psychotherapeut möchte herausfinden, ob ein neuer therapeutischer Ansatz zur Reduktion von depressiver Verstimmtheit (neue Therapie) wirksamer ist als ein klassisch verhaltenstherapeutischer Ansatz (alte Therapie). Er behandelt also 20 Patienten nach der neuen, 20 weitere Patienten nach der alten Therapie. Die AV, also das Wirksamkeitskriterium, ist in diesem Design das Ausmaß an depressiver Verstimmung unmittelbar nach Beendigung der Therapie(n). Die unabhängige Variable liegt in zwei Abstufungen (Bedingungen) vor: Neue vs. alte Therapie. Um die Hypothese zu bestätigen, dass die neue Therapie wirksamer ist als die alte, muss der Therapeut also nun zunächst einmal nachweisen, dass sich die Werte auf der AV zwischen diesen beiden Bedingungen unterscheiden – das wäre der Effekt. Zusätzlich muss er natürlich noch nachweisen, dass dieser Effekt auch wirklich kausal auf einen systematischen Unterschied zwischen der neuen und der alten Therapie zurückzuführen ist. Steyer (1992) unterscheidet drei unterschiedlich strenge Kausalitätsbegriffe und identifiziert die Voraussetzungen, die erfüllt sein müssen, damit man – im jeweiligen Sinne – von Kausalität sprechen darf:

(1) strenge Kausalitätsbedingung,
(2) starke Kausalitätsbedingung und
(3) schwache Kausalitätsbedingung.

(1) Strenge Kausalitätsbedingung

Die strenge Kausalitätsbedingung ist erfüllt, wenn die AV nur von einer einzigen Einflussgröße beeinflusst ist, nämlich der UV. Dieser Begriff von Kausalität ist extrem restriktiv, denn er setzt voraus, dass es überhaupt keine Störvariablen gibt. In unserem Beispiel wäre die strenge Kausalitätsbedingung also dann erfüllt, wenn die Unterschiede zwischen den 40 Personen auf der AV „depressive Verstimmung", d. h. die Varianz der AV, lediglich auf den Unterschied zwischen der neuen und der alten Therapie zurückzuführen wäre. Diese Voraussetzung kann in naturwissenschaftlichen (z. B. physikalischen) Experimenten mit Hilfe sorgfältiger Kontroll- und Standardisierungstechniken realisiert werden, in den Sozialwissenschaften ist sie praktisch nie gegeben.

(2) Starke Kausalitätsbedingung

Dieser – etwas weniger restriktive – Kausalitätsbegriff erlaubt zwar, dass die AV von Störvariablen befallen ist. Die Beeinflussung der AV durch solche Störvariablen ist jedoch an zwei Voraussetzungen geknüpft:

(1) Die Störvariablen dürfen weder mit der UV korreliert sein,
(2) noch dürfen die Störvariablen mit der UV interagieren.

Korrelation zwischen UV und Störvariable. Nehmen wir bspw. an, der Psychotherapeut behandelt zunächst eine Gruppe von 20 Klienten über vier Monate hinweg (März bis Juni) mit der neuen Methode. Anschließend behandelt er eine weitere Gruppe von wiederum 20 Klienten über vier Monate hinweg (August bis November) mit der alten Methode, also verhaltenstherapeutisch. Der Therapeut hat die neue Therapie also **nur** im Sommer, die „alte" Verhaltenstherapie hingegen **nur** im Winter durchgeführt.

Nehmen wir nun ferner an, dass Menschen im November generell eher depressiv verstimmt sind als im Juni. Das würde bedeuten, dass zum Zeitpunkt der Evaluation der neuen Therapie (Juni) die depressive Verstimmtheit möglicherweise schon allein wegen der Jahreszeit geringer ist als zum Zeitpunkt der Evaluation der Verhaltenstherapie (November), ohne dass dieser Unterschied auf einen „echten" (kausalen) Wirksamkeitsgewinn der neuen Therapie zurückzuführen wäre. In diesem Fall ist die Jahreszeit sowohl mit der UV (alte/neue Therapie) als auch mit der AV (Depression) korreliert; in diesem Fall stellt die Jahreszeit eine systematische Störvariable dar. Die Evaluationsstudie ist nicht intern valide, d. h. es ist nicht möglich, den Unterschied im Ausmaß der depressiven Verstimmung zwischen den beiden Bedingungen eindeutig auf einen tatsächlichen Wirksamkeitsunterschied zwischen den beiden Therapien zurückzuführen.

Gleichsinnige und gegensinnige Konfundierung. Ist eine Störvariable sowohl mit der UV als auch mit der AV korreliert, so liegt eine → Konfundierung vor. Im vorangegangenen Beispiel würde man sagen, dass die UV „Therapieansatz" mit der Störvariable Jahreszeit konfundiert war. Da der Therapeut die neue Therapie im Sommer und die alte Therapie im Winter durchgeführt hat, war die neue Therapie von vornherein begünstigt: Die depressive Verstimmung ist bei der neuen Therapie niedriger als bei der alten − das ist genau das, was der Therapeut sich auch erhofft hatte. Eine solche artifizielle Bestätigung der empirischen Hypothese nennt man gleichsinnige Konfundierung. Hätte der Therapeut jedoch die alte Therapie im Sommer und die neue im Winter durchgeführt, so wären die Ergebnisse wohl seiner Hypothese zuwidergelaufen: Sie wäre artifiziell widerlegt worden (gegensinnige Konfundierung).

Führt der Einfluss von Störvariablen zu hypothesenkonformen Ergebnissen, spricht man von **gleichsinniger Konfundierung**: Die Hypothese wird artifiziell bestätigt.

Führt der Einfluss von Störvariablen zu hypothesenkonträren Ergebnissen, spricht man von **gegensinniger Konfundierung**: Die Hypothese wird artifiziell widerlegt.

!

Die Lösung für dieses Dilemma kann nur darin bestehen, die Korrelation zwischen der UV „Therapieansatz" und der Störvariablen „Jahreszeit" auf Null zu setzen. Dies kann der Therapeut mit Hilfe zweier Techniken vornehmen:

(1) Er führt beide Therapien im Sommer (oder beide im Winter) durch − damit wäre die Jahreszeit keine Variable mehr, sondern eine Konstante. Wir werden später sehen, dass man diese Maßnahme als Konstanthaltung bezeichnet (s. Kap. 10.2).

(2) Er führt beide Therapien sowohl im Sommer als auch im Winter durch und achtet darauf, dass in jeder der vier möglichen Bedingungskombinationen (alte Therapie/Sommer; alte Therapie/Winter; neue Therapie/Sommer; neue Therapie/Winter) gleich viele Personen vertreten sind. Wir werden später sehen, dass man diese Maßnahme als → Ausbalancierung bezeichnet (s. Kap. 10.2).

Bei einer vollständigen Realisierung aller vier Bedingungskombinationen ist die depressive Verstimmtheit im Winter zwar immer noch höher als im Sommer, aber da dieser Effekt sowohl bei der neuen als auch bei der alten Therapie zu Buche schlägt, ist das Problem einer möglichen Fehlinterpretation gelöst. Ein konkretes Zahlenbeispiel ist in Abbildung 10.2 gegeben: Hier ist die depressive Verstimmtheit im Winter zwar zwei Einheiten höher als im Sommer (unabhängig vom Therapieansatz), aber gleichzeitig liegt die depressive Verstimmtheit bei der neuen Therapie eine Einheit niedriger als bei der alten Therapie (unabhängig von der Jahreszeit). Gemittelt über Sommer/Winter beträgt die depressive Verstimmtheit bei der neuen Therapie $\bar{x}_1 = 6$ und bei der alten Therapie $\bar{x}_2 = 7$. Dieser Unterschied ist nicht über die Jahreszeit zu erklären.

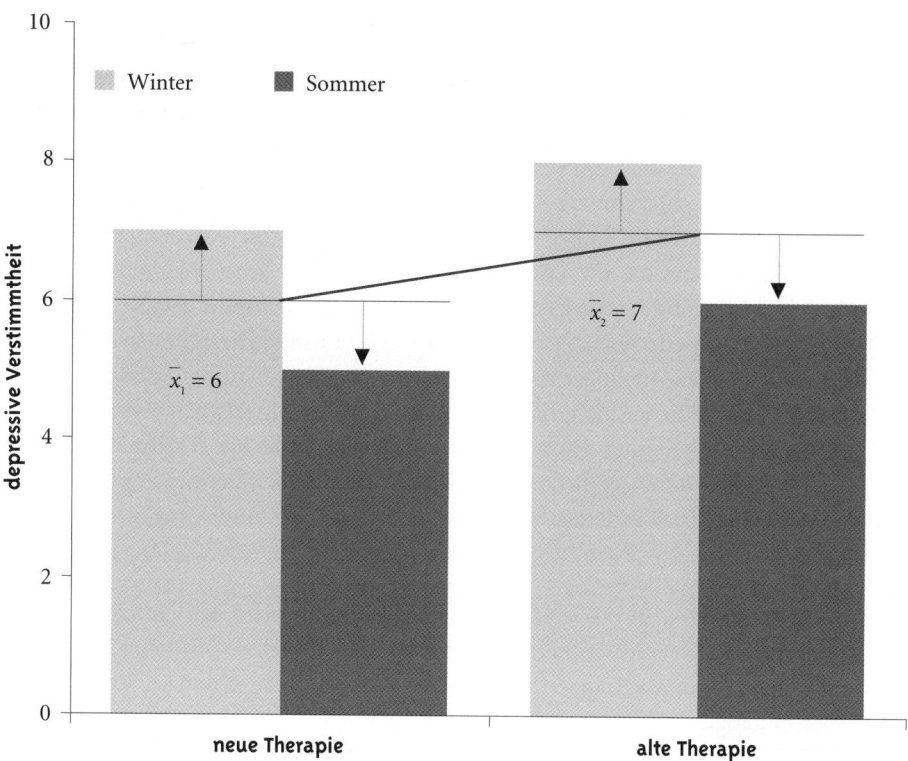

Abbildung 10.2. Vergleich zweier unabhängiger Variablen: Eine neue und eine alte Therapieform (UV1) werden sowohl im Sommer als auch im Winter (UV 2) miteinander verglichen. Man erkennt zum einen einen Effekt der UV1: Die alte Therapie kann die depressive Verstimmtheit weniger gut lindern als die neue. Zum anderen erkennt man einen Effekt der UV2: Im Sommer ist die depressive Verstimmtheit bei beiden Therapieformen generell niedriger ist als im Winter

Interaktion zwischen UV und Störvariable. Die starke Kausalitätsbedingung fordert weiterhin, dass die UV nicht mit irgendwelchen Störvariablen interagieren darf. Wie kann man sich das vorstellen? Nehmen wir – bezogen auf das obige Beispiel – einmal an, dass die neue Therapie zwar in der Tat besser wirkt als die alte, aber dass dieser Effekt aus irgendeinem Grund im Sommer stärker ist als im Winter. Man könnte sich bspw. vorstellen, dass die Klienten im Rahmen der neuen Therapie positive Naturerlebnisse (wandern, Rad fahren) machen sollen. Solche Aktivitäten wären im Sommer besser möglich als im Winter. In diesem Fall liegt eine Wechselwirkung (Interaktion) zwischen der UV Therapieansatz und der Störvariable Jahreszeit vor. Die Stärke des Unterschieds zwischen neuer und alter Therapie hängt ab von der Jahreszeit, in der die Therapie durchgeführt wird. Ein Datenbeispiel ist in Abbildung 10.3 dargestellt.

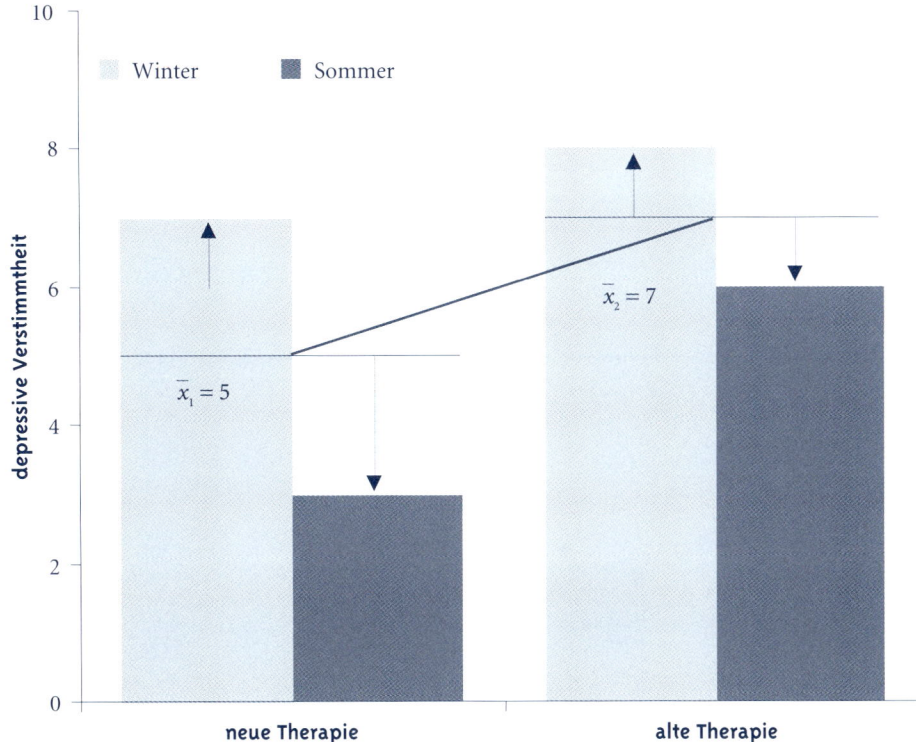

Abbildung 10.3. Ordinale Interaktion zwischen unabhängiger und Störvariable. Interaktion zwischen der UV Therapieansatz (alt/neu) und der Störvariable Jahreszeit (Winter/Sommer) auf die AV depressive Verstimmtheit: Die neue Therapie wirkt generell besser als die alte Therapie (niedrigerer Wert depressiver Verstimmtheit), aber dieser Effekt ist im Sommer stärker als im Winter

Dass solche Interaktionen zu falschen Schlussfolgerungen führen können, wird aus dem nächsten Beispiel klar. Stellen wir uns vor, dass die neue Therapie nur im Sommer wirkt, während die alte Therapie nur im Winter wirkt. Dann könnte das Ergebnismuster wie folgt aussehen (s. Abb. 10.4, S. 162).

Gemittelt über Sommer/Winter sieht man: Die neue Therapie ist offenbar genau so gut bzw. schlecht wie die alte ($\bar{x}_1 = \bar{x}_2 = 5$). Würde man den Jahreszeiteinfluss auf die Wirksamkeit überhaupt nicht berücksichtigen, so müsste man zu dem Ergebnis kommen, es gäbe keinen Unterschied zwischen diesen beiden Therapieansätzen. Dass es doch einen gibt, sieht man erst, wenn man die Ergebnisse nach Jahreszeiten getrennt betrachtet! Der Haupteffekt Therapieansatz wird in diesem Beispiel vollständig überlagert von einer Interaktion zwischen Therapieansatz und Jahreszeit. Eine Nichtbeachtung dieses Interaktionseffekts führt also zu falschen kausalen Interpretationen. Nur wenn es keine Interaktionen gibt – was in der starken Kausalitätsbedingung vorausgesetzt wird –, ist der Haupteffekt der UV Therapieansatz kausal interpretierbar.

Diese Kausalitätsbedingung ist also immer noch sehr streng, da sie impliziert, dass sich eine Präventionsmaßnahme unter allen denkbaren Bedingungen (d.h. für alle Personen, in allen Situationen) gleich auswirken muss. Differentielle Effekte (z. B. eine Therapie wirkt bei Frauen besser als bei Männern) sind nicht zulässig.

Schwache Kausalitätsbedingung

Die schwache Kausalitätsbedingung stellt quasi die Minimalbedingung für die kausale Interpretierbarkeit eines Effekts der UV auf die AV dar. Sie besagt, dass die Menge aller Störvariablen, die eine gleichsinnige Konfundierung zur Folge haben können, und die Menge aller Störvariab-

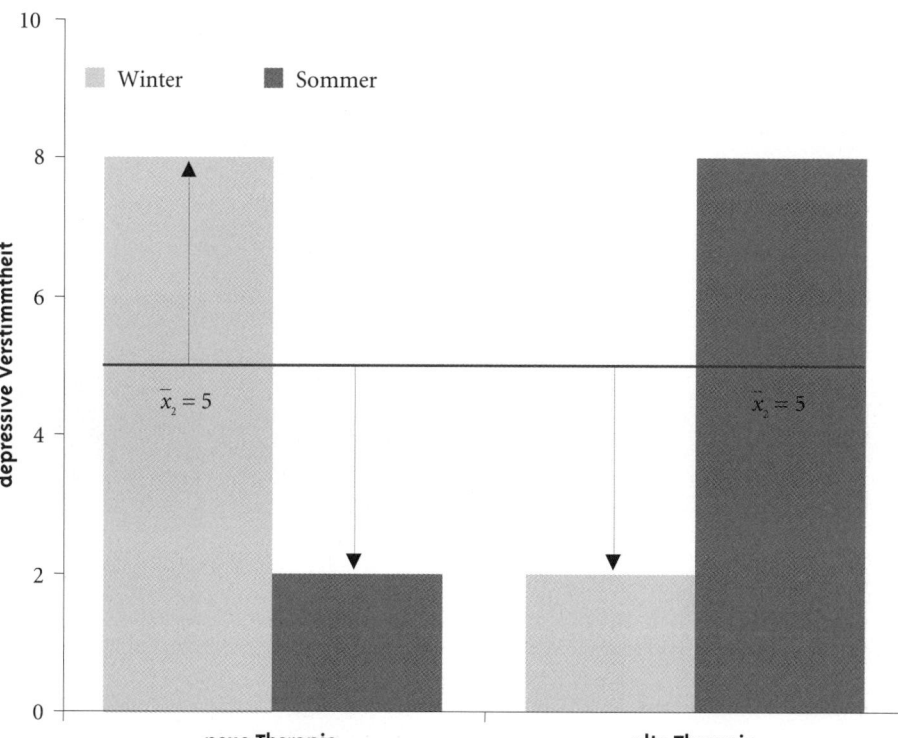

Abbildung 10.4. Disordinale Interaktion zwischen unabhängiger und Störvariable. Interaktion zwischen der UV Therapieansatz (neu/alt) und der Störvariable Jahreszeit (Winter/ Sommer): Die neue Therapie wirkt nur im Sommer, die alte wirkt nur im Winter. Würde man die UV Jahreszeit nicht beachten, würde man gar keinen Unterschied zwischen den beiden Therapieformen beobachten können

len, die eine gegensinnige Konfundierung zur Folge haben können, sich gleichmäßig auf die Stufen der UV verteilen. Nur eine ungleichmäßige Verteilung von Störvariablen zwischen den experimentellen Bedingungen würde zu systematischen → Konfundierungen führen. Diese können dann entweder gleichsinnig oder gegensinnig sein.

Beispiel

Ungleich verteilte Störvariablen bei SuperSoft

Wir beschäftigen uns noch einmal mit der → Wirkung der Motivations-Events in der Firma SuperSoft (s. Beispiel S. 155/156). Nehmen wir an, die Wirkung des Motivations-Events soll ermittelt werden, indem die durchschnittliche Anzahl Überstunden eine Woche vor dem Event (Tag 10–15; $\bar{x}_1 = 0{,}87$) mit der durchschnittlichen Anzahl Überstunden eine Woche nach dem Event (Tag 16–21; $\bar{x}_2 = 1{,}27$) verglichen wird (s. Abb. 10.5. Die Originaldaten finden Sie auf der CD. Sie können also selbst nachrechnen!).
Rein deskriptiv spricht der Unterschied zwischen den beiden Wochenmittelwerten ($\bar{x}_2 - \bar{x}_1 = 1{,}27 - 0{,}87 = 0{,}4$) durchaus für einen Erfolg des Events: In der Woche nach dem Event ist die durchschnittliche An-

zahl Überstunden höher als vorher. Dennoch ist der Unterschied möglicherweise nicht wirklich auf eine Wirkung des Motivations-Events zurückzuführen, sondern auf systematische Unterschiede in der Verteilung spezifischer Störvariablen. Es könnte ja sein, dass in der Woche **vor** der Veranstaltung das Wetter schön war (Störvariable A) und der Chef Geburtstag hatte und den Mitarbeitern an diesem Tag früher frei gegeben hat (Störvariable D). In der Woche **nach** dem Event hingegen hat ein Unwetter für unfreiwillig längere Arbeitszeiten gesorgt (Störvariable B) und außerdem stand ein Projektabschluss an (Störvariable C). Man hat hier den unglücklichen Fall, dass diejenigen Einflüsse, die eine irrelevante Erhöhung der Überstun-

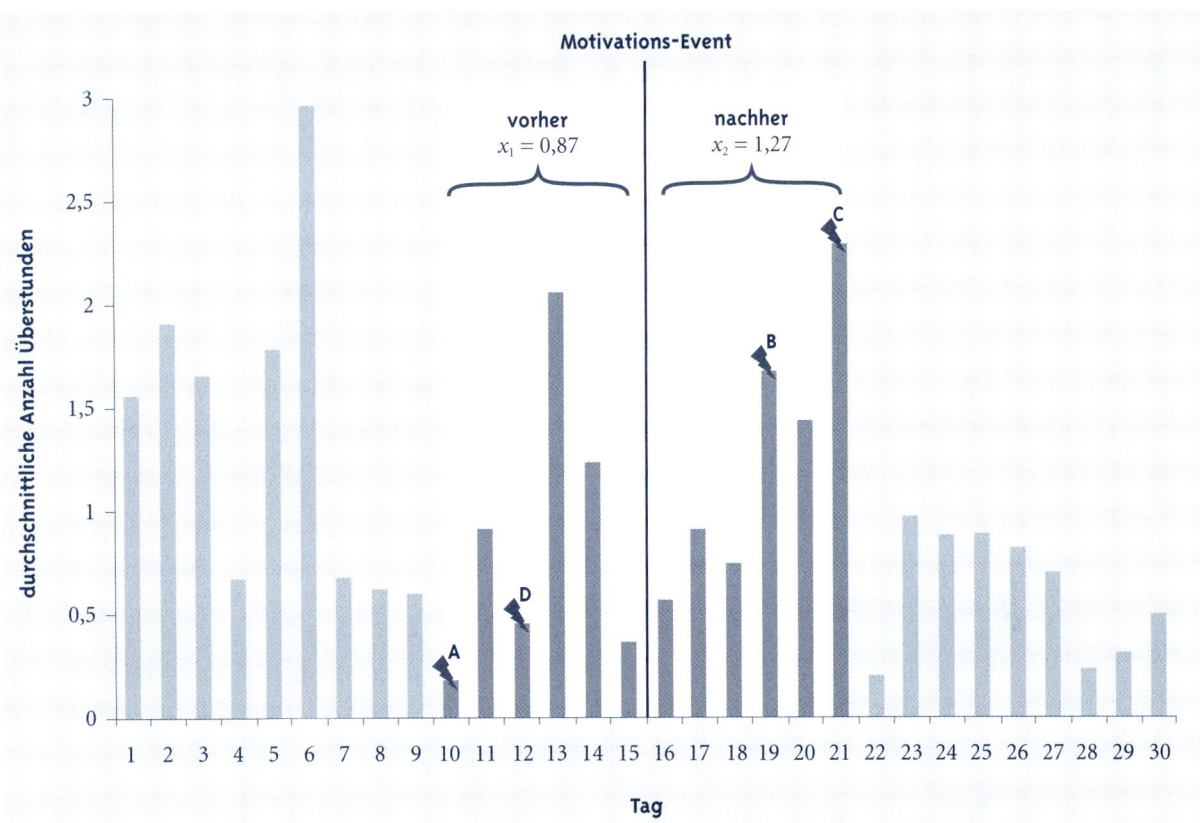

Abbildung 10.5. Abhängige Variable und Störvariablen. Vergleich der Überstunden-Mittelwerte zwischen den sechs Tagen vor und nach dem Motivations-Event der Firma SuperSoft: Vorher werden durchschnittlich 0,87 Überstunden geleistet, nachher durchschnittlich 1,27 Stunden. Allerdings sind die Störvariablen ungleichmäßig verteilt: Vor dem Event war das Wetter ungewöhnlich schön (**A**) und der Chef hatte Geburtstag und gab den Nachmittag frei (**D**). Nachher sorgten ein Unwetter (**B**) und ein Projektabschluss (**C**) für mehr Überstunden. Diese Störvariablen beeinflussen die Überstundenwerte an den jeweiligen Tagen und sorgen für vorher-nachher-Unterschiede in der erwarteten Richtung, haben aber mit dem Motivations-Event überhaupt nichts zu tun

den bedingen (B und C), nur in der Woche nach der Motivationsveranstaltung zu Buche schlagen, während diejenigen Einflüsse, die eine irrelevante Verringerung der Überstunden bedingen (A und D), nur in der Woche vor dem Event zu Buche schlagen. Die Störvariablen sind also zwischen den beiden Wochen ganz und gar nicht unsystematisch und gleich verteilt. Vielmehr üben sie einen systematischen Einfluss auf die Daten aus. Die Differenz von 0,4 Stunden ist in einem solchen Fall also nicht zu interpretieren. Sie wäre auch dann entstanden, wenn es überhaupt kein Motivations-Event gegeben hätte.

10.2 Möglichkeiten der Kontrolle von Konfundierungen

Es gibt unterschiedliche Möglichkeiten, die → interne Validität eines → Evaluationsdesigns zu erhöhen, → Konfundierungen zu kontrollieren und dadurch dazu beizutragen, dass ein Effekt der UV auf die AV auch tatsächlich kausal interpretiert werden kann, d. h. als „echte", auf die Maßnahme zurückführbare → Wirkung.

Eliminierung von Störvariablen. Wann immer es möglich ist, Störvariablen – unabhängig davon, ob sie einen unsystematischen oder einen systematischen Einfluss auf die AV haben – auszuschalten, sollte man von dieser Möglichkeit Gebrauch machen. In psychologischen Laborexperimenten versucht man stets, alle potenziell störenden Umgebungsfaktoren wie flackernde Neonröhren oder Baustellenlärm zu eliminieren (etwa indem man die Neonröhre repariert oder den Versuch in einer schalldichten Kabine durchführt). Die Eliminierung von Störvariablen trägt zur Erfüllung der strengen Kausalitätsbedingung bei.

Konstanthaltung von Störvariablen. Mit Konstanthaltung ist gemeint, dass der mögliche Einfluss einer Störvariablen zwar nicht vollständig ausgeschaltet, aber immerhin für alle Untersuchungseinheiten gleich gemacht werden kann. Die Jahreszeit bspw. wäre keine plausible Alternativerklärung mehr, wenn man alle Evaluationsuntersuchungen zur selben Jahreszeit durchführt. Der Einfluss von Baustellenlärm ist für die → interne Validität einer Untersuchung dann unproblematisch, wenn alle Untersuchungseinheiten in gleicher Weise von Baustellenlärm beeinflusst sind. Prinzipiell ist es auch möglich, Personvariablen konstant zu halten. Hierzu einige Beispiele:

▶ Um die → Wirkung eines Denktrainings zu evaluieren, werden nur Personen zugelassen, die in einem zuvor durchgeführten Intelligenztest exakt einen IQ von 100 erzielt haben (Konstanthaltung des Merkmals Intelligenz).

▶ Um die Wirkung einer Depressionstherapie zu evaluieren, wird die Evaluationsuntersuchung nur mit Frauen durchgeführt (Konstanthaltung des Merkmals Geschlecht).

▶ Um die Wirkung einer Aufklärungskampagne zum Thema AIDS zu evaluieren, werden nur homosexuelle Männer befragt (Konstanthaltung des Merkmals Risikopopulation).

Die Konstanthaltung einer Störvariablen trägt ebenfalls zur Erfüllung der strengen Kausalitätsbedingung bei, denn wenn die Störvariable eine Varianz von Null hat, kann sie weder mit der UV noch mit der AV korreliert sein. Das Problem einer Konstanthaltung von Personvariablen besteht darin, dass die Ergebnisse natürlich auch nur auf diese Population (also Personen mit einem IQ von 100; Frauen; homosexuelle Männer) generalisiert werden dürfen. Die → externe Validität der Untersuchung ist daher eingeschränkt (s. Kap 2.2).

Ausbalancierung. → Ausbalancierung bedeutet, die Verteilung von Ausprägungen einer Störvariablen in allen Stufen der UV gleich zu halten. Im Falle der Störvariablen Jahreszeit (s. Therapiebeispiel, S. 159) wäre dafür zu sorgen, dass das Verhältnis von Personen, die die jeweilige Therapie im Sommer gemacht haben, zu solchen, die die Therapie im Winter gemacht haben, bei beiden Therapieansätzen gleich ist. Abbildung 10.6 zeigt sowohl ein Datenbeispiel, in dem diese Bedingung verletzt ist (linker Teil der Abbildung), als auch ein Beispiel, in dem diese Bedingung erfüllt ist (rechter Teil der Abbildung). Im linken Fall wird im Sommer nur die neue Therapie, im Winter nur die alte Therapie durchgeführt. Die beiden Variablen Therapieansatz und Jahreszeit sind vollständig voneinander abhängig, ihre Korrelation (hier ausgedrückt durch den so genannten Phi-Koeffizienten Φ) ist gleich Eins. Im rechten Fall verteilen sich die 40 Personen derart auf die vier Bedingungskombinationen, dass das Verhältnis von Sommerklienten zu Winterklienten in beiden Therapiebedingungen gleich ist. Statistisch ausgedrückt ist hier die Korrelation zwischen Therapieansatz und Jahreszeit gleich Null; die Störvariable Jahreszeit ist ausbalanciert.

Parallelisierung. Der Begriff Ausbalancierung wird vor allem bei kategorialen Störvariablen wie Jahreszeit oder Geschlecht verwendet. Im Falle von kontinuierlichen Störvariablen spricht man eher von → Parallelisierung. Beide Begriffe meinen im Prinzip das Gleiche: Die Ausprä-

perfekte positive Korrelation zwischen Therapieansatz und Jahreszeit

①

	Sommer	Winter
neue Therapie	$n = 20$	$n = 0$
alte Therapie	$n = 0$	$n = 20$

$(\Phi = 1)$

Null-Korrelation zwischen Therapieansatz und Jahreszeit

②

	Sommer	Winter
neue Therapie	$n = 12$	$n = 8$
alte Therapie	$n = 12$	$n = 8$

$(\Phi = 0)$

Abbildung 10.6. Verteilung von 40 Personen auf vier Kombinationen aus den UV'en Therapieansatz (neu/alt) und Jahreszeit (Sommer/ Winter): Die linke Tabelle zeigt eine unbalancierte, die rechte eine balancierte Verteilung. Links **①** ist die Korrelation zwischen Therapieansatz und Jahreszeit – ausgedrückt über den Phi-Koeffizienten – perfekt positiv $(\Phi = 1)$; rechts **②** ist diese Korrelation Null $(\Phi = 0)$

gungen der Störvariablen sollen in allen Stufen der UV gleich verteilt sein. Die Störvariable wird also weder eliminiert, noch wird ihre Varianz auf Null gesetzt; vielmehr wird dafür gesorgt, dass Mittelwert und Varianz der Störvariablen in beiden Stufen der UV gleich sind. Wie kann man sich das vorstellen?

Sagen wir, wir wollten zwei Therapien miteinander auf ihre → Wirkung hin vergleichen (A und B). Eine mögliche Störvariable sei die Therapiemotivation der Klienten. Dabei handelt es sich um eine kontinuierliche Variable, die – mit Hilfe eines speziellen Fragebogens gemessen – Werte von –5 bis +5 annehmen kann und bei allen Klienten im Vorhinein gemessen wurde. Um nun eine Gleichverteilung der Therapiemotivation in beiden Bedingungen (A und B) zu erzwingen, müssen wir Personen, die einen identischen Wert im Therapiemotivationsfragebogen haben, jeweils unterschiedlichen Therapiebedingungen zuweisen. Von zwei Personen mit identischen Vortestwerten wird also einer mit A, der andere mit B behandelt. Das Resultat ist, dass die Verteilung der Motivationswerte (d. h. der Mittelwert und die Streuung innerhalb einer Therapiebedingung) in beiden Gruppen identisch ist (s. Abb. 10.7): $\bar{x}_1 = \bar{x}_2 = 0,25$ und $s_{x_1} = s_{x_2} \approx 2,86$.

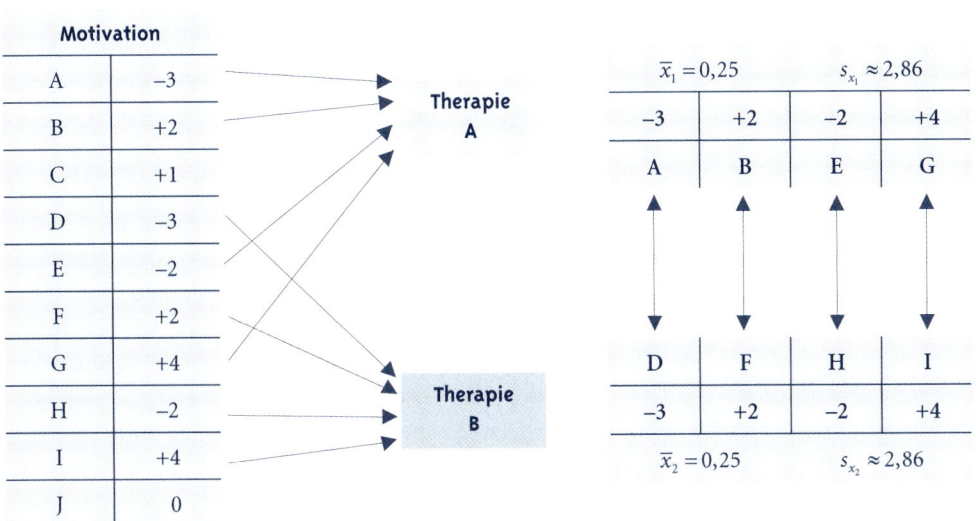

Abbildung 10.7. Parallelisierung einer Störvariable. Zehn Klienten (A–J) werden gemäß ihrer Ausprägung auf der (zuvor gemessenen) Störvariablen Therapiemotivation entweder der Therapiebedingung A oder der Bedingung B zugeordnet. Ziel der Zuordnung ist eine Gleichverteilung der Motivationswerte (d. h. gleicher Mittelwert, gleiche Streuungen) in beiden Therapiebedingungen

Die → Ausbalancierung oder → Parallelisierung von Störvariablen führt dazu, dass der Einfluss der Störvariablen in allen Stufen der UV gleich groß ist. Die Störvariable ist damit auch keine plausible Alternativerklärung mehr für das Zustandekommen eines Effekts.

Statistische Kontrolle von Störvariablen. Eine weitere Möglichkeit besteht in der statistischen Kontrolle (→ Auspartialisierung) von Störvariablen. Dabei wird die Störvariable in einem Vortest gemessen und dann aus der AV auspartialisiert. Das bedeutet: Die Varianz, die die Störvariable und die AV gemeinsam haben, wird auf Null gesetzt. Die Varianz der AV ist nun frei von irgendwelchen Überlappungen mit der Störvariablen – man könnte auch sagen, die Störvariable wird statistisch konstant gehalten. Zeigt sich nun dennoch ein Effekt der UV auf die von der Störvariablen bereinigte AV, so kann dieser nicht auf einen Effekt der Störvariablen zurückgeführt werden (s. Kap. 11.3.3).

Randomisierung. Alle bislang genannten Techniken gehen davon aus, dass die Störvariable, die jeweils eliminiert, konstant gehalten, ausbalanciert, parallelisiert oder auspartialisiert werden soll, bekannt ist. Bei der Ausbalancierung, der Parallelisierung und der Auspartialisierung ist es sogar notwenig, die Störvariable im Vorhinein zu erfassen, z. B. über einen Vortest. Nun wird es nicht möglich sein, alle Störvariablen im Vorhinein zu identifizieren, geschweige denn zu messen. Möglicherweise gibt es noch weitere, unbekannte Störvariablen. Dazu sind insbesondere Personvariablen zu zählen. Unter Zuhilfenahme des Zufalls kann man jedoch dafür sorgen, dass sich alle Störvariablen über die Stufen der UV hinweg gleich verteilen: Dafür ist es lediglich notwendig, die untersuchten Personen nach einem Zufallsprinzip auf die Bedingungen der UV (also z. B. Therapie A versus B) zuzuteilen. Der Zufall wird dann für eine Gleichverteilung aller Störvariablen sorgen; nicht weniger wird von der schwachen Kausalitätsbedingung gefordert → Randomisierung).

Intraindividuelle Veränderungsmessung. Auch die intraindividuelle → Veränderungsmessung, wie wir sie in Kapitel 4 kennen gelernt haben, ist eine Methode zur Kontrolle von Störvariablen! Das liegt daran, dass der zentrale statistische Kennwert die intraindividuelle Veränderung darstellt, z. B. die Differenz zwischen Prä- und Post-Test. Diese Differenz ist völlig invariant gegenüber all jenen Einflüssen, die innerhalb einer Person stabil sind, sich aber zwischen Personen unterscheiden. Will man etwa ein Anti-Aggressions-Training für Schüler auf seine Wirksamkeit hin überprüfen und findet, dass die Hälfte der trainierten Schüler im Anschluss an das Training hohe Aggressionswerte in der Fremdbeurteilung durch den Klassenlehrer aufweisen, so könnte es zwar sein, dass bei diesen Schülern das Training nichts gebracht hat. Andererseits könnte es aber auch sein, dass diese Schüler vor dem Training sogar noch aggressiver waren als jetzt. Dies würde wiederum für die Wirksamkeit des Trainings sprechen. Interindividuelle Unterschiede, die es schon vor dem Training gab, stellen also eine Störvariable für die Post-Testwerte dar. Wenn man hingegen von den gleichen Schülern sowohl Prä- als auch Post-Testwerte erfasst („echte" Messwiederholung oder → intraindividuelles Design; s. Kap. 4.1), kann man intraindividuelle Differenzen bilden. In diesem Fall sind die Prä-Testwerte, d. h. interindividuelle Unterschiede in der Aggressivität, keine Störvariable mehr: Eine Differenz von $x_1 - x_2 = 2$ kann als Aggressionsreduktion und damit als erwünschter Effekt interpretiert werden – unabhängig davon, ob der Prä-Testwert $x_1 = 15$ (und der Post-Testwert $x_1 = 13$) war oder ob der Prä-Testwert $x_1 = 4$ (und der Post-Testwert $x_1 = 2$) war! Man könnte also sagen: Mit Hilfe einer intraindividuellen Veränderungsmessung wird die Störvariable „stabile Aggressivität" konstant gehalten.

10.3 Kontroll- und Vergleichsbedingungen

Intraindividuelle Veränderungsdesigns haben zwar den Vorteil, dass stabile interindividuelle Unterschiede konstant gehalten und deren Einflüsse daher kontrolliert werden können; dafür gibt es jedoch eine Reihe anderer Schwierigkeiten, die die → interne Validität dieses Designs gefährden. Einige davon haben wir bereits in Kapitel 4.2 kennen gelernt: Eine solche Form der indirekten → Veränderungsmessung ist unter Umständen sensibel für allerlei Verzerrungen und Verfälschungen, bspw. für Erinnerungseffekte, Testübungseffekte oder eine Sensibilisierung für die Fragestellung. Liegen die Messzeitpunkte länger auseinander, können Reifungsprozesse und zwischenzeitliche Geschehnisse nicht kontrolliert werden; außerdem kann es zu → Response Shifts kommen. Auch der → Regressionseffekt (s. Kap. 4.2.2) kann ein Problem darstellen, wenn die Zielpersonen in der Interventionsstichprobe auf der Basis extremer Vortestwerte ausgesucht wurden.

Experimentelle Mortalität oder selektiver Drop-out. Ein weiterer Effekt, den wir zwar in Kapitel 4 nicht angesprochen haben, der aber leider nicht untypisch in messwiederholten → Evaluationsdesigns ist, wird als → experimentelle Mortalität (Campbell & Stanley, 1963) oder als selektiver → Drop-out bezeichnet. Damit ist gemeint, dass möglicherweise nicht alle Personen, die am Prä-Test teilgenommen haben, auch am Post-Test teilnehmen. Hierfür kann es viele Gründe geben, z. B. Therapieabbruch, Krankheit am Tag des Post-Tests, Wohnungswechsel, Tod (daher der Begriff Mortalität). Solche Drop-outs sind so lange unproblematisch für die interne Validität des Designs, wie sie vollständig zufällig determiniert sind und sich gleich auf mögliche Ausprägungen von Störvariablen verteilen. Aber dem ist nicht immer so: selektive Drop-outs können mit einem möglichen Effekt der Maßnahme oder aber mit Störvariablen konfundiert sein; in diesem Fall leidet die interne Validität des Evaluationsdesigns.

Beispiel

Frau Koslowskis schlimmste Schüler bleiben sitzen

Erinnern Sie sich noch an Ingrid Koslowski, die Lehrerin von Seite 71? Sie hatte seinerzeit das Sozialverhalten ihrer Klasse von geschulten Fremdbeobachtern einschätzen lassen. Das Ergebnis hat sie nun dazu bewogen, ein spezielles Sozialtraining durchzuführen in der Hoffnung, dass dies das Sozialverhalten ihrer Klasse auf Dauer verbessern werde. Sie führt das Training über 10 Wochen hinweg jeweils 2 Stunden pro Woche in ihrer Klasse durch; die letzte Sitzung findet in der letzten Woche des Schuljahres statt. Leider kommt sie in diesem Schuljahr nicht mehr dazu, einen Post-Test durchzuführen. Das holt sie direkt in der ersten Woche des neuen Schuljahres nach. Eigentlich eine gute Idee, denkt sie. Wenn sie nach so langer Zeit noch einen Effekt findet, dann wäre das ja noch ein besserer empirischer Nachweis für die Wirksamkeit des Trainings – und vor allem für dessen Persistenz! Was Frau Koslow-

ski dabei allerdings nicht bedacht: Einige Schüler haben die Klasse verlassen, da sie sitzen geblieben sind. Natürlich handelte es sich dabei um diejenigen Schüler, denen im Prä-Test das schlechteste Sozialverhalten bescheinigt wurde … Das Ergebnis sehen Sie in Abbildung 10.8, S. 168.

Betrachtet man nur die beiden Mittelwerte ($\bar{x}_1$ für den Prä-Test und $\bar{x}_2$ für den Post-Test), so sieht das Ergebnis sehr gut aus: Das Sozialverhalten ist besser geworden! Frau Koslowski ist begeistert. Dann schaut sie sich die individuellen Differenzprofile an und stellt erschrocken fest: Bei den meistern Schülern hat sich ja gar nichts verändert! Der Mittelwertsanstieg ist lediglich darauf zurückzuführen, dass die drei Schüler, die beim Prä-Test die schlechtesten Werte hatten, in der Zwischenzeit weggebrochen sind. Von einem „echten" Trainingseffekt kann hingegen nicht die Rede sein.

▶

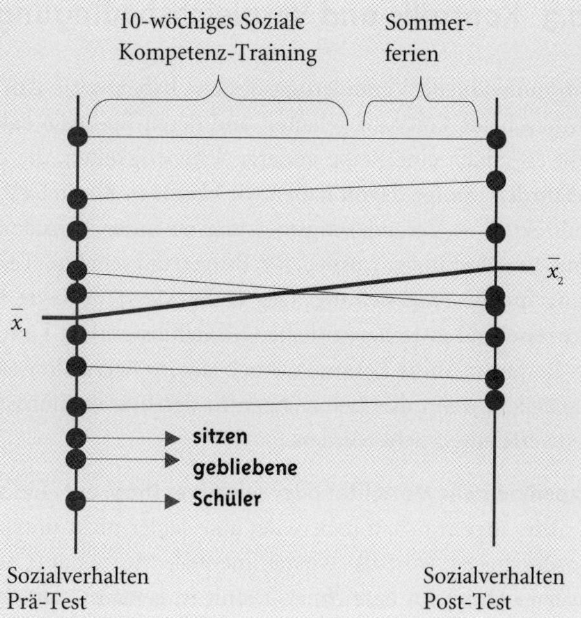

Abbildung 10.8. Selektiver Drop-out der „schlimmsten" Schüler: Beim Post-Test nach den Sommerferien fehlen die drei Schüler mit den niedrigsten Werten im Sozialverhalten, weil sie sitzen geblieben sind. Wenn dies nicht beachtet wird, sieht es so aus, als habe sich das Training ausgezahlt, weil der Mittelwert des Post-Tests ($\bar{x}_2$) höher liegt als der Mittelwert des Prä-Tests ($\bar{x}_1$). Dabei haben sich die Werte des Sozialverhaltens der anderen Schüler nicht verbessert; es sind nur die drei schlechtesten Werte aus dem Mittelwert des Post-Tests heraus gefallen

In diesem Beispiel war der → Drop-out mit den Prä-Testwerten gleichsinnig konfundiert; dies hat zu einer artifiziellen Bestätigung der Hypothese geführt. Wären die Schüler hingegen am oberen Rand der Prä-Test-Verteilung weggebrochen, so hätte dies zu einer artifiziellen Widerlegung der Hypothese geführt (gegensinnige → Konfundierung): Der Post-Test-Mittelwert wäre niedriger gewesen als der Prä-Test-Mittelwert.

10.3.1 Arten von Kontrollgruppen

In Kapitel 5.2 haben wir die Unterscheidung zwischen → Brutto- und → Nettowirkungen bei der Wirksamkeitsevaluation diskutiert: Zu den Bruttowirkungen einer Maßnahme zählen alle Einflüsse, die das empirische Ergebnis einer Wirksamkeitsevaluation in irgendeiner Form beeinflussen können, also

▶ maßnahmenspezifische → Wirkungen, die auf spezifische Wirkmechanismen dieser Maßnahme zurückgeführt werden können,

▶ Neben- und Folgewirkungen der Maßnahme,

▶ maßnahmenunspezifische Wirkungen, die lediglich darauf zurückzuführen sind, dass überhaupt eine Intervention stattgefunden hat, unabhängig davon, um welche Art von Intervention es sich dabei handelt, und

▶ externe Wirkungen, d. h. Einflüsse zu Lasten von Störvariablen sowie Messfehler.

Typischerweise zielt eine Wirksamkeitsevaluation jedoch auf eine Quantifizierung der Nettowirkungen einer Maßnahme, d. h. nur die maßnahmenspezifischen Wirkungen (inkl. Neben- und Folgewirkungen), ab. Verfälschungen und Verzerrungen, die uns im Zusammenhang mit indirekter → Veränderungsmessung widerfahren können, zählen demnach zu den externen Effekten. Ziel eines → Evaluationsdesigns muss es sein, solche externen Effekte zu kontrollieren. Das geht nur über so genannte Kontrollbedingungen. Wie genau eine solche Kontrollbedingung konstruiert sein muss, hängt davon ab, welche Störeinflüsse kontrolliert werden sollen.

Unbehandelte Kontrollgruppe. Alle externen Effekte lassen sich mit einer unbehandelten Kontrollgruppe kontrollieren. Diese soll sich lediglich in dem einen Merkmal, dessen → Wirkung nachgewiesen werden soll (also die UV), von der Interventionsgruppe unterscheiden. Will man also bspw. die Wirkung eines Denktrainings für Schüler auf die Denkfähigkeit nachweisen, so müsste man eine Kontrollgruppe realisieren, die der Trainingsgruppe maximal ähnlich ist und sich lediglich von dieser in der Tatsache unterscheidet, dass kein Training durchgeführt wurde. Werden die Messzeitpunkte für die Therapie- und die Kontrollgruppe zeitlich parallel veranschlagt, so sollten sich alle → Konfundierungen, Sequenz- und → Regressionseffekte auch hier zeigen! Ein echter Effekt, der kausal auf das Training zurückzuführen ist, wäre empirisch nachgewiesen, wenn die Unterschiede zwischen Prä- und Post-Test in der Trainingsgruppe größer sind als in der nicht-trainierten Kontrollgruppe. Das schließt nicht aus, dass es in beiden Gruppen einen Haupteffekt des Messzeitpunkts gibt: Gerade das würde ja dafür sprechen, dass Sequenzeffekte, → Response Shifts, zwischenzeitliches Geschehen, Regressionseffekts usw. zu Buche schlagen. Aber da sie dies – im Idealfall! – in der Kontrollgruppe und in der Interventionsgruppe im gleichen Maße tun, ist der Unterschied in der Prä-Post-Veränderung zwischen Trainings- und Kontrollgruppe als ein echter Trainingseffekt zu interpretieren.

Unspezifisch behandelte Kontrollgruppe. Unbehandelte Kontrollgruppen können externe Wirkungen kontrollieren, aber sie können keine maßnahmenunspezifischen Wirkungen kontrollieren. Solche maßnahmenunspezifischen Wirkungen können auftreten, wenn allein schon die Tatsache, dass überhaupt eine Intervention durchgeführt wird, zu positiven Effekten führt. Im Umkehrschluss würde das bedeuten, dass es egal ist, welche Art von Intervention man durchführt: Jede müsste gleich wirksam sein. So könnte die Hypothese im Fall Denktraining lauten: Die Zunahme der Denkfähigkeit im Verlauf des Trainings (Prä-Post-Vergleich) ist gar nicht auf das Training zurückzuführen, sondern einfach darauf, dass die Schüler einmal etwas anderes machen als Unterricht: Das alleine reicht aus, um sie zu motivieren und gute Leistungen zu zeigen. Eine solche Alternativerklärung kann empirisch getestet werden, indem man neben der regulären Trainingsgruppe eine Kontrollgruppe realisiert, die ebenfalls keinen „normalen" Unterricht macht, sondern eben etwas anderes, z. B. einen Kurs in musikalischer Gehörbildung. Fällt der Prä-Post-Testunterschied in dieser unspezifisch behandelten Kontrollgruppe genau so aus wie in der Trainingsgruppe, so ist die Alternativerklärung bestätigt: Das Denktraining ist nicht besser als eine unspezifische Beschäftigung. Ist die Prä-Post-Differenz hingegen in der Trainingsgruppe größer als in der unspezifisch behandelten Kontrollgruppe, so spricht dies gegen die Annahme eines maßnahmenunspezifischen Effekts.

Solomon-4-Gruppen-Plan

Testübung, Erinnerungseffekte und Sensibilisierung für die Fragestellung sind mögliche Artefakte, die dadurch entstehen, dass eine Messung zum Zeitpunkt t_1 (Prä-Test) einen systematischen Einfluss auf die Messung zum Zeitpunkt t_2 (Post-Test) hat. Man könnte deshalb auch sagen: Der Prä-Test ist eine Störvariable für den Post-Test. Mit Hilfe einer Kontrollgruppe – unbehandelt oder unspezifisch behandelt – kann man sicherstellen, dass ein solcher systematischer Störeinfluss nicht zu Konfundierungen führt. Der resultierende Versuchsplan, der im einfachsten Fall ein 2 × 2-Plan mit den Dimensionen Messzeitpunkt (Prä-Test vs. Post-Test) und Bedingung (Interventions- vs. Kontrollgruppe) ist, wird auch als → Split-Plot-Design bezeichnet. Er hat – unter der Maßgabe, dass die Bedingungszuweisung an sich nicht von weiteren → Konfundierungen begleitet ist, – eine relativ hohe → interne Validität (Campbell & Stanley, 1963).

Dennoch sind die Post-Testwerte möglicherweise durch den Prä-Test verfälscht und für sich genommen weniger valide als sie es wären, wenn keine Prä-Testung stattgefunden hätte. Das ist zwar nicht unbedingt ein Problem, das die interne Validität betrifft, aber doch eines, das die Interpretierbarkeit der Post-Testwerte, die Abschätzung des echten Effekts und damit die → externe Validität betrifft (Campbell & Stanley, 1963).

Mit diesem Problem hat sich Solomon (1949) beschäftigt. In seinem so genannten Solomon-4-Gruppen-Plan wird neben der Bedingungszuweisung in Interventions- vs. Kontrollgruppe zusätzlich variiert, ob überhaupt ein Prä-Test stattfindet oder nicht. Eine Kreuzung dieser beiden UV'en mündet in den folgenden 4-Gruppen-Plan (s. Abb. 10.9).

Abbildung 10.9. Solomon-4-Gruppen-Plan (Solomon, 1949): Gruppen **A** und **B** sind in der Interventions-, die Gruppen **C** und **D** in der Kontrollgruppe. Die AV ist der Post-Test. Ein Prä-Test wird nur in den Gruppen **A** und **C** durchgeführt. Mit diesem Versuchsplan können drei Effekte ermittelt werden: (1) ein Haupteffekt der UV Bedingung, (2) ein Haupteffekt der UV Prä-Test, (3) die Wechselwirkung zwischen Bedingung und Prä-Test

	Prä-Test	
	ja	nein
Interventionsgruppe	A	B
Kontrollgruppe	C	D

Die Gruppen A und B konstituieren die Interventionsbedingung, die Gruppen C und D die Kontrollbedingung. Bei den Gruppen A und C werden Prä-Testdaten erhoben, bei den Gruppen B und D nicht. AV ist der Post-Test. In diesem → Evaluationsdesign können drei Effekte ermittelt werden:

▶ ein Haupteffekt der UV Bedingung: Sind die Post-Testwerte in der Interventionsgruppe höher als in der Kontrollgruppe, unabhängig davon, ob ein Prä-Test durchgeführt wurde oder nicht (Vergleich der Bedingungen A und B mit den Bedingungen C und D)?

▶ ein Haupteffekt der UV Prä-Test: Unterscheiden sich die Post-Testwerte je nachdem, ob ein Prä-Test durchgeführt wurde oder nicht, unabhängig von der Interventionsbedingung (Vergleich der Bedingungen A und C mit den Bedingungen B und D)?

▶ die Wechselwirkung zwischen Bedingung und Prä-Test: Hat der Prä-Test in der Interventionsgruppe einen anderen Einfluss auf die Post-Testwerte als in der Kontrollgruppe (Vergleich der Differenz A − B mit der Differenz C − D)?

Der Solomon-4-Gruppen-Plan besitzt, da er diese Effekte separieren und gleichzeitig über mehrere Einzelvergleiche hinweg die Robustheit eines Interventionseffekts testen kann, nicht nur eine hohe interne, sondern auch eine hohe externe Validität. Der Nachteil ist natürlich, dass er aufwändiger zu realisieren ist; außerdem muss die Evaluationsstichprobe ausreichend groß sein.

10.3.2 Konfundierungen mit der Bedingungszuweisung

Um die Vorteile eines Kontrollgruppendesigns für die → interne Validität eines → Evaluationsdesigns vollständig ausschöpfen zu können, ist es eminent wichtig, dass die Kontrollgruppe der Interventionsgruppe hinsichtlich aller potenziellen Störvariablen sowie aller Variablen, die mit solchen Störvariablen zusammenhängen könnten, ähnlich ist. Typische Störvariablen, die im Rahmen von Evaluationsuntersuchungen zu Lasten der internen Validität gehen, weil sie sich systematisch zwischen Interventions- und Kontrollgruppe unterscheiden, sind:

▶ Unterschiede in den Prä-Testwerten: z. B. weil die Kontrollgruppe eine geringere Problembelastung hat als die Interventionsgruppe,
▶ Unterschiede in der Drop-out-Rate: z. B. weil in der Interventionsgruppe die Maßnahme öfter abgebrochen wird,
▶ Unterschiede in der Teilnahmemotivation: z. B. weil sich die Personen in der Kontrollgruppe fragen, warum sie den Test noch einmal ausfüllen müssen, oder weil die Personen in der Kontrollgruppe enttäuscht sind, dass sie nicht von der Intervention profitieren dürfen,
▶ Unterschiede in der Art und Stärke von Messwiederholungsartefakten: z. B. weil es einen → Response Shift nur in der Interventionsgruppe, nicht aber in der Kontrollgruppe gibt, oder weil die Personen in der Interventionsgruppe stärker für die Hypothese sensibilisiert sind als die Personen in der Kontrollgruppe,
▶ Unterschiede in der Verteilung validitätsgefährdender Experimentalartefakte (s. Kap. 9.1.3): z. B. weil die experimentelle Situation in der Interventionsbedingung einen stärkeren → Aufforderungscharakter hat oder weil es dort eher zu → Rosenthal-Effekten, d. h. einer subtilen Beeinflussung durch den Testleiter kommt.

Während insbesondere das erste Problem, nämlich systematische Vortest-Unterschiede zwischen Kontroll- und Interventionsgruppe, am besten mit Hilfe von → Parallelisierung, → Randomisierung oder → Auspartialisierung gelöst werden kann, helfen solche Techniken nicht bei der Lösung der anderen vier Probleme. Grundsätzlich ist bei der Zuweisung von Personen auf die Interventions- oder die Kontrollbedingung darauf zu achten, dass systematische Unterschiede in der Verteilung der Störvariablen zwischen beiden Gruppen kontrolliert werden. Eine randomisierte Zuweisung zu Interventions- oder Kontrollgruppe ist insbesondere bei großen Stichproben das Mittel der Wahl.

Grenzen der Anwendung von Kontrolltechniken. Die Strategien, die in der Experimentalpsychologie zur Sicherung interner Validität verwendet werden, sind in realiter nur eingeschränkt auf die Evaluationsforschung zu übertragen, wie die folgenden Ausführungen deutlich machen:

▶ Bestimmte Unterschiede zwischen Therapie- und Kontrollgruppe sind selbst bei größter versuchsplanerischer Akribie nicht konstant zu halten. Man denke bloß an die Enttäuschung, die sich einstellt, wenn die Personen in der Kontrollbedingung erfahren, dass sie das Training, die Therapie oder das Medikament nicht erhalten!
▶ Ferner sind oft die Stichproben zu klein, als dass eine Randomisierung den intendierten Effekt, nämlich eine Gleichverteilung aller Störvariablen, nach sich ziehen könnte.
▶ Manchmal ist es gar nicht möglich, eine randomisierte Bedingungszuweisung zu Interventions- oder Kontrollgruppe vorzunehmen, wenn etwa die Teilnahme an einer Intervention für bestimmte Personen vorgeschrieben ist (z. B. Schulunterricht) oder wenn die Teilnahme freiwillig ist (Selbstselektion; s. u.).

Davon abgesehen ist die Realisierung einer Kontrollgruppe in der Praxis manchmal gar nicht möglich:

▶ Manchmal gibt es gar keine Personen, die von der Interventionsmaßnahme unbeeinflusst sind (etwa im Falle medialer Aufklärungskampagnen).

▶ Man darf durchaus die Frage stellen, ob eine Kontrollbedingung ethisch zu rechtfertigen ist. Ist die → interne Validität eines Designs wirklich so wichtig, als dass man bedürftigen Personen Hilfs- oder Fördermaßnahmen vorenthalten oder sie lediglich unspezifisch behandeln darf?

Quasi-experimentelle Designs. Bei einer perfekt randomisierten Bedingungszuweisung wird die Entscheidung, ob eine Person der Kontroll- oder der Trainings- bzw. Therapiebedingung zugewiesen wird, komplett dem Zufall überlassen. Ist die Bedingungszuweisung jedoch weder zufällig noch vom Evaluator kontrolliert, so sind die Voraussetzungen für ein echtes Experiment nicht erfüllt. Entscheidet sich eine Schule bspw. zur Einführung eines schulweiten Peer-Mediations-Programms (s. o.), so besteht die einzige Möglichkeit, eine Kontrollbedingung zu realisieren, darin, eine zweite Schule zum Vergleich heranzuziehen, in der kein Mediations-Programm implementiert wird. Selbst wenn diese Vergleichsschule der Testschule in vielen Dingen hinreichend ähnlich ist: Es besteht immer noch die Gefahr, dass sich die beiden Schulen in irgendwelchen anderen Aspekten, die nichts mit dem Programm zu tun haben (aber dennoch die Wirksamkeitsmessung beeinflussen können!), voneinander unterscheiden. Eine solche Bedingungsvariation, bei der keine perfekte → Randomisierung möglich ist und bei der daher auch nicht die Wahrscheinlichkeit gegeben ist, dass sich konfundierte Variablen im Durchschnitt gleich auf die Bedingungen verteilen, nennt man quasi-experimentell (s. auch Kap. 4.3.1). Das Problem besteht darin, dass bei quasi-experimentellen Designs die Gefahr möglicher Konfundierungen nicht restlos ausgeschlossen werden kann; von daher sind quasi-experimentelle Designs echten experimentellen Designs mit Randomisierung meist methodisch unterlegen.

Selbstselektion. Eine besonders problematische Form der quasi-experimentellen Bedingungszuweisung ist die Selbstselektion. Dabei entscheidet nicht der Evaluator oder der Zufall, sondern die Person selbst, welcher Bedingung sie zugeteilt wird. Dies ist oft gegeben, wenn die Teilnahme an einer Maßnahme, deren → Wirkung evaluiert werden soll, freiwillig war. Man denke an einen Kurs zur Erhöhung der Lehrqualität an Universitäten. Die Interventionsgruppe besteht aus den Teilnehmern des Kurses, die Kontrollgruppe besteht aus einer Reihe von Dozierenden, die nicht an dem Kurs teilnehmen. Das Problem besteht darin, dass sich die Teilnehmer von den Nicht-Teilnehmern mit großer Wahrscheinlichkeit in einer Reihe von Merkmalen unterscheiden, z. B. Alter, bisherige Lehrerfahrung, persönliche Wichtigkeit von guter Lehre, Berufsperspektive, Bewertungsdruck oder Verträglichkeit. Sollten diese Störvariablen nun auch mit der Wirkung des Kurses korreliert sein − und davon ist auszugehen! −, hätte man mit einer Reihe unkontrollierbarer Konfundierungen zu kämpfen. Die interne Validität eines Designs mit Selbstselektion ist sehr gering.

Simpson-Paradox. Das → Simpson-Paradox beschreibt einen sehr speziellen Fall der → Konfundierung. Das Paradox besteht darin, dass ein empirisches Ergebnis innerhalb jeder Subgruppe der Störvariablen hypothesenkonform ist, über die Subgruppen hinweg jedoch sein Vorzeichen umkehrt und hypothesenwidrig ist. Das folgende Datenbeispiel illustriert ein solches Simpson-Paradox.

Hat die Therapie etwas gebracht oder nicht?

Der bekannte Psychotherapieforscher Prof. Dr. Ewald S. führt eine groß angelegte Evaluationsuntersuchung zur Überprüfung der → Wirkung einer neuen Essstörungstherapie durch. Dank seiner Forschungsgelder ist er in der Lage, eine sehr große → Stichprobe ($N = 500$ Personen, davon jeweils 250 Frauen und Männer) innerhalb eines Jahres zu erheben. Er teilt die Personen nun per Zufall in eine Interventions- und eine Kontrollgruppe ein – ein Vorgehen nach den Regeln der Kunst! Der Zufall spielt ihm ein kleines Schnippchen: Am Ende sind 292 Personen (58,4 %) in der Kontrollgruppe und 208 Personen (41,6 %) in der Interventionsgruppe. Nicht weiter schlimm, denkt sich Prof. S. – und Recht hat er (im Prinzip): Bei einer ausreichend großen Stichprobe spielen ungleiche Gruppengrößen für den statistischen Test eine untergeordnete

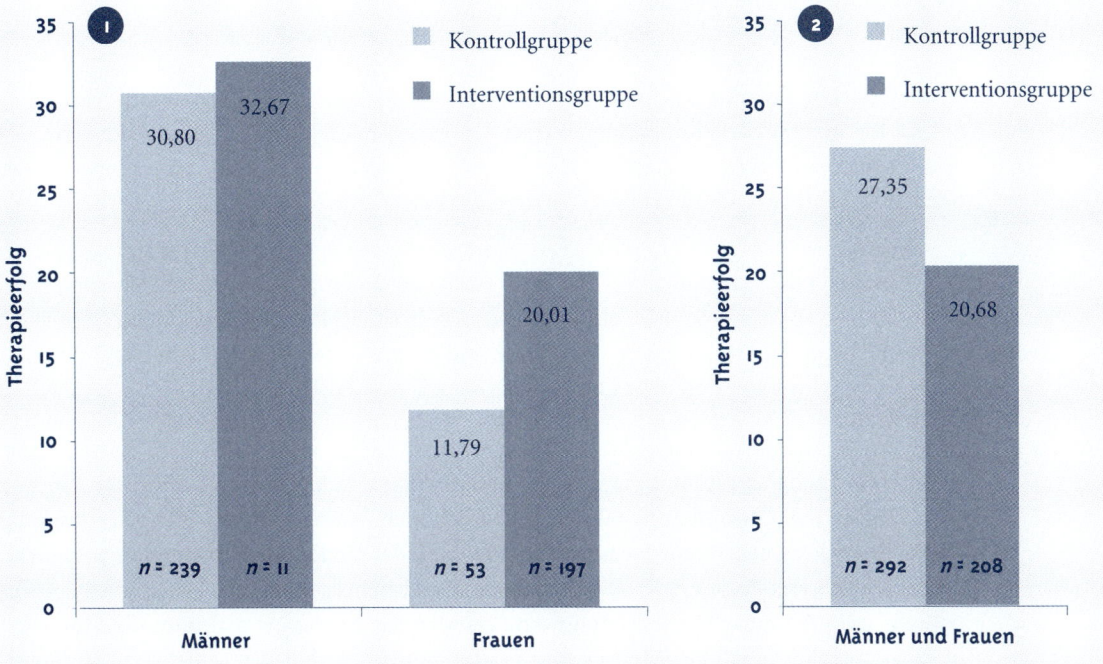

		UV Bedingung				
		Kontroll-gruppe			Interventions-gruppe	
$N = 500$		%	n	$\overline{x}_K$	%	n	$\overline{x}_I$
Männer		81,8	239	30,80	6	11	32,67
Frauen		18,2	53	11,79	94	197	20,01
Gesamt		100	292	27,35	100	208	20,68

(Tabelle 3, Zeilenbeschriftung links: UV Geschlecht)

Abbildung 10.10. Simpson-Paradox: Jeweils 250 Männer und Frauen werden entweder einer Interventions- oder einer Kontrollgruppe zugewiesen, wobei die Zuweisung sehr unbalanciert ist. Betrachtet man Männer und Frauen getrennt (1), scheint die Therapie wirksam gewesen zu sein: Sowohl Männer als auch Frauen haben in der Interventionsgruppe höhere Werte in der AV Therapieerfolg ($\overline{x}_I$) als Personen der Kontrollgruppe ($\overline{x}_K$; siehe auch 2). Betrachtet man Männer und Frauen jedoch gemeinsam (3), kehrt sich dieser Effekt um: Plötzlich sind die Therapieerfolgswerte in der Therapiegruppe niedriger als in der Kontrollgruppe

Rolle. Aber der Zufall beschert ihm ein weiteres Problem: Es stellt sich nämlich heraus, dass in der Kontrollgruppe wesentlich mehr Männer (81,8 %) und in der Interventionsgruppe wesentlich mehr Frauen (94,7 %) sind. Anders gesagt: Die Störvariable Geschlecht ist hoch mit der UV Bedingung (Kontroll- vs. Interventionsgruppe) korreliert: Diese Korrelation beträgt $\Phi = .76$. Das könnte ein Problem darstellen. Prof. S. erhebt nun gegen Ende der Therapie sein zentrales Erfolgskriterium und berechnet die Mittelwerte; zunächst für Männer und Frauen getrennt (s. Teil ❶

von Abb. 10.10). Die Grafik zeigt ein hypothesenkonformes Ergebnis: Die Therapiegruppe weist höhere Erfolgswerte auf als die Kontrollgruppe; und zwar sowohl bei den Männern als auch bei den Frauen. Nun wertet Prof. S. die Mittelwerte über beide Geschlechter hinweg aus (s. Teil ❷ von Abb. 10.10). Verblüfft stellt er fest, dass das Ergebnismuster hier genau umgekehrt ist: Die Kontrollgruppe hat höhere Erfolgswerte als die Therapiegruppe. Die Daten für dieses Beispiel finden Sie auf der CD.

In abstrakteren Termini beschreibt ein → Simpson-Paradox den Fall, dass ein Effekt der UV auf die AV innerhalb aller Subgruppen einer Störvariablen die gleiche Richtung aufweist (d. h. also positiv oder negativ ist). Sobald man jedoch die Ergebnisse über die Subgruppen hinweg betrachtet, kehrt sich der Effekt um. Wie kann das sein?

! Für ein Simpson-Paradox müssen zwei Bedingungen gegeben sein:

(1) Die Störvariable muss hoch mit der UV korreliert sein.

(2) Es muss eine gegensinnige → Konfundierung vorliegen, d. h. die Störvariable muss einen Haupteffekt auf die AV haben, welcher dem Effekt der UV auf die AV zuwider läuft.

In unserem Datenbeispiel war die Korrelation zwischen Geschlecht und Bedingung sehr hoch ($\Phi = .76$): In der Kontrollgruppe waren wesentlich mehr Männer, in der Interventionsgruppe waren wesentlich mehr Frauen. Zudem sieht man an der Verteilung der Mittelwerte zwischen den Geschlechtern, dass es einen Haupteffekt des Geschlechts gab: Frauen haben offenbar generell sehr viel niedrigere Therapieerfolgswerte als Männer. Aggregiert man nun die Mittelwerte in der Kontrollgruppe über Männer und Frauen hinweg, so hat der Mittelwert der Männer (30,8) dabei ein viel stärkeres Gewicht (81,8 %) als der Mittelwert der Frauen (11,79) – deshalb ist der Gesamtmittelwert in der Kontrollgruppe also relativ hoch (27,35). Aggregiert man nun die Mittelwerte in der Therapiegruppe über Männer und Frauen hinweg, so hat hier der Mittelwert der Frauen (20,01) ein viel stärkeres Gewicht (94,7 %) als der Mittelwert der Männer (32,67) – deshalb ist der Gesamtmittelwert in der Therapiegruppe auch so gering (20,68).

Ein Simpson-Paradox ist nicht ohne weiteres auflösbar; schließlich handelt es sich nicht um einen Effekt, der im Nachhinein noch statistisch zu kontrollieren wäre. Im Vorhinein kann ein Simpson-Paradox z. B. durch → Ausbalancierung verhindert werden.

10.4 Evaluationsdesigns ohne Kontrollbedingung

Zeitreihendesigns. Eine Alternative zu Kontrollgruppendesigns besteht darin, die Anzahl der Messzeitpunkte vor und nach der Intervention zu erhöhen. Man könnte bspw. die situative Ängstlichkeit einer Person an vier unterschiedlichen Tagen vor Beginn einer Therapie, an vier

Tagen während der Therapie und schließlich an vier Tagen nach Beendigung der Therapie erfassen. Der intraindividuelle Veränderungsgradient gibt dann ggf. Aufschluss darüber, zu welchen Zeitintervallen welche Veränderungen eingetreten sind. Einige der typischen Messwiederholungsartefakte (z. B. zunehmende Testvertrautheit bzw. -übung, Reifung, → Response Shifts) lassen sich damit kontrollieren. Ist die Veränderung zwischen den Phasen (vorher, während, und nach der Therapie) stärker als innerhalb einer Phase (d.h. zwischen den vier Tagen innerhalb einer der drei Phasen), so spricht das tendenziell für einen Effekt der Therapie.

Selektives Kohortendesign. Auch bei diesem Design gibt es keine Kontrollgruppe. Dennoch kann der Evaluator einige der wichtigsten Störvariablen und Messwiederholungsartefakte kontrollieren. Das selektive Kohortendesign bietet sich zur Wirksamkeitsevaluation von Intervention innerhalb eines geschlossenen sozialen Systems wie einer Schule an (z. B. Olweus, 2004). Nehmen wir an, in einer Realschule wird mit allen Schülern der Klassenstufen 5, 6 und 7 im Schuljahr 2005/2006 ein Soziale Kompetenz-Training durchgeführt, welches über das gesamte Schuljahr hinweg läuft. Eine Kontrollgruppe innerhalb der gleichen Jahrgangsstufen gibt es also nicht. Unmittelbar vor Beginn des Trainings (Prä-Test; September 2005) wird das zentrale Wirksamkeitskonstrukt (soziale Kompetenz) bei den Schülern aller drei Jahrgangsstufen erfasst. Ein Jahr später (Post-Test; September 2006) sowie ein weiteres Jahr später (→ Follow-up Messung; September 2007) findet eine erneute Erfassung der sozialen Kompetenz bei allen Schülern statt. Sie sind jetzt in der 7., 8. bzw. 9. Jahrgangsstufe. Dieses → Evaluationsdesign erlaubt eine Ermittlung der kurzfristigen und der längerfristigen Wirksamkeit des Trainings für jede der drei Jahrgangsstufen. Greifen wir uns z.B. die jüngste Kohorte (A) heraus, die beim Prä-Test in Klasse 5, beim Post-Test in Klasse 6 und beim Follow-up in Klasse 7 sind:

▶ Ob es in Kohorte A einen kurzfristigen Trainingseffekt (Prä-Post-Vergleich) gab, lässt sich ermitteln, indem die Post-Testwerte von Kohorte A, d. h. Schüler der 6. Jahrgangsstufe im September 2006 mit den Prä-Testwerten von Kohorte B verglichen werden, d. h. jenen Schülern, die im September 2005 in der 6. Klasse waren. Ist der Mittelwert der Post-Testwerte für Kohorte A höher als der Mittelwert der Prä-Testwerte für Kohorte B, so spricht das für einen kurzfristigen Effekt. Reifungs- und sonstige Alterseffekte kommen als Alternativerklärungen nicht in Frage, denn schließlich vergleicht man hier zwei Kohorten, die hinsichtlich Alter, Erfahrung und Entwicklungsstand unmittelbar vergleichbar sind.

▶ Ob es in Kohorte A einen langfristigen Trainingseffekt (Prä-Follow-up-Vergleich) gab, lässt sich ermitteln, indem die Follow-up-Testwerte der Kohorte A (diese Schüler sind im September 2007 in der 7. Jahrgangsstufe) mit den Prä-Testwerten von Kohorte C verglichen werden, d. h. jenen Schülern, die im September 2005 in der 7. Klasse waren. Ist der Mittelwert der Follow-up-Testwerte für Kohorte A höher als der Mittelwert der Prä-Testwerte für Kohorte C, so spricht das für einen langfristigen Effekt.

In Abbildung 10.11 ist ein mögliches Ergebnismuster für ein solches selektives Kohortendesign abgetragen. Der Einfachheit halber wird davon ausgegangen, dass die Wirksamkeit (d. h. die Steigerung der sozialen Kompetenz) für alle drei Jahrgangsstufen linear über die Zeit hinweg ist. Zusätzlich wird davon ausgegangen, dass die soziale Kompetenz einem linearen Kohorteneffekt unterliegt: Schüler der Jahrgangsstufe 6 sind per se kompetenter als jene der Stufe 5, und Schüler der Jahrgangsstufe 7 sind noch einmal um den gleichen Betrag kompetenter als ihre Mitschüler aus der 6. Stufe. Es wird also angenommen, dass sich die soziale Kompetenz – auch ohne Training – mit dem Alter linear erhöht. Von daher wäre Reifung eine plausible Alternativerklärung, würde man lediglich einen Prä-Post-Testvergleich durchführen, denn eine Kontrollgruppe steht zur Kontrolle dieser Alternativerklärung ja nicht zur Verfügung. Der Anstieg an sozialer Kompetenz, der auf einen echten Trainingseffekt zurückgeht, ist jedoch steiler als der Anstieg an sozialer Kompetenz, der auf einen Kohorteneffekt zurückgeht. Dies gilt sowohl für den kurzfristigen als auch für den langfristigen Vergleich.

Abbildung 10.11.
Selektives Kohortendesign für drei Jahrgänge (Kohorten A, B & C) und drei Messzeitpunkte (September 2005, 2006 & 2007). Kohorte A ist im September 2005 in Klasse 5, im September 2006 in Klasse 6 und im September 2007 in Klasse 7. Kurzfristige (oder „Ein-Jahres"-) Effekte des Sozialen Kompetenz-Trainings in der Kohorte A lassen sich testen, wenn man den Post-Test der Kohorte A mit dem Prä-Test der Kohorte B vergleicht. Langfristige (oder „Zwei-Jahres"-)Effekte in der

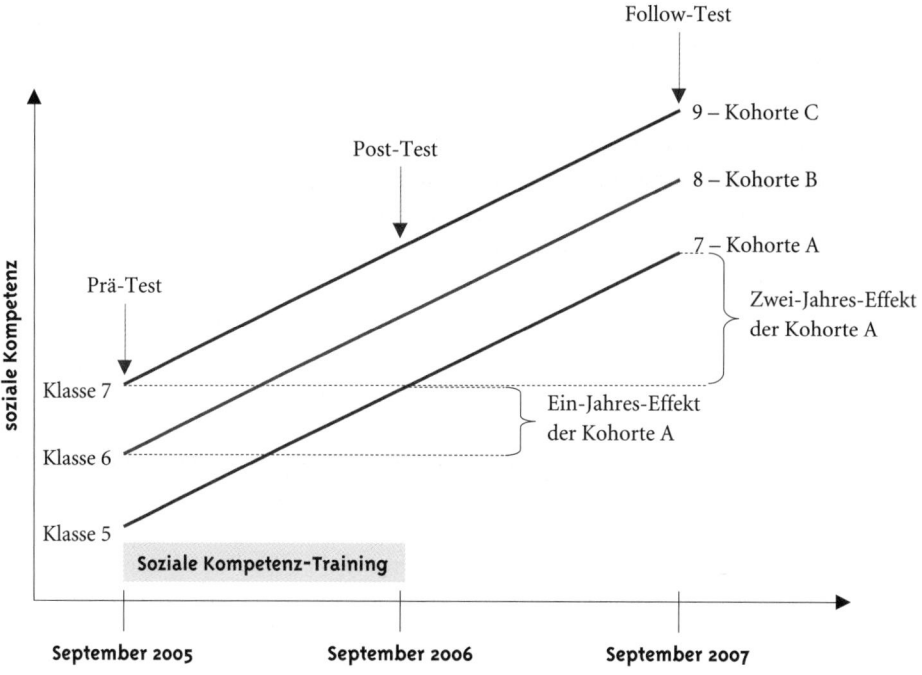

Kohorte A kann man messen, indem man das Follow-Up der Kohorte A mit dem Prä-Test der Kohorte C vergleicht. Reifungs- oder Alterseffekte kommen als Alternativerklärungen nicht in Frage, weil man zwei Kohorten vergleicht, die hinsichtlich Alter, Erfahrung und Entwicklungsstand ähnlich sind

10.5 Zusammenfassung

Evaluationsuntersuchungen zur Prüfung der Wirksamkeit einer Maßnahme sollen zum einen die Frage beantworten helfen, ob eine Veränderung auf der AV tatsächlich eingetreten ist. Zum anderen sollen sie nachweisen, dass ein beobachtbarer Effekt in der Tat kausal auf die Maßnahme zurückzuführen ist. Voraussetzung für die kausale Interpretierbarkeit eines Effekts ist, dass es keine plausiblen Alternativerklärungen für das Zustandekommen des Effekts gibt. Ein Untersuchungsdesign, das in der Lage ist, unterschiedliche Alternativerklärungen gezielt zu prüfen oder von vornherein auszuschließen, wird als intern valide bezeichnet. Interne Validität ist von daher eines der wichtigsten Gütekriterien für ein Untersuchungsdesign, nicht nur in der experimentellen Grundlagenforschung, sondern auch in der angewandten Evaluationsforschung.

Konfundierung. Bei der Prüfung oder Ausschaltung von Alternativerklärungen geht es vor allem um den potenziell systematischen Einfluss von Störvariablen. Störvariablen sind mit der AV korreliert; sind sie zusätzlich auch mit der UV korreliert, spricht man von Konfundierung. Eine gleichsinnige Konfundierung führt zu artifiziellen Bestätigungen der empirischen Hypothese. Eine gegensinnige Konfundierung führt zu artifiziellen Widerlegungen der Hypothese. Beide machen kausale Interpretationen über die Wirkung der UV unmöglich.

Kontrolle von Messwiederholungsartefakten. Wird der empirische Nachweis der Wirksamkeit einer Maßnahme über die durchschnittliche Veränderung auf den Wirksamkeitskriterien nach der Intervention im Vergleich zu vorher ermittelt (Messwiederholung), so lautet eine typische Alternativerklärung: „Die Veränderung wäre auch ohne die Intervention aufgetreten". Dann hätte die Veränderung gar nichts mit der Maßnahme als solcher zu tun, sondern ist vielmehr auf den systematischen Einfluss von Störvariablen zurückzuführen. Zu diesen können die in Kapitel 4.2 angesprochenen Messwiederholungsartefakte (Erinnerung, Testübung, Sensibilisierung für die Fragestellung, Response Shifts, Reifung, Regressionseffekt) gehören, aber auch spezielle Störeinflüsse wie selektiver Drop-out/experimentelle Mortalität. Solche Messwiederholungsartefakte können durch die Realisierung einer Kontrollbedingung kontrolliert werden, die der Interventionsbedingung hinsichtlich aller relevanten Variablen ähnlich ist und sich von dieser nur insofern unterscheidet, als hier die Intervention nicht (oder erst später) durchgeführt wird (unbehandelte Kontrollgruppe).

Kontrolle von maßnahmenunspezifischen Effekten. Eine zweite Klasse von Alternativerklärungen besagt, dass der beobachtete Effekt gar nicht auf die Spezifika der durchgeführten Maßnahme zurückzuführen ist, sondern vielmehr auf unspezifische Wirkungen, z. B. auf die Tatsache, dass überhaupt irgendeine Intervention stattgefunden hat. Solche Alternativerklärungen können nur mit Hilfe einer unspezifisch behandelten Kontrollgruppe getestet werden; nur solche Kontrollgruppen sind geeignet, die Nettowirkungen einer Maßnahme empirisch zu isolieren.

Kontrolle von Konfundierungen. Prinzipiell ist die Menge aller Störvariablen unbegrenzt; daher wird es in der Praxis auch nicht möglich sein, sie alle auszuschalten (wie es bspw. in der strengen Kausalitätsbedingung gefordert ist). Perfekte interne Validität wird demnach bei keinem einzigen (sozialwissenschaftlichen) Untersuchungsdesign gegeben sein. Dennoch ist es wichtig, die interne Validität des Designs so gut wie möglich zu sichern. Dabei werden prinzipiell zwei Strategieklassen unterschieden:

(1) Die eine Klasse von Kontrollstrategien kontrolliert explizit jene Störvariablen, die am ehesten theoretisch plausibel sind oder in Anbetracht der Kontextbedingungen am ehesten in Betracht kommen, z. B. indem man sie konstant hält, eliminiert oder auspartialisiert.

(2) Die andere Klasse von Kontrollstrategien sorgt dafür, dass sich die Einflüsse all jener Störvariablen, die für eine gleichsinnige Konfundierung sorgen und jene, die für eine gegensinnige Konfundierung sorgen, über die experimentellen Bedingungen hinweg gleich verteilen. Dies lässt sich zum einen durch eine vollständig zufallsdeterminierte Bedingungszuweisung (Randomisierung) erreichen; hierbei müssen die Störvariablen nicht bekannt sein. Zum anderen kann die Gleichverteilung von Störvariablen mit Hilfe einer Parallelisierung bzw. Ausbalancierung erzwungen werden, wobei die Störvariablen in diesem Fall bekannt und (z. B. per Vortest) gemessen worden sein müssen. Im Prinzip sind auch intraindividuelle Bedingungsvariationen eine Möglichkeit, zumindest solche Störvariablen zu kontrollieren, die intraindividuell stabil und interindividuell variabel sind.

Typische Störvariablen, die im Kontext von Wirksamkeitsevaluationen oft mit der UV (Bedingung) korreliert sind, sind

▶ Stärke und Verteilung des Problemverhaltens und, damit einhergehend, Unterschiede in den Prä-Testwerten zwischen Interventions- und Kontrollgruppe,

▶ Unterschiede in der Drop-out-Rate zwischen den Bedingungen,

▶ Motivationsunterschiede,

▶ Unterschiede in der Beeinflussung der Messwerte durch Response Shifts und andere Messwiederholungsartefakte,

▶ Unterschiede in der Beeinflussung der Messwerte durch sozialpsychologische Methodenartefakte, z. B. dem Rosenthal-Effekt.

Simpson-Paradox. Eine besondere Form der Konfundierung stellt das sog. Simpson-Paradox dar: Hier fällt ein Effekt der UV auf die AV zwar in allen Teilstichproben (z. B. Männer und Frauen) homogen aus, aber sobald man über die Teilstichproben hinweg aggregiert, kehrt sich dieser Effekt um.

Designs ohne Kontrollgruppe. Anders als in kontrollierten experimentellen Kontexten ist es im Rahmen von Evaluationsuntersuchungen oft nicht möglich, die Zuweisung von Untersuchungseinheiten zu Bedingungen vollständig dem Zufall zu überlassen – in diesem Fall ist das Design lediglich quasi-experimentell. Manchmal ist es sogar nicht einmal möglich (oder ethisch vertretbar), überhaupt eine Kontrollgruppe zu realisieren. In solchen Fällen kann man auf Untersuchungsdesigns ohne Kontrollgruppen zurückgreifen, z. B.

▶ Zeitreihenuntersuchungen mit mehreren nahe beieinander liegenden Messzeitpunkten sowohl vor als auch nach der Intervention oder

▶ das selektive Kohortendesign, das insbesondere Reifungs- und andere alterskorrelierte Störvariablen gut kontrollieren kann.

10.6 Übungsaufgaben

(1) Sie sollen die Wirksamkeit eines Peer-Mediationsprogramms evaluieren, das an einer Hauptschule eingeführt werden soll. Das Mediationsprogramm soll das Schulklima verbessern und die Gewalt an der Schule reduzieren. Beide Variablen werden anhand von Lehrereinschätzungen erhoben, und zwar einmal vor der Einführung und einmal ein Jahr später.

(1.1) Welche Art von Kontrollgruppe müssten Sie realisieren, um die Nettowirkungen der Maßnahme zu identifizieren?

(1.2) Mit welchen Messwiederholungsartefakten können Sie rechnen?

(1.3) Würde in diesem Fall ein selektives Kohortendesign Sinn machen? Begründen Sie Ihre Antwort.

(2) Der leitende Psychologe einer psychosomatischen Klinik soll den Therapieerfolg einer Gruppenintervention für stationäre Patienten mit Suchtproblemen evaluieren. Das Wirksamkeitskriterium ist der Leidensdruck der Patienten, der einmal vor der Therapie erfasst wird und einmal hinterher. Eine Kontrollgruppe gibt es nicht. Der Psychologe rechnet bei der Erfassung des Leidensdrucks mit folgenden Störvariablen:

▶ Therapiemotivation,

▶ akute (situative) Stärke der physiologischen Abhängigkeit von der Substanz,

► Tendenz, sich als Opfer der Umstände darzustellen,

► Art der Sucht (Medikamente, Zigaretten, Glücksspiel usw.).

(2.1) Entscheiden Sie für jede dieser Störvariablen, ob sie wohl eher einen gleichsinnigen oder einen gegensinnigen Konfundierungseffekt haben wird.

(2.2) Entscheiden Sie für jede Störvariable, mit welcher Kontrolltechnik sie am ehesten kontrollierbar sein dürfte.

(3) Sie möchten eine freiwillige Lehrerfortbildung zum Thema „Spiele im Unterricht" evaluieren. Beschreiben Sie eine Möglichkeit, ein Kontrollgruppendesign zu realisieren, ohne Probleme mit der Selbstselektion zu bekommen.

(4) Selektiver Drop-out (S. 167: Beispiel „Frau Koslowskis schlimmste Schüler bleiben sitzen"): Wie würden Sie die Daten dieses Evaluationsdesigns auswerten, um das Problem des beschriebenen selektiven Drop-outs zu umgehen? Könnte in diesem Beispiel – abgesehen von dem selektiven Drop-out – noch eine andere Störvariable existieren, die das Sozialverhalten der Schüler im Post-Test verbessert, ohne dass dieser Effekt auf eine Wirkung des durchgeführten Sozialtrainings zurückgeht?

(5) Eine Maßnahme zur Therapie von Angststörungen soll evaluiert werden. Wie geht man vor, wenn man bei der Zuweisung einer Interventionsstichprobe auf drei Gruppen (Kontrollgruppe, neue Therapie, alte Therapie) nach Prä-Testwerten parallelisieren will?

(6) Ein Werbepsychologe möchte die Werbewirksamkeit eines neuen Werbefilms für eine Bierfirma mit Hilfe eines Experiments nachweisen. Versuchspersonen in der Experimentalbedingung sehen den neuen Werbefilm mit dem Slogan „Ein Bier für echte Kerle", Versuchspersonen in der Kontrollbedingung sehen einen kurzen Naturfilm. Anschließend sollen die Versuchspersonen angeben, wie viel Flaschen von dem Bier sie gerne mit nach Hause nehmen würden. Dummerweise sind in der Experimentalgruppe mehr Männer (80 %), in der Kontrollgruppe mehr Frauen (75 %).

(6.1) Konstruieren Sie einen Fall, in dem ein erwartungskonformer Effekt der UV „Filmbedingung" auf die Anzahl gewünschter Biere **vollständig** auf einen Einfluss des Geschlechts zurückzuführen ist (gleichsinnige Konfundierung). Tragen Sie hierzu fiktive Mittelwertsbalken in die folgende Grafik ein.

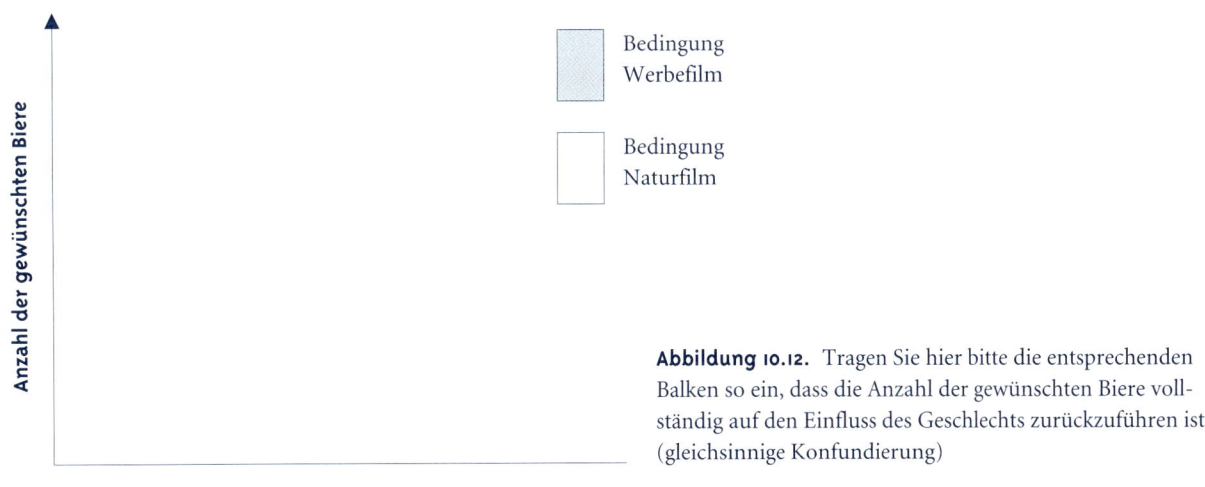

Abbildung 10.12. Tragen Sie hier bitte die entsprechenden Balken so ein, dass die Anzahl der gewünschten Biere vollständig auf den Einfluss des Geschlechts zurückzuführen ist (gleichsinnige Konfundierung)

(6.2) Konstruieren Sie einen Fall, in dem der Effekt der UV auf die AV **innerhalb** von Männern und **innerhalb** von Frauen zwar erwartungskonform ist, **über beide Geschlechter hinweg** jedoch nicht (Simpson-Paradox). Tragen Sie wie bei (6.1) fiktive Mittelwertsbalken in die folgende Grafik ein.

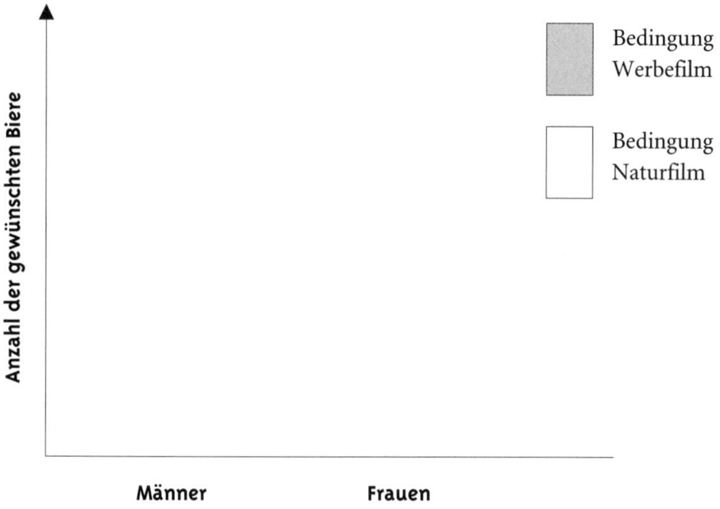

Abbildung 10.13. Konstruieren Sie ein Simpson-Paradox, d. h. zeichnen Sie die Balken, welche die Mittelwerte repräsentieren, so ein, dass innerhalb der Männer und innerhalb der Frauen der Effekt erwartungskonform ist, über Männer und Frauen hinweg jedoch nicht

(7) Entscheiden Sie, ob die folgenden Aussagen jeweils richtig sind oder nicht.

(1)	Quasi-experimentell bedeutet, dass der Forscher keine vollständige Kontrolle über mögliche Konfundierungen hat.	☐ richtig	☐ falsch
(2)	Quasi-Experimente sind meist weniger intern valide als echte Experimente.	☐ richtig	☐ falsch
(3)	Randomisierung heißt, dass die Einflüsse von Störvariablen in allen experimentellen Bedingungen gleich Null sind	☐ richtig	☐ falsch
(4)	Quasi-experimentell bedeutet, dass es immer personbezogene Störvariablen gibt.	☐ richtig	☐ falsch
(5)	Man kann die interne Validität eines Quasi-Experiments erhöhen, wenn man die Störvariable(n) misst und statistisch kontrolliert (Auspartialisierung).	☐ richtig	☐ falsch
(6)	Das Simpson-Paradox ist dadurch gekennzeichnet, dass sich ein Ergebnismuster für zwei (oder mehrere) Subgruppen dann umkehrt, wenn man das Ergebnis über die Subgruppen hinweg betrachtet.	☐ richtig	☐ falsch
(7)	Das Simpson-Paradox kommt immer durch Geschlechtseffekte zustande.	☐ richtig	☐ falsch
(8)	Beim Simpson-Paradox stellt die Zugehörigkeit zu einer der Subgruppen die konfundierte Variable dar.	☐ richtig	☐ falsch
(9)	Bei einem vollständig balancierten Design ist das Auftreten eines Simpson-Paradoxes unwahrscheinlich.	☐ richtig	☐ falsch
(10)	Ein Simpson-Paradox entsteht nur dann, wenn sich die abhängige Variable zwischen den Subgruppen nicht unterscheidet.	☐ richtig	☐ falsch

Viele der methodologischen Grundbegriffe des empirischen Hypothesentestens, die wir in diesem Kapitel angesprochen haben, sind gar nicht spezifisch für die Evaluationsforschung, sondern auch für die Grundlagenforschung relevant. Sie finden sich in vielen Lehrbüchern zur Methodenlehre, bspw. bei

▶ Bortz, J. & Döring, N. (2006). Forschungsmethoden und Evaluation für Human- und Sozialwissenschaftler (4. Aufl.). Berlin: Springer.

Der „Klassiker", ein kompaktes, logisch aufgebautes und gut lesbares Büchlein mit den wichtigsten Designs und ihren jeweiligen Stärken und Schwächen in Bezug auf interne und externe Validität:

▶ Campbell, D.T. & Stanley, J.C. (1963). Experimental and quasi-experimental designs for research. Boston: Houghton Mifflin.

Speziell für die Evaluationsforschung finden sich in folgendem Buchbeitrag einige wichtige Hinweise für die Versuchsplanung, die Kontrolle von Störvariablen sowie die Konstruktion von Kontrollbedingungen.

▶ Hager, W. (2000a). Wirksamkeits- und Wirksamkeitsunterschiedshypothesen, Evaluationsparadigmen, Vergleichsgruppen und Kontrolle. In W. Hager, J.-L. Patry & H. Brezing (Hrsg.), Handbuch Evaluation psychologischer Interventionsmaßnahmen. Standards und Kriterien (Kap.11, S. 180–201). Bern: Huber.

Das selektive Kohortendesign wird ausführlich sowie anhand eigener Daten dargestellt bei:

▶ Olweus, D. (2004). The Olweus Bullying Prevention Programme: Design and implementation issues and a new national initiative in Norway. In P.K. Smith, D. Pepler & K. Rigby (Eds.), Bullying in schools – How successful can interventions be? (Chapter 2, S. 13–36). Cambridge, UK: Cambridge University Press.

11 Auswertungsfragen: Deskriptiv- und inferenzstatistische Methoden

Was Sie in diesem Kapitel erwartet

Ihre Evaluationsuntersuchung ist abgeschlossen, die Daten sind erhoben und bereits in den Computer eingegeben. Und jetzt? Jetzt kommt die Datenauswertung mit dem Ziel, die im Rahmen des Evaluationsvorhabens gestellten Fragen zu beantworten und die aufgestellten Hypothesen zu prüfen. PC-Programme zur statistischen Datenauswertung sind heute so aufgebaut, dass sie dem Anwender Standardprozeduren bereitstellen: Ein paar Klicks, schon ist die Varianzanalyse gerechnet. Aber woher wissen Sie, was Sie da eigentlich gerechnet haben? Sind die Voraussetzungen für die Anwendung eines statistischen Verfahrens überhaupt erfüllt? Ist das statistische Ergebnis robust? Hatte der statistische Test überhaupt eine Chance, ein signifikantes Ergebnis zu liefern? Statistische Datenauswertungen erfordern methodische Kompetenz und Problembewusstsein. Einige solcher Probleme, die typisch für Evaluationsfragestellungen sind, und mögliche Lösungen wollen wir in diesem Kapitel behandeln.

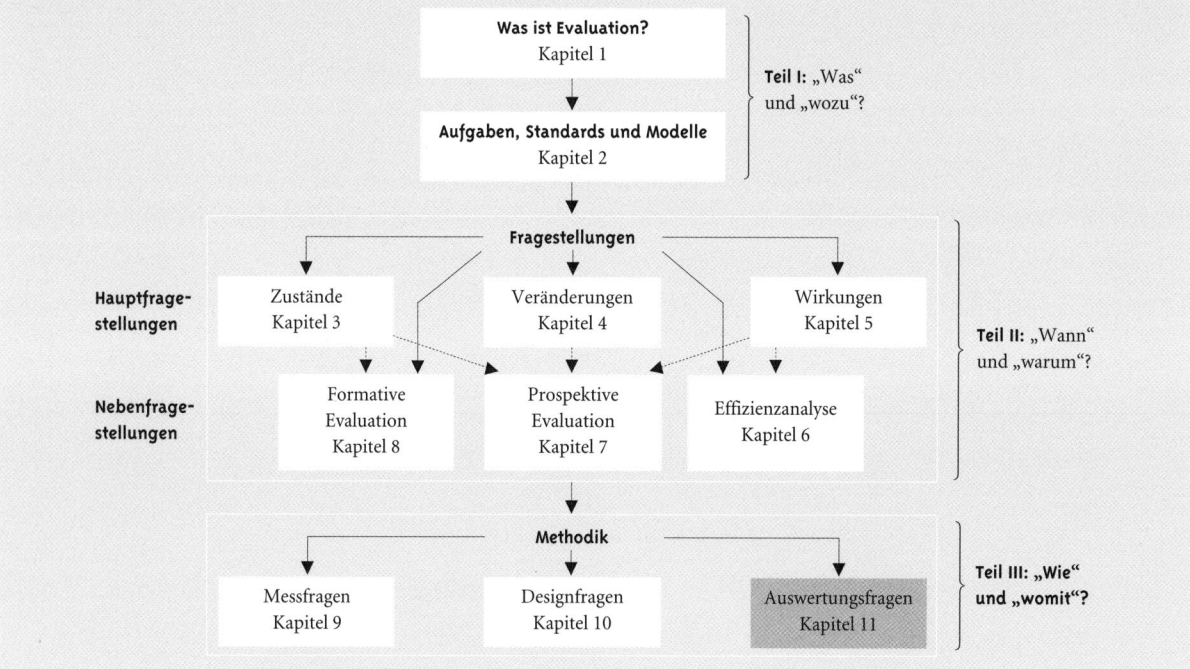

Fragen der statistischen Auswertung der gewonnenen Evaluationsdaten stellen sich nicht erst, nachdem diese Daten erfasst wurden, im Gegenteil: Je eher man sich im Vorhinein klar darüber ist, welche Auswertungsstrategie verfolgt werden soll und welche Bedingungen an die Datenqualität hierfür geknüpft werden müssen, desto eher lassen sich Probleme im Vorhinein umgehen bzw. im Nachhinein kontrollieren. Ein Beispiel hierfür haben wir in Kapitel 10 im

Zusammenhang mit der Kontrolle von Störvariablen angesprochen: Um eine Störvariable konstantzuhalten, auszubalancieren ($\rightarrow$ Ausbalancierung), zu parallelisieren ($\rightarrow$ Parallelisierung) oder auszupartialisieren ($\rightarrow$ Auspartialisierung), muss die Störvariable – am besten im Vorhinein – gemessen worden sein. Hinterher ist es zu spät. Weitere Fragen, die im Vorhinein zu klären sind, betreffen bspw. die $\rightarrow$ Änderungssensitivität des zu messenden Merkmals (s. Kap. 9.1.3), die Wahl der Analyseeinheit, das Aggregationsniveau der gemessenen Daten (s. Kap. 3.1) und das Skalenniveau der erfassten Variablen

11.1 Explorative Datenanalyse

Die Daten explorieren bedeutet, sie zu erkunden, Eingabe- und andere logische Fehler zu identifizieren, unerwartete Probleme zu identifizieren sowie Voraussetzungen für die weitere Datenverarbeitung zu überprüfen. Wir werden hier nur die wichtigsten Grundbegriffe und Ansätze der Datenexploration besprechen, insoweit sie für die Evaluationsforschung (und dabei insbesondere für die Wirksamkeitsevaluation) typischerweise relevant sind. Umfassendere Darstellungen explorativer Verfahren finden sich bei Bortz und Döring (2006; Kap. 6.4).

11.1.1 Grundbegriffe

Definition der Analyseeinheit. Die korrekte Definition der Analyseeinheit ist essentiell für die Deskription und Analyse statistischer Daten. Bei einer Analyseeinheit kann es sich ganz allgemein um Objekte (z. B. Gebäude, Städte, Gegenstände), Personen bzw. Gruppen von Personen oder Zeitpunkte (z. B. Tage, Jahre, Messgelegenheiten) handeln. In den meisten Fällen liegt die Analyseeinheit unbezweifelbar fest, in anderen Fällen hingegen kann es Verwirrungen geben. Hierzu seien nur zwei Beispiele genannt:

(1) Erfasst ein Evaluator das Sozialverhalten einer Schulklasse über wechselseitige Mitschülerurteile (d. h. jeder Schüler beurteilt jeden seiner Mitschüler im Hinblick auf dessen Sozialverhalten), so sind nicht die **beurteilenden** Schüler, sondern vielmehr die **beurteilten** Schüler die Analyseeinheiten. Das bedeutet: Ausgewertet wird nicht, wie ein Schüler X im Durchschnitt seine Mitschüler bewertet, sondern vielmehr, wie ein Schüler X von seinen Mitschülern im Durchschnitt bewertet wird.

(2) Im SuperSoft-Beispiel in Kapitel 10 (s. S. 155/156) wurden an 30 Arbeitstagen von allen Mitarbeitern die Login-Zeiten registriert. Die Fragestellung war, ob sich die durchschnittlichen Login-Zeiten an den Tagen vor dem Motivations-Event von den durchschnittlichen Login-Zeiten an den Tagen nach dem Event unterscheiden. Die Analyseeinheiten sind hier also nicht Personen, sondern Tage ($n_1 = 5$ in der Woche vorher, $n_2 = 5$ in der Woche nachher).

Diskrete vs. kontinuierliche Variablen. Eine Variable wird als diskret bezeichnet, wenn es eine begrenzte (endliche) Menge zählbarer Ausprägungen gibt, z. B. wenn man die Anzahl Personen in einem Hörsaal zählt. Eine Variable wird hingegen als kontinuierlich bezeichnet, wenn die Menge möglicher Ausprägungen unendlich ist, also wenn zwischen zwei beliebigen Werten unendlich viele andere liegen können. So liegen bspw. zwischen zwei gegebenen Längenmaßen (z. B. 1 Meter und 1,5 Meter) unendlich viele Ausprägungen.

Skalenniveaus. Eine Variable kann auf unterschiedlichen Skalenniveaus angesiedelt sein. Das Skalenniveau einer Variablen gibt Auskunft über mögliche Aussagen von Merkmalsausprägungen (und Grenzen dieser Aussagen) sowie über deren Verwendung für weitere statistische Berechnungen, die ihrerseits bestimmte Voraussetzungen haben. Man unterscheidet in den Sozialwissenschaften im Allgemeinen vier Skalenniveaus:

▶ Die Nominalskala für kategoriale – also dichotome oder polytome – Variablen, z. B. Geschlecht, Herkunftsland oder Haarfarbe,

▶ die Ordinal- oder Rangskala für Rangplätze, z. B. das Abschneiden einer Universität im Uni-Ranking; Noten bei einem Eislaufwettbewerb,

▶ die Intervallskala für Merkmale, bei denen Differenzen interpretiert werden dürfen, z. B. Intelligenz mit Hilfe des Intelligenzquotienten (IQ): Der Abstand zwischen $IQ_1 = 115$ und $IQ_2 = 110$ ist genau so groß wie der Abstand zwischen $IQ_3 = 90$ und $IQ_4 = 85$ und

▶ die Verhältnisskala für Merkmale, bei denen Quotienten interpretiert werden dürfen, z. B. bei der Körpergröße oder beim Alter: Ein 40-Jähriger ist doppelt so alt wie eine 20-Jährige.

Die vier Skalenniveaus sind in Tabelle 11.1 zusammenfassend beschrieben. Weitere Informationen zu Skalenniveaus – und insbesondere der Bedeutung von Zahlen bei Variablen auf unterschiedlichen Skalenniveaus – finden Sie auf der CD.

Tabelle 11.1. Skalenniveaus: Je höher das Skalenniveau der zu messenden Variablen, desto reichhaltiger die Informationen, die aus dem entsprechenden Zahlenmaterial gewonnen werden können (nach Bortz, 2005)

Skalenniveau	Es sind Aussagen erlaubt über …	Welche Interpretationen sind auf der Basis der Skala möglich?			
		Häufigkeiten	Ränge	Differenzen	Quotienten
Nominalskala z. B. Geschlecht	Gleichheit und Verschiedenheit	ja	nein	nein	nein
Ordinalskala z. B. Noten	Größer-Kleiner-Relationen	ja	ja	nein	nein
Intervallskala z. B. IQ	Gleichheit von Differenzen	ja	ja	ja	nein
Verhältnisskala z. B. Alter	Gleichheit von Verhältnissen	ja	ja	ja	ja

Verteilung. Die Verteilung der Ausprägung eines Merkmals über die Analyseeinheiten hinweg resultiert in einer Häufigkeitsverteilung, die meist grafisch dargestellt wird, bspw. in Form eines

▶ Säulendiagramms,
▶ Balkendiagramms,
▶ Liniendiagramms,
▶ Kuchen- oder Kreisdiagramms (s. Abb. 11.1).

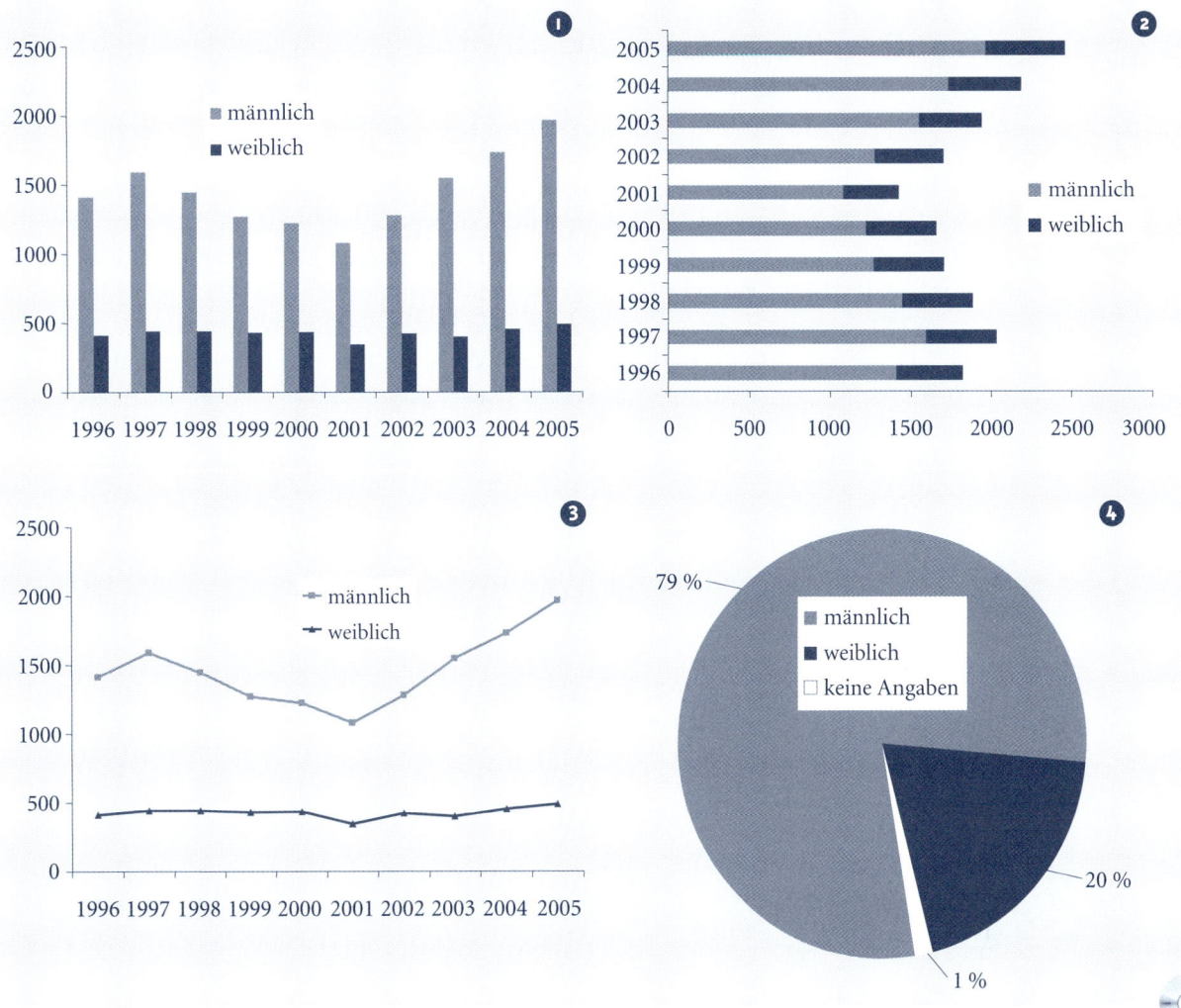

Abbildung 11.1. Diagramme: Vier Möglichkeiten der grafischen Darstellung von Häufigkeiten. Die Daten stammen aus dem HIV-Beispiel in Kap. 4 (S. 65/66). Sie finden die Datei auch auf der CD (Kap04_HIV2.sav bzw. Kap04_HIV2.xls). Bei ❶ handelt es sich um ein Säulendiagramm, ❷ ist ein Balkendiagramm, ❸ ist ein Liniendiagramm und ❹ ein Kreisdiagramm

11.1.2 Inspektion von Häufigkeitsverteilungen

Der erste Schritt einer explorativen Datenanalyse besteht meist darin, die Verteilung der Daten bzw. die Verteilung der Häufigkeit, mit der bestimmte Werte in der → Stichprobe vorkommen, zu inspizieren. Dabei sind folgende Fragen hilfreich:

▶ Wie lässt sich die Form der Häufigkeitsverteilung beschreiben? Ist die Verteilung
  – ein- oder mehrgipflig,
  – breit oder schmal,
  – symmetrisch oder asymmetrisch,
  – ggf. links- oder rechtsschiefe?
▶ Ist das Merkmal (annähernd) normalverteilt?
▶ Gibt es einzelne Ausreißer bzw. extreme Werte?

Insbesondere die Frage nach Normalverteiltheit und eventuellen Ausreißer- bzw. Extremwerten kann für die Datenauswertung bedeutsam sein. Viele Analyseverfahren setzen die Normalverteiltheit des jeweiligen Merkmals – zumindest in der Population, aus der die Untersuchungseinheiten gezogen wurden – voraus (s. Kap. 3.1 & 3.2). Ausreißer stellen immer eine Gefahr für die Normalverteiltheit des Merkmals dar. Abbildung 11.2 (linke Seite) zeigt ein Beispiel für eine Häufigkeitsverteilung (die Originaldaten finden Sie auf der CD). Stellen wir uns vor, die AV in Abbildung 11.2 würde ein Messinstrument für Therapieerfolg darstellen, das die prozentuale Verbesserung infolge der Therapie angibt. Auf der x-Achse sind die Prozentwerte angegeben (von 0–100 %), auf der y-Achse die absoluten Häufigkeiten. Eine relative Minderheit von $n_1 = 223$ Personen hat sehr geringe Werte – diese bilden die linke Teilstichprobe in Abbildung 11.2. Eine kleine Mehrheit ($n_2 = 277$ Personen) hat Werte, die um ca. 40 % herum streuen. Dass die Verteilung insgesamt alles andere als normalverteilt ist, sieht man, wenn man – ausgehend von Mittelwert und Streuung der Verteilung – eine Normalverteilungskurve quasi über die empirische Verteilung legt. Schließt man aber nun alle Werte unter 10 aus der Analyse aus, so resultiert eine eingipflige, um den Wert 42 herum symmetrische Verteilung (s. Abb. 11.2; rechte Seite), die ziemlich gut der theoretisch erwartbaren Normalverteilung entspricht.

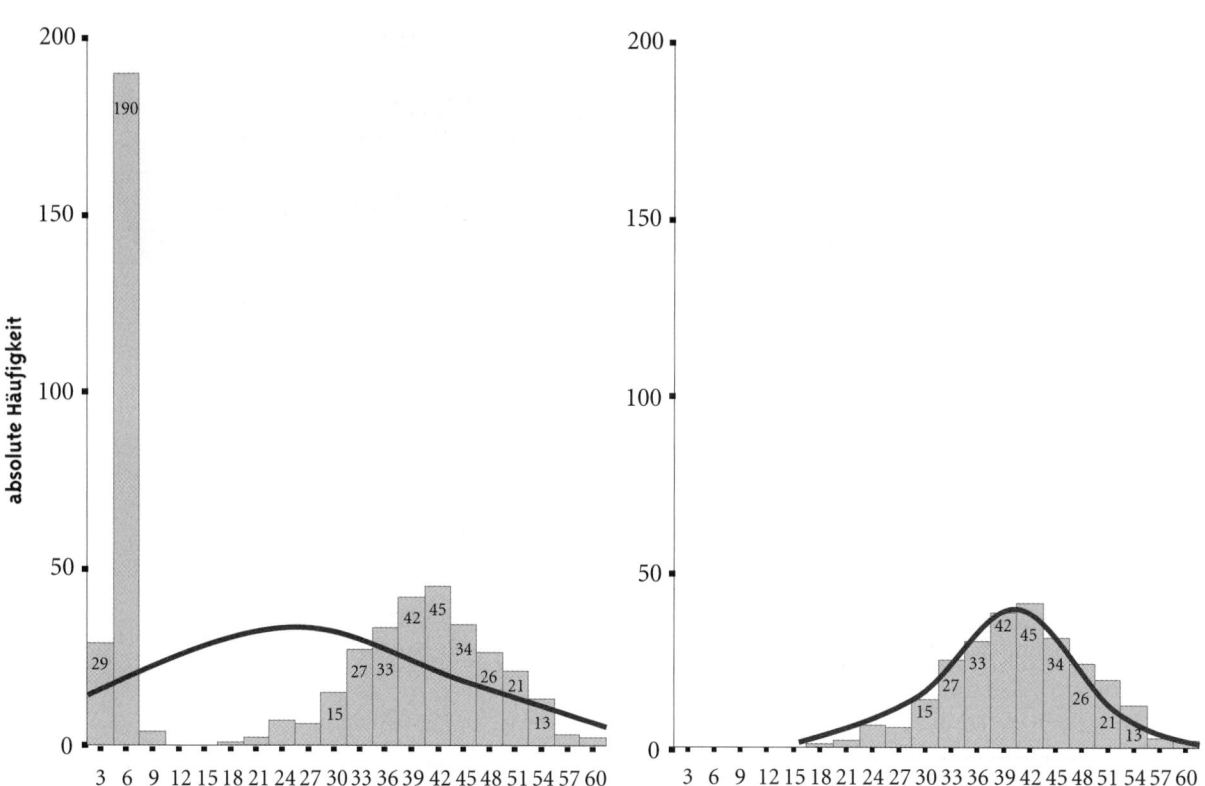

Abbildung 11.2. Häufigkeitsverteilung. Die Verteilung aller Werte (links) ist zweigipflig und folgt nicht einer (theoretisch zu erwartenden) Normalverteilung (blau eingezeichnet). Eliminiert man jedoch alle Werte <10 (rechts), so ist die resultierende Verteilung eingipflig, symmetrisch und relativ gut an die theoretisch zu erwartende Normalverteilung angepasst.

Ausreißeranalyse

Ab wann sind extrem niedrige oder extrem hohe Werte als Ausreißer oder als Extremwerte zu bezeichnen? Manchmal erkennt man die Ausreißer auf einen Blick, aber meist ist die Ausreißerdiagnose nicht ganz so einfach. Insbesondere wenn der Übergang zwischen unauffälligen und auffälligen Werten fließend erscheint, und wenn ihre Anzahl überraschend hoch ist, stellt sich die Frage, ab wann jemand ein „Ausreißer" ist und wie mit solchen Werten zu verfahren ist. Blicken wir noch einmal auf Abbildung 11.2: Was bedeutet das Antwortverhalten der „linken" Teilstichprobe? Haben diese Personen wirklich so geringe Therapieerfolgswerte oder wollen sich diese Personen einfach als leidender darstellen, als sie in Wirklichkeit sind?

Box-Whisker-Diagramm. Entscheidet man sich, eine Teilstichprobe von Ausreißern aus der Analyse zu entfernen, muss man definieren und begründen, ab welchem Wert man jemanden als Ausreißer klassifiziert. Eine inhaltliche oder logische Begründung für solche Trennwerte wäre optimal, ist jedoch meist nicht gegeben. Alternativ kann man die Trennwerte auch anhand der Häufigkeitsverteilung des Merkmals empirisch bestimmen. Üblicherweise betrachtet man Werte, die weit außerhalb des Interquartilabstands der Verteilung liegen, als Ausreißer bzw. Extremwerte. Den Interquartilabstand kann man ermitteln, indem man die Häufigkeitsverteilung in vier gleich große Teile (Quartile, d. h. vier Gruppen mit gleicher Stichprobengröße $n_1 = n_2 = n_3 = n_4$) einteilt und dann die Differenz zwischen dem Wert, der den Übergang vom dritten zum vierten Quartil markiert, und dem Wert, der den Übergang vom ersten zum zweiten Quartil markiert, berechnet. Der Interquartilabstand indiziert somit den Abstand zwischen Ober- und Untergrenze der mittleren 50 % der Verteilung. Eine Möglichkeit der grafischen Darstellung des Interquartilabstands ist das Box-Whisker-Diagramm. Es kann von allen statistischen Analyseprogrammen automatisch ausgegeben werden. Das Box-Whisker-Diagramm für die in Abbildung 11.2 dargestellte Häufigkeitsverteilung von Therapieerfolgswerten zeigt Abbildung 11.3 (die Originaldaten finden Sie auf der CD).

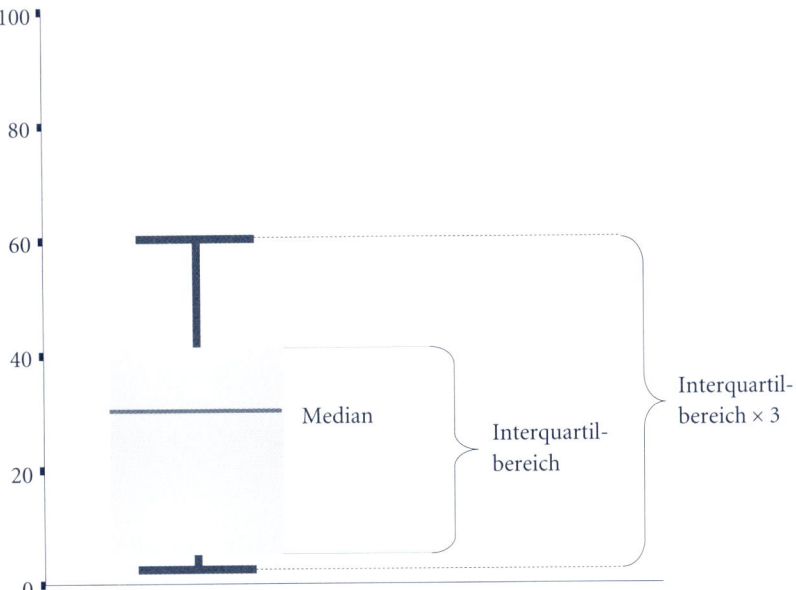

Abbildung 11.3. Box-Whisker-Diagramm. Die dicke dunkelblaue Linie entspricht dem Median der Verteilung. Der graue Kasten (Box) definiert den Interquartilbereich der Verteilung. Die Spannweite der T-förmigen Linien (Whiskers) unterhalb und oberhalb der Box definiert das Dreifache des Interquartilbereichs. Dabei ist die Spannweite immer durch den tatsächlichen Minimal- und den tatsächlichen Maximalwert begrenzt

Der graue Kasten in der Mitte der Grafik (Box) definiert den Interquartilbereich der Variablen (5,2 bis 41,3). Die dicke blaue horizontale Linie definiert den Median (30,3). Die T-förmigen Begrenzungen ober- und unterhalb des grauen Kastens (Whiskers – engl. Barthaare) definieren die Spannbreite, d. h. das 3-fache des Abstands zwischen Median und Obergrenze des 3. Quartils oberhalb des Medians [30,3 + (11 · 3) = 63,3] und das 3-fache des Abstands zwischen Median und Untergrenze des 2. Quartils unterhalb des Medians. Dieser Wert beträgt 30,3 − (25,1 · 3) = −45; allerdings kommt ein solcher Wert in der Häufigkeitsverteilung gar nicht vor. Deshalb ist die Untergrenze der Spannbreite durch den tatsächlichen Minimalwert (2,66) definiert, wie man in Abbildung 11.3 sieht. Fälle, die außerhalb der „Whiskers", d. h. des 3-fachen Interquartilabstands liegen, können als Extremwerte klassifiziert werden.

Standardwerte. Sind die Daten annähernd normalverteilt, können Ausreißer auch über Standardwerte bestimmt werden. Stevens (2002) schlägt vor, all jene Fälle als Ausreißer zu bezeichnen, die mehr als drei Standardabweichungseinheiten unterhalb oder oberhalb des Mittelwertes liegen (d. h. $z > |3|$).

Tests auf Normalverteiltheit

Die Dichtefunktion für eine normalverteilte Variable X lässt sich nach Gauss wie folgt beschreiben:

$$f(X) = \frac{1}{\sqrt{2\pi \cdot s^2}} \cdot e^{-\frac{(x-\bar{x})^2}{2s^2}} \ .$$

Die Symbole bedeuten:
- ▶ π: Naturkonstante pi (3,141592654)
- ▶ s^2: Varianz der Verteilung
- ▶ e: Euler'sche Zahl (2,718281828)
- ▶ $\bar{x}$: Mittelwert der Verteilung

Aus der Formel wird klar, dass die einzigen Größen, die man zur Ermittlung der Verteilung aller möglichen x-Werte unter der Normalverteilung benötigt, Mittelwert ($\bar{x}$) und Streuung (s^2) der Verteilung sind. Man kann also für jede beliebige Verteilung eine theoretisch erwartete Normalverteilung konstruieren unter der Annahme, dass Mittelwert und Streuung der Variablen bekannt sind. Von Interesse ist nun, wie weit die tatsächliche empirische Verteilung von der theoretisch erwarteten Normalverteilung abweicht. Mit dem Kolmogorov-Smirnov-Test und dem Shapiro-Wilk-Test liegen zwei Verfahren vor, die diese Abweichung nicht nur quantifizieren, sondern auch inferenzstatistisch absichern können. Das bedeutet: Es kann geprüft werden, ob die Abweichung der empirischen Verteilung von der theoretisch zu erwartenden Normalverteilung signifikant (überzufällig) ist. Ist dies der Fall, so muss die Annahme, dass die Variable in der Population tatsächlich normalverteilt ist, verworfen werden. Die beiden genannten Tests sind in allen Statistikprogrammen standardmäßig enthalten. Näheres zur Berechnung und Interpretation des Kolmogorov-Smirnov-Tests und des Shapiro-Wilk-Tests anhand eines Datenbeispiels finden Sie auf der CD.

Transformation der Rohdaten

Ausreißer und Extremwerte zu eliminieren, stellt eine Möglichkeit dar, die Abweichung der Rohdatenverteilung von der Normalverteilung zu minimieren. Eine zweite Möglichkeit besteht darin, die Rohwerte zu transformieren. Dieses Verfahren wird üblicherweise bei Variablen eingesetzt, die schon von Natur aus schief verteilt sind. Das ist etwa bei Reaktionszeiten der Fall: Extrem kurze Reaktionszeiten sind tendenziell eher seltener als extrem lange Reaktionszeiten (Fazio, 1990). Eine typische Rohdatenverteilung von Reaktionszeiten ist daher tendenziell linkssteil bzw. rechtsschief. Eine Möglichkeit besteht darin, die Rohwerte (x) in neue Werte (y) zu transformieren. Anschließend kann mit den transformierten Daten weitergerechnet werden. Theoretisch bieten sich viele Transformationsfunktionen an; am ehesten gebräuchlich sind die

Logarithmierung ($y = \ln(x)$) und die inverse Wurzeltransformation $\left(y = \dfrac{1}{\sqrt{x}} \right)$. Wie sich diese

Transformationen auf die Verteilung der y-Werte auswirken, sehen Sie in Abbildung 11.4 (die Originaldaten finden Sie auf der CD).

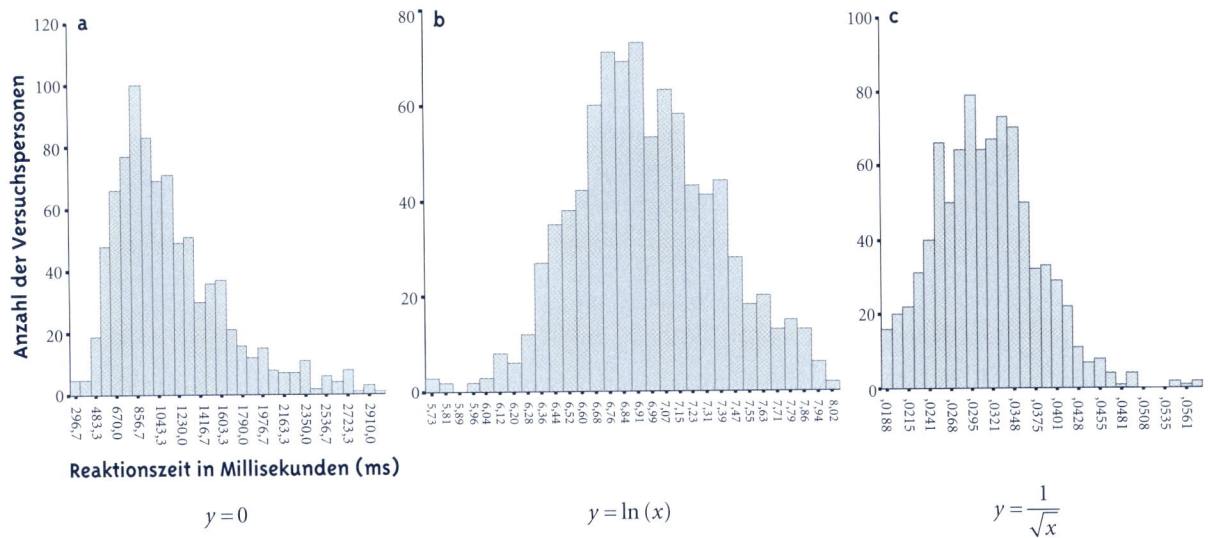

Abbildung 11.4. Rohdatentransformationen: Die linke Abbildung (**a**) zeigt die Verteilung der Rohdaten; diese Verteilung ist linksschief. Die mittlere Abbildung (**b**) zeigt die gleichen Daten nach einer Logarithmustransformation. Die rechte Abbildung (**c**) zeigt die Verteilung der Daten nach einer inversen Wurzeltransformation. Beide Transformationen verbessern die Anpassung der Daten an eine Normalverteilung

11.1.3 Fehlende Werte

Ein weiteres Thema, dem bei der explorativen Datenanalyse unbedingt Beachtung geschenkt werden sollte, betrifft fehlende Werte (Missings). Werte können auf unterschiedlichen Ebenen im Datensatz fehlen:

▶ Die Daten einer „kompletten" Person können fehlen.
▶ Die Daten einer Person von einem Messzeitpunkt können fehlen, z. B. weil die Person am Tag der Datenerhebung krank war.
▶ Die Daten einer Person auf einer AV oder einem Item können fehlen, z. B. weil die Person dieses Item nicht beantwortet hat.

Das Problem besteht darin, dass ein fehlender Wert inhaltlich genau so mehrdeutig ist wie ein extremer Wert. Wir haben bereits in Kapitel 10.3 festgestellt, dass fehlende Werte, wenn sie durch selektiven → Drop-out zustande kommen, die → Validität des → Evaluationsdesigns stark gefährden können. Generell gilt: Solange sichergestellt ist, dass die Ursache für das Fehlen von Werten allein auf den Zufall oder auf Faktoren zurückzuführen ist, die mit der AV und mit der UV unkorreliert sind, besteht für die → interne Validität des Designs keine Gefahr. Lediglich die → Reliabilität und ggf. die → externe Validität leiden, da fehlende Daten die Datenbasis verkleinern und dadurch die Fehlervarianz erhöhen können. Sobald die Wahrscheinlichkeit, mit der ein Wert im Datensatz fehlt, mit der UV und mit der AV korreliert ist, kann es zu Konfundierungen und damit zu Gefahren für die interne Validität kommen.

Elimination von „kompletten" Personen. Im Beispiel auf Seite 167 (Kap. 10.3; Beispiel „Frau Koslowskis schlimmste Schüler bleiben sitzen") haben wir bereits festgestellt, wie man das Problem eines selektiven Drop-outs sehr einfach lösen kann: Man löscht die entsprechenden Personen aus dem gesamten Datensatz. Man könnte auch sagen, man eliminiert die Störvariable „selektiv fehlende Schüler". Da hierbei mehr Datenpunkte gelöscht werden als nötig, ist diese Strategie nur dann zu empfehlen, wenn die Datenbasis selbst nach der Reduktion um fehlende Werte noch ausreicht, um statistisch sinnvolle Aussagen treffen zu können.

Post-hoc-Vergleich zwischen eliminierten und verbliebenen Personen. Eine weniger restriktive Methode des Umgangs mit Personen, die auf einzelnen Variablen oder zu einzelnen Messzeitpunkten fehlende Werte aufweisen, besteht darin, im Nachhinein zwei Dinge zu ermitteln:

(1) Wie unterscheiden sich die eliminierten von den verbliebenen Personen? Bei messwiederholten Designs kann hier z. B. überprüft werden, inwiefern jene Personen, die beim Post-Test fehlen, beim Prä-Test signifikant unterschiedliche Werte gegenüber den restlichen Personen aufweisen.

(2) Fallen die Evaluationsergebnisse unterschiedlich aus, je nachdem ob man die Eliminierungskandidaten aus der Analyse herausnimmt oder nicht? Dies ist ein sehr pragmatischer Ansatz und er sollte mit Vorsicht verfolgt werden. Immerhin ist die Wahrscheinlichkeit relativ hoch, dass die Elimination „kompletter" Personen aus dem Datensatz die Evaluationsbefunde verändert, insbesondere wenn der Datensatz ohnehin klein ist und wenn die Korrelation zwischen „Fehlwahrscheinlichkeit" und der AV hoch ist.

Elimination einzelner Skalen. Ein anderes Problem stellt sich, wenn es sich bei der AV um ein latentes Konstrukt (z. B. eine Skala im Fragebogen) handelt, das über mehrere Indikatoren (z. B. Fragebogenitems) erfasst wird. Fehlen einige Antworten bei einer Person, z. B. weil sie diese Items gar nicht beantwortet hat oder weil ihr Ankreuzverhalten nicht eindeutig war, so besteht das Problem, dass die Aggregation über die noch verbleibenden Indikatoren hinweg möglicherweise zu weniger reliablen und validen Schätzungen der latenten Merkmalsausprägung führt als es bei anderen Personen der Fall ist. Anders gesagt: Fehlen zu viele Itemwerte innerhalb einer Skala, verliert der Skalenwert an Aussagekraft. Hier muss – in Abhängigkeit von der Anzahl der Items in der Skala, der relativen Häufigkeit fehlender Items sowie der Verteilung von Missings über Items hinweg – im Einzelfall entschieden werden, welche Personen gegebenenfalls aus dem Datensatz entfernt werden müssen, weil sie zu viele Missings aufweisen.

Imputation. Fehlen bei einer Person nur wenige Itemwerte innerhalb einer Skala, so können hier statt der echten auch geschätzte Werte eingegeben werden. Ein solches Verfahren nennt man Imputation: Man ersetzt einzelne fehlende Werte durch den besten Schätzer für diese. Geht man davon aus, dass alle Items innerhalb einer Skala das latente Konstrukt gleich gut schätzen und darüber hinaus gleiche Mittelwerte aufweisen (in der Messfehlertheorie spricht man hier von einem τ-äquivalenten Messmodell), so ist der beste Schätzer für den fehlenden Itemwert der Mittelwert, den diese Person auf allen anderen (nicht-fehlenden) Items der Skala hat. Alternativ kann der fehlende Itemwert regressionsanalytisch bestimmt werden. Da in der Praxis das Modell τ-äquivalenter Variablen jedoch ein sehr restriktives ist, dessen Voraussetzungen (gleiche Kovarianzen und gleiche Mittelwerte aller Items innerhalb einer Skala) nur selten erfüllt sind, sind Imputationsverfahren meist nicht zulässig.

11.2 Inferenzstatistische Verfahren

Während die Deskriptivstatistik mit der Beschreibung, Ordnung und Zusammenfassung von Daten beschäftigt ist, geht es bei der Inferenzstatistik darum, inwiefern von einer empirischen Beobachtung auf zugrunde liegende Gesetzmäßigkeiten geschlossen werden kann. Die Anwendung statistischer Tests basiert auf einer Grundlogik, nämlich einer probabilistisch begründeten Entscheidung über das Zutreffen (bzw. das Nicht-Zutreffen) einer statistischen Null- oder einer statistischen Alternativhypothese.

Ziel dieses Kapitels ist nicht eine weitere Einführung in die Prinzipien des statistischen Hypothesentestens. Leser, die mit der Grundlogik statistischer Tests gar nicht oder nicht hinreichend vertraut sind, werden auf einführende Lehrbücher der Statistik (Bortz, 2005; Bortz & Döring, 2006; Pospeschill, 2006) oder der Versuchsauswertung (z. B. Hussy & Jain, 2002) verwiesen. Stattdessen wird in diesem Kapitel auf einige Aspekte bei der Handhabung inferenzstatistischer Verfahren eingegangen, insoweit sie für die Evaluationsforschung von Bedeutung sein können. Dies betrifft insbesondere die Voraussetzungen für die Anwendung inferenzstatistischer Tests einschließlich deren Prüfung (s. Kap. 11.2.3). In Kapitel 11.3 wollen wir den praktisch arbeitenden Evaluator mit einigen wichtigen methodologischen Konzepten im Zusammenhang mit statistischer Hypothesenprüfung vertraut machen.

11.2.1 Grundprinzipien inferenzstatistischer Tests

Der Grundbaustein eines statistischen Tests ist ein einzelner, empirisch gewonnener statistischer Kennwert. Dabei kann es sich z. B.

▶ um einen Einzelwert (x),
▶ einen Mittelwert ($\overline{x}$),
▶ eine Mittelwertdifferenz ($\overline{x}_1 - \overline{x}_2$),
▶ eine intraindividuelle Differenz (D),
▶ einen Korrelations- (r) oder Regressionskoeffizienten (b),
▶ eine Häufigkeit (f) oder
▶ eine Stichprobenvarianz (s_x^2) handeln.

Für diesen empirischen statistischen Kennwert wird im Rahmen des Nullhypothesentests (Fisher, 1925) die Wahrscheinlichkeit berechnet, mit der dieser Wert zustande gekommen wäre, wenn sein „wahrer" Wert in der Population gleich Null ist. Die Nullhypothese (H_0) ist also eine Behauptung, die davon ausgeht, dass der Kennwert in der Population einen Wert von Null hat, und dass eine eventuelle Abweichung von Null in diesem Einzelfall nur auf Zufallsschwankungen (Fehlervarianz) zurückzuführen ist. Inhaltliche Hypothesen, die mit der statistischen Nullhypothese vereinbar sind, könnten etwa so lauten:

- „Eine neue Therapie ist genauso gut wie eine klassische Therapie", d. h. der Unterschied zwischen den beiden Therapieformen müsste Null sein;
- „Das Essverhalten des Patienten hat sich innerhalb der letzten Woche nicht verändert", d. h. die Differenz zwischen den entsprechenden Tagen müsste Null sein;
- „Die Wahrscheinlichkeit einer AIDS-Erkrankung hängt nicht mit dem Alter zusammen", d. h. die Korrelation müsste Null sein;
- „Die Unterschiedlichkeit der Schulnoten nimmt über Klassenstufen hinweg nicht zu", d. h. die Varianz von Varianzen über Kohorten hinweg müsste Null sein.

Empirische Wahrscheinlichkeit und α-Fehler. Ist die Wahrscheinlichkeit für dieses eine empirische Ergebnis unter allen möglichen Ergebnissen klein − unter der Voraussetzung, dass die Nullhypothese zutrifft −, so ist die Nullhypothese zu unwahrscheinlich und darf abgelehnt werden. Mit dieser Entscheidung ist trotz allem ein Restrisiko verbunden. Eine hundertprozentige Sicherheit über die Richtigkeit der getroffenen Ablehnungsentscheidung gibt es nie. Der Forscher spezifiziert im Vorhinein, wie groß die → Irrtumswahrscheinlichkeit sein soll, die er bereit ist, mit einer Entscheidung gegen die H_0 zu akzeptieren. Diese Irrtumswahrscheinlichkeit wird α-Fehler oder Fehler 1. Art genannt. Üblicherweise wird ein α-Fehlerniveau von 5 % angesetzt. Ist die Wahrscheinlichkeit eines empirischen Ergebnisses unter der Nullhypothese, z. B. $p(x \mid H_0)$, kleiner als α, so ist das Ergebnis „statistisch bedeutsam" oder signifikant.

Ablehnung der Alternativhypothese. Ist die Wahrscheinlichkeit eines empirischen Ergebnisses unter der Nullhypothese größer als α, so kann die Nullhypothese nicht als zu unwahrscheinlich verworfen werden. Sie kann aber auch nicht ohne weiteres angenommen werden. Eine Annahme der Nullhypothese ist nur über die Ablehnung einer spezifizierten Alternativhypothese (H_1) möglich. Eine solche Alternativhypothese könnte etwa lauten:
- „Eine neue Therapie ist um 12 Einheiten wirksamer als eine alte."
- „In Nordrhein-Westfalen gibt es 10.000 HIV-Positive mehr als in Niedersachsen."
- „Der Patient hat in der vergangenen Woche 5 kg abgenommen."
- „Der Zusammenhang zwischen AIDS-Erkrankungswahrscheinlichkeit und Alter beträgt $\rho = .30$."

Die Irrtumswahrscheinlichkeit, die ein Forscher mit seiner Entscheidung gegen die H_1 bereit ist zu akzeptieren, wird β-Fehler oder Fehler 2. Art genannt. Auch hier könnte man von einer Höchstgrenze von 5 % ausgehen. Ist die Wahrscheinlichkeit für ein empirisches Ergebnis unter allen möglichen Ergebnissen kleiner als 5 % − unter der Voraussetzung, dass die spezifizierte Alternativhypothese zutrifft −, so ist die Alternativhypothese zu unwahrscheinlich und darf abgelehnt werden. Das könnte bedeuten, dass der empirische Effekt in der Population kleiner ist als es von der spezifizierten Alternativhypothese angenommen wurde; vielleicht ist der Effekt sogar tatsächlich gleich Null. Dies kann aber nicht ohne weiteres ermittelt werden. Eine Ablehnung der Alternativhypothese bedeutet also nicht automatisch einen Beweis für die Geltung der Nullhypothese (Neyman & Pearson, 1933).

11.2.2 Taxonomie statistischer Tests

Einige konkrete inferenzstatistische Testverfahren haben wir bereits in den Kapiteln 3 und 4 kennen gelernt oder zumindest angesprochen. In Tabelle 11.2 sind diese Tests zusammengestellt und danach klassifiziert,

- welcher statistische Kennwert untersucht wird (Einzelwert, Mittelwert, Häufigkeiten) und
- welche Fragestellung bzw. Hypothese untersucht werden soll: Abweichung von einer Konstanten, Unterschied zwischen Bedingungen bzw. Stufen oder Gruppen, intraindividuelle Veränderung.

Tabelle 11.2. Klassifikation verschiedener inferenzstatistischer Verfahren in Abhängigkeit (a) vom jeweiligen statistischen Kennwert und (b) von der jeweiligen Fragestellung

Kennwert	Abweichung von einer Konstanten	Unterschied zwischen Bedingungen/Stufen	intraindividuelle Veränderung
Einzelwerte	z-Test	–	kritische Differenz (D_k)
Mittelwerte	Ein-Gruppen-t-Test	t-Test für unabhängige Stichproben (bei $k = 2$ Stufen); Einfaktorielle Varianzanalyse (bei $k \geq 2$ Stufen)	t-Test für abhängige Stichproben (bei $k = 2$ Messzeitpunkten); Messwiederholte Varianzanalyse (bei $k \geq 2$ Messzeitpunkten)
Häufigkeiten	Binomialtest	χ^2-Test	McNemar-Test

11.2.3 Voraussetzungen statistischer Verfahren

Unabhängigkeit der Messwerte. Die wichtigste Voraussetzung für die Anwendung inferenzstatistischer Methoden ist, dass die einzelnen Messwerte, die eine → Stichprobe konstituieren, voneinander unabhängig sind. Präziser müsste man eigentlich sagen: Es wird angenommen, dass die Residuen (d. h. Messfehler und unsystematische Störeinflüsse) zwischen Untersuchungseinheiten unabhängig voneinander sind. Das bedeutet: Die Wahrscheinlichkeit, mit der eine Person i auf der Variablen X einen Messwert x_i abgibt, muss unabhängig von den Messwerten irgendwelcher anderen Personen in der Stichprobe sein. Ist diese Bedingung nicht gegeben, so ist die Grundvoraussetzung der Inferenzstatistik nicht erfüllt, nämlich dass es sich bei einer Stichprobe um zufällig gezogene Elemente einer Population handelt. Die Unabhängigkeitsbedingung ist – gerade bei Evaluationsuntersuchungen – leider öfter verletzt als man denkt:

- In einer Schulklasse beeinflussen sich die Schüler gegenseitig: Sie orientieren sich in ihrem Verhalten an Freunden, an Rollenvorbildern oder an den „Klassenstars". Daher sind sie sich bspw. bei der Frage, ob ihnen der Unterricht Spaß macht, eher einig: Die Varianz der Beurteilungen innerhalb der Klasse ist kleiner, als sie sein dürfte, wenn die Messwerte wirklich voneinander unabhängig wären.
- Bei einer Führungskräfteschulung reden die Teilnehmer in den Pausen miteinander und bilden ggf. eine sozial geteilte Meinung darüber, ob die Schulung ihnen eher gut oder eher nicht gut gefallen hat. Auch hier ist die Varianz der Meinungen innerhalb der Gruppe kleiner, als sie sein dürfte, wenn die Messwerte wirklich voneinander unabhängig wären.

Die Nicht-Unabhängigkeit der Messwerte in den beiden genannten Fällen geht auf eine Störvariable zurück, nämlich die Orientierung einzelner Personen an der Meinung bestimmter anderer Personen bzw. der Mehrheit. Dadurch, dass der Messwert einer Person insofern nicht mehr ihre „wahre" Meinung widerspiegelt, ist zum einen die Konstruktvalidität der Messwerte verringert. Weiterhin ist auch die → interne Validität, die → externe Validität und schließlich auch die Präzision des statistischen Schlusses bedroht. Das wird an den beiden genannten Beispielen deutlich: Durch die artifizielle Verringerung der Varianz innerhalb der Gruppe wird die Populationsfehlervarianz unterschätzt; in der Folge erhöht sich der „tatsächliche" α-Fehler der statistischen Testung. Man kann zeigen, dass selbst bei geringer Verletzung der Unabhängigkeitsannahme (z. B. indem sich lediglich 10 % der Messwerte in der → Stichprobe gegenseitig beeinflussen) der α-Fehler um ein Vielfaches ansteigt (Stevens, 2002)!

Skalenniveau des erfassten Merkmals. Die Anwendung statistischer Tests ist an konkrete Annahmen bezüglich des Skalenniveaus des gemessenen Merkmals gebunden. So wird im Falle von z-Test, t-Test und Varianzanalyse (F-Test) angenommen, dass das Merkmal, das über die AV erfasst wird, mindestens intervallskaliert ist. Bei untergeordneten Skalenniveaus (Ordinalskala, Nominalskala) wäre die Bildung eines Mittelwertes oder einer Varianz gar nicht zulässig. Übergeordnete Skalenniveaus (Verhältnis- und Absolutskala) stellen kein Problem dar.

Verteilung des Merkmals in der Population. Eine weitere Voraussetzung betrifft die Annahme über die Form der Häufigkeitsverteilung des gemessenen Merkmals in der Population. In vielen Fällen ist die Annahme begründet, dass das Merkmal in der Population normalverteilt ist. Die meisten der genannten Tests (z-Test, t-Test, F-Test, χ^2-Test) basieren auf einer Normalverteilung; die entsprechenden Wahrscheinlichkeitsverteilungen (t-, F-, χ^2-Verteilungen) lassen sich im Falle unendlich großer Stichproben mathematisch in eine Normalverteilung überführen. Daher basiert die Anwendung dieser Tests auf der Korrektheit der Normalverteilungsannahme. Mit Hilfe der in Abschnitt 11.1.2 genannten Tests lässt sich grafisch und inferenzstatistisch testen, inwiefern die Verteilung der Messwerte in der Stichprobe von einer theoretischen Normalverteilung abweicht. Man kann allerdings zeigen, dass inferenzstatistische Tests gegenüber einer Verletzung der Normalverteiltheitsannahme bereits bei Stichproben mit $N = 50$ Beobachtungen robust sind (Glass et al., 1972).

Varianzhomogenität. Der t-Test für unabhängige Stichproben und alle varianzanalytischen Verfahren basieren zudem auf der Voraussetzung, dass die Stichproben, d. h. die Werte innerhalb der einzelnen Bedingungen aus der gleichen Population stammen. Wäre dies nicht der Fall, d. h. würden die Werte zwischen den Bedingungen aus unterschiedlichen Populationen stammen, so wäre die entscheidende wahrscheinlichkeitstheoretische Annahme zur Testung des Ergebnisses gegen die statistische Nullhypothese nicht gegeben! Da die Varianz innerhalb der Bedingungen als Schätzer der Populationsvarianz verwendet wird, bedeutet das notwendigerweise, dass diese „Innerhalb-Varianzen" in allen experimentellen Bedingungen gleich sein sollten – zumindest auf Populationsebene. Ist dies nicht der Fall, d. h. sind die Varianzen zwischen den Bedingungen heterogen, so ist das Testergebnis nicht mehr robust. Eine Möglichkeit, die Varianzhomogenitätsannahme in der Stichprobe zu überprüfen, besteht in der Anwendung des Levene-Tests. Ist der Levene-Test signifikant, muss die Annahme, die Stichprobenvarianzen seien auf Populationsebene identisch, verworfen werden.

Die Varianzhomogenitätsannahme ist auf der Basis des theoretischen Modells, auf dem ein statistischer Test basiert, notwendig und unverzichtbar. In der Praxis zeigt sich jedoch – ähnlich wie im Falle der Normalverteiltheitsannahme –, dass eine Verletzung dieser Annahme die Testergebnisse nur unwesentlich beeinflusst (Glass et al., 1972). Sind die Stichprobengrößen in den unterschiedlichen Stufen der UV in etwa homogen, ist der statistische Test robust.

Nur unter folgenden Bedingungen ist ein statistischer Test in der Tat zu liberal, d. h. der tatsächliche α-Fehler ist höher als das festgesetzte Signifikanzniveau:

▶ Die Stichprobengrößen in den Stufen der UV sind nicht homogen (s. o. Faustregel),

▶ die Varianzen sind heterogen (d. h. der Levene-Test ist signifikant) und

▶ in den Stufen mit kleinem n ist die Varianz größer als in den Stufen mit großem n.

Insbesondere die letzte Bedingung ist bedeutsam für die Frage, wie eine Verletzung der Varianzhomogenitätsannahme den „tatsächlichen" α-Fehler beeinflusst. Ist nämlich umgekehrt die Varianz in den „großen" $\rightarrow$ Stichprobe größer als in den „kleinen" Stichproben, so führt eine Verletzung der Varianzhomogenitätsannahme eher dazu, dass der Test zu konservativ wird: Der α-Fehler ist also in Wirklichkeit kleiner als das festgesetzte Signifikanzniveau (Stevens, 2002).

Sphärizität bzw. Zirkularität. Bei Varianzanalysen mit Messwiederholung existiert zusätzlich zu den bereits genannten Voraussetzungen eine weitere Annahme, die als $\rightarrow$ Sphärizitäts- oder $\rightarrow$ Zirkularitätsannahme bezeichnet wird. Eine Implikation dieser Annahme ist, dass die Varianzen aller paarweisen Differenzen (D) zwischen zwei Messzeitpunkten homogen sein müssen. Im Falle eines $\rightarrow$ Evaluationsdesigns mit vier Messzeitpunkten und den entsprechenden Messwerten x_1, x_2, x_3 und x_4 würde das bedeuten: Die Varianzen der paarweisen Differenzen (D_{ij})

$$D_{12} = x_{i1} - x_{i2} \ ,$$
$$D_{13} = x_{i1} - x_{i3} \ ,$$
$$D_{14} = x_{i1} - x_{i4} \ ,$$
$$D_{23} = x_{i2} - x_{i3} \ ,$$
$$D_{24} = x_{i2} - x_{i4} \quad \text{und}$$
$$D_{34} = x_{i3} - x_{i4}$$

müssen gleich sein (Huynh & Feldt, 1970). Sind sie das nicht, so wird der F-Test für den Haupteffekt des Messzeitpunkts zu liberal, d. h. sein α-Fehler ist höher als das festgesetzte Signifikanzniveau. Ob die Sphärizitätsannahme erfüllt ist oder nicht, kann mit Hilfe eines Parameters namens ε (Epsilon) ermittelt werden (Greenhouse & Geisser, 1959): Ist $\varepsilon = 1$, so ist perfekte Sphärizität gegeben. Der Parameter ist nicht standardisiert, seine Untergrenze ist $\frac{1}{k-1}$ (k = Anzahl Messzeitpunkte). Im Falle von vier Messzeitpunkten kann ε also zwischen 0,333 und 1 schwanken. Je größer die Abweichung vom Maximalwert +1, desto stärker ist die Sphärizitätsannahme verletzt. Das Greenhouse-Geisser-Epsilon kann nicht nur zur Diagnose der Sphärizität verwendet werden, sondern auch zur Korrektur der Freiheitsgrade des F-Tests. Dazu werden einfach die Zähler- und die Nennerfreiheitsgrade jeweils mit ε multipliziert. Diese Korrektur macht den F-Test wieder konservativer und wirkt damit der künstlichen Erhöhung des α-Fehlers tendenziell entgegen.

11.2.4 Nicht-parametrische Verfahren

Falls das gemessene Merkmal nicht intervallskaliert ist oder die oben genannten Voraussetzungen nicht erfüllt sind, ist die Verwendung parametrischer Verfahren zur Analyse von Mittelwertsvergleichen (*t*-Test, Varianzanalyse) nicht zulässig. Unter Umständen ist es nötig, Mittelwertsvergleiche mit nicht-parametrischen Tests durchzuführen. Diese sind im Allgemeinen voraussetzungsärmer; bspw. werden keine Verteilungs- oder Homogenitätsannahmen getroffen. Die Voraussetzung unabhängiger Messwerte ist davon unberührt: Sie ist bei jedem statistischen Verfahren eine notwendige Bedingung, deren Verletzung folgenreich ist. In Tabelle 11.3 sind für einige der vorgenannten parametrischen Verfahren die jeweiligen nicht-parametrischen Analogverfahren genannt. Was das Skalenniveau des gemessenen Merkmals angeht, so sind die genannten Verfahren für ordinalskalierte Daten geeignet. Nähere Informationen zu den einzelnen Tests findet man bei Bortz (2005), Bortz & Lienert (2003) oder Bortz et al. (2000).

Tabelle 11.3. Parametrische und nicht-parametrische Verfahren zur Analyse von Mittelwertsvergleichen: In Abhängigkeit von der Anzahl Stufen auf der UV und der Fragestellung (Unterschieds- oder Veränderungshypothese) können parametrische oder nicht-parametrische Auswertungsverfahren verwendet werden

Anzahl der Stufen der UV	Unterschied zwischen Bedingungen/Stufen		intraindividuelle Veränderung	
	nicht-parametrisch	parametrisch	nicht-parametrisch	parametrisch
genau 2	U-Test (Mann-Whitney)	*t*-Test für unabhängige Stichproben	Wilcoxon-Test	*t*-Test für abhängige Stichproben
mehr als 2	Rangvarianzanalyse (Kruskal-Wallis)	einfaktorielle Varianzanalyse	Friedman-Test	messwiederholte Varianzanalyse

11.3 Spezielle Aspekte der inferenzstatistischen Hypothesenprüfung

Im Folgenden gehen wir auf einige spezielle Themen im Zusammenhang mit der statistischen Datenauswertung und der Anwendung inferenzstatistischer Verfahren ein, insoweit sie für Evaluationsfragestellungen relevant sind. Zunächst geht es um die Frage, ob ein statistischer Test überhaupt in der Lage ist, einen spezifizierten Effekt aufzudecken (→ Teststärke). Anschließend geht es um das Problem der Kumulierung von Fehlerwahrscheinlichkeiten. Zum Schluss zeigen wir, wie man mit Hilfe einer statistischen Kontrolle von Störvariablen (→ Auspartialisierung) ggf. die → interne Validität einer Evaluationsstudie erhöhen kann.

11.3.1 Teststärke

Statistische Entscheidungen werden zwar anhand von (Irrtums-)Wahrscheinlichkeiten getroffen, aber sie sind stets binär: Man entscheidet sich entweder gegen die Nullhypothese (wenn die

Wahrscheinlichkeit eines statistischen Ergebnisses unter der Nullhypothese zu unwahrscheinlich ist), oder man entscheidet sich gegen die Alternativhypothese (wenn die Wahrscheinlichkeit eines statistischen Ergebnisses unter der Alternativhypothese zu unwahrscheinlich ist). Da in den meisten Fällen das erwartete (oder erhoffte) Ergebnis mit der statistischen Alternativhypothese korrespondiert, kommt der Nullhypothesentest bei Evaluationsfragestellungen wahrscheinlich häufiger zur Anwendung. Ein wichtiges Konzept im Rahmen der statistischen Hypothesenprüfung ist die → Teststärke (Power).

Definition

Die **Teststärke (Power)** eines statistischen Tests ist definiert als die Wahrscheinlichkeit, mit der der Test in der Lage ist, einen tatsächlich existierenden Populationseffekt (einer bestimmten Größe) zu finden.

Die Teststärke definiert also die Wahrscheinlichkeit, mit der ein statistischer Test ein signifikantes Ergebnis produziert, wenn in der Population ein Effekt der spezifizierten Größe tatsächlich existiert.

Beispiel

Dr. Schlaumeier und Dr. Weiß-Nix evaluieren eine Therapie

Die beiden Evaluatoren Joachim Schlaumeier und Siegfried Weiß-Nix sollen unabhängig voneinander die Wirksamkeit einer Therapie evaluieren. Beide entscheiden sich für ein Zwei-Gruppen-Design (Therapie- vs. unbehandelte Kontrollgruppe). Und beide achten bei der Zuweisung auf die beiden Bedingungen auf vollständige → Randomisierung. Der Unterschied ist, dass Schlaumeier sich um eine große, homogene → Stichprobe bemüht, seine Messinstrumente sorgfältig aussucht und versuchsplanerische → Standards zur Kontrolle unsystematischer Störeinflüsse beachtet. Seinem Kollege Weiß-Nix hingegen steht nur eine kleine, sehr heterogene Stichprobe zur Verfügung, er erfasst den Therapieerfolg mit einem unstandardisierten, ad-hoc konstruierten, leicht durchschaubaren und darüber hinaus nicht den kognitiven Voraussetzungen der Stichprobe angepassten Messinstrument. Beide testen die Hypothese, dass der Therapieerfolg in der Therapiegruppe höher ist als in der Kontrollgruppe, mit einem *t*-Test für unabhängige Stichproben. Da es sich in beiden Designs um die gleiche Therapie handelt, ist ihre „tatsächliche" Wirksamkeit in beiden Untersuchungen gleich. Aber trotzdem wird der *t*-Test bei Schlaumeier in der erwarteten Richtung signifikant, während der Test bei Weiß-Nix nicht signifikant ist.

Wie kann es sein, dass der gleiche statistische Test für die gleiche inhaltliche Fragestellung bei dem einen Forscher signifikant wird, beim anderen nicht (s. Beispiel oben)? Man könnte sagen, beim ersten Forscher (Dr. Schlaumeier) war die Wahrscheinlichkeit größer, den existierenden Effekt mit diesen Daten auch wirklich zu finden: Schließlich hat er sich um eine große Stichprobe und um eine Reduktion von Fehlervarianz bemüht. Mit anderen Worten: Der *t*-Test hatte im Falle von Dr. Schlaumeier eine größere Teststärke.

Statistische Entscheidungen. Die Power eines Tests entspricht der Wahrscheinlichkeit $1 - \beta$. Weiter oben wurde bereits gesagt, dass der β-Fehler die Wahrscheinlichkeit beschreibt, die man mit einer fälschlichen Ablehnung der Alternativhypothese bereit ist zu akzeptieren. Der β-Fehler ist demnach eine → Irrtumswahrscheinlichkeit, die mit der statistischen Testung eines statistischen Kennwertes unter der Alternativhypothese verknüpft ist. Wenn nun der β-Fehler die Wahrscheinlichkeit beschreibt, mit der man die Alternativhypothese fälschlicherweise ablehnt, so beschreibt der Term $1 - \beta$ die Wahrscheinlichkeit, mit der man die Alternativhypothese richtigerweise annimmt. Anders gesagt: $1 - \beta$ ist die Wahrscheinlichkeit, mit der man sich für die Alternativhypothese entscheidet, wenn diese in der Population auch tatsächlich zutrifft, d. h. wenn es den von der Alternativhypothese spezifizierten Effekt in der Population tatsächlich gibt.

Abbildung 11.5 verdeutlicht diesen Gedankengang: Jeder statistische Test ist entweder mit einer Entscheidung für die H_0 und damit gegen die H_1 oder mit einer Entscheidung für die H_1 und damit gegen die H_0 verbunden. Diese Entscheidung kann richtig oder falsch sein, d. h. in der Population gilt entweder die H_0 oder die H_1. Demnach gibt es vier Möglichkeiten, wie eine statistische Entscheidung beschaffen sein kann. Jede dieser Möglichkeiten hat eine bestimmte Wahrscheinlichkeit:

(1) Die Wahrscheinlichkeit, sich fälschlicherweise für die H_1 zu entscheiden, ist α.
(2) Die Wahrscheinlichkeit, sich richtigerweise für die H_0 zu entscheiden, ist $1 - \alpha$.
(3) Die Wahrscheinlichkeit, sich fälschlicherweise für die H_0 zu entscheiden, ist β.
(4) Die Wahrscheinlichkeit, sich richtigerweise für die H_1 zu entscheiden, ist $1 - \beta$.

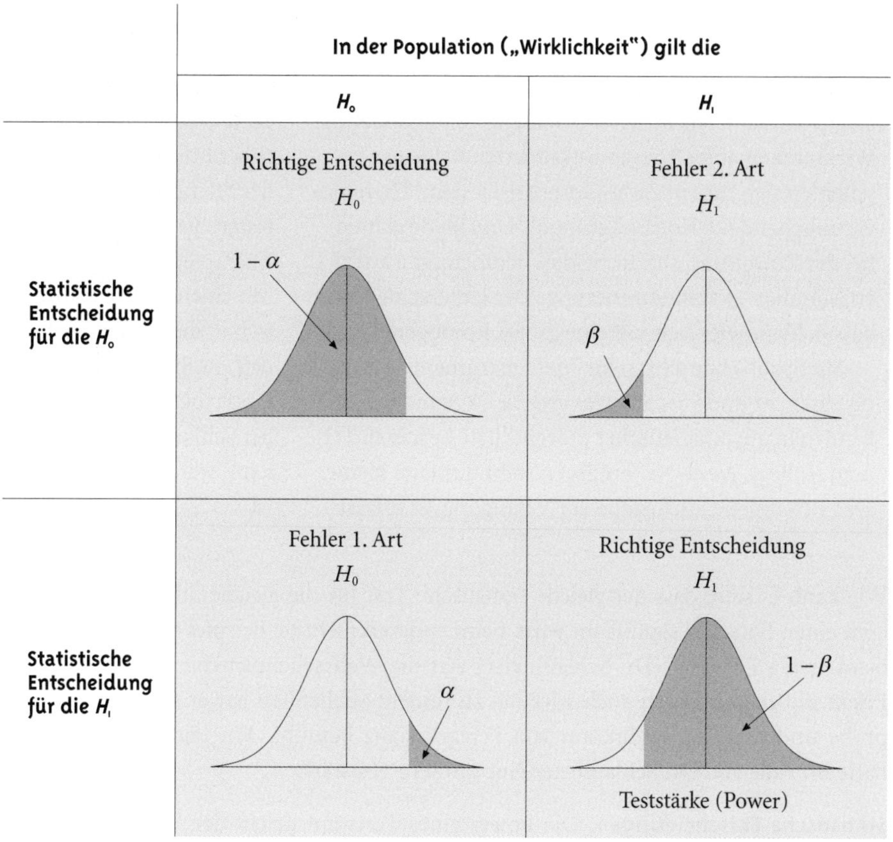

Abbildung 11.5. Richtige und falsche Entscheidungen beim statistischen Testen: Aus der Kreuzung der Frage, ob ein statistischer Test signifikant wird oder nicht (Zeilen) und ob es in der Population tatsächlich einen Effekt der spezifizierten Größe gibt oder nicht (Spalten), ergeben sich vier Möglichkeiten, von denen zwei eine richtige Entscheidung (ausgedrückt über die Wahrscheinlichkeiten $1 - \alpha$ und $1 - \beta$) und zwei eine falsche Entscheidung (ausgedrückt über die Wahrscheinlichkeiten α und β) darstellen

Die in Abbildung 11.5 eingezeichneten Kurven sind Stichprobenkennwerteverteilungen unter der Annahme, die jeweilige Populationsaussage träfe zu. Die blau markierten Teile stellen Wahrscheinlichkeiten der entsprechenden statistischen Entscheidung unter der entsprechenden Populationshypothese dar.

Faktoren, die die Teststärke beeinflussen

Die → Teststärke hängt von vier Parametern ab:

(1) der Lokalisation der H_1 bzw. der Größe des spezifizierten Effekts,
(2) der Stichprobengröße,
(3) der → Reliabilität des Messinstruments und
(4) dem Signifikanzniveau α.

Lokalisation der H_1 bzw. Größe des spezifizierten Effekts. Je größer der Effekt, den man sucht oder auf den man spekuliert, desto leichter ist er zu finden, d. h. desto eher liefert ein statistischer Test ein signifikantes Ergebnis. Je kleiner der Effekt, desto geringer ist die Wahrscheinlichkeit, ihn zu finden.

Stichprobengröße. Je größer die → Stichprobe, desto eher mitteln sich Messfehler und unsystematische Störeinflüsse heraus. Je größer die Stichprobe ist, desto kleiner wird die Fehlervarianz. Ist die Fehlervarianz − deren statistischer Indikator im Nenner des t- bzw. des F-Quotienten steht − klein, so wird der t- bzw. der F-Wert groß: Das empirische Ergebnis wird „schneller" signifikant. Bei großer Fehlervarianz aufgrund einer kleinen Stichprobe ist die Wahrscheinlichkeit also geringer, ein signifikantes Ergebnis zu erhalten.

Reliabilität des Messinstruments. Genau wie die Stichprobengröße wirkt sich auch die → Reliabilität des Messinstruments (d. h. der abhängigen Variablen) auf die Fehlervarianz aus. Ein hoch reliables Messinstrument ist frei von Messfehlern, d. h. die Fehlervarianz wird geringer und der Test „leichter" signifikant (hohe Teststärke/Power). Ein unreliables Messinstrument hingegen erhöht die Fehlervarianz; die Teststärke ist gering.

Festsetzung des Signifikanzniveaus α. Je strenger man ein Ergebnis unter der Nullhypothese testet, desto weniger wahrscheinlich wird es signifikant. Legt der Forscher ein sehr strenges α-Fehlerniveau fest (z. B. 1 %), so ist die Menge aller Ergebnisse, die als signifikant bezeichnet werden können, klein. Anders gesagt: Ein einzelnes empirisches Ergebnis muss relativ stark von Null abweichen, um in die Kategorie „signifikant" zu fallen. Ein strenger Test hat demnach eine geringe Teststärke. Legt der Forscher hingegen ein liberales α-Fehlerniveau an (z. B. 10 %), so ist die Wahrscheinlichkeit für ein empirisches Ergebnis größer, in die Kategorie „signifikant" zu fallen − die Teststärke ist höher.

Zusammengefasst: Die Teststärke ist positiv mit der Größe des Effekts, mit der Stichprobengröße, mit der Reliabilität des gemessenen Merkmals sowie mit der Höhe des festgelegten α-Fehlerniveaus korreliert.

Interpretation nicht-signifikanter Ergebnisse

Die Ausführungen machen einen wichtigen Punkt deutlich: Ist ein inferenzstatistisches Testergebnis unter der Nullhypothese nicht signifikant, ist also die empirische Wahrscheinlichkeit dieses Ergebnisses unter der Nullhypothese größer als α, so kann dies zweierlei bedeuten:

(1) Entweder gibt es den Effekt in der Population tatsächlich nicht, d. h. in der Population gilt die H_0,
(2) oder es gibt den Effekt in Wirklichkeit zwar (d. h. in der Population gilt die H_1), aber der Test war aufgrund seiner geringen Teststärke nicht in der Lage, ihn zu „entdecken", d. h. ein signifikantes Ergebnis zu produzieren.

Ein nicht-signifikantes Ergebnis beim Nullhypothesentest ist also mehrdeutig und darf daher nicht automatisch als ein Beleg für die Richtigkeit der Nullhypothese interpretiert werden.

Spezifikation der Alternativhypothese

Die Bestimmung der → Teststärke erfordert eine Spezifikation der Alternativhypothese: Der Forscher muss also angeben, wo die H_1 auf dem Kontinuum aller möglichen empirischen Ergebnisse lokalisiert ist und wie groß der Effekt in der Population, für den er sich interessiert, sein soll oder sein könnte. Auf diesen Punkt sind wir bereits in Kapitel 3.4 eingegangen. Ideal und eindeutig wäre eine Spezifikation des Populationseffekts auf der Basis von Effizienzüberlegungen, z. B.:

▶ Eine Krankenkasse definiert, dass ein neues Medikament zur Reduktion von Migräne mit Kosteneinsparungen in Höhe von 1 Mio. Euro einhergehen soll.

▶ Ein Schulleiter definiert, dass die Einführung eines Anti-Aggressions-Trainings sich nur dann lohnt, wenn dadurch die Anzahl schwerer Verletzungen auf dem Schulhof um 10 % reduziert werden kann.

→ Effektstärken und Spezifikationen von Populationseffekten werden üblicherweise nicht in konkreten Größen, sondern in standardisierter Form angegeben. Das Effektstärkenmaß d (Cohen, 1988) haben wir bereits in Kapitel 3.4 kennen gelernt. Für den Fall, dass die Spezifikation eines Populationseffekts nicht begründet werden kann, z. B. weil die Auftraggeber keine Vorgaben gemacht haben oder weil es in der Literatur keine Anhaltspunkte zu möglichen Effekten gibt, kann man sich bei der Definition eines „kleinen", eines „mittleren" oder eines „großen" Effekts an der Heuristik von Cohen (1988) orientieren (s. auch Lipsey, 1990).

11.3.2 Kumulierung von Irrtumswahrscheinlichkeiten

In vielen Fällen sind die inhaltlichen Hypothesen, die statistisch getestet werden sollen, so spezifisch formuliert, dass sie nicht auf der Basis eines einzigen statistischen Tests vollständig geprüft werden können. Am Beispiel des F-Tests bei der Varianzanalyse soll dies deutlich gemacht werden.

Beispiel

Beispiel 1

Im Rahmen einer formativen Evaluation wird ein Merkmal X zu fünf Messzeitpunkten erfasst. Die Hypothese lautet, dass die die Populationsmittelwerte (μ) zu den Messzeitpunkten t_3, t_4 und t_5 gleich und darüber hinaus höher sind als zu den Messzeitpunkten t_1 und t_2. Eine Testung dieser Hypothese erfordert mindestens drei spezifische Tests:

(1) $\mu_3 = \mu_4 = \mu_5$

(2) $\mu_3 > \mu_1$

(3) $\mu_3 > \mu_2$.

Der F-Test für den Haupteffekt des Messzeitpunkts liefert jedoch nur eine einzige Information: Gibt es zwischen den fünf Mittelwerten eine signifikante Variation oder nicht?

Beispiel 2

Die Wirksamkeit einer Interventionsmaßnahme soll mit Hilfe eines → Split-Plot-Designs (Kontroll- und Interventionsgruppe; Prä-Post-Test-Messung; siehe Kap. 10.3.1) evaluiert werden. Die Wirksamkeitshypothese impliziert drei Annahmen:

(1) Kontroll- und Interventionsgruppe unterscheiden sich im Prä-Test nicht.

(2) In der Interventionsgruppe ist der Mittelwert beim Post-Test höher als beim Prä-Test.

(3) Beim Post-Test hat die Interventionsgruppe höhere Werte als die Kontrollgruppe.

Selbst wenn der F-Test für die Wechselwirkung Interventionsbedingung × Messzeitpunkt signifikant wird, so ist das alleine noch kein Beleg für die Richtigkeit der drei spezifischen Hypothesen.

▶

Beispiel 3

Die Wirksamkeitshypothese für ein Training sozialer Fertigkeiten besagt, dass sich zwischen Prä-Test und Post-Test eine Veränderung auf den Wirksamkeitskriterien Zufriedenheit, Wissen, Motivation und Können eingestellt hat. Der entsprechende statistische Test zur Absicherung dieser Veränderungshypothese muss also für jede abhängige Variable einzeln durchgeführt werden.

Die Beispiele machen deutlich, dass spezifische inhaltliche Hypothesen auch spezifisch getestet werden müssen. Die Kunst besteht darin, die inhaltliche Hypothese mit all ihren Implikationen in ein Set statistisch prüfbarer Hypothesen zu übersetzen. Je weniger statistische Tests zur Prüfung aller Implikationen der inhaltlichen Hypothese nötig sind, desto besser.

Multiplikationstheorem. Wird eine inhaltliche Hypothese über ein Set inferenzstatistischer Tests geprüft, so stellt sich das Problem einer Kumulierung der → Irrtumswahrscheinlichkeiten (→ Fehlerkumulierung). Mit jedem Test steigt die Wahrscheinlichkeit, dass einer dieser Tests ein falsches Ergebnis produziert, d. h. dass man einen Fehler 1. oder 2. Art begeht. Das ist eine wahrscheinlichkeitstheoretische Notwendigkeit und auf das Multiplikationstheorem für unabhängige Ereignisse zurückzuführen. Wenn man zweimal hintereinander eine Münze wirft, so ist die Wahrscheinlichkeit für das Ereignis Kopf jedes Mal aufs Neue 50 %; aber die Wahrscheinlichkeit, zweimal Kopf zu werfen, beträgt 50 % × 50 % = 25 %. Übertragen wir diesen Gedankengang auf den Signifikanztest: Bei einem statistischen Test beträgt das (akzeptierte) Fehlerrisiko α = 5 %. Die Wahrscheinlichkeit, eine richtige Entscheidung zu treffen, beträgt demnach 95 % ($1 - \alpha$ im Falle einer richtigen Entscheidung für die H_0 und $1 - \beta$ im Falle einer richtigen Entscheidung für die H_1). Bei einem zweiten statistischen Test, der sich auf die gleiche Hypothese bezieht, sind diese Wahrscheinlichkeiten identisch. Die Wahrscheinlichkeit, bei beiden Tests eine richtige Entscheidung zu treffen, beträgt 95 % × 95 % = 90,25 %. Umgekehrt beträgt die Wahrscheinlichkeit, mindestens einmal eine falsche Entscheidung zu treffen, $1 - 90,25$ % = 9,75 %. Käme noch ein dritter Test hinzu, so wäre die Wahrscheinlichkeit, sich dreimal richtig zu entscheiden, nur noch 95 % × 95 % × 95 % ≈ 85,74 % und das multiple Fehlerrisiko würde bereits $1 - 85,74$ % = 14,26 % betragen.

Fehlerkumulierung. Die Wahrscheinlichkeit, dass man bei einer multiplen Testung auf der Basis von Fehlerwahrscheinlichkeiten (α oder β) mindestens einmal eine falsche Entscheidung trifft, steigt mit der Anzahl der Tests an. Die multiple Fehlerwahrscheinlichkeit kumuliert sich über die Tests hinweg auf. Formal lautet die Beziehung zwischen Anzahl Tests (hier indiziert durch m) und den kumulierten Irrtumswahrscheinlichkeiten α_{kum} bzw. β_{kum}:

$$\alpha_{kum} = 1 - (1 - \alpha)^m$$
$$\beta_{kum} = 1 - (1 - \beta)^m$$

Die Kumulierung von Irrtumswahrscheinlichkeiten erhöht also das „tatsächliche" multiple α- bzw. β-Fehlerniveau und schwächt somit die Aussagekraft der statistischen Hypothesentestung.

Gegenmaßnahmen. Eine Kumulierung der → Irrtumswahrscheinlichkeiten kann man vermeiden, indem man

▶ die Anzahl Tests (m) reduziert. So kann man etwa die inhaltliche Hypothese auf ein wesentliches Kriterium reduzieren oder die Hypothese in eine Kontrasthypothese überführen, die dann mit einem einzigen Test geprüft werden kann. Bezogen auf oben genannte Beispiel 1 würde das so aussehen: $\mu_1 = \mu_2 < \mu_3 = \mu_4 = \mu_5$.

▶ die Signifikanzniveaus α und β für die einzelnen Tests so herabsetzt, dass die kumulierten Irrtumswahrscheinlichkeiten nicht größer als 5 % sind, bspw. indem man α und β für die Einzeltests durch m teilt. Bei drei Tests, die sich auf die gleiche Hypothese beziehen, würde das bedeuten: Jeder einzelne Test wird auf einem Signifikanzniveau von $\alpha_{korr} = 0{,}05/3 = 0{,}017$ getestet. Dieses Vorgehen nennt man Bonferroni-Korrektur.

▶ indem man Hypothesen, die sich auf mehrere abhängige Variablen beziehen (wie im obigen Beispiel 3), mit Hilfe eines multivariaten Tests überprüft.

Multivariate Mittelwertsvergleiche. Beziehen sich Hypothesen über (nicht-messwiederholte) Mittelwertsunterschiede auf mehrere abhängige Variablen gleichzeitig, so bieten sich multivariate statistische Tests an. Dabei werden die Mittelwerte aller abhängigen Variablen simultan in die Analyse mit einbezogen, unabhängig von ihrer Verteilung und Skalierung. Der Vorteil einer solchen Analyse ist neben der Reduzierung der → Fehlerkumulierung auch eine Erhöhung der → Teststärke, denn im multivariaten Fall gehen jene Störeinflüsse, die sich in Fehlervarianz manifestieren, nur ein einziges Mal ein, während sie sich im univariaten Fall bei jedem Test aufs Neue in Fehlervarianz niederschlagen (Stevens, 2002). Der multivariate Vergleich zweier Stichprobenmittelwerte kann über den so genannten Hotelling T^2-Test durchgeführt werden. Er ist ein Pendant zum t-Test für unabhängige Stichproben im univariaten Fall. Hat die UV hingegen mehr als zwei Stufen oder gibt es gar mehrere unabhängigen Variablen, so lässt sich eine multivariate Varianzanalyse (MANOVA) durchführen (Bortz, 2005; Stevens, 2002; Tabachnik & Fidell, 2003).

11.3.3 Kovarianzanalysen und Autoregressor-Modelle

In Kapitel 10.2 wurde die → Auspartialisierung von Störvariablen als eine Möglichkeit der Kontrolle von Konfundierungen genannt. Dadurch kann die → interne Validität eines → Evaluationsdesigns erhöht bzw. gesichert werden: Besteht auch nach einer statistischen Kontrolle der Störvariablen noch ein Zusammenhang zwischen UV und AV, so ist dies ein Beleg für die kausale Interpretierbarkeit des Effekts. Der Begriff Auspartialisierung hat je nach Kontext unterschiedliche Synonyme:

▶ Im Kontext von Korrelationsanalysen spricht man von Partialkorrelation (zwischen zwei Variablen X und Y), wenn eine Variable Z aus dem Zusammenhang zwischen X und Y auspartialisiert wird.

▶ Im Kontext von Regressionsanalysen spricht man von einer residualisierten Variablen (z. B. X), wenn diese Variable um den Einfluss einer anderen Variablen (z. B. Z) bereinigt wurde.

▶ Im Kontext von Varianzanalysen spricht man von Kovariaten, wenn man eine Variable meint, deren Einfluss bei der Berechnung des F-Wertes statistisch kontrolliert werden soll. Varianzanalysen mit Kovariaten werden auch als Kovarianzanalysen bezeichnet.

Auspartialisierung der Bearbeitungsmotivation

Eine Therapeutin möchte die Wirksamkeit ihrer neuen Entspannungstherapie evaluieren und weist dazu $N = 80$ Personen randomisiert einer Interventions- und einer Wartekontrollgruppe zu. Die Personen in der Wartekontrollgruppe sind enttäuscht, dass sie erst noch drei Monate warten müssen, bevor sie die Therapie beginnen dürfen, aber trotzdem schon eine ganze Reihe Tests über sich ergehen lassen müssen. Die Psychologin ahnt, dass sie ein Konfundierungsproblem bekommt: Wenn die Motivation, die Tests auszufüllen, in der Kontrollgruppe niedriger sind als in der Interventionsgruppe, dann wären eventuelle Unterschiede in der Wirksamkeit der Therapie möglicherweise gar nicht auf einen „echten" Therapieeffekt, sondern eben nur auf solche Motivationsunterschiede zurückzuführen. Die Psychologin behilft sich, indem sie die Testbearbeitungsmotivation all ihrer 80 Probanden mit Hilfe eines kurzen Selbstbeschreibungsmaßes (Ratingskala von 0–4) erfasst. Tatsächlich zeigt sich, dass die Bearbeitungsmotivation in der Kontrollgruppe signifikant

niedriger ist ($\overline{x}_1 = 1{,}15$) als in der Interventionsgruppe ($\overline{x}_2 = 2{,}93$), $t(78) = 5{,}20$, $p < .05$. Darüber hinaus korreliert die Bearbeitungsmotivation mit dem Wirksamkeitskriterium ($r = .23$; $p = .04$).

Zwar zeigt eine varianzanalytische Auswertung des Haupteffekts der Interventionsbedingung, dass der Wirksamkeitsmittelwert in der Kontrollgruppe signifikant niedriger ($\overline{x}_1 = 2{,}51$) ist als in der Interventionsgruppe ($\overline{x}_2 = 2{,}74$), $F(1;78) = 6{,}19$, $p = .015$, aber dieser Effekt könnte eben auch auf den Unterschied in der Bearbeitungsmotivation zurückzuführen sein …

Die Psychologin führt nun die Variable Bearbeitungsmotivation als Kovariate in ihr varianzanalytisches Modell ein und berechnet erneut den F-Wert. Zu ihrem Bedauern ist dieser nun in der Tat nicht mehr signifikant: $F(1;77) = 2{,}73$, $p = .10$. Der Wirksamkeitsunterschied zwischen den Gruppen ist demnach auf die Störvariable „Bearbeitungsmotivation" zurückzuführen.

Die Daten dieses Beispiels finden Sie auf der CD.

Systematische Vortestunterschiede. Ein besonders tückischer Störeffekt im Rahmen von messwiederholten → Evaluationsdesigns (z. B. einem → Split-Plot-Design) liegt vor, wenn sich die Personen in den unterschiedlichen Bedingungen bereits in ihren Vortestwerten unterscheiden. Das könnte daher rühren, dass man bei der Zuweisung von Personen zu Interventions- vs. Kontrollbedingung nicht auf → Randomisierung geachtet hat, dass es bei der Zuweisung Selbstselektionseffekte gab oder dass man einfach Pech gehabt hat. Gerade bei kleinen Stichproben führt selbst eine perfekt randomisierte Bedingungszuweisung nicht unbedingt dazu, dass sich alle Störvariablen tatsächlich gleich über die Bedingungen hinweg verteilen. Ein Beispiel zeigt Abbildung 11.6, in der die AV den Leidensdruck von Personen aufgrund einer Angststörung darstellt. Das Evaluationsdesign besteht aus zwei Interventionsbedingungen (Interventions- und Kontrollgruppe) sowie drei Messzeitpunkten (Prä-Test, Post-Test, → Follow-Up-Messung). Wie man am Verlauf der Mittelwerte in den beiden Gruppen erkennt, hat die Interventionsgruppe im Prä-Test höhere Werte als die Kontrollgruppe. Im Follow-Up dann gehen die Leidensdruckwerte in der Interventionsgruppe zurück; in der Kontrollgruppe gibt es hingegen keine Veränderung. Die Daten dieses Beispiels finden Sie auf der CD.

Wie ist dieses Mittelwertsmuster zu erklären?

▶ Zum einen könnte es bedeuten, dass die Intervention langfristig wirksam war: In der Interventionsgruppe geht der Leidensdruck ja schließlich zurück, während er in der Kontrollbedingung konstant bleibt.

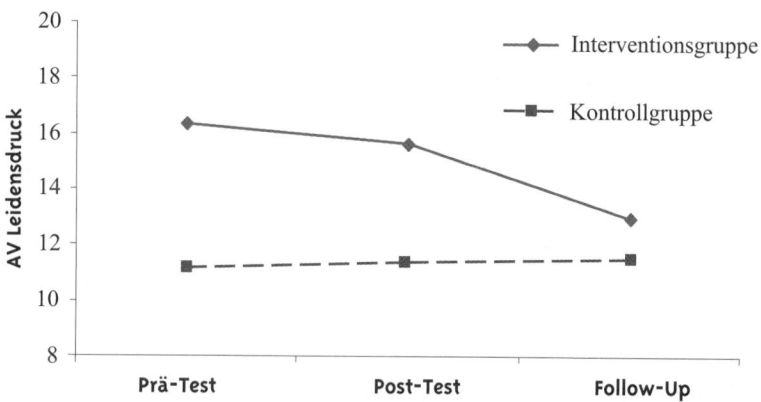

Abbildung 11.6. Prä-Test-Unterschiede in einem messwiederholten Kontrollgruppendesign: Das Design besteht aus zwei Interventionsbedingungen (Interventions- und Kontrollgruppe) und drei Messzeitpunkten (**Prä-Test, Post-Test, Follow-Up**) für die AV Leidensdruck. Die Interventionsgruppe hat im Prä-Test höhere Leidensdruck-Werte als die Kontrollgruppe, im Follow-Up sind die Werte der Interventionsgruppe jedoch niedriger geworden. In der Kontrollgruppe gibt es hingegen keine Veränderung der AV-Werte

▶ Es könnte aber auch sein, dass der Rückgang in der Interventionsgruppe gar nichts mit der Intervention zu tun hat: Vielleicht wäre der Leidensdruck ja auch von alleine zurückgegangen (Spontanremission) − wenn das stimmt, müsste auch in der Kontrollgruppe ein Rückgang zu verzeichnen sein. Dem ist aber nicht so, weil die Leidensdruckwerte in der Kontrollgruppe von vornherein geringer waren. Noch geringer können sie möglicherweise gar nicht werden (→ Bodeneffekt).

▶ Es könnte zudem sein, dass der Rückgang in der Interventionsgruppe auf einen artifiziellen → Regressionseffekt zurückzuführen ist (→ Regression zur Mitte; s. Kap. 4), da hier im Vortest die Werte so extrem waren.

▶ Weiterhin könnten sich die Personen in der Interventionsgruppe im Vortest nur scheinbar als extrem leidend dargestellt haben, z. B. um vor sich selbst und vor dem Therapeuten zu rechtfertigen, dass sie die Therapie erhalten und nicht die Personen in der Kontrollgruppe.

Mit anderen Worten: Es liegt eine → Konfundierung zwischen Bedingung und Prä-Test vor, denn es bleibt unklar, ob die höheren Differenzen in der Interventionsgruppe auf eine → Wirkung der Intervention oder vielleicht doch eher auf Störvariablen, die mit dem Prä-Test-Unterschied zwischen Interventions- und Kontrollgruppe verknüpft sind, zurückzuführen sind.

Autoregressor-Modelle. Eine Möglichkeit zur Lösung dieses Problems besteht darin, die Prä-Testwerte aus der AV (d. h. den Werten zu t_2 oder zu t_3) auszupartialisieren. Dadurch wird die AV um Vortestunterschiede bereinigt: Man tut so, als hätten alle Personen den gleichen Wert im Prä-Test gehabt. Ein solches Vorgehen ist nicht anderes als eine Kovarianzanalyse, bei der die Kovariate der Prä-Test ist. Das Besondere ist, dass es sich bei der Kovariate und der AV um die gleiche Variable handelt, die nur zu unterschiedlichen Zeitpunkten gemessen wurde. In der regressionsanalytischen Terminologie bezeichnet man die Kovariate „Prä-Test" auch als Autoregressor. In → Autoregressor-Modellen wird eine AV (gemessen zu einem „späteren" Zeitpunkt) gleichsam „um sich selbst" (gemessen zu einem früheren Zeitpunkt) bereinigt.

Der Effekt des Autoregressors ist dabei weniger von Interesse als der Effekt der eigentlich interessierenden UV. In unserem Beispiel (s. o., Abb. 11.6) wäre das die Interventionsbedingung (Therapie- oder Kontrollgruppe). Ist der Effekt der UV auf die AV unter Berücksichtigung des Autoregressors signifikant, so wäre dieser Effekt zumindest nicht auf Störvariablen zurückzuführen, die sich systematisch auf die Prä-Testwerte niedergeschlagen haben könnten, denn die Berücksichtigung des Autoregressors bewirkt ja gerade, dass alle Prä-Test-Unterschiede aus der AV herauspartialisiert werden.

Wollte man etwa prüfen, ob die Intervention im Follow-Up zu einer Verringerung des Leidensdrucks führt, so wäre die AV der Follow-Up-Leidensdruck, die UV die Interventionsbedingung (Therapie- vs. Kontrollgruppe) und der Autoregressor der Prä-Test-Leidensdruck. Inhaltlich relevant ist nun der Effekt der UV auf die AV. In unserem Datenbeispiel (s. CD) ist dieser Effekt nicht signifikant, $F(1;87) = 1,63$, $p = .21$. Es gibt also keinen signifikanten Unterschied im um Prä-Test-Unterschiede bereinigten Follow-Up-Leidensdruck. Es kann also nicht ausgeschlossen werden, dass der im Vergleich zum Prä-Test geringere Follow-Up-Mittelwert in der Therapiegruppe nicht vielleicht doch auf Effekte zurückzuführen ist, welche sich aus den höheren Prä-Testwerten in dieser Gruppe ergeben bzw. mit diesen in Verbindung stehen.

Auto-residualisierte Werte sind keine Veränderungskennwerte! In diesem Zusammenhang sollte nicht verschwiegen werden, dass die Anwendung solcher → Autoregressor-Modelle bei weitem nicht unumstritten ist. Das liegt vor allem daran, dass die inhaltliche Bedeutung einer AV (gemessen zu einem „späteren" Zeitpunkt), die gleichsam „um sich selbst" (gemessen zu einem früheren Zeitpunkt) bereinigt wurde, bisweilen unklar ist. So findet sich in der Literatur die Annahme, solche → auto-residualisierten Variablen (→ Residual Change Scores) seien Indikatoren für die intraindividuelle Veränderung (vgl. Dalbert, 1987; Steyer et al., 1997). Das ist jedoch ein Missverständnis: Auto-residualisierte Werte geben lediglich an, inwiefern der Wert einer Person höher oder niedriger ist als „erwartet". Mit „erwartet" wiederum ist gemeint: Welchen Wert hätte diese Person, wenn es gar keine Veränderung gegeben hätte und alle beobachteten Differenzwerte lediglich auf einen → Regression zur Mitte-Effekt zurückzuführen sind?

▶ Hat eine Person einen auto-residualisierten Wert von Null, so bedeutet das, dass diese Person genau den Wert hat, den man erwarten würde, wenn es außer Regression zur Mitte keinerlei Veränderung gegeben hätte.

▶ Hat eine Person einen auto-residualisierten Wert von kleiner Null, so bedeutet das, dass diese Person einen niedrigeren Wert hat als denjenigen, den man erwarten würde, wenn es außer Regression zur Mitte keinerlei Veränderung gegeben hätte.

▶ Hat eine Person einen auto-residualisierten Wert von größer Null, so bedeutet das, dass diese Person einen höheren Wert hat als denjenigen, den man erwarten würde, wenn es außer Regression zur Mitte keinerlei Veränderung gegeben hätte.

Das bedeutet: Die absoluten Werte einer auto-residualisierten Variablen sind gar nicht mehr inhaltlich interpretierbar. Lediglich im Vergleich zueinander (kleiner, größer oder gleich) machen die Werte Sinn.

11.4 Zusammenfassung

Die statistische Auswertung von Daten, die im Rahmen von Evaluationsuntersuchungen gewonnen wurden, ist kein leichtes Geschäft. Das beginnt bereits auf deskriptiver Ebene.

Ausreißer und Extremwerte. Wie soll bspw. mit Ausreißern oder extremen Werten in der Stichprobe umgegangen werden? Eine Möglichkeit der Ausreißerdiagnose stellen so genannte grafische Tests dar, bspw. das Box-Whisker-Diagramm. Ist das Merkmal annähernd normalverteilt, kann man Werte größer als $z = +3$ oder niedriger als $z = -3$ als Ausreißer klassifizieren.

Verteilungsform. Eine zweite Frage betrifft die Verteilungsform der Rohdaten: Datenanalytische Verfahren, die davon ausgehen, dass das gemessene Merkmal in der Population normalverteilt ist, können – zumindest bei kleinen Stichproben – zu fehlerhaften Ergebnissen führen, wenn die Rohwerte stark von einer Normalverteilung abweichen. Mit dem Kolmogorov-Smirnov- oder dem Shapiro-Wilk-Test kann die Normalverteiltheit der Rohdaten inferenzstatistisch geprüft werden. Ist die Verteilung eingipflig, aber schief (bzw. steil), so helfen gegebenenfalls Transformationen der Rohwerte, um eine Normalverteilung zu approximieren.

Fehlende Werte. Eine dritte Frage betrifft den Umgang mit fehlenden Werten. Unproblematisch sind fehlende Werte nur dann, wenn die Stichprobe groß ist und die Missings unsystematisch über die Datenpunkte hinweg verteilt sind. Wie mit fehlenden Personen bzw. mit fehlenden Datenpunkten auf einzelnen Variablen umzugehen ist, sollte im Einzelfall entschieden werden.

Inferenzstatistische Verfahren. Bei der Behandlung inferenzstatistischer Verfahren sind wir zunächst auf einige Grundbegriffe (statistischer Kennwert, statistisches Hypothesenpaar, Irrtumswahrscheinlichkeiten) eingegangen. Die Wahl eines geeigneten inferenzstatistischen Verfahrens hängt

▶ von dem statistischen Kennwert,
▶ dem Skalenniveau des zu messenden Merkmals sowie
▶ der Fragestellung (Abweichung von einer Konstanten, Unterschied zwischen Bedingungen/Gruppen, intraindividuelle Veränderung) ab.

Voraussetzungen. Parametrische Verfahren setzen voraus, dass

▶ das Merkmal in der Population normalverteilt ist, wobei die meisten Tests auch bei Verletzung dieser Annahme zu robusten Ergebnissen führen,
▶ das Merkmal intervallskaliert ist, da ansonsten die Berechnung von Mittelwert und Streuung nicht zulässig wäre,
▶ die Varianzen zwischen den Stichproben (Bedingungen, Gruppen usw.) homogen sind, wobei auch eine Verletzung dieser Bedingung meist nicht gravierend ist, und dass
▶ die Messwerte (bzw. etwaige Fehler und Residualeinflüsse) zwischen den getesteten Untersuchungseinheiten voneinander unabhängig sind.

Insbesondere die letzte Voraussetzung ist zentral: Eine Verletzung dieser Bedingung führt unweigerlich zu einer Erhöhung der statistischen Irrtumswahrscheinlichkeiten um ein Vielfaches!

Im Falle messwiederholter Analysen ist eine weitere Voraussetzung, dass die Matrix der Varianzen und Kovarianzen zwischen den Messzeitpunktpaaren zirkulär ist (Sphärizitätsannahme). Ist diese Bedingung nicht erfüllt, können die Freiheitsgrade des entsprechenden Tests mit einem Korrekturfaktor (z. B. dem Greenhouse-Geisser-Epsilon) gewichtet werden.

Teststärke. Die Teststärke ist definiert als die Wahrscheinlichkeit, mit der ein statistischer Test (bei gegebenem α-Niveau und gegebener Stichprobengröße) signifikant wird, wenn ein Effekt der spezifizierten Größe existiert. Die Teststärke kann über

▶ eine Erhöhung des α-Fehlerniveaus,
▶ eine Erhöhung der Stichprobengröße (n) sowie
▶ Maßnahmen, die zur Steigerung der Reliabilität der Messung beitragen, erhöht werden.

Fehlerkumulierung. Ein Problem bei der multiplen Testung der gleichen inhaltlichen Hypothese über mehrere Tests ist die Kumulierung der Fehlerwahrscheinlichkeiten α und β (Fehlerkumulierung). Dieser kann mit

▶ Kontrastanalysen,
▶ multivariaten Analyseverfahren oder
▶ einer Reduzierung der Fehlerwahrscheinlichkeiten für die einzelnen Tests begegnet werden.

Auspartialisierung. Zur Erhöhung der internen Validität eines Designs, aber auch zur Erhöhung der Reliabilität der AV, können Störvariablen auspartialisiert werden. Störvariablen können dabei entweder vorab erfasste weitere Variablen sein (Kovarianzanalysen); bei messwiederholten Analysen kann auch der Prä-Test wie eine Störvariable behandelt und auspartialisiert werden. Dadurch wird die Messung um all jene Effekte bereinigt, die mit Unterschieden im Prä-Test in Verbindung stehen. Man spricht dann von einem Autoregressor-Modell. Werte späterer Messzeitpunkte, welche um ihre jeweiligen Prä-Testwerte bereinigt wurden, nennt man auto-residualisierte Werte. Dabei handelt es sich jedoch nicht, wie bisweilen behauptet, um Indikatoren der intraindividuellen Veränderung.

11.5 Übungsaufgaben

Vorbemerkung: Für die folgenden Aufgaben benötigen Sie Erfahrung im Umgang mit einem Programm zur statistischen Datenanalyse (z. B. SPSS®, Systat®, SAS®). Sie sollten sich vor der Bearbeitung dieser Aufgaben mit den entsprechenden Befehlen, anhand derer Sie die gewünschten Informationen erhalten, vertraut machen.

(1) Auf der CD finden Sie die Datei „Kap11_Reaktionszeiten.sav". Führen Sie mit der in dieser Datei abgespeicherten Variablen eine explorative Datenanalyse durch.

    (1.1) Testen Sie die dort eingetragene Variable auf Ausreißer bzw. Extremwerte sowie auf Normalverteilung.

    (1.2) Welche Art der Transformation der Reaktionszeit-Rohdaten kann die Normalverteilung besser approximieren: Eine logarithmische Transformation oder eine inverse Wurzeltransformation?

(2) Auf der CD finden Sie die Datei „Kap11_Vortestunterschiede.sav". Die Daten beziehen sich auf den Abschnitt „Systematische Vortestunterschiede" in Kapitel 11.3.3. Eine grafische Darstellung der Mittelwerte finden Sie in Abbildung 11.6 (s. S. 204). Werten Sie die Daten mit Hilfe einer zweifaktoriellen Varianzanalyse mit Messwiederholung auf dem Faktor „Zeit" (3 Stufen bzw. Messzeitpunkte, indiziert durch die Variablen LEID_T1, LEID_T2 und LEID_T3) und dem nicht-messwiederholten Faktor „Bedingung" (indiziert durch die Variable BED mit 2 Stufen: 0 = Kontrollgruppe, 1 = Interventionsgruppe) aus.

    (2.1) Prüfen Sie zunächst, ob hier die Sphärizitätsannahme erfüllt ist.

    (2.2) Prüfen Sie zunächst, ob hier die Varianzhomogenitätsannahme erfüllt ist.

    (2.3) Testen Sie für diese Datei, ob die Wechselwirkung zwischen „Messzeitpunkt" (3 Stufen) und „Bedingung" (2 Stufen) signifikant ist.

    (2.4) Berechnen Sie die intraindividuelle Differenz zwischen Prä-Test und Follow-Up. Unterscheidet sich diese Differenz signifikant zwischen der Interventions- und der Kontrollgruppe?

Weiterführende Literatur

In den beiden folgenden Lehrbüchern finden sich sehr ausführliche und umfassende Abhandlungen über alle Themen, die im Rahmen dieses Kapitels nur kurz angesprochen werden konnten.

▶ Bortz, J. (2005). Statistik für Human- und Sozialwissenschaftler (6. Aufl.). Berlin: Springer.

▶ Bortz, J. & Döring, N. (2006). Forschungsmethoden und Evaluation für Human- und Sozialwissenschaftler (4. Aufl.). Berlin: Springer.

Auch das folgende Buch behandelt wichtige Aspekte der inferenzstatistischen Hypothesenprüfung, ist aber etwas kürzer und weniger formal konzipiert als die beiden zuvor genannten Bücher.

▶ Hussy, W. & Jain, A. (2002). Experimentelle Hypothesenprüfung in der Psychologie. Göttingen: Hogrefe.

Nicht-parametrische Tests, Verfahren für kleine Stichproben und für Fälle, in denen die Voraussetzung für die Anwendung parametrischer Tests nicht erfüllt sind, werden in den folgenden beiden Lehrbüchern besprochen.

▶ Bortz, J. & Lienert, G.A. (2003). Kurzgefasste Statistik für die Klinische Forschung: Leitfaden für die verteilungsfreie Analyse kleiner Stichproben (2. Aufl.). Berlin: Springer.

▶ Bortz, J., Lienert, G.A. & Boehnke, K. (2000). Verteilungsfreie Methoden in der Biostatistik (2. Aufl.). Berlin: Springer.

CD-ROM

Anleitung zur Benutzung der CD-ROM

Dem Workbook Evaluation liegt eine CD-ROM bei. Auf ihr finden Sie die

(1) Zusammenfassungen aller Kapitel,

(2) kapitelspezifische Übungsfragen aus dem Workbook Evaluation und – falls möglich und sinnvoll – Musterantworten,

(3) Definitionen, d. h. das Glossar des Buches mit den verwendeten Fachbegriffen und ihren Erklärungen,

(4) alle Abbildungen und Übersichten, auf die in Kapitel 1 verwiesen werden, sowie

(5) Beispieldatensätze, mit denen in den Kapiteln 3, 4, 10 und 11 gearbeitet wird. Diese Datensätze liegen in unterschiedlichen Dateiformaten vor. Ferner finden Sie Anleitungen zur Auswertung dieser Datensätze bzw. zum Nachvollziehen der im Buch dargestellten Analysen mit Hilfe des Statistikpakets SPSS®.

Alle Materialien liegen als pdf-Dateien vor und können direkt von der CD-ROM mit Hilfe des Adobe Acrobat-Readers® angeschaut und ausgedruckt werden. Sollten Sie keinen Adobe Acrobat-Reader® auf Ihrem Computer installiert haben, können Sie den Adobe Acrobat-Reader® 7.0 von der CD-ROM aus kostenlos installieren. Sie werden dabei leicht verständlich durch alle Installationsschritte geführt.

Danach ist das Arbeiten mit der CD-ROM ganz einfach: Sie öffnen auf der Seite „CD-ROM Gesamtverzeichnis" mit einem Doppelklick die Zusammenfassung, Übungsfragen und Antworten – falls vorhanden –, Definitionen, Abbildungen, Übersichten oder die Beispieldatensätze. Sie können jederzeit über eine Menüleiste am oberen Seitenrand zur Übersicht oder zu den anderen Rubriken springen.

Hinweis: Wenn Sie den Adobe Acrobat-Reader® 7.0 installieren, fährt der Computer nach der Installation häufig von allein herunter. Falls er nicht von selbst wieder hochfährt, starten Sie den Computer neu und legen Sie nach dem Start die CD-ROM wieder neu ein. Die CD-ROM startet danach automatisch.

Inhalt der CD-ROM

Zusammenfassungen

Fragen und Antworten

Abbildungen und Übersichten des Workbooks

Datensätze für die Beispiele der Kapitel 3, 4, 10 und 11 in unterschiedlichen Dateiformaten:

▶ SPSS®-Dateien ([…].sav)

▶ Excel®-Dateien ([…].xls) und

▶ ASCII-Dateien ([…].dat)

Definitionen – Glossar des Buchs

Glossar

Abkürzungen
AV: abhängige Variable
UV: unabhängige Variable

Adversary Evaluation → gegnerschaftsorientierte Evaluation

Änderungssensitivität. Damit ein Messinstrument in der Lage ist, Veränderungen über die Zeit hinweg erfassen zu können (→ Veränderungsmessung), muss es für solche Veränderungen sensitiv genug sein. Die Änderungssensitivität ist eine Funktion der Stabilität des zu messenden Merkmals (je stabiler, d. h. zeitinvarianter, desto weniger Veränderung gibt es) und der → Schwierigkeit des Messinstruments: Zu schwierige oder zu leichte Messinstrumente können per se nicht änderungssensitiv sein.

Aufforderungscharakter/Demand Characteristics. In jeder diagnostischen Situation generieren die Befragten Hypothesen darüber, welches Verhalten von ihnen erwartet wird. Solche Vermutungen können die Evaluationsdaten verfälschen, denn die Personen können motiviert sein, der Erwartung Folge zu leisten oder nicht. Ein hoher Aufforderungscharakter kann die Messwerte also verzerren, und das entweder unsystematisch (das erhöht die Fehlervarianz und verringert die → Teststärke) oder systematisch (das verringert die → interne Validität).

Ausbalancierung. Hierbei handelt es sich um eine Möglichkeit, den Einfluss von Störvariablen zu kontrollieren und damit die → interne Validität einer Evaluationsuntersuchung zu erhöhen. Eine Störvariable ist ausbalanciert, wenn es gelingt, die Verteilung von Ausprägungen einer Störvariablen in allen Stufen der UV gleich zu halten.

Ausführungsintegrität/Treatment Fidelity. Für viele klinisch- und pädagogisch-psychologische Interventionsmaßnahmen existieren Manuale, in denen Inhalte, Abläufe, didaktische Methoden und möglicherweise sogar Instruktionen detailliert vorgegeben werden. Eine Aufgabe der → formativen Evaluation kann darin bestehen, empirisch zu ermitteln, ob die Maßnahme tatsächlich wie vorgesehen durchgeführt wird oder ob es Abweichungen vom Manual gibt (→ Implementationskontrolle). Nur wenn Ausführungsintegrität gegeben ist, kann die → Nettowirkung einer Intervention ermittelt werden. Außerdem erhöht die Sicherung der Ausführungsintegrität die → interne Validität der Evaluationsuntersuchung.

Auspartialisierung. Eine Möglichkeit, den Einfluss von Störvariablen zu kontrollieren, besteht darin, die Varianz der AV um jenen Anteil, den diese mit der Störvariablen gemeinsam hat, zu bereinigen. Die resultierende Variable ist dann mit der Störvariablen unkorreliert. Als Alternativerklärung für einen Effekt der UV auf die AV kommt die Störvariable also nicht mehr in Frage. Die Auspartialisierung einer Störvariablen erhöht also die → interne Validität einer Untersuchung. In der varianzanalytischen Terminologie werden Analysen mit Kovariaten als Kovarianzanalysen bezeichnet.

Ausschöpfungsquote. Interventionsmaßnahmen richten sich an mehr oder weniger spezifische Zielgruppen: Es gibt Personen, die tatsächlich Bedarf an der Intervention haben und solche, die keinen Bedarf haben. Je mehr bedürftige und je weniger nicht-bedürftige Personen an der Intervention teilnehmen, desto größer ist die Ausschöpfungsquote der Intervention. Gelingt es nicht, die bedürftigen Personen zur Teilnahme an der Intervention zu bewegen, so leidet die Interventionsstichprobe unter Underinclusion. Besteht die Interventionsstichprobe hingegen aus vielen Personen, die eigentlich gar keinen Bedarf haben, spricht man von Overinclusion.

Autoregressor-Modelle. In solchen Modellen werden die Prä-Testwerte aus den Post-Testwerten → auspartialisiert (→ autoresidualisierte Werte). Dadurch wird die AV um Vortestunterschiede bereinigt: Man tut so, als hätten alle Personen den gleichen Wert im Prä-Test gehabt. Ein solches Vorgehen ist nicht anderes als eine Kovarianzanalyse, bei der der Prä-Test eine Kovariate (bzw. ein Autoregressor) ist. In Autoregressor-Modellen wird eine AV (gemessen zu einem „späteren" Zeitpunkt) gleichsam „um sich selbst" (gemessen zu einem früheren Zeitpunkt) bereinigt.

auto-residualisierte Variable/Residual Change Score. Bei der indirekten → Veränderungsmessung wird bisweilen vorgeschlagen, die Post-Testwerte um Prä-Testwerte zu bereinigen, also den Prä-Test aus dem Post-Test → auszupartialisieren. Damit tut man so, als hätten alle Personen den gleichen Prä-Testwert gehabt. Die Abweichung der tatsächlichen Post-Testwerte von den erwarteten Post-Testwerten wird als Residual Change Score bezeichnet. Allerdings handelt es sich nicht wirklich um einen Kennwert für intraindividuelle Veränderung. Residual Change Scores geben lediglich an, ob der tatsächliche Post-Testwert größer oder kleiner als erwartet ist. Mit „erwartet" ist gemeint, welchen Wert die Person gehabt hätte, wenn es lediglich einen → Regressionseffekt, nicht aber „wahre" Veränderung gegeben hätte.

Bedarfsanalyse/Need Assessment. Mit Hilfe einer Bedarfsanalyse soll geklärt werden, ob und wie groß in einem konkreten Fall der Bedarf an einer Intervention ist. Hierzu müssen insbesondere drei Dinge abgeklärt werden: (1) Gibt es überhaupt ein Problem und wie ist das Problem beschaffen, d. h. wie groß ist es, wo ist das Problem lokalisiert, wie lange existiert es schon, wie verteilt es sich, wo sind die Ursachen zu suchen? (2) Was ist die Zielgruppe, wodurch ist sie definiert und wie kann man die Zugehörigkeit einer Person zur Zielgruppe empirisch ermitteln? (3) Worin besteht das Ziel der Intervention? Der Bedarf an der Intervention ist gegeben, wenn plausibel erwartet werden kann, dass das Problem der Zielgruppe mit Hilfe der Intervention auch tatsächlich gelöst werden wird.

Benchmark. Benchmark bezeichnet ein strukturiertes und formalisiertes Konzept, das dazu eingesetzt wird, Optimierungen durch den Vergleich von Leistungsindikatoren vergleichbarer Objekte, Prozesse oder Programme vorzubereiten. Die Vergleichbarkeit wird durch ähnliche Randbedingungen gewährleistet.

Boden- vs. Deckeneffekt. Von einem Bodeneffekt spricht man, wenn die Werte einer Person (oder einer Gruppe von Personen) so niedrig sind, dass sie nach unten keinen weiteren Veränderungsspielraum haben. Bodeneffekte können resultieren, wenn die tatsächliche Merkmalsausprägung wirklich so gering ist (z. B. ein schwach ausgeprägtes Problem, sehr geringe soziale Kompetenzen) oder wenn das Messinstrument eine zu hohe → Schwierigkeit hat. Der Deckeneffekt ist das Gegenteil des Bodeneffekts: Hier sind die Werte so hoch, dass sie nach oben hin keinen Veränderungsspielraum mehr haben. Die hohen Werte können daraus resultieren, dass die Merkmalsausprägung tatsächlich so hoch ist, oder dadurch, dass das Messinstrument eine zu geringe → Schwierigkeit hat.

Bruttowirkung → Nettowirkung

Complianceevaluation. Im Rahmen einer Complianceevaluation wird das Einverständnis, die Einwilligung, die Zustimmung oder die aktive Mitarbeit der von der Interventionsmaßnahme betroffenen Personen bewertet. Die Compliance (dt.: Befolgung, Einhaltung, Übereinstimmung, Zustimmung) ist eine wichtige Bedingung für die Wirksamkeit einer Maßnahme. Eine Maßnahme, die von den Betroffenen nicht akzeptiert wird, wird mit großer Wahrscheinlichkeit auch nicht wirksam sein. Insofern sollte Complianceevaluation im Idealfall bereits im Rahmen einer → prospektiven Evaluation stattfinden. Auch im Rahmen einer → formativen Evaluation kann die Compliance Evaluationsgegenstand sein.

Confirmation Bias → Konfirmationseffekt

Demand Characteristics → Aufforderungscharakter

Drop-out → experimentelle Mortalität

Effektstärke. Standardisierte, d. h. über Untersuchungen, Variablen, Skalierungen usw. hinweg vergleichbare Quantifizierung eines empirischen Effekts. Während ein statistischer Test (Signifikanztest) lediglich eine probabilistische Entscheidung über das Zutreffen der Null- oder der Alternativhypothese nahe legen kann (→ Irrtumswahrscheinlichkeiten), erlaubt die Effektstärke eine Aussage darüber, wie groß der gefundene Effekt ist. Daher wird die Effektstärke auch als Maß der praktischen Signifikanz bezeichnet.

Effizienzanalyse. Bei der Effizienzanalyse geht es um den Nutzen und die Kosten-Nutzen-Bilanz einer Maßnahme. Effizienzanalysen helfen, Entscheidungen für eine konkrete Maßnahme (und gegen eine andere Maßnahme) im Vorhinein zu begründen (**a priori** Effizienzanalysen). Zum anderen kann man im Nachhinein beurteilen, ob sich die Maßnahme tatsächlich gelohnt hat (**a posteriori** Effizienzanalysen). Grundsätzlich lassen sich zwei effizienzanalytische Modelle unterscheiden: Wenn sich neben den → Kosten auch die Wirkungen einer Maßnahme sinnvoller Weise in Geldwerte umrechnen lassen, erlaubt dies eine Kosten-Nutzen-Analyse. Wenn sich lediglich die Kosten, nicht aber die Wirkungen in Geldeinheiten überführen lassen, kann man eine Kosten-Effektivitäts-Analyse durchführen

Eichstichprobe. Die Eichstichprobe ist diejenige → Stichprobe, anhand derer die psychometrischen → Gütekriterien eines Messinstruments ermittelt sowie die Populationsverteilung der Messwerte geschätzt wird. Die Eichstichprobe sollte daher ausreichend groß, → repräsentativ und → probabilistisch sein.

Evaluationsdesign. Versuchsanordnung oder Untersuchungsplan, die/der erlaubt, die → Nettowirkung einer Maßnahme zu ermitteln und Alternativhypothesen für das Zustandekommen eines Effekts auszuschließen. Das häufigste Evaluationsdesign ist das → Split-Plot-Design. In diesem gibt es eine Interventionsgruppe sowie eine (oder mehrere) Kontrollgruppen, außerdem werden Werte zu mehreren Messzeitpunkten erhoben: Prä-Test, Post-Test, → Follow-Up-Messung, usw.

experimentelle Mortalität/Drop-out. Viele Längsschnittuntersuchungen mit echter Messwiederholung leiden daran, dass Personen über die Messzeitpunkte hinweg verloren gehen, etwa weil sie bei einem Messzeitpunkt fehlen oder weil sie im Laufe der Zeit die Stichprobe verlassen haben. Solange ein solcher Drop-Out unsystematisch ist, d. h. unabhängig von irgendwelchen Faktoren, die die Ergebnisse der Untersuchung beeinflussen können, reduziert sich lediglich die → Teststärke. Ist der Drop-Out jedoch mit anderen Variablen korreliert (z. B. mit der Merkmalsausprägung im Prä-Test), leidet auch die → interne Validität der Untersuchung. In diesem Fall spricht man von selektivem Drop-Out.

externe Evaluation/Fremdevaluation → interne Evaluation

externe Validität/ökologische Validität. Externe oder ökologische Validität bedeutet, dass ein Zusammenhang oder Effekt, der in einem Kontext besteht und dort ermittelt wurde (z. B. in einem Labor), auch in einem anderen Kontext (z. B. außerhalb des Labors) besteht und folglich auf diesen generalisiert werden kann.

Fehlerkumulierung. Wird eine inhaltliche Hypothese über ein Set inferenzstatistischer Tests geprüft, so stellt sich das Problem einer Kumulierung der → Irrtumswahrscheinlichkeiten. Mit jedem Test steigt die Wahrscheinlichkeit, dass einer dieser Tests ein falsches Ergebnis produziert, d. h. dass man einen Fehler 1. oder 2. Art begeht. Die Kumulierung von Irrtumswahrscheinlichkeiten erhöht also das „tatsächliche" multiple α- bzw. β-Fehlerniveau und schwächt somit die Aussagekraft der statistischen Hypothesentestung. Daher sollte man die Anzahl statistischer Tests pro Hypothese wenn möglich reduzieren und ggf. die → Irrtumswahrscheinlichkeiten (α und β) strenger festsetzen.

Follow-up-Messung. Während der Prä-Test unmittelbar vor Beginn einer Maßnahme und der Post-Test unmittelbar nach Beendigung einer Maßnahme angesiedelt sind und damit eine Abschätzung der kurzfristigen Wirksamkeit erlauben, werden Follow-Up-Erhebungen einige Zeit nach Beendigung der Maßnahme angesetzt. Im Idealfall geht aus dem Wirkmodell für eine Maßnahme hervor, welches sinnvolle Follow-Up-Messzeitpunkte sein könnten. Follow-Up-Erhebungen erlauben eine Abschätzung der mittel- und langfristigen Wirkungen einer Maßnahme (Persistenz).

formative Evaluation → summative Evaluation

Fremdevaluation/externe Evaluation → interne Evaluation

gegnerschaftsorientierte Evaluation/Adversary Evaluation. Zwei unabhängige Evaluatoren (oder auch Teams von Evaluatoren) vertreten unterschiedliche Positionen und tauschen Pro- bzw. Kontraargumente aus. Am Ende entscheidet eine Jury über das endgültige Vorgehen bei der Evaluation.

geschlossene Evaluation → offene Evaluation

Gütekriterien. Gütekriterien sind Maße oder Kennwerte, mit denen die Qualität eines Produkts erfasst wird. Im Kontext sozialwissenschaftlich-empirischer Untersuchungen unterscheidet man vier allgemeine Gütekriterien: (1) Komplexität, (2) Gültigkeitsbereich, (3) Objektivierbarkeit, (4) Transparenz. In der Psychometrie beziehen sich Gütekriterien vor allem auf die Qualität eines Messinstruments. Die psychometrischen Gütekriterien sind → Reliabilität, → Validität und → Objektivität. Die wichtigsten Gütekriterien für → Evaluationsdesigns sind die → interne und die → externe Validität.

Hawthorne-Effekt. Der Hawthorne-Effekt besagt, dass die empirisch nachgewiesene → Wirksamkeit einer Interventionsmaßnahme möglicherweise gar nichts mit dem Inhalt der Intervention zu tun hatte, sondern lediglich darauf zurückzuführen ist, dass mit den Personen überhaupt irgendetwas durchgeführt wurde bzw. dass eine Messung stattgefunden hat. Allein die Tatsache, dass etwas passiert, erhöht die Motivation der Teilnehmer, gute Leistungen zu zeigen, positive Werte abzugeben, sich besonders positiv und → „sozial erwünscht" zu verhalten.

Implementation und Implementationskontrolle. Mit Implementation ist die konkrete Vorbereitung und Durchführung einer Interventionsmaßnahme gemeint. Im Rahmen einer Implementationskontrolle wird geprüft, ob die Maßnahme auch tatsächlich so durchgeführt wird wie vorgesehen (Prüfung der → Ausführungsintegrität). Hierzu können Beobachtungsmethoden, Videoanalysen, aber auch Teilnehmerbefragungen und Supervisionsgespräche mit den Durchführenden angewendet werden.

Inputevaluation. Bei der Inputevaluation steht eine Bewertung der Rahmenbedingungen für die Durchführung einer Maßnahme im Vordergrund. Beispiele für mögliche Fragestellungen: Welche Ressourcen stehen zur Verfügung? Welche Qualität besitzen bspw. die verwendeten Unterrichtsmaterialien? Welche Zeitspanne steht zur Verfügung? Inputevaluationen werden typischerweise im Rahmen einer → prospektiven Evaluation durchgeführt.

interne Evaluation/Selbstevaluation vs. externe Evaluation/Fremdevaluation. Bei der internen Evaluation, auch Selbstevaluation genannt, führen diejenigen Personen, welche die Maßnahme umsetzen, auch die Evaluationsuntersuchung durch. Dies ist nicht unproblematisch, weil die Evaluatoren möglicherweise parteiisch sind und Eigeninteressen verfolgen. Im Falle der externen Evaluation, auch als Fremdevaluation bezeichnet, wird die Durchführung der Evaluation an eine andere Person oder Institution übergeben.

interne Validität. Die interne Validität einer Untersuchung ist gewährleistet, wenn die UV nicht mit Störvariablen korreliert. Besteht eine solche Korrelation, so ist ein empirisch beobachteter Zusammenhang zwischen UV und AV nicht mehr ohne weiteres auf einen kausalen Effekt der UV zurückzuführen. Er könnte auch durch die Störvariable verursacht worden sein. In diesem Fall liegt eine → Konfundierung vor.

intraindividuelles Design. Von einem intraindividuellen Design spricht man, wenn die gleichen Personen zu unterschiedlichen Messzeitpunkten oder in unterschiedlichen experimentellen Bedingungen wiederholt getestet bzw. beobachtet werden (→ Veränderungsmessung). Der Vorteil eines messwiederholten Designs ist, dass stabile Unterschiede zwischen

Personen kontrolliert bzw. → auspartialisiert werden können. Dies reduziert die Fehlervarianz der Untersuchung und erhöht die → Teststärke. Der Nachteil ist, dass die → Veränderungsmessung aufgrund von Artefakten (z. B. → Konfirmationseffekt, Erinnerungseffekte, → Regressionseffekt) verzerrt sein kann.

intrinsische vs. extrinsische Evaluation. Unter einer intrinsischen Evaluation versteht man eine Bewertung der inneren Struktur der Maßnahme, z. B. inwiefern das Wirkmodell einer Interventionsmaßnahme theoretisch sinnvoll begründet ist. Intrinsische Evaluationen sind damit quasi → Konzeptionsanalysen; sie finden im Rahmen einer → prospektiven Evaluation statt. Unter extrinsischer Evaluation verstent man die Analyse der Effekte einer Maßnahme (Wirksamkeitsevaluation).

Inzidenz. Inzidenz ist ein Begriff aus der Epidemiologie. Die Inzidenz gibt die Anzahl der Neuerkrankungen innerhalb eines bestimmten Zeitraumes (meist eines Jahres) an. Die **kumulative** Inzidenz gibt die Anzahl der innerhalb einer Periode neu Erkrankten relativiert an der Menge aller zu Beginn der Periode Untersuchten an. **Spezifische** Inzidenzen kann man dann berechnen, wenn sich die Inzidenzraten in Abhängigkeit von bestimmten demografischen Merkmalen (z.B. Alter, Herkunft, Geschlecht) unterscheiden.

Irrtumswahrscheinlichkeit. Im Rahmen eines inferenzstatistischen Tests wird eine Aussage darüber getroffen, ob in einer Population die Nullhypothese oder die Alternativhypothese gilt. Die Entscheidung für diese beiden Hypothesen ist jedoch immer mit einem spezifischen Fehler behaftet. Die Wahrscheinlichkeit, sich fälschlicherweise für die Alternativhypothese zu entscheiden, wird als α-**Fehler** oder **Fehler 1. Art** bezeichnet. Die Wahrscheinlichkeit, sich fälschlicherweise für die Nullhypothese zu entscheiden, wird als β-**Fehler** oder **Fehler 2. Art** bezeichnet. Üblicherweise sollen beide Fehler 5 % betragen. Ist die empirische Wahrscheinlichkeit eines Ergebnisses unter der Nullhypothese (bzw. unter der Alternativhypothese) kleiner als 5 %, so wird die entsprechende Hypothese abgelehnt; das Ergebnis ist statistisch bedeutsam, d. h. signifikant.

Konfirmationseffekt/Confirmation Bias. Subjektive Einschätzungen sind stets fehlerbehaftet bzw. anfällig für Verzerrungen. Eine dieser Verzerrungen ist der Konfirmationseffekt. Ein bestimmter Gegenstand wird subjektiv so wahrgenommen, wie man es erwartet hat, weil man diejenigen Informationen stärker gewichtet, die die Erwartung bestätigen. Mit einem Konfirmationseffekt ist bspw. im Rahmen einer direkten → Veränderungsmessung zu rechnen: Man nimmt die Veränderung so wahr, wie man sie erwartet hat oder wie man sie gerne hätte.

Konfundierung. Ist eine Störvariable sowohl mit der AV als auch mit der UV korreliert, so liegt eine Konfundierung vor. Die → interne Validität der Untersuchung ist bedroht; ein Zusammenhang zwischen UV und AV kann nicht mehr kausal interpretiert werden. Störvariablen können dazu führen, dass die Hypothese artifiziell bestätigt wird (**gleichsinnige** Konfundierung) oder dass sie artifiziell widerlegt wird (**gegensinnige** Konfundierung).

Konzeptionsanalyse. Die Konzeptionsanalyse ist im Rahmen einer → prospektiven Evaluation angesiedelt. Sie fragt danach, ob die Maßnahme auch tatsächlich dem Bedarf angepasst ist, ob das der Maßnahme zugrunde liegende Wirkmodell plausibel ist (→ Inputevaluation) und ob die Rahmenbedingungen für eine wirksamkeitsförderliche Durchführung der Maßnahme gegeben sind bzw. geschaffen oder verbessert werden müssen.

Kosten. Kostenabschätzungen werden im Rahmen von → Effizienzanalysen relevant. Die Kosten einer Maßnahme können manifest oder latent sein. **Manifeste** Kosten werden zwischen dem Auftraggeber und dem Auftragnehmer ausgetauscht; es handelt sich um Geld, das tatsächlich bezahlt wird, z. B. für Personal, für Material, für Raummieten. **Latente** Kosten können zumeist nicht direkt belegt werden. Hierzu gehören staatliche Versorgungsmaßnahmen, die über Steuereinnahmen gegenfinanziert werden, oder Kosten, die von anderen Kostenträgern beigesteuert werden, ohne dass dies nach außen sichtbar wird.

Management Information System (MIS). Im Rahmen von → formativen Evaluationen werden u. a. begleitende Prozessevaluationen durchgeführt (Programm-Monitoring). Die Daten solcher Prozessevaluationen können dazu verwendet werden, den Auftraggebern in regelmäßigen Abständen Rückmeldung über neue Entwicklungen, zu beobachtende Veränderungen, strukturelle Hindernisse usw. zu geben und konkrete Maßnahmen zur Programmoptimierung vorzuschlagen. In einigen Bereichen hat sich für ein solches bedarfsorientiertes Monitoring-System der Begriff MIS eingebürgert.

MAUT-Technik. Die MAUT-Technik ist eine Linearkombination zur rationalen Bestimmung des Nutzens einer Maßnahme im Rahmen einer → Effizienzanalyse. Der Gesamtnutzen einer Maßnahme (N) entspricht der Summe aller mit einem (subjektiven oder objektiven) Wert W_m gewichteten Effekte E_m. Dieser Wert lässt sich heranziehen, um sowohl die Nutzenerwartungen unterschiedlicher Beteiligtengruppen als auch den Gesamtnutzen unterschiedlicher Maßnahmen direkt miteinander zu vergleichen.

Metaevaluation. Sie zielt darauf ab, auf der Basis von Einzelevaluationen über die gleiche Maßnahme eine Generalisierung der Aussagen über die → Wirkung oder über die → Effizienz der Maßnahme zu erreichen. Dies kann entweder über die statistische Methode der Metaanalyse (summative Metaevaluation) oder über eine Programm-Design-Evaluation geschehen.

Makro- vs. Mikroevaluation. Bei der Makroevaluation wird der gesamte Evaluationsgegenstand (z. B. ein Programm oder eine Interventionsmaßnahme) umfassend bewertet. Bei einer Mikroevaluation werden lediglich einzelne Aspekte des Evaluationsgegenstands evaluiert.

Moderatorvariable. Von der Ausprägung der Moderatorvariable hängt der Zusammenhang zwischen zwei anderen Variablen oder der Effekt einer UV auf eine AV ab. Moderatoreffekte sind Interaktionseffekte zwischen der Moderatorvariable und einer UV auf eine AV.

multimodale und multimethodale Diagnostik. Evaluationskriterien können, insbesondere wenn sie nicht direkt beobachtbar sind, auf verschiedene Arten → operationalisiert werden. Mit multimodaler Diagnostik ist gemeint, dass alle Modalitäten eines Konstrukts erfasst werden sollen, d. h. Bereiche, in denen sich das Merkmal manifestiert, z. B. Kognitionen, Emotionen, Ausdrucksverhalten, physiologische Reaktionen. Mit multimethodaler Diagnostik ist gemeint, dass zur Messung unterschiedliche Methoden zur Anwendung kommen sollen, z. B. Selbstbeschreibung, Fremdbeschreibung, indirekte Messung, Beobachtung. Aggregiert man Maße über Modalitäten und Methoden hinweg, so kann man das latente Merkmal messfehlerfreier (reliabler; → Reliabilität) und valider (→ Validität) erfassen, als es mit einem einzigen Indikator jemals möglich wäre.

Netto- und Bruttowirkung. Interventionsmaßnahmen können Effekte haben, die auf eine „echte" → Wirkung der Maßnahme zurückgehen (maßnahmenspezifische Wirkung). Es kann aber auch sein, dass beobachtete Wirksamkeitseffekte auf Faktoren zurückgehen, die gar nichts mit der eigentlichen Maßnahme zu tun haben. Dazu gehören unbeabsichtigte Neben- und Folgewirkungen der Maßnahme, unspezifische Effekte (z. B. → Hawthorne-Effekt) sowie externe Effekte aufgrund von → Konfundierungen. Die Gesamtheit aller Wirkungen wird als Bruttowirkung, die reinen maßnahmenspezifischen Effekte werden als Nettowirkung einer Intervention bezeichnet.

Norm bzw. Normierung. Unter Normen versteht man soziale Erwartungen oder empirisch feststellbare Gesetzmäßigkeiten. In der Psychometrie sind mit Normen Vergleichsdaten zur Beurteilung von Einzeldaten gemeint. Um die Werte einer Person besser interpretieren zu können, kann man den Wert einer Person mit Normwerten vergleichen, d. h. mit der Verteilung der Werte aus der → Eichstichprobe, z. B. indem man die Einzelwerte in → Standardwerte transformiert oder indem man einen → Prozentrang angibt.

Objektivität. Messinstrumente sind objektiv, wenn das Ergebnis einer Messung unabhängig davon ist, wer sie vorgenommen hat und unter welchen Bedingungen die Messung stattfand (**Durchführungsobjektivität**), wie und von wem die Testwerte ausgewertet wurden (**Auswertungsobjektivität**) und wer die Testwerte interpretiert (**Interpretationsobjektivität**).

offene Evaluation vs. geschlossene Evaluation. Das Begriffspaar wird in zwei Bedeutungen verwendet: (1) Im Falle einer geschlossenen Evaluation ist die Fragestellung des Evaluationsvorhabens bereits im Vorhinein genau definiert. Bei einer offenen Evaluation sind die Bestimmung der Fragestellung, der Methoden und der Hypothesen selbst Gegenstand des Evaluationsprozesses. (2) Wird eine Evaluation offen durchgeführt, so ist sie für die Beteiligten, Betroffenen sowie die Öffentlichkeit transparent. Bei einer geschlossenen Evaluation sind die Ergebnisse nur für den Auftraggeber bestimmt.

Operationalisierung. Der Begriff wird in zwei verwandten Bedeutungen verwendet. (1) Definition eines psychologischen Merkmals anhand von objektiv beobachtbaren Anzeichen einschließlich der Festlegung von Regeln, nach denen die Beobachtung geschieht. (2) Definition einer Versuchsbedingung anhand von objektiv beschreibbaren Merkmalen, die nach festgelegten Regeln zwischen den Bedingungen variiert werden.

Parallelisierung. Die Parallelisierung ist eine Möglichkeit, den Einfluss von Störvariablen zu kontrollieren und damit die → interne Validität einer Evaluationsuntersuchung zu erhöhen. Die Ausprägungen der Störvariablen sollen in allen Stufen der UV gleich verteilt sein, d. h. Mittelwert und Varianz der Störvariablen sollen in allen Stufen der UV gleich sein. Wenn der Einfluss der Störvariablen in allen Stufen der UV gleich groß ist, ist sie keine plausible Alternativerklärung mehr für das Zustandekommen eines Effekts (→ Ausbalancierung).

Perzentil/Prozentrang. Das Perzentil/der Prozentrang eröffnet die Möglichkeit, einen Einzelwert unter der Verteilung aller möglichen Werte vergleichend zu bewerten (→ Normierung). Wenn das Merkmal in der Population normalverteilt ist, ist die Bewertung eines Einzelwertes im Vergleich zu Mittelwert und Streuung einer Eichstichprobe (z. B. über einen → z-Wert) sinnvoll. Bei nicht normalverteilten Merkmalen bietet es sich stattdessen an, den Prozentrang/das Perzentil eines Einzelwertes anzugeben. Mit dem Prozentrang kann man für einen beliebigen Wert (unter allen möglichen Werten) angeben, wie viel Prozent aller anderen Fälle einen niedrigeren Wert (oder einen höheren Wert) haben.

Prävalenz. Die Prävalenz gibt die Anzahl all jener Individuen in einer Population (oder Stichprobe) an, die zu einem bestimmten Zeitpunkt (**Punktprävalenz**) oder während einer bestimmten Zeitperiode (**Periodenprävalenz**) als positiv (z. B. „krank") diagnostiziert wurden. Relativiert an der Gesamtzahl aller erfassten Individuen spricht man von der **Prävalenzrate**. Die **Lebenszeitprävalenz** ist eine Sonderform der Periodenprävalenz, da die Periode eine gesamte Lebensspanne umfasst. Sie gibt die Wahrscheinlichkeit an, mit der ein Mensch mindestens einmal im Leben positiv diagnostiziert wird.

Prävention. Eine Maßnahme wird als präventiv bezeichnet, wenn sie dazu beitragen soll, ein möglicherweise auftretendes Problem im Vorhinein zu verhindern (**Primärprävention**), die Belastung eines bereits existierenden Problems zu verringern (**Sekundärprävention**) oder infolge des Problems bereits entstandene Schäden zu beheben (**Tertiärprävention**). Ursprünglich stammt diese Trichotomie von Caplan (1964). Heute wird der Ansatz einer Präventionsmaßnahme anstatt über ihr Ziel eher über die Zielgruppe definiert, an die sich die Maßnahme richtet (Gordon, 1983). Primärpräventive Maßnahmen richten sich an die gesamte Population (universeller Ansatz) oder an Risikogruppen (selektiver Ansatz). Sekundärpräventive Maßnahmen richten sich an diejenigen Personen, die ein problematisches Verhalten bereits ausgebildet haben (indizierter Ansatz).

probabilistische Stichprobe vs. nicht-probabilistische Stichprobe. Eine → Stichprobe wird als probabilistisch bezeichnet, wenn die Wahrscheinlichkeit, mit der ein beliebiges Element der Population in die Stichprobe „gezogen" wird, bekannt oder zumindest prinzipiell kontrollierbar ist. Für die Theorie des statistischen Hypothesentestens spielt es eine entscheidende Rolle, ob die Stichprobe tatsächlich probabilistisch ist. In der Praxis ist es so, dass nicht-probabilistische Stichproben die Generalisierung eines empirischen Befundes auf die Population lediglich erschweren (→ externe Validität).

prospektive Evaluation. Als prospektive Evaluation bezeichnet man die Prüfung bzw. Schaffung von Voraussetzungen und Rahmenbedingungen, welche die Wirksamkeit einer geplanten Maßnahme positiv beeinflussen bzw. sichern sollen. Es geht also darum, die Maßnahme unter den gegebenen Bedingungen zu bewerten, bevor sie implementiert wird. Im Allgemeinen sollen im Rahmen einer prospektiven Evaluation zwei Fragen geklärt werden: (1) Besteht Bedarf an einer Maßnahme (→ Bedarfsanalyse)? (2) Wird eine konkrete Intervention diesem Bedarf gerecht (→ Konzeptionsanalyse)?

Prozentrang → Perzentil

quasi-experimentelles Design. Ist die Zuweisung von Personen zu experimentellen Bedingungen (z. B. Interventions- oder Kontrollgruppe) weder zufällig (→ randomisiert) noch vom Evaluator kontrolliert, so sind die Voraussetzungen für ein echtes Experiment nicht erfüllt. Das Problem besteht darin, dass bei quasi-experimentellen Designs die Gefahr möglicher Konfundierungen nicht restlos ausgeschlossen werden kann: Man kann nicht ausschließen, dass es noch weitere systematische Störvariablen gibt, die ungleich über die Bedingungen hinweg verteilt sind. Deshalb sind quasi-experimentelle Designs echten experimentellen Designs mit → Randomisierung meist methodisch unterlegen.

quasi-indirekte Veränderungsmessung/Retrospective Pretest. Hierbei werden die Daten für den ersten Messzeitpunkt (Prä-Test) retrospektiv zum zweiten Messzeitpunkt (Post-Test) erhoben. Die Probanden werden also beim Post-Test gebeten, sich noch einmal in ihre Situation zum Zeitpunkt t_1 zu versetzen und die Merkmalsausprägung zu diesem Zeitpunkt zu beurteilen. Anschließend berechnet man die Differenz zwischen der (zu t_2 retrospektiv eingeschätzten) Ausprägung des Merkmals zu t_1 und der aktuellen Merkmalsausprägung zu t_2. Man nutzt damit quasi die Vorteile eines intraindividuellen Designs und kann einige Probleme der indirekten sowie der direkten → Veränderungsmessung umgehen.

Randomisierung. Als Randomisierung bezeichnet man die zufällige Zuweisung von Versuchspersonen zu Versuchsbedingungen in einem Experiment. Dadurch soll sichergestellt werden, dass sich die Versuchsgruppen nur in den für die Fragestellung relevanten Merkmalen unterscheiden, nicht aber in irrelevanten Merkmalen. Würden sich die Versuchsgruppen auch in irrelevanten Merkmalen (Störvariablen) unterscheiden, könnten die Verhaltensunterschiede zwischen den Gruppen nicht mehr zweifelsfrei auf die Versuchsbedingungen zurückgeführt werden. Der Versuch wäre dann nicht mehr intern valide (→ interne Validität).

Regressionseffekt/Regression zur Mitte. Im Rahmen einer indirekten → Veränderungsmessung mit Hilfe eines → intraindividuellen Designs kann es sein, dass Werte, die zum Messzeitpunkt t_1 weit vom Mittelwert abweichen, zum Messzeitpunkt t_2 weniger weit vom Mittelwert abweichen. Das gleiche gilt für Werte, die zum Messzeitpunkt t_2 weit vom Mittelwert abweichen: Sie weichen zu t_1 weniger weit vom Mittelwert ab. Insofern sieht es aus, als habe eine Veränderung stattgefunden; in Wirklichkeit geht der Effekt jedoch lediglich auf ein mathematisches Artefakt zurück, das entsteht, wenn (1) die Messung zu beiden Zeitpunkten jeweils unreliabel ist (→ Reliabilität), (2) die Messwerte zu beiden Zeitpunkten etwa gleiche

Varianzen haben und (3) die Messwerte zu beiden Zeitpunkten hoch miteinander korreliert sind.

Reliabilität. Unter Reliabilität versteht man die Zuverlässigkeit eines Messinstruments. Nach der Klassischen Testtheorie ist die Reliabilität eines Messinstruments dadurch definiert, inwiefern die Werte – neben der Tatsache, dass sie das zu messende (latente) Merkmal indizieren – durch unsystematische Messfehler beeinflusst sind. Reliabilität ist die Voraussetzung für die → Validität eines Messinstruments. Eine Möglichkeit der empirischen Quantifizierung der Reliabilität ist die Re-Test-Methode: Ein Messinstrument misst ein stabiles Merkmal zuverlässig, wenn es bei wiederholten Messungen den gleichen Messwert liefert.

Repräsentativität. Eine Interventions- oder Evaluationsstichprobe kann für die Population, über die Aussagen getroffen werden soll, mehr oder weniger repräsentativ sein. Dabei ist Repräsentativität nicht gleichbedeutend mit einer → probabilistischen Stichprobe! Ist die Stichprobe hinsichtlich aller Merkmale repräsentativ für die Population, spricht man von **globaler** Repräsentativität. Ist die Stichprobe hinsichtlich bestimmter Merkmale repräsentativ für die Population, spricht man von **spezifischer** Repräsentativität.

Residual Change Scores → auto-residualisierte Variable

Response Shift. Mit Response Shift ist gemeint, dass sich zwischen den Messzeitpunkten das Verständnis des Messinstruments bzw. die subjektive Repräsentation des zu messenden Merkmals verändert hat, nicht jedoch die Merkmalsausprägung selbst. Beispiel: Ein hochbegabtes Kind, das gerade auf eine spezielle Förderschule versetzt wurde, hält sich zu Beginn des Schuljahres für extrem intelligent, am Ende des Schuljahres für weniger intelligent. Diese Veränderung ist nicht auf eine „wahre" Verringerung der Intelligenz, sondern eher auf den Wechsel des sozialen Vergleichsstandards zurückzuführen: Nach einem Jahr auf der Förderschule vergleicht sich der Schüler mit anderen Hochbegabten; das beeinflusst seine Selbsteinschätzung – nicht aber seine Intelligenz!

Retrospective Pretest → quasi-indirekte Veränderungsmessung

Rosenthal- oder Pygmalion-Effekt. Als Rosenthal- oder Pygmalion-Effekt bezeichnet man die unbewusste Beeinflussung der Ergebnisse einer Untersuchung durch Erwartungen des Versuchs- bzw. Testleiters. Ohne es zu wollen und zu wissen, verhalten sich Versuchsleiter in psychologischen Untersuchungen häufig so, dass das Verhalten der Versuchspersonen den Hypothese oder Erwartungen des Versuchsleiters entspricht. Rosenthal, der dieses Phänomen systematisch untersuchte, bezeichnete es als Pygmalion-Effekt – nach dem sagenhaften griechischen Bildhauer, der sich in eine von ihm geschaffene Mädchengestalt verliebte.

Schwierigkeit. Schwierigkeit ist ein psychometrisches → Gütekriterium eines Messinstruments, das die Wahrscheinlichkeit angibt, mit der eine beliebige, zufällig aus der Population gezogene Person einen bestimmten Wert erzielt. Ein Messinstrument ist zu schwierig, wenn es so konstruiert ist, dass nur sehr wenige Personen hohe Werte erreichen können, z. B. eine unlösbare Aufgabe in einem Intelligenztest. Ein Messinstrument ist zu leicht, wenn es so konstruiert ist, dass nahezu alle Personen hohe Werte erreichen können, z. B. eine sehr einfache Aufgabe in einem Intelligenztest. Extrem hohe oder extrem niedrige Schwierigkeiten gehen mit schiefen Häufigkeitsverteilungen einher; die Merkmale haben in der Stichprobe meist eine geringe Varianz. Das beeinflusst auch die → Reliabilität, die → Validität und die → Änderungssensitivität der Messung.

Selbstevaluation → Interne Evaluation

Selbstselektion. Bei der Selbstselektion entscheiden die Personen in der Interventions- bzw. Evaluationsstichprobe selbst, welcher experimentellen Bedingung sie zugeteilt werden. Dies ist oft gegeben, wenn die Teilnahme an einer Maßnahme, deren Wirkung evaluiert werden soll, freiwillig war. Das Problem besteht darin, dass die Selbstzuweisung zu Bedingungen nicht unabhängig von Störvariablen bzw. von → Konfundierungen ist. Aufgrund von Selbstselektion resultiert ein → quasi-experimentelles Design, dessen → interne Validität äußerst gering ist.

Simpson-Paradox. Das Simpson-Paradox beschreibt einen sehr speziellen Fall der → Konfundierung. Das Paradox besteht darin, dass ein empirisches Ergebnis innerhalb von bestimmten Subpopulationen (z. B. Ausprägungen einer Störvariablen) hypothesenkonform ist, über alle Subpopulationen hinweg jedoch sein Vorzeichen umkehrt und hypothesenwidrig ist.

soziale Erwünschtheit. Wenn man das eigene Verhalten oder die Beschreibung der eigenen Person an soziale Normen anpasst, um in den Augen anderer möglichst unauffällig, angepasst oder attraktiv zu erscheinen, handelt man sozial erwünscht. Sozial erwünschtes Verhalten und sozial erwünschte Antworten in Fragebögen resultieren aus dem Anerkennungsbedürfnis, das in seiner Ausprägung interindividuell variiert. Soziale Erwünschtheit ist somit eine Persönlichkeitseigenschaft, die bei starker Ausprägung die Aussagekraft von Selbstbeschreibungen schmälert. Sie verringert die → Validität einer Messung.

Sphärizität- bzw. Zirkularitätsannahme. Bei Varianzanalysen mit Messwiederholung wird angenommen, dass die Varianzen aller paarweisen Differenzen zwischen zwei Messzeitpunkten auf Populationsebene homogen sind. Sind sie das nicht, so wird der *F*-Test für den Haupteffekt des Messzeitpunkts zu liberal, d. h. sein α-Fehler ist höher als das festgesetzte Signifikanzniveau. In diesem Fall können die Freiheitsgrade des *F*-Test für den Haupteffekt des Messzeitpunkts mit einem Parameter namens Greenhouse-Geisser-Epsilon gewichtet werden. Diese Korrektur macht den *F*-Test wieder konservativer und wirkt damit der künstlichen Erhöhung des α-Fehlers tendenziell entgegen.

Split-Plot-Design. Das Split-Plot-Design ist der am häufigsten verwendete Versuchsplan im Rahmen von Wirksamkeitsevaluationen. Der Plan besteht im einfachsten Fall aus zwei Messzeitpunkten (Prä-Test und Post-Test) und zwei Interventionsbedingungen (Interventions- und Kontrollgruppe). Die Daten werden – falls die entsprechenden Voraussetzungen erfüllt sind – mit Hilfe einer zweifaktoriellen Varianzanalyse mit Messwiederholung ausgewertet. Hypothesenrelevant ist der *F*-Test für die Wechselwirkung zwischen Messzeitpunkt und Interventionsbedingung: In der Interventionsgruppe sollten sich die Werte in der erwarteten Richtung verändern, in der Kontrollgruppe nicht.

Standards. Ein Standard ist eine allgemein als richtig anerkannte Regel in Bezug auf eine Tätigkeit, ein Vorgehen, eine Handlung, eine Kompetenz. Für die Evaluationsforschung wurden in den USA bereits 1982 erste Standards formuliert (neueste Ausgabe 2006). Die Deutsche Gesellschaft für Evaluation (DeGEval) hat Evaluationsstandards veröffentlicht, die sich an den Vorgaben aus den USA orientieren. Dabei werden vier Kategorien von Evaluationsstandards unterschieden; sie beziehen sich auf (1) die Nützlichkeit, (2) die Durchführbarkeit, (3) die Fairness und (4) die Genauigkeit einer Evaluationsuntersuchung.

Standardwert/*z*-Wert. Zieht man von einem Messwert den Mittelwert aller Werte ab und teilt diese Differenz durch die Streuung, so erhält man einen Standardwert, auch *z*-Wert genannt. Die *z*-Standardisierung erlaubt es, einen Wert unter der Verteilung aller möglichen Werte zu beurteilen ($\rightarrow$ Normierung). Ist das Merkmal zudem normalverteilt, kann die Wahrscheinlichkeit berechnet werden, mit der eine zufällig aus der Population Person diesen (oder einen größeren bzw. einen kleineren) Wert hat. Je kleiner diese Wahrscheinlichkeit, desto eher handelt es sich um eine „auffällige" oder extreme Merkmalsausprägung. Ist das Merkmal nicht normalverteilt, bietet sich stattdessen die Angabe eines $\rightarrow$ Prozentranges an.

Stichprobe. Eine Stichprobe ist eine endliche Menge von Elementen aus einer Population. Unter bestimmten Voraussetzungen ($\rightarrow$ Repräsentativität) kann man empirische Ergeb-

nisse, die anhand einer Stichprobe gewonnen wurden, auf die gesamte Population beziehen. Man unterscheidet zwischen $\rightarrow$ probabilistischen und nicht-probabilistischen Stichproben. Bei letzteren ist eine Schlussfolgerung auf die Population nur eingeschränkt möglich.

summative vs. formative Evaluation. Summative Evaluation verfolgt das Ziel, die $\rightarrow$ Wirksamkeit eines Programms zu beurteilen. Formative Evaluation verfolgt das Ziel, die Programmdurchführung zu optimieren und die Programmkonzeption zu verbessern. Sie setzt in der Phase der Vorbereitung und der Durchführung eines Programms an und richtet sich an diejenigen Personen, die mit der Programmkonzeption und -durchführung befasst sind, z. B. Autoren, Trainer, Therapeuten, Supervisoren.

Teststärke/Power. Die Begriffe Teststärke bzw. Power stammen aus der Theorie des statistischen Hypothesentestens von Neyman und Pearson (1933). Die Teststärke eines statistischen Tests ist definiert als die Wahrscheinlichkeit, mit der dieser Test ein signifikantes Ergebnis produziert, falls in der Population ein Effekt einer spezifizierten Größe tatsächlich existiert. Formal ist sie definiert als $1 - \beta$ ($\rightarrow$ Irrtumswahrscheinlichkeiten). Die Teststärke hängt ab von (1) dem Stichprobenumfang (n), (2) dem festgelegten α-Fehlerniveau und (3) der Größe des spezifizierten Effekts ($\rightarrow$ Effektstärke). Auch die $\rightarrow$ Reliabilität der AV wirkt sich auf die Teststärke aus.

Transfer. Von einer Interventionsmaßnahme wird im Allgemeinen erwartet, dass sie nicht nur kurzfristig und sehr spezifisch wirkt; vielmehr sollen die Effekte nachhaltig sein (Persistenz) und sich auch auf andere Fähigkeitsbereiche eneralisieren. Eine solche Generalisierung wird als Transfer bezeichnet. Hager und Hasselhorn (2000) unterscheiden zwei Arten von Transfer. Mit **Anforderungs**transfer ist die Generalisierung der erworbenen Fähigkeiten auf andere Aufgabenanforderungen gemeint: Wer die Prinzipien des Einmaleins für einstellige Zahlen verstanden hat, der kann diese auch auf mehrstellige Zahlen anwenden. Mit **Situations**transfer ist die Generalisierung der erworbenen Fähigkeiten auf Kontexte außerhalb der Intervention gemeint: Wer das Einmaleins in der Schule gelernt hat, der soll es auch an der Supermarktkasse anwenden können.

Treatment Fidelity $\rightarrow$ **Ausführungsintegrität**

Trendanalyse. Die Form der Veränderung über die Zeit hinweg kann über Trends (oder Wachstumsgradienten) bestimmt werden. Dabei handelt es sich um eine Regressionsgleichung, bei der die Zeit (operationalisiert über Messzeitpunkte $t_0 \ldots t_i$) die Prädiktorvariable (t) und die Merkmalsausprägung die Kriteriumsvariable (y) darstellt. Somit können bestimmte Trendformen vergleichend getestet werden: Ein **linearer Trend** kann über die allgemeine Gleichung $y = b_0 + b_1 \cdot t$ ermittelt werden. Ein **quadratischer Trend** kann über die allgemeine Gleichung $y = b_0 + b_1 \cdot t + b_2 \cdot t^2$ ermittelt werden usw. Trends lassen sich entweder für die Werte einer einzelnen Person, für Mittelwerte, aber auch für Häufigkeiten berechnen. Im Falle eines echten → intraindividuellen Designs enthält die Regressionsgleichung zusätzlich eine personspezifische Kovariate (Personeffekt), die nichts anderes ist als der Mittelwert einer Person über alle Messzeitpunkte hinweg.

Validität (von Messinstrumenten). Im psychometrischen Kontext betrifft die Validität die Frage, inwiefern ein psychologisches Messverfahren tatsächlich das misst, was es messen soll (→ Gütekriterien). Die Validität kann über den Zusammenhang mit so genannten Validierungskorrelaten empirisch bestimmt werden. Dabei kann es sich um zukünftiges Verhalten (**prädiktive** Validität), andere Messinstrumente für das gleiche Merkmal (**konkurrente** Validität) oder externe Kriterien für dieses Merkmal (**Kriteriums**validität) handeln. Eine spezielle Form der Validität, die **Konstrukt**validität, basiert auf zwei Voraussetzungen, die gleichzeitig gegeben sein müssen: Das Messinstrument soll mit anderen Instrumenten, die mit Hilfe einer anderen Methode das gleiche Merkmal messen, hoch korrelieren (**konvergente** Validität) und es soll mit anderen Instrumenten, die mit Hilfe der gleichen oder einer anderen Methode ein anderes Merkmal messen, niedrig korrelieren (**diskriminante** Validität).

Varianzhomogenität. Alle varianzanalytischen Verfahren basieren auf der Voraussetzung, dass die „Innerhalb-Varianzen" in allen experimentellen Bedingungen auf Populationsebene gleich sind. Ist dies nicht der Fall, d. h. sind die Varianzen zwischen den Bedingungen heterogen, so ist das Testergebnis nicht mehr robust. Eine Möglichkeit, die Varianzhomogenitätsannahme in der Stichprobe zu überprüfen, besteht in der Anwendung des Levene-Tests. Ist der Levene-Test signifikant, muss die Annahme, die Stichprobenvarianzen seien auf Populationsebene identisch, verworfen werden. Eine Verletzung der Varianzhomogenitätsannahme wirkt sich auf die Robustheit des Tests vor allem dann aus, wenn die Stichprobengrößen klein und zwischen den experimentellen Bedingungen nicht gleich sind.

Veränderungsmessung. Veränderungsmessungen bezeichnen empirische Ermittlungen von Veränderungen in Merkmalsausprägungen über die Zeit hinweg. Bei der **direkten** Veränderungsmessung sollen die Befragten selbst die Veränderung einschätzen. Bei der **indirekten** Veränderungsmessung wird die Veränderung über die Differenz zwischen der Merkmalsausprägung zu zwei (oder mehreren) Messzeitpunkten erfasst (→ intraindividuelles Design). Eine dritte Form der Veränderungsmessung wird als quasi-indirekt bezeichnet (Retrospective Pretest, → quasi-indirekte Veränderungsmessung).

Wirkung und Wirksamkeit. Die Wirksamkeit einer Interventionsmaßnahme gilt als empirisch gesichert, wenn die Effekte, die mit der Maßnahme intendiert waren, auch wirklich erreicht worden sind. Die Wirkung einer Interventionsmaßnahme bezieht sich auf die spezifischen Wirkmechanismen, die zu den beobachtbaren Effekten geführt haben. Die Prozesse, die kausalen Bedingungen, die moderierenden Bedingungen oder die Konsequenzen der Wirksamkeit stehen bei bloßen Wirksamkeitsanalysen im Hintergrund. Eine Analyse der Wirkung einer Maßnahme hingegen erfordert ein Wirkmodell, wenn sie hypothesengeleitet durchgeführt werden soll.

Zirkularitätsannahme → Sphärizitätsannahme

z-Wert → Standardwert

Literatur

Aiken, L.S. & West, S.G. (1996). Multiple regression: Testing and interpreting interactions. Thousand Oaks, CA: Sage.

Balzer, L. (2005). Wie werden Evaluationsprojekte erfolgreich? Ein integrierender theoretischer Ansatz und eine empirische Studie zum Evaluationsprozess. Landau: Verlag Empirische Pädagogik.

Balzer, L., Frey, A. & Nenninger, P. (1999). Was ist und wie funktioniert Evaluation? Empirische Pädagogik, 13, 393–413.

Bandura, A. (1979). Sozial-kognitive Lerntheorie. Stuttgart: Klett-Cotta.

Baron, R.M. & Kenny, D.A. (1986). The moderator-mediator variable distinction in social psychological research: Conceptual, strategic, and statistical considerations. Journal of Personality and Social Psychology, 51, 1173–1182.

Beaglehole, R., Bonita, R. & Kjellström, T. (1997). Einführung in die Epidemiologie. Bern: Huber.

Beck, A.T., Rush, A.J., Shaw, B.F. & Emery, G. (2004). Kognitive Therapie der Depression. Weinheim: Beltz.

Bernart, Y. & Krapp, S. (2005). Das narrative Interview. Ein Leitfaden zur rekonstruktiven Interpretation (2. Aufl.). Landau: Verlag Empirische Pädagogik.

Bjork, R.A. (1994). Memory and metamemory considerations in the training of human beings. In J. Metcalfe & A.P. Shimamura (Eds.), Metacognition: Knowing about knowing (pp. 185–205). Cambridge, MA: MIT Press.

Bloom B.S. (1956). Taxonomy of educational objectives. Handbook I: The cognitive domain. New York: McKay.

Bortz, J. (2005). Statistik für Human- und Sozialwissenschaftler (6. Aufl.). Berlin: Springer.

Bortz, J. & Döring, N. (1984). Forschungsmethoden und Evaluation für Human- und Sozialwissenschaftler (1. Aufl.). Berlin: Springer.

Bortz, J. & Döring, N. (2006). Forschungsmethoden und Evaluation für Human- und Sozialwissenschaftler (4. Aufl.). Berlin: Springer.

Bortz, J. & Lienert, G.A. (2003). Kurzgefasste Statistik für die Klinische Forschung: Leitfaden für die verteilungsfreie Analyse kleiner Stichproben (2. Aufl.). Berlin: Springer.

Bortz, J., Lienert, G.A. & Boehnke, K. (2000). Verteilungsfreie Methoden in der Biostatistik. Berlin: Springer.

Brandtstädter, J. (1990). Evaluationsforschung: Probleme der wissenschaftlichen Bewertung von Interventions- und Reformprojekten. Zeitschrift für Pädagogische Psychologie, 4, 215–227.

Brosius, F. (2006). SPSS 14. Bonn: mitp-Verlag.

Brosius, F. (2006). SPSS für Dummies. Weinheim: Wiley-VCH

Bühl, A. (2006). SPSS 14. Einführung in die moderne Datenanalyse. München: Pearson Studium

Campbell, D.T. (1957). Factors relevant to the validity of experiments in social settings. Psychological Bulletin, 54, 297–312.

Campbell, D.T. & Stanley, J.C. (1963). Experimental and quasi-experimental designs for research. Chicago: Rand McNally.

Caplan, G. (1964). Principles of preventive psychiatry. New York: Basic Books.

Carver, C.S. & Scheier, M.F. (1998). On the self-regulation of behavior. New York: Cambridge University Press.

Center for the Study and Prevention of Violence. Blueprints for violence prevention. Institute of Behavioral Science, University of Colorado at Boulder, http://www.colorado.edu/cspv/blueprints, gelesen am 08. 01. 2007

Chambless, D.L. & Hollon, S.D. (1998). Defining empirically supported therapies. Journal of Consulting and Clinical Psychology, 66, 7–18.

Chen, H.-T. (1990). Theory-Driven Evaluation. Beverly Hills: Sage Publications.

Cohen, J. (1988). Statistical power analysis for the behavioral sciences (2nd Edition). New York: Academic Press.

Cohen, J., Cohen, P., West, S.G. & Aiken, L.S. (2002). Applied multiple regression/correlation analysis for the behavioral sciences. Mahwah, NJ: Erlbaum.

Cook, T. (1990). The generalization of causal connections: Multiple theories in search of clear practice. In L. Sechrest, E. Perrin & J. Bunker (Eds.), Research methodology: Strengthening causal interpretations of nonexperimental data. Washington, DC: U.S. Dept. of HHS, DHHS, No. (PHS) 90–3454

Cook, T. (1991). Clarifying the warrant for generalized causal inferences in quasi-experimentation. In M.W. McLaughlin & D.C. Phillips (Eds.), Evaluation and education: At quarter-century (90th yearbook of the National Society for the Study of Education, Part II) (pp. 115–144). Chicago: University of Chicago Press.

Cronbach, L.J., Gleser, G.C., Nanda, H. & Rajaratnam, N. (1972). The dependability of behavioral measurements: Theory of generalizability for scores and profiles. New York: John Wiley.

Crick, N.R. & Dodge, K.A. (1994). A review and reformation of social information-processing mechanisms in children's social adjustment. Psychological Bulletin, 115(1), 74–101.

Dalbert, C. (1987). Einige Anmerkungen zur Verwendung unterschiedlicher Veränderungskriterien. Psychologische Beiträge, 29, 423–438.

Dlugosch, G.E. & Wottawa, H. (1994). Evaluation in der Gesundheitspsychologie. In P. Schwenkmezger & L.R. Schmidt (Hrsg.), Lehrbuch der Gesundheitspsychologie (S. 149–168). Stuttgart: Enke.

Dollase, R. (1973). Soziometrische Techniken. Weinheim: Beltz.

Edwards, W. (1980). Multiattributive utility for evaluation. In M.W. Klein & K.S. Teilmann (Eds.), Handbook of criminal justice evaluation (pp. 177–215). Beverly Hills, CA: Sage.

Eid, M. (1995). Modelle der Messung von Personen in Situationen. Weinheim: Psychologie Verlags Union.

Eid, M. (2003). Veränderungsmessung und Kausalanalyse. In M. Jerusalem & H. Weber (Hrsg.), Psychologische Gesundheitsförderung – Diagnostik und Prävention (S. 105–120). Göttingen: Hogrefe.

Eisner, E.W. (1976). Educational Connoisseurship and Criticism: Their Form and Functions in Educational Evaluation. Journal of Aesthetic Education, 10, 135–150.

Entorf, H. (2004). Täter im Jugendstrafvollzug und ihre Rehabilitation: Kostenaspekte. Zeitschrift für Jugendkriminalrecht und Jugendhilfe, 2/2004, 128–133.

Fazio, R.H. (1990). A practical guide to the use of response latency in social psychological research. In C. Hendrick & M.S. Clark (Eds.), Research Methods in Personality and Social Psychology (pp. 74–97). Newbury Park, CA: Sage.

Festinger, L. (1954). A theory of social comparison processes. Human Relations, 7, 117–140.

Fetterman, D.M. (1994). Empowerment evaluation. Evaluation Practice, 15(1), 1–15.

Fink, A. (1995). Evaluation for education and psychology. Thousand Oaks, CA: Sage.

Fisher, R.A. (1925). Statistical methods for research workers. Edinburgh: Oliver & Boyd.

Glass, G.V., Peckham, P.D. & Sanders, J.R. (1972). Consequences of failure to meet assumptions underlying the fixed effects analysis of variance and covariance. Review of Educational Research, 42, 237–288

Gordon, R.S. (1983). Operational classification of disease prevention. Public Health Reports, 98, 107–109.

Grawe, K. & Braun, U. (1994). Qualitätskontrolle in der Psychotherapiepraxis. Zeitschrift für Klinische Psychologie, 23, 242–267.

Greenhouse, S.W. & Geisser, S. (1959). On methods in the analysis of profile data. Psychometrika, 24, 95–112.

Guba, E.G. & Lincoln, Y.S. (1981). Effective Evaluation: Improving the Usefulness of Evaluation Results Through Responsive and Naturalistic Approaches. San Francisco: Jossey-Bass Publishers.

Guski, R. (1997). Labor- oder Feldforschung. In D. Frey & S. Greif (Hrsg.), Sozialpsychologie. Ein Handbuch in Schlüsselbegriffen (4. Aufl.) (S. 405–412). Weinheim: Beltz.

Hager, W. (2000). Wirksamkeits- und Wirksamkeitsunterschiedshypothesen, Evaluationsparadigmen, Vergleichsgruppen und Kontrolle. In W. Hager, J.-L. Patry & H. Brezing (Hrsg.), Handbuch Evaluation psychologischer Interventionsmaßnahmen. Standards und Kriterien (S. 180–201). Bern: Huber.

Hager, W. & Hasselhorn, M. (2000). Psychologische Interventionsmaßnahmen: Was sollen sie bewirken können? In W. Hager, J.-L. Patry, & H. Brezing (Hrsg.), Evaluation psychologischer Interventionsmaßnahmen: Standards und Kriterien (S. 41–85). Bern: Huber.

Hager, W. & Hasselhorn, M. (2000). Einige Gütekriterien für Kriteriumsmaße bei der Evaluation von Interventionsprogrammen. In W. Hager, J.-L. Patry & H. Brezing (Hrsg.), Handbuch Evaluation psychologischer Interventionsmaßnahmen. Standards und Kriterien (S. 169–179). Bern: Huber.

Hahlweg, K. & Heinrichs. N. (2007). Elterntrainings: Wirksam in der Prävention aggressiven Verhaltens? In M. Gollwitzer, J. Pfetsch & V. Schneider (Hrsg.), Gewaltprävention bei Kindern und Jugendlichen. Göttingen: Hogrefe.

Hahlweg, K. (1995). Zur Förderung und Verbreitung psychologischer Verfahren: Ein APA-Bericht. Zeitschrift für klinische Psychologie, 24, 275–284.

Hasselhorn, M. & Mähler, C. (2000). Transfer: Theorien, Technologien und empirische Erfassung. In W. Hager, J.-L. Patry & H. Brezing (Hrsg.), Handbuch Evaluation psychologischer Interventionsmaßnahmen. Standards und Kriterien (S. 86–101). Bern: Huber.

Heinz, W. & Spiess, G. (1995) Viktimisierung, Anzeigeerstattung und Einschätzung der Arbeit der Polizei durch die Bürger – Analysen anhand der Bevölkerungsbefragung in den Projektstädten, in: Feltes, T. (Hrsg.), Kommunale Kriminalprävention in Baden-Württemberg. Erste Ergebnisse der wissenschaftlichen Begleitung von drei Pilotprojekten, 93–122, Holzkirchen/Obb.

Hussy, W. & Jain, A. (2002). Experimentelle Hypothesenprüfung in der Psychologie. Göttingen: Hogrefe.

Huynh, H. & Feldt, L. (1970). Conditions under which mean square rations in repeated measurement designs have exact F distributions. Journal of the American Statistical Association, 65, 1582–1589.

Jäger, R.S. & Petermann, F. (1999). Psychologische Diagnostik: Ein Lehrbuch. Weinheim: Beltz.

Jäger, R.S. (1997). Gütekriterien in der Pädagogischen Diagnostik: Ein Plädoyer für deren Weiterentwicklung und Vorschläge für deren Ausgestaltung. In R.S. Jäger, R. Lehmann & G. Trost (Hrsg.). Tests und Trends. 11. Jahrbuch der Pädagogischen Diagnostik (S. 146–165). Weinheim: Beltz.

Janssen, J. & Laatz, W. (2005). Statistische Datenanalyse mit SPSS für Windows (5. Aufl.). Berlin: Springer.

Jensen, A. (1969). How Much Can We Boost I.Q. and Scholastic Achievement? Havard Educational Review, 39, 1–123.

Junge, J., Neumer, S.-P., Manz, R. & Margraf, J. (2002). Gesundheit und Optimismus GO. Trainingsprogramm für Jugendliche. Weinheim: Beltz (Kap. 9)

Kirkpatrick, D.L. (1959a). Techniques for Evaluating Training Programs: Part 1 – Reaction. Journal of American Society for Training & Development, 13(11), 3–9.

Kirkpatrick, D.L. (1959b). Techniques for Evaluating Training Programs: Part 2 – Learning. Journal of American Society for Training & Development, 13(12), 21–26.

Kirkpatrick, D.L. (1987). More evaluating training programs – A collection of articles from Training and Developmental Journal. Alexandria: American Society for Training and Development.

Kubinger, K.D. (2004). Gütekriterien. In K.D. Kubinger & R.S. Jäger (Hrsg.), Schlüsselbegriffe der Psychologischen Diagnostik. Weinheim: Beltz.

Lienert, G. (1961). Testaufbau und Testanalyse (3. Aufl.). Weinheim: Beltz.

Linn, R.L. & Slinde, J.A. (1977). The determination of the significance of change between pre- and post-testing periods. Review of Educational Research, 47, 121–150.

Lipsey, M.W. (1990). Design sensitivity: Statistical power for experimental research. Newbury Park, CA: Sage.

Lockwood, P. (2002). Could it happen to you? Predicting the impact of downward comparisons an the self. Journal of Personality and Social Psychology, 82, 343–358.

Lockwood, P., Jordan, C.H. & Kunda, Z. (2002). Motivation by positive or negative role models: Regulatory focus determines who will best inspire us. Journal of Personality and Social Psychology, 83(4), 854–864.

Lord, F.M. (1963). Elementary models for measuring change. In C.W. Harns (Ed.), Problems in measuring change (pp. 3–20). Madison: University of Wisconsin Press.

Lösel, F. & Wittmann, W.W. (1989). The relationship of treatment integrity and intensity to outcome citeria. In R.F. Conner & M. Hendricks (Eds.), International innovations in evaluation methodology: New directions for program evaluation (S. 97–107). San Francisco: Josey-Bass.

Mayring, P. (2002). Einführung in die qualitative Sozialforschung (5. Aufl.). Weinheim: Beltz.

Mittag, W. & Hager, W. (2000). Ein Rahmenkonzept zur Evaluation psychologischer Interventionsmaßnahmen. In W. Hager, J.-L. Patry & H. Brezing (Hrsg.), Handbuch Evaluation psychologischer Interventionsmaßnahmen. Standards und Kriterien (S. 102–128). Bern: Huber.

Mayo, E. (1933). The human problems of an industrial civilization. New York: MacMillan

Neyman, J. & Pearson, E.S. (1933). On the problem of the most efficient tests of statistical hypotheses. Philosophical Transactions of the Royal Society, Series A, 231, 289–377.

Olweus, D. (2004). The Olweus Bullying Prevention Programme: Design and implementation issues and a new national initiative in Norway. In P.K. Smith, D. Pepler & K. Rigby (Eds.), Bullying in schools – How successful can interventions be? (S. 13–36). Cambridge, UK: Cambridge University Press.

Owens, T. (1973). Education evaluation by adversary proceeding. In. E.R. House (Ed.), School evaluation: The politics and process. Berkley: McCutcheon.

Patton, M.Q. (1978). Utilization-focused evaluation. Beverly Hills: Sage Publications.

Petermann, F., Jugert, G., Rehder, A., Tänzer, U. & Verbeek, D. (1999). Sozialtraining in der Schule. Weinheim, Germany: PVU.

Pfleger, C. (2003). Die Didaktik des Fernunterrichts in Formalerschließung. Bibliotheksdienst, 37, 1088–1109.

Posavac, E.J. & Carey, R.G. (1992). Program evaluation: Methods and case studies. Englewood Cliffs, NJ: Prentice-Hall.

Pospeschill, M. (2006). Statistische Methoden. München: Elsevier.

Prenzel, M., Baumert, J., Blum, W., Lehmann, R., Leutner, D., Neubrand, M., Pekrun, R., Rolff, H.-G., Rost, J. & Schiefele, U. (2004). PISA 2003. Der Bildungsstand der Jugendlichen in Deutschland – Ergebnisse des zweiten internationalen Vergleichs. Münster: Waxmann.

Prenzel, M., Baumert, J., Blum, W., Lehmann, R., Leutner, D., Neubrand, M., Pekrun, R., Rost, J. & Schiefele, U. (2005). PISA 2003. Der zweite Vergleich der Länder in Deutschland – Was wissen und können Jugendliche? Münster: Waxmann.

Renkl, A. (1996). Träges Wissen: Wenn Erlerntes nicht genutzt wird. Psychologische Rundschau, 47, 78–92.

Robert-Koch-Institut (Hrsg.) (2006). Epidemiologisches Bulletin (Sonderausgabe A/2006; 28. 04. 2006). Berlin: Robert-Koch-Institut.

Rogosa, D. (1988). Myths about longitudinal research. In K.W. Schale & R.T. Campbell, W.M. Meredith & S.C. Rawlings

(Eds.), Methodological issues in aging research (pp. 171–209). New York: Springer.

Rosenthal, R. (1966). Experimenter effects in behavioral research. New York: Appleton-Century-Crofts.

Rosenthal, R. (1994). Parametric measures of effect size. In H. Cooper & L.V. Hedges (Eds.), The handbook of research synthesis (S. 231–244). New York: Russell Sage Foundation.

Rossi, P.H. (1971). Evaluating educational programs. In F.G. Caro (Ed.), Readings in evaluation research (pp. 97–99). New York: Russell Sage Foundation.

Rossi, P.H. & Freeman, H.E. & Lipsey, M.W. (1999). Evaluation. A systematic approach (6th ed.). Thousand Oaks, CA: Sage.

Rossi, P.H., Freeman, H.E. & Lipsey, M.W. (2004). Evaluation. A systematic approach (7th ed.). Thousand Oaks, CA: Sage.

Sanders, J.R. (2006). Handbuch der Evaluationsstandards. Die Standards des „Joint Committee on Standards for Educational Evaluation" (3. Aufl.). Wiesbaden: VS Verlag für Sozialwissenschaften.

Sarris, V. & Reiß, S. (2005). Kurzer Leitfaden der Experimentalpsychologie. München: Pearson Studium.

Schenkel, P. (2000). Ebenen und Prozesse der Evaluation. In P. Schenkel, S.-O. Tergan, & A. Lottmann (Hrsg.), Qualitätsbeurteilung multimedialer Lern- und Informationssysteme: Evaluationsmethoden auf dem Prüfstand (S. 52–74). Nürnberg: BW Bildung und Wissen.

Schermelleh-Engel, K., Kelava, A. & Moosbrugger, H. (2006). Gütekriterien. In F. Petermann & M. Eid (Hrsg.), Handbuch der Psychologischen Diagnostik (S. 420–433). Göttingen: Hogrefe.

Schmitt, M. (2006). Conceptual, theoretical, and historical foundations of multimethod assessment. In M. Eid & E. Diener (Eds.), Handbook of multimethod measurement in psychology (pp. 9–25). New York: American Psychological Association.

Schmitz, B. (1989). Einführung in die Zeitreihenanalyse. Modelle, Softwarebeschreibung, Anwendung. Bern: Huber.

Schwenkmezger, P., Hodapp, V. & Spielberger, C.D. (1992). State-Trait-Ärgerausdrucks-Inventar STAXI. Bern: Huber.

Schwind, H.-D. (Hrsg.) (1997). Gewalt in der Schule: Am Beispiel von Bochum. Mainz: Weißer Ring Verlagsgesellschaft.

Scriven, M. (1967). The methodology of evaluation. In R.W. Tyler, R.M. Gagne & M. Scriven (Eds.), Perspectives of curriculum evaluation (pp. 39–83). Chicago: Rand McNally.

Scriven, M. (1986). New Frontiers in Evaluation. Evaluation Practice, 7, 7–44.

Scriven, M. (1991). Evaluation thesaurus (4th Edition). Newbury Park, CA: Sage.

Seidenstücker, G. & Baumann, U. (1987). Multimodale Diagnostik als Standard in der Klinischen Psychologie. Diagnostica, 34, 243–258.

Solomon, R.L. (1949). An extension of control group design. Psychological Bulletin, 46, 137–150. Spielberger, C.D. (1988). STAXI. State-Trait Anger Expression Inventory. Tampa, FL: Psychological Assessment Resources.

Stake, R.E. (1975). Program Evaluation particulary Responsive Evaluation. The Evaluation Center, Western Michigan University (Occasional Paper Series No.5).

Stevens, J. (2002). Applied multivariate statistics for the social sciences (4th Edition). Mahwah, NJ: Erlbaum.

Steyer, R. (1992). Theorie kausaler Regressionsmodelle. Stuttgart: Fischer.

Steyer, R. & Eid, M. (2001). Messen und Testen (2. Aufl.). Weinheim: Beltz.

Steyer, R., Hannöver, W., Telser, C. & Kriebel, R. (1997). Zur Evaluation intraindividueller Veränderung. Zeitschrift für Klinische Psychologie, 26, 291–299.

Stieglitz, R.-D. & Baumann, U. (1994). Veränderungsmessung. In R.-D. Stieglitz & U. Baumann (Hrsg.), Psychodiagnostik psychischer Störungen (S. 21–36). Stuttgart: Enke.

Stufflebeam, D. L. (1966). A depth study of the evaluation requirement. Theory Into Practice, 5(3), 121–133.

Suchman, E.A. (1967). Evaluative research: Principles and practice in public service & social actions programs. New York: Russell Sage Foundation.

Tabachnik, B. & Fidell, L.S. (2003). Using multivariate statistics. Boston, MA: Allyn & Bacon.

Taylor, S.E. & Lobel, M. (1989). Social comparison activity under threat: Downward evaluation and upward contacts. Psychological Review, 96(4), 569–575.

Tillmann, K.-J. (1999). Gewalt an Schulen: Öffentliche Diskussion und erziehungswissenschaftliche Forschung. In H.G. Holtappels, W. Heitmeyer, W. Melzer & K.-J. Tillmann (Hrsg.), Forschung über Gewalt an Schulen (Band 2; S. 11–27). Weinheim: Juventa.

Tyler, R.W. (1942). General statement on evaluation. Journal of Educational Research, 35, 492–501.

Tyler, R.W. (1949). Basic principles of curriculum and instruction. Chicago: University of Chicago Press.

Tyler, R.W. (1973). Curriculum und Unterricht. Düsseldorf: Schwann.

Verbeek, D. & Petermann, F. (1999). Gewaltprävention in der Schule: Ein Überblick. Zeitschrift für Gesundheitspsychologie, 7, 133–146.

Weiss, C.H. (1972). Evaluation Research. Upper Saddle River: Prentice Hall.

Wittmann, W.W. (1985). Evaluationsforschung – Aufgaben, Probleme und Anwendungen. Berlin: Springer.

Wolf, R.L. (1975). Trial by jury: A new evaluation method. Phi Delta Kappa, 57, 185–187.

Wolf, R.L. (1979). The use of judicial evaluation methods in the formulation of educational policy. Educational Evaluation and Policy Analysis, 1(3), 19–28.

Worthen, B.R. & Sanders, J.R. (1987). Educational Evaluation – Alternative Approaches and Practical Guidelines. New York & London: Longman.

Wottawa, H. & Thierau, H. (1998). Lehrbuch Evaluation (1. Aufl.). Bern: Huber.

Wottawa, H. & Thierau, H. (2003). Lehrbuch Evaluation (3. Aufl.). Bern: Huber.

Wottawa, H. (1996). Methoden der Evaluationsforschung. In E. Erdfelder, R. Mausfeld, T. Meiser & G. Rudinger (Hrsg.), Handbuch Quantitative Methoden (S. 551–566). Weinheim: Beltz.

Personenverzeichnis

Sachwortverzeichnis

Darauf warten Studenten:
Statistik verständlich erklärt

Nullzellenproblem, Dummy-Kodierung, Identifikation von Ausreißern — klingt witziger, als es ist, wenn man in der Statistikvorlesung sitzt und offensichtlich kein »Statistisch« spricht!

In diesem Lehrbuch werden Forschungsmethoden und Statistik verständlich und anschaulich erläutert. Sie erhalten das Handwerkszeug von der Vorlesung im ersten Semester bis zur Abschlussarbeit. Rechenschritte werden dabei in einzelnen Schritten erklärt und durch Beispiele und konkrete Anwendungen ergänzt. So wird klar, wozu Statistik gut ist – und wie sie funktioniert!

Fit für die Prüfung
▶ Übungsaufgaben und Lernfragen zu jedem Kapitel
▶ Zahlreiche Beispiele
▶ Kapitelzusammenfassungen zum schnellen Wiederholen
▶ Vertiefungen für die, die es genau wissen wollen
▶ Über 150 Abbildungen und Tabellen

Online lernen und lehren
▶ Datensätze zum Rechnen der Übungsaufgaben
▶ Lösungen der Übungsaufgaben mit SPSS und R
▶ Antworthinweise zu den Lernfragen
▶ Kommentierte Links
▶ FAQs u. a.

Ob Bachelor, Master oder Diplom – für alle, die Statistik verstehen wollen!

Michael Eid • Mario Gollwitzer • Manfred Schmitt
Statistik und Forschungsmethoden
2010. 1056 Seiten. Gebunden
ISBN 978-3-621-27524-8

Verlagsgruppe Beltz • Postfach 100154 • 69441 Weinheim • www.beltz.de

Fit für die Prüfung

Welche Tippgemeinschaft hat bei der Fußballwette besser abgeschnitten? Verderben viele Köche den Brei? Wie hängen Beliebtheit in der WG und Bereitschaft zum Abspülen miteinander zusammen? Diese und viele weitere Aufgaben zeigen, dass der Spaß in der Statistik nicht zu kurz kommen muss. Kai Budischewski und Katharina Kriens haben eine unterhaltsame Sammlung von über 60 Aufgaben zusammengestellt, mit der die Vorbereitung auf die Statistikprüfung gelingt.

Aus dem Inhalt
Aufgaben. Lösungen. Das Handwerkszeug
(u.a. Formelsammlung, Verteilungstabellen).

Kai Budischewski
Katharina Kriens
Aufgabensammlung Statistik
Übungsaufgaben für Psychologie,
Sozial- und Humanwissenschaften
2012. 320 Seiten. Broschiert.
ISBN 978-3-621-27921-5

Verlagsgruppe Beltz · Postfach 100154 · 69441 Weinheim · www.beltz.de

Mit R können Sie rechnen

Maike Luhmann
R für Einsteiger
Einführung in die Statistiksoftware
für die Sozialwissenschaften
Mit Online-Materialien
2011. 320 Seiten. Broschiert.
ISBN 978-3-621-27928-4

R ist eine freie Statistik-Software, die in der Psychologie zunehmend angewendet wird. Die Vorteile: R ist kostenlos. R ist fehlerfreier und flexibler als die meisten kommerziellen Statistik-Programme. R wird ständig weiterentwickelt und enthält so neu entwickelte statistische Verfahren sehr früh.

In diesem R-Lehrbuch werden die Verfahren besprochen, die für die psychologische und sozialwissenschaftliche Forschung zentral sind. Einzelne Verfahren werden an konkreten Datenbeispielen ausführlich erklärt. Die Daten werden online zur Verfügung gestellt, so dass die Beispiele direkt am PC nachvollzogen werden können. Dabei sind keine Vorkenntnisse im Programmieren nötig. Übersichtstabellen mit den wichtigsten Befehlen erleichtern das Nachschlagen – und Beispiele, Übungsaufgaben und Anwendertipps helfen beim Einstieg in die Software. Für Studierende der Psychologie und der Sozialwissenschaften (begleitend zur Statistik-Vorlesung) und empirisch arbeitende Wissenschaftler (für den Umstieg von SPSS auf R).

Aus dem Inhalt: Installation von R, Grundlagen der Programmiersprache von R, Datenmanagement, Transformationen von Variablen, univariate und bivariate deskriptive Statistiken, Graphiken, inferenzstatistische Verfahren

Verlagsgruppe Beltz · Postfach 100154 · 69441 Weinheim · www.beltz.de